KB212976

불교적 심신의학과 생명윤리

김 성 철

도서출판 오타쿠

책머리에

동국대 대학원에 입학하여 불교학 연구를 시작한지 30년이 훨씬 넘었지만, 아직까지도 항상 나에게 붙어 다니는 꼬리표가 있다. 치과의사 출신이란 전력이다. 학교 밖 강의에서든 사적인 모임에서든 누군가가 나를 소개하면서 치과의사를 거론하면, 분위기를 부드럽게 만들기 위해서 내가 던지는 몇 가지 조크가 있다. "옛날에는 남의 입으로 먹고 살았는데(치과진료), 지금은 내 입으로 먹고 삽니다(강의)."라고 응수하면 폭소가 터진다. 대중 강의에서는 "저는 전과자입니다."라고 말문을 열어서 청중의 주목을 끈 다음에 "범죄를 저지른 전과자(前過者)가 아니라 학과를 바꾼 전과자(轉科者)입니다."라고 말하면 청중의 얼굴에 미소가 번진다.

어쨌든 나는 고등학교 때에는 미적분을 포함한 수학Ⅱ를 배웠고, 과학 과목으로는 물리, 화학, 생물학, 지구과학을 모두 공부했으며, 대학에서는 치의학을 전공한 이과(理科) 출신이기에 매스컴에서 새로운 과학이론을 소개해도 어렵지 않게 이해할 수 있었다. 동국대 대학원의 석사학위논문인 「Nāgarjuna의 운동부정론」('『공과 윤리』 - 반야중관에 대한 오해와 이해'에 실림)에서 미분학을 도입하여 '움직임의 인식 과정'을 풀이한 것 역시 고등학교 때 수학Ⅱ를 배웠기에 가능했다. DNA의 이중나선 구조, t-RNA와 m-RNA에 의한 단백질 합성 등 분자생물학에 대한 정확한 지식은 고등학교 3학년 때 '생물' 수업시간에 배운 것이었다. 대학 강의에서 분자생물학에 대해서 새롭게 알게 된 것이 거의 없을 정도로 고교 3학년 때의 생물 수업은 완벽했다. 그때 생물 교과목을 담당했던 분은, 나중에 한국교원대학 교수와 총장을 역임하신 저명한 생물학자 정완호(鄭玩鎬, 1939~) 선생님이셨다. 정 선생님은 고교 3학년 때 우리 반의 담임이셨기에, 고교 졸업 후 지금까지 매년 정초가 되면 급우들과 함께 선생님을 모시고 세배를 드린다.

또 3년간의 공중보건치과의사 경력을 포함하여 치과의사로서만 17년 이상 환자를 진료하면서 치과 재료를 다룬 경험이 있기도 하지만, 나는 손으로 무엇을 만들고 고치는 것에 대해 전혀 부담을 느끼지 않는다. 지금도 하수구든 정수기든 청소기든 세면기든 문제가 생기면 사람을 부르지 않고 거의 모두 자작 수선한다. 나는 어릴 때부터 육체노동에 대해 거부감이 없었는데, 그런 나의 성향에 긍지를 심어준 인물은 현대의 성자라고 불리는 마하트마 간디(Mahatma Gandhi, 1869-1948)였다. 그의 사상 가운데 '빵을 위한 노동(Bread Labour)'이란 게 있다. "입에 들어오는 음식은 반드시 육체노동을 통한 것이라야 하며, 그렇지 않으면 죄를 짓는 것이다."라는 것이 그 사상의 요지다. "하루라도 일하지 않는 날에는 밥을 먹지 않는다(一日不作 一日不食)."는 백장회해(百丈懷海. 749-814) 선사의 가르침과 통하리라.

이 책에 모은 논문 한 편, 한 편을 작성할 때 생물학을 포함한 나의 이과 공부 이력과 치과의사로서의 전력, 그리고 육체노동에 대한 신념 등이 큰 자량이 되었다. 이들 논문의 공통점을 추출하여 이 책의 제목을 『불교적 심신의학과 생명윤리』로 잡았고, 각 논문을 주제에 따라 분류한 후 '제1부 - 불교로 푸는 뇌과학과 진화생물학, 제2부 - 불교적 상담과 명상, 제3부 - 명상 기기의 개발과 실험, 제4부 - 불교의 생명윤리'의 총 4부로 나누어 실었다. 불교의 응용과 관련한 나의 논문 거의 모두가 그렇지만, 이 책에 실은 논문들 가운데 제3부의 실험논문을 제외한 모든 논문은 불교 내외의 여러 학술단체에서 주제를 제시하면서 원고청탁을 하여 쓰게 된 것들이다. 이들 논문 가운데 세간의 주목을 끈 것 몇 편을 소개하면 다음과 같다.

이 책 말미에 '제4부- 불교의 생명윤리'라는 제목으로 묶은 네 편의 논문 가운데 「배아연구와 생명윤리」, 「불교에서 본 생명 개념과 불살생계」의 두 편에서는 줄기세포를 활용한 의료기술에 대해 불교윤리적으로 분석하였는데, '수정란'이나 '줄기세포'와 같이 '인간 범위'의 극한에서 이루어지는 실험이나 시술은 이를 다루는 과학자, 의료인의 동기에 의해서 그 선악(善惡)이 판가름된다고 결론을 내렸다. 배아줄기세포 연구가 철학적으로 '인식과 존재와 가치'의 접점에서 이루어진다는 점을 밝힌 최초의 논문일 것이다.

'제1부 - 불교로 푸는 뇌과학과 진화생물학'에 실은 논문 가운데 「불교와 뇌과학으로 조명한 자아와 무아」에서는 『화엄경』을 요약하여 의상대사가 저술한 「법성게」에 실린 '일미진중함시방(一微塵中含十方)'의 경문에 근거하여 '마음'의 기원을 밝혔다. 진화과정에서 신경계가 형성되고 뇌가 발달하면서 마음이 새롭게 출현하였다고 보는 뇌과학자들의 '창발설(創發說,)'을 반박하면서 "진화과정에서 주관은 객관에 선행하며, 우리가 사는 우주 모든 지점에 주관성과 객관성이 중첩되어 있다."는 새로운 이론을 제시하였다. 그 당시 청중의 반응이 무척 좋았던 것으로 기억한다.

'제2부 - 불교적 상담과 명상'에는 초기불전에서 부처님의 심리치유의 사례를 추출한 후 이를 현대의 심리치료와 비교한 두 편의 논문을 실었다. 「불교적 상담과 명상 연기론의 인지치료적 활용」에서는 끼사 고따미와 난다를 교화한 부처님의 설법에 내재하는 연기법(緣起法)의 골격을 드러내보였고, 「불교의 구사학으로 풀어 본 무의식과 명상」에서는 프로이드적인 정신분석의 방식을 부처님의 교화방식과 비교하여 그 효용성을 가늠해 보았다.

그리고 '제3부 - 명상 기기의 개발과 실험'이라는 제목으로 묶은 세 편의 논문은 명상과정의 과학화, 객관화를 위해서 내가 제작한 Sati-Meter(특허 제10-1558082호)의 고안과 이를 이용한 실험 결과를 정리한 논문들이다. 2013년 안식년에 들어가면서 이 기계를 제작했는데, 원래의 목적은 촉각으로 느낄 수 있는 '찰나의 길이'가 『아비달마구사론』의 설명에 근거하여 계산한 1/75초와 같은지, 다른지 알아보는 순수 학문적인 것이었다. 그런데 제작 과정에서 생각이 번지고 일이 커지면서, 특허도 취득하였고 급기야 세계최초로 사띠미터(Sati-Meter)라는 이름의 '명상기계'가 탄생하였다. 아울러 교육부 산하 한국연구재단의 융합연구과제에 선정되어 몇 가지 실험도 성공적으로 완수하였다. 이 기계의 제작을 위해 구로동과 청계천, 용산 등의 전자부품가게를 찾던 날들이 엊그제 같은데 벌써 근 10년의 세월이 흘렀다.

아무쪼록 뇌과학(1부), 심리상담(2부), 전기전자공학(3부), 분자생물학(4부) 등의 과학이론 및 기술과 불교의 접목을 시도한 본 논문집의 출간을 계기로 불교학의 지평이 보다 넓어지기 바란다.

2022년 10월 31일 경주 동국대 교직원아파트 우거(寓居)에서

도남(圖南) 김성철(金星喆) 합장(合掌) 정례(頂禮)

차 례

제2부 - 불교적 상담과 명상

불교적 상담과 명상 연기론의 인지치료적 활용

불교의 구사학으로 풀어 본 무의식과 명상

제3부 - 명상 기기의 개발과 실험

사띠(Sati) 수행력의 측정과 향상을 위한 기기와 방법

명상수련자의 촉각 주의력에 대한 실험적 연구

Sati 명상장치를 이용한 훈련의 심리적 효과에 대한 실험적 연구

제4부 - 불교의 생명윤리

윤회의 공간적, 시간적 조망

생명공학에 대한 불교윤리적 조망

제1부

불교로 푸는 뇌과학과 진화생물학

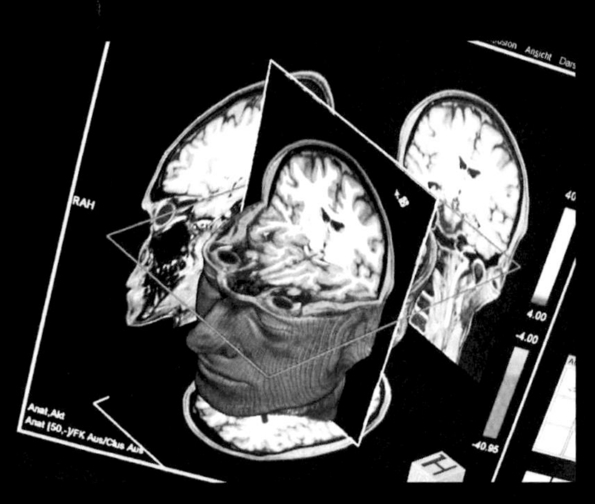

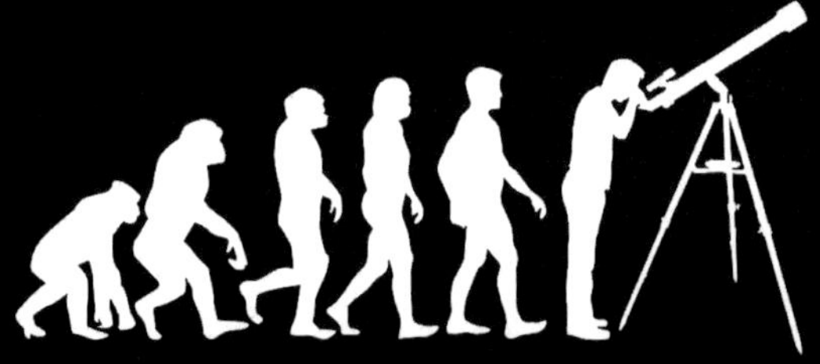

불교와 뇌과학으로 조명한 자아와 무아*

Ⅰ. 뇌과학, 무엇이 문제인가?

Ⅱ. 자아의 기원에 대해 – 주관이란? 마음이란? 의식이란?

  1. 화엄으로 푸는 주관성의 기원

  2. 불교에서 보는 생명과 마음의 기원

  3. 의식의 다양한 스펙트럼

Ⅲ. 무아에 대한 통찰 – '상일주재(常一主宰)'한 자아는 없다.

  1. 무상하게 명멸하는 한 점 식의 흐름

  2. 뇌과학의 무아론(無我論) – 좌뇌 해석기가 만드는 가아(假我)

  3. 불전 속의 무아론 – 아함, 중론, 유식

Ⅳ. 마음의 정체, 그리고 윤회와 해탈

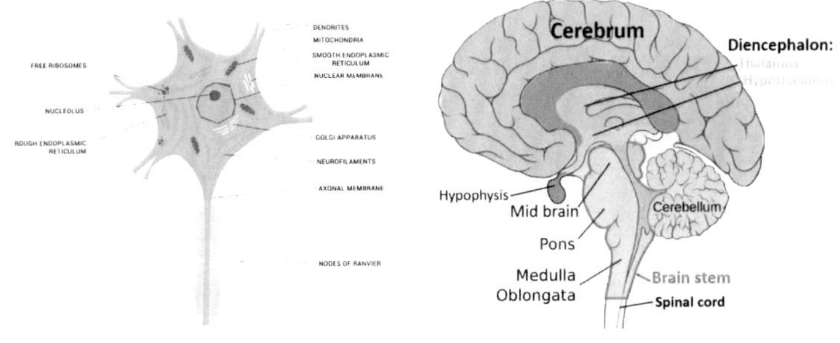

---

* 동국대(서울) 불교문화연구원과 중앙승가대 산학협력단 주최로 2015년 5월 30일 조계사 내 한국불교역사문화기념관 국제회의장에서 개최한 '불교와 뇌과학' 국제학술대회에서 발표.

Ⅰ. 뇌과학, 무엇이 문제인가?

뇌과학 관련 도서마다 빠지지 않는 단골 증례들이 있다. 자신의 몸이든 눈앞의 사물이든 회상을 하건 상상을 하건, 좌나 우의 어느 한쪽에서 일어나는[1] 일을 모두 무시하는 편측무시증후군(Hemispatial neglect). 폭발사고로 긴 쇠막대가 두개골을 뚫어서 뇌에 손상을 입은 다음부터 분노 조절에 어려움을 겪었다는 철도노동자 피니어스 게이지(Phineas Gage)의 증례. 타인은 물론이고 거울에 비친 자신의 얼굴조차 알아보지 못하는 상모실인증(Prosopagnosia, Face blindness). 가족이나 친구를 알아보기는 하지만 그들이 거짓으로 친지인 시늉을 한다고 확신하는 카프그라스(캐쁘그라)증후군(Capgras syndrome).[2] 간질발작을 완화하기 위한 측두엽 절제술 후 장기기억능력을 상실한 H.M.의 증례 …….

이들 모두 대뇌의 특정 부위나 그런 부위 간의 축색 연결에 손상이 있을 때 나타나는 증상들이다. 편측무시증후군은 두정엽과 측두엽의 연접부에 손상이 있을 때 나타나며, 피니어스 게이지의 광폭한 성격은 전두엽 손상 때문으로 짐작되고, 상모실인증(相貌失認症)[3]은 측두엽 하부의 '방추이랑의 얼굴 인식 영역'(Fusiform face area)이나 그 주변부의 결손으로 인한 것이고,[4] 카프그라스

1) 대뇌 손상 부위의 반대 측을 무시하기에 우측 무시의 증례도 있지만 좌측 무시가 대부분이다.

2) 가자니가, 박인균 옮김, 『뇌로부터의 자유』 (서울: 추수밭, 2012), p.149.

3) 안모실인증(顔貌失認症)이라고도 한다.

4) Thomas Grüter, Martina Grüter and Claus-Christian Carbon, "Neural and genetic foundations of face recognition and prosopagnosia,"

증후군은 [정서를 담당하는] 편도체와 [측두엽 하부의] '얼굴인식 영역'(방추이랑) 사이의 연결에 문제가 생겨서 발생하는 것으로 추정되며,[5] 환자 H.M.이 새로운 장기기억을 형성할 수 없는 것은 측두엽 절제 시 해마(Hippocampus)가 함께 제거되었기 때문이다.[6]

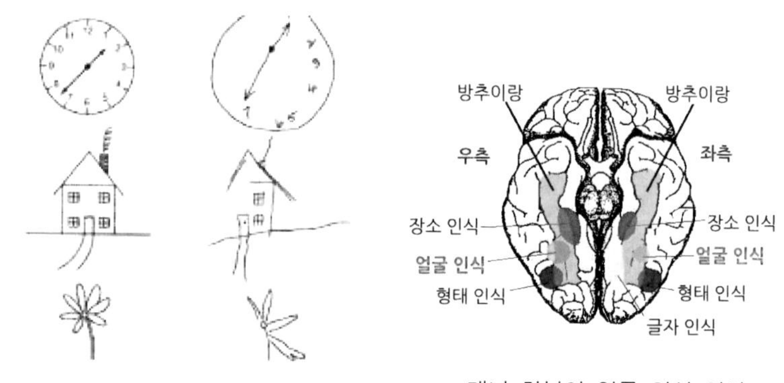

편측무시증후군 환자의 그림(우측)

대뇌 하부의 얼굴 인식 영역

대뇌피질에서 언어와 관련된 부위로 입을 움직여 말을 하게 하는 전두엽 후외측의 브로카(Broca)영역과, 귀에 들린 말을 이해하게 하는 측두엽 상후방의 베르니케(Wernicke)영역이 있다. 브로카영역이 손상되면 말하는 데 어려움을 겪지만 베르니케영역은 온

Journal of Neuropsychology 2, The British Psychological Society (2008): pp.79-97.

5) 존 레이티, 김소희 역, 『뇌 1.4kg의 사용법』(서울: 21세기북스, 2010), p.200. ; V. S. Ramachandran, "Consciousness and body image: Lessons from phantom limbs, Capgras syndrome and pain asymbolia," *Philosophical Transactions of the Royal Society B: Biological Sciences* 353 (The Royal Society Publishing, 1998): p.1856.

6) Neil R. Carlson, 정봉교·현성용·윤병수 공역, 『생리심리학』(서울: 박학사, 2008), p.366. ; pp.389~390.

전하기에 말을 이해는 할 수 있고, 베르니케영역이 손상되어 언어를 이해하는 능력을 상실한 환자는 브로카영역이 온전하기에 유창하게 말은 할 수 있지만 구문과 논리가 무너져 있기에 아무도 이해하지 못하는 말을 지껄인다.[7)]

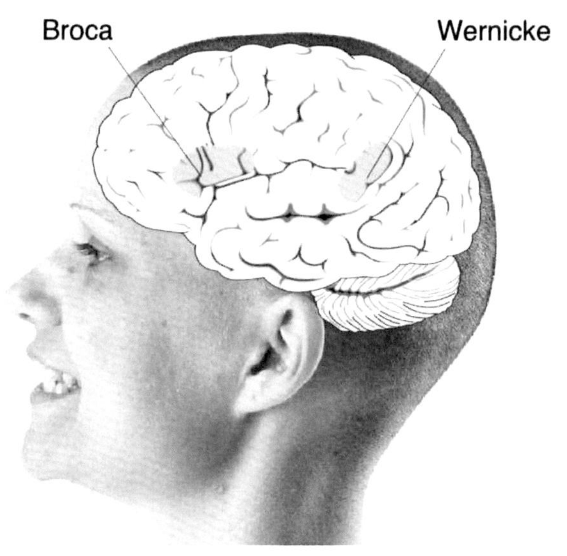

언어 피질 - 말하기(Broca영역)와 언어의 이해(Wernicke영역)

녹차나 커피를 마시면 정신이 명료해지고, 술을 마시거나 담배를 피우면 긴장이 풀어진다. 카페인, 알코올, 니코틴과 같은 화학물질의 영향이다. 조현병(정신분열증) 환자가 치료를 위해 복용하는 신경안정제 클로로프로마진, 항우울제로 쓰이는 이미프라민,[8)]

7) Neil R. Carlson, *Foundations of Psychological Psychology* 6th ed. (Boston: Pearson Education Inc., 2005), pp.401-409 참조.

8) 장 디디에 뱅상, 이세진 옮김, 『뇌 한복판으로 떠나는 여행』(서울: 북하우스 퍼블리셔스, 2010), p.114.

주의력결핍 과잉행동장애 치료를 위해서 처방하는 암페타민[9] ……. 뇌혈관장벽(Blood-Brain Barrier)을 넘어 대뇌에 스며든 이들 기호식품과 향정신성 약물들은 각각 독특한 약리작용을 통해 뉴런 간의 정보전달에 영향을 주어 인간의 심리에 변화를 일으킨다.

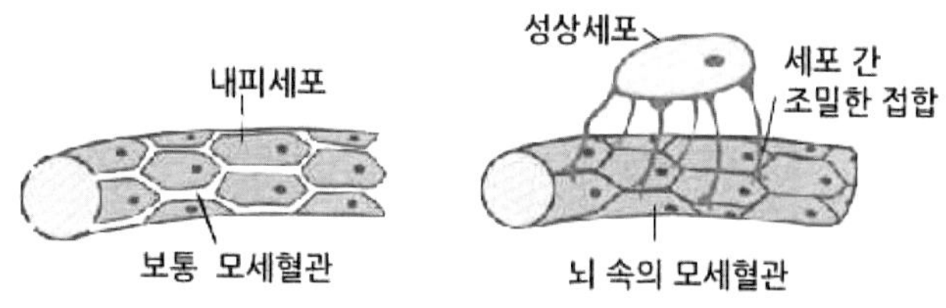

뇌 속 모세혈관의 뇌혈관 장벽

유사 이래, 아니 진화의 역사에서 인간종이 출현한 이래 최근까지 인간은 내가 행동하고 내가 말하고 내가 생각하며, 내가 느끼고, 내가 아는 줄 알았는데 그게 아니었다. 내가 흥분하고, 내가 욕심을 내고, 내가 분노하는 줄 알았는데 그것이 아니었다. 뇌 손상의 다양한 증례들이 축적되고 EEG, PET, fMRI 등[10] 뇌의 전기, 화학적 활동을 측정하는 장치가 개발되면서 그런 나의 모든 행위와 체험들이 '뇌 속의 다양한 신경회로를 흐르는 전류'나 '뉴

9) L. Zylowska, S.L. Smalley, and J.M. Schwartz, "Mindful Awareness and ADHD" in Fabrizio Didonna eds., *Clinical Handbook of Mindfulness* (New York, Springer Science+Business Media, 2009): p.319.

10) EEG(Electroencephalography, 腦波圖), PET(Positron Emission Tomography, 陽電子 放出 斷層撮影), fMRI(functional Magnetic Resonance Imaging, 機能的 磁氣 共鳴 映像).

런에서 뉴런으로 정보를 전달하는 갖가지 화학물질'의 작용으로 일어나는 일들이었음을 알게 되었다. 외상이나 종양, 출혈이나 전색(塡塞)으로 특정 부위의 신경회로가 기능을 하지 못하거나 질병이나 약물로 인해 특정한 신경전달물질의 분비에 이상이 생기면 그와 관계된 인지(認知)와 행위에서 변화가 일어난다.

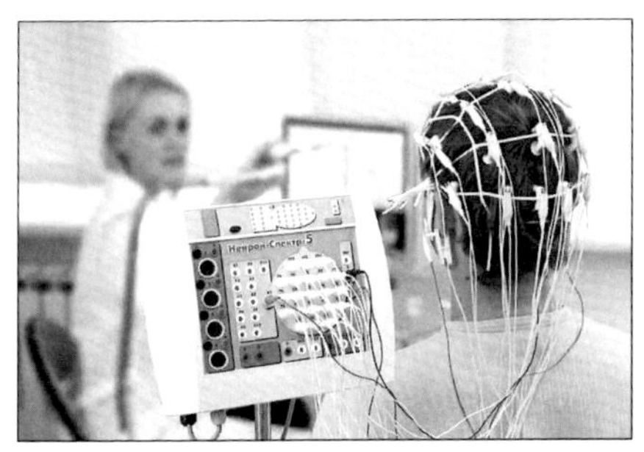

EEG(뇌파도) 측정 장면

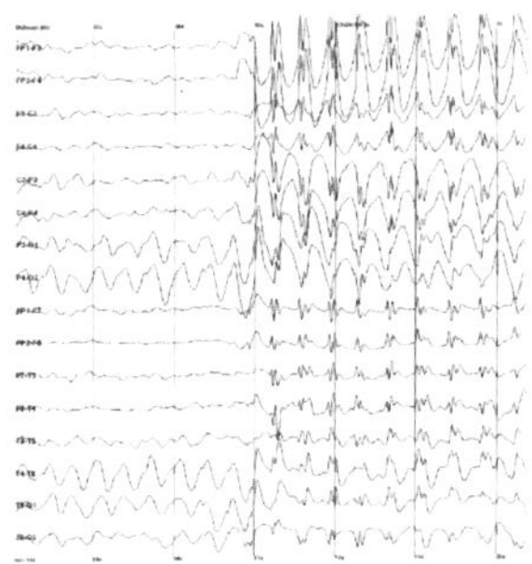

EEG(두피 특정 위치 전압의 시간적 변화)

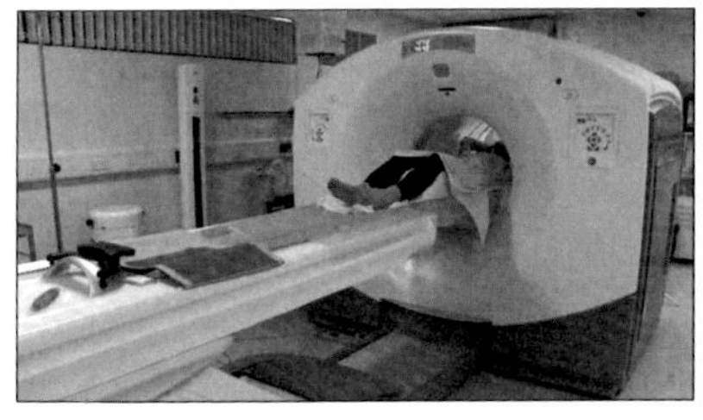

양전자 방출 단층 촬영 장비

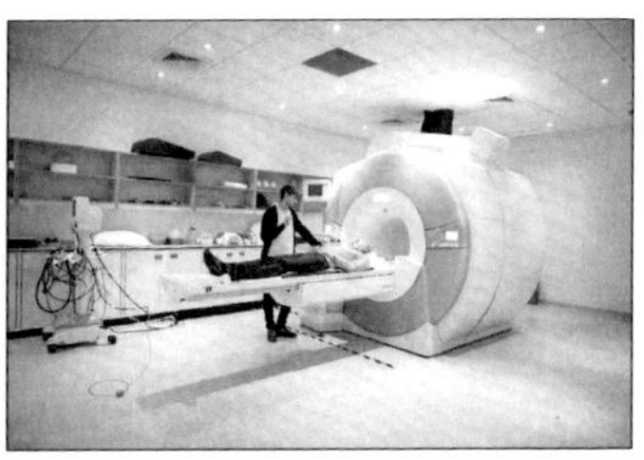

기능성 MRI 장비

나의 일거수일투족이나 견문각지(見聞覺知)는 물론이고, 그런 행위와 인지의 구심점이던 '나'조차 뇌가 만들어낸 것이다. 내가 행동하고 내가 보고, 듣는 줄 알았는데 뇌가 행동케 하고 뇌로 인해 보이고 들린다. 이 모든 일은 '내 탓'도 아니고, '네 탓'도 아니며, '뇌 탓'이었다. 우리의 육체는 물론이고 뇌에도 '마음'이 들어설 자리가 없다. 우리의 인지와 심리, 감성과 지각 모두 뇌의 전기, 화학적 작용으로 환원할 수 있다. 마음은 뇌에서 창발(創發, Emergent)한 것이다. 따라서 뇌의 기능이 정지하면 우리의 마음도 사라진다. 죽으면 모든 것이 끝이다. 내생은 없다. ……… 데자뷔(déjà vu)인가? 어디서 많이 듣던 얘기다. 인도에서 수천 년 동안 모든 학파로부터 비방을 당하던 순세파가 다시 부활한 것일까?

고대 인도의 갠지스강 유역에 짜르와까(Cārvāka)[11]라는 유물론자들이 있었다. "세속(Loka)을 지향한다(Āyata)."는 의미에서 순세파(順世派, Lokāyata)라고 불리기도 했다. 순세파에 의하면 세상은 지(地), 수(水), 화(火), 풍(風)의 네 가지 요소만으로 이루어져 있는데, 이들 요소들이 적절히 결합하여 육체의 모습을 띄게 되면 마음이 발생하며, 죽어서 육신이 소멸하면 마음도 사라진다.[12] 요새말로 다시 표현하면 "세상에는 수소, 산소, 탄소, 질소 등 103가지 원자만 존재하는데 이런 원자들이 모여서 몸이 형성되면 거기서 마음이 새롭게 나타나지만, 육체가 사라지면 그런 마음도 사라진다."라는 가르침이다. 이런 세계관에 입각하여 순세파의 교조인 브리하스빠띠(Bṛihaspati, 6세기경, B.C.E.)는 다음과 같이 말한다.

---

11) 짜르와까는 '먹다'를 뜻하는 어근 √charv에서 유래한 단어로, '먹고 마시고 섹스하는 것을 신봉하는 사람' 또는 '자기의 말을 먹는 사람' 또는 '모든 도덕과 윤리적 배려를 먹어치우는 사람' 또는 '달콤한 혓바닥을 가진 사람'이라고 풀이하기도 한다. Chandradhar Sharma, *A Critical Survey of Indian Philosophy* (London: RIDER & COMPANY, 1960), p.39.

12) Mádhava Áchárya, *Sarva-Darśana-Saṃgraha*, 제7게.

천국도 없고 해탈도 없으며, 영혼도 없고 내세도 없다. 사성(四姓)계급 속에서 직분을 다해도 그 어떤 효력도 생하지 않는다. …… 살아 있는 동안만이라도 행복하게 살게 하고 빚을 내서라도 버터를 먹게 하라. 일단 몸뚱이가 재가 되면, 어찌 다시 돌아올 수 있겠는가? 만일 몸을 떠난 영혼이 있어서 다른 세계로 가는 것이라면, 친지가 그리운 그가 돌아오지 않을 리 있겠는가? 따라서 제사장들이 만든 규범은 그들의 생계를 위한 것일 뿐, 망자를 위해 그 어떤 제사를 지내도 어디서도 결실은 생하지 않는다.[13)]

우리가 죽으면 천국이나 지옥 같은 곳이 있어서 영혼이 그곳에 태어나는 것이 아니다. 모든 것이 끝이다. 따라서 남에게 돈을 꾸어서라도 호의호식하며 행복하게 살라는 가르침이다. 힌두교도[14)]인 『전철학강요(全哲學綱要)』[15)]의 저자 마드하바(Mādhava, 1238~1317)는 그 당시 이런 짜르와까의 가르침을 부와 욕망을 인생의 유일한 목표로 삼는 많은 사람이 추종했다고 평했는데[16)] 현대에도 이는 다르지 않을 것이다. 부처님과 동시대에 생존했을 것으로 추정되는 유물론자 아지따 께사깜발린(Ajita Kesakambalin, 6세기경, B.C.E.) 역시 다음과 같이 말한다.

인간이란 '지(地), 수(水), 화(火), 풍(風)'의 사대(四大)로 이루어졌다. 사람이 죽으면 '지'의 요소는 땅으로 돌아가고 '수'의 요소는 물로 돌아가며 '화'의 요소는 불로 돌아가고 '풍'의 요소는 공기로 돌아가며, 그의 여러 가

13) Mádhava Áchárya, *The Sarva-Darśana-Saṃgraha or Review of the Different Systems of Hindu Philosophy*, E. B. Cowell and A. E. Gough (London: Trübner & Co., 1882), p.11.
14) 힌두교(Hinduism)가 서구적 종교관에 입각하여 근대의 종교학자들이 만든 호칭이지만, 필자 역시 학계의 통례에 따라 이 용어를 사용한다.
15) *Sarva-Darśana-Saṃgraha*: '베단타 사상'을 정점으로 삼아 인도의 다양한 사상과 종교의 요점을 정리한 Mādhava의 저술.
16) Mādhava Acārya, *ibid.*, p.2.

> 지 능력들은 허공으로 사라진다. 네 명의 상여꾼들이 그의 시체를 들고 화장터로 가면서 온갖 송덕문을 읊조리지만, 결국은 하얗게 탄 뼈조각들과 재로 변한 공양물들만 남을 뿐이다. 공덕을 말하는 것은 바보들의 교리다. 사람들은 여기에 이득이 있을 것이라고 말하지만 이는 공허한 거짓말이고 부질없는 헛소리다. 바보든 현자든 육체가 무너지면 완전히 사라진다. 죽음 후에는 그 누구도 존재하지 않는다.[17]

우리 몸은 단백질, 지방, 칼슘 등 갖가지 분자들의 모임일 뿐이다. 사람이 죽어서 그 시체를 화장하면 그 몸을 이루던 분자들은 모두 공기 중으로 흩어지고 그 사람 역시 사라진다. 따라서 죽음 후에 영혼이 있다고 생각하거나, 그 영혼을 위해서 제사를 지내거나 축원을 하는 일은 모두 바보 같은 짓이라는 것이다. 사실 이런 순세파의 유물론은 '사상'이나 '철학'일 것도 없다. 누구든 감각된 것과 경험한 것에만 근거하여 생각해 보면 위와 같은 유물론적 세계관을 갖게 된다. 그러나 순세파의 유물론은 고대 인도에서 다른 모든 학파들로부터 가장 혹독하게 비판받고 경멸을 당했던 사상이었다.[18]

영국의 저명한 물리학자 스티븐 호킹(Stephen W. Hawking, 1942-2018)은 2011년 5월 시사전문지 가디언과의 대담에서 "죽음을 두려워하느냐?"는 기자의 질문에 답하면서 다음과 같이 유물론적 세계관을 토로한 바 있다.

> 나는 지난 49년 동안을 계속 머지않아 죽을 것이라고 생각하면서 살아왔

---

17) *Samaññaphala Sutta: The Fruits of the Contemplative Life*, DN. Ⅱ.

18) Chandradhar Sharma, *op. cit.*, p.44. ; Sarvepalli Radhakrishnan, *Indian Philosophy* 1 (New Delhi: Oxford University Press, 1997), p. 284.

> 습니다. 나는 죽음이 두렵지 않습니다. 그렇다고 해서 죽으려고 서두르지 도 않습니다. 나는 하고 싶은 일들이 많습니다. 나는 뇌가 부속품이 망가지면 작동을 멈추는 컴퓨터와 같다고 생각합니다. 부서진 컴퓨터에게 천국이나 내생은 없습니다. 그것은 어둠을 무서워하는 사람들을 위해 꾸며낸 얘깁니다.[19]

죽음이 두렵지 않다는 소회를 피력하면서 호킹은 인간의 뇌는 컴퓨터와 같고 내생은 없다고 단정적으로 말한다. 여기서 호킹이 마음이나 영혼이란 단어를 언급하진 않았지만, 내생을 부정한다는 점에 비추어 볼 때, 죽음 후 마음이나 영혼 역시 사라진다고 생각한 듯하다. 뇌를 연구하는 현대의 철학자나 과학자들의 생각 역시 호킹과 다르지 않다.

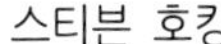

스티븐 호킹　　존 설　　마이클 가자니가

존 설(John Rogers Searle, 1932~)은 "의식이란 광합성, 음식물 소화, 세포핵분열과 같은 생물학적 현상"[20]이라거나 "인간이나 짐승 두뇌의 놀라운 생산물"로 "두뇌 시스템에서 구현되는 두뇌의

---

19) http://www.theguardian.com/science/2011/may/15/stephen-hawking-interview-there-is-no-heaven - 2015/04/18.

20) 2013년 5월 TED강의. https://www.ted.com/talks/john_searle_our_shared_condition_consciousness - 2015/04/22.

과정에 기인한다."라고 말하며[21] '분리 뇌 연구'[22]의 권위자인 가자니가(Michael Gazzaniga, 1939~)는 "의식적 사고는 창발된 속성(Emergent property)"이라고 말한다. 실재하는 것은 오직 물질뿐이며, 마음 또는 정신 또는 의식은 이런 물질로 이루어진 뇌에서 발생한 2차적인 것이다. 따라서 죽음으로 인해 뇌가 작동을 멈추면 그 부산물인 마음 또는 정신 또는 의식 역시 사라진다. 내생도 없고 전생도 없고 윤회도 없다. …… 고대 인도의 유물론자들과 현대의 뇌과학자들이 공유하는 세계관이다. 정말 그런가?

Ⅱ. 자아의 기원에 대해 - 주관이란? 마음이란? 의식이란?

1. 화엄으로 푸는 주관성의 기원

"열 길 물속은 알아도 한 길 사람의 마음속은 모른다."라는 속담이 있다. 그러나 이는 옛날얘기다. 뇌의 활동을 실시간으로 보여주는 fMRI와 같은 영상장비로 누군가의 마음이 어떤 상태인지, 그가 무슨 생각을 하는지 어림짐작할 수 있다. 앞으로 이런 장치

21) Susan Blackmore, *Conversations on Consciousness: What the Best Minds Think About the Brain, Free Will, and What It Means To Be Human* (New York, Oxford University Press, 2006), p.200.

22) 대발작성 간질(Grand mal epilepsy)로 인한 피해를 줄이기 위해 대뇌의 양 반구를 연결하는 축색 다발인 뇌량(腦梁)을 절단하는 시술을 받은 환자의 증례에 대한 연구.

가 더욱 정교해지면 '마음으로부터 욕구하는 바가 세속의 윤리기준에 어긋나지 않는(從心所慾不踰矩)' 사람만 걸러내어 우리 사회의 지도자로 선출할 날이 올 수 있을지도 모른다.

그런데 두뇌의 활동을 측정하는 장치가 아무리 정밀해져도, 우리의 마음에서 절대로 객관화할 수 없는 측면이 있다. 철학자들이 '감각질(感覺質, Qualia)'이라고 부르는 주관적 체험이다. 내가 맛본 소금의 짠맛을 남이 전혀 알 수 없고, 내가 느낀 치통을 남이 결코 체험할 수 없다. 미각이나 촉각뿐만이 아니다. 내 눈에 비친 붉은 색의 느낌을 남이 전혀 알 수 없다. 붉음과 초록을 구분하지 못하는 적록색맹을 예로 들어 보자. 어떤 꽃을 보고서 나도 붉다고 하고, 그도 붉다고 하기에 붉음이 객관적으로 존재하는 줄 알았는데 그게 아니었다. 그는 초록을 보고도 붉다고 말한다. 적록색맹인 그에게 저 꽃의 색깔이 실제로 어떻게 느껴졌는지 남은 절대 알 수 없다. 적록색맹만 그런 것이 아니다. 모든 사적(私的) 체험이 다 그렇다. 모든 사적 체험만 그런 게 아니다. 본고 서두에서 소개했던 뇌과학의 최신 연구성과에 비추어 보면 인간은 물론이고 생명체의 모든 체험이 다 그럴 것이다. 우리들이 체험하는 세상만사는 비트겐슈타인이 말하듯이 우리들 각자 하나씩 갖고서 혼자만 보는 '상자 속의 딱정벌레'[23]와 같다. 모든 것이 나의 주관적 체험이다.

23) Ludwig Wittgenstein, *Philosophical Investigations*, trans. G. E. M. Anscombe, P. M. S. Hacker and Joachim Schulte (West Sussex: Blackwell Publishing Ltd., 2009), p.106e.

자동차의 두 모습 - 위의 외부는 객관, 아래의 내부는 주관에 대비된다

주관(主觀)은 내가 보는 관점이고, 객관(客觀)은 남과 공유하는 관점이다. '주관적'이란 '내가 보는 관점에 근거한'이라고 풀이되고, '객관적'이란 '남과 공유하는 관점에 근거한'이라고 풀이된다. 자동차에 비유해 보자. 하나의 자동차를 보는 두 가지 관점이 있

다. 하나는 자동차 밖에서 그 외부를 보는 관점이고[객관, 위의 사진], 다른 하나는 자동차 안에서 핸들을 잡고 그 내부를 보는 관점이다[주관, 아래 사진]. 밖에서 본 내 자동차는 다른 차에 비해 클 수도 있고, 작을 수도 있으며, 화려할 수도 있고 소박할 수도 있다. 다른 자동차와의 비교를 통해 내 자동차의 겉모습이 평가된다. 상대적인 모습이다. 그러나 자동차 안에서 운전석에 앉아 내 차를 바라보면 핸들이 보이고, 백미러가 보이고, 기어가 보이고, 계기판이 보이는데, 그 모두가 유일무이의 절대적인 모습들이다.

주관! 내가 보기에는 분명히 실재하는데, 체험되는 것은 나의 주관뿐이다. 남의 주관은 그 존재를 추측할 수는 있어도 체험할 수는 없다. 우리의 마음 또는 의식은 주관에서만 작동한다. 이런 주관, 마음, 의식은 도대체 어떻게 해서 생겨난 것일까? 심리철학과 뇌과학의 난제이긴 하지만 세상과 인간에 대한 화엄학의 통찰에서 그 해답을 발견할 수 있다. 『화엄경』의 부처님은 비로자나 부처님이다. 화엄신화에 의하면 대위광(大威光) 태자가 무수한 세월 동안 보살행을 한끝에 비로자나 부처님으로 성불하면서 그 몸 그대로 온 우주가 되었다. 비로자나 부처님은 이 우주 그 자체다. 우리 모두는 비로자나 부처님의 몸속에 살고 있다. 그래서 "뛰어 봤자 부처님 손바닥 안"인 것이다. 『화엄경』의 가르침을 210자로 요약한 의상(625~702) 스님의 『법성게(法性偈)』에서는 이런 우주의 모습을 다음과 같이 노래하였다.

…

일중일체다중일 一中一切多中一 하나 속에 모두 들고 모두 속에 하나 들며

일즉일체다즉일 一卽一切多卽一 하나가 곧 모두이고 모두가 곧 하나라네.
일미진중함십방 一微塵中含十方 한 점 크기 티끌 속에 온 우주가 담겨있고
일체진중역여시 一切塵中亦如是 낱낱 모든 티끌에도 역시 이와 마찬가지.
무량원겁즉일념 無量遠劫卽一念 무량 세월 구원겁이 한순간의 생각이고
일념즉시무량겁 一念卽是無量劫 한순간의 잠깐 생각 무량겁의 세월이라
구세십세호상즉 九世十世互相卽 아홉 갈래 온 시간이 그냥 바로 지금이나
잉불잡란격별성 仍不雜亂隔別成 그럼에도 혼잡 없이 구분되어 성립하네.[24]
…

『법성게』의 앞부분으로, 화엄의 공간론과 시간론이 축약되어 있다. 우리가 사는 이 우주에서는 티끌 하나 크기의 공간 속에 온 우주가 담겨 있으며, 한 찰나의 시간에 과거, 현재, 미래의 모든 시간이 중첩되어 있다는 것이다. 온 우주가 한 점 공간 속에 들어 있고, 온 시간이 한 찰나 시간 속에 들어있다.

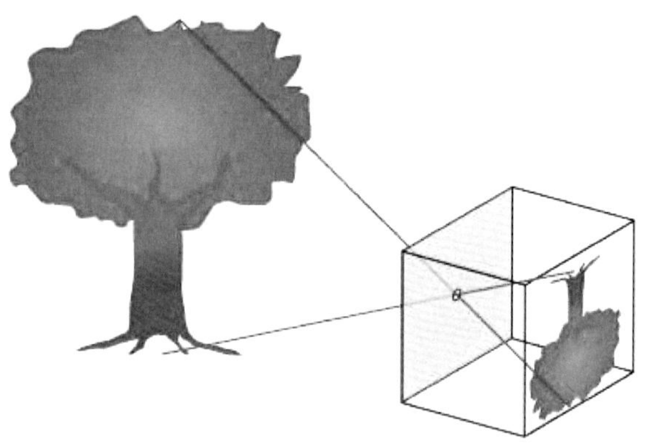

한 점 구멍으로 바깥 풍경이 모두 빨려드는 바늘구멍사진기

24) 『華嚴一乘法界圖』(『大正藏』45, p.711上).

온 우주는 아니지만 내 눈 앞에 펼쳐진 넓은 세상이 사실은 동공에 뚫린 작은 구멍 속으로 빨려 들어온 모습이고 내 귀에 들리는 모든 소리가 사실은 작은 귓구멍으로 빨려 들어온 것이라는 점, 바늘구멍사진기의 작은 구멍으로 온 풍경이 빨려들고, 휴대전화의 핀포인트 마이크에 모든 소리가 들어간다는 점으로 인해서 "티끌 하나 크기의 공간 속에 온 우주가 담겨 있다."라는 『법성게』의 경구가 진실일 수 있겠다고 짐작케 한다.[25] 또, 과거의 모든 사건은 아니지만 특정한 시점의 일들이 녹음기나 촬영기를 통해 기록된다는 점에서, 더 나아가 지금 이 순간 뇌를 포함한 나의 몸에 과거에 내가 겪었던 모든 체험이 각인되어 있다는 점에서 "한 찰나 속에 무한한 시간이 들어간다."라는 가르침이 진실일 수 있겠다고 짐작한다. 공간적으로는 '일미진중함시방(一微塵中含十方, 한 점의 티끌 속에 온 우주가 담겨있다.)'이고, 시간적으로는 '일념즉시무량겁(一念卽是無量劫, 한 찰나의 생각이 그대로 무한한 세월이다.)'이다.

그러면 화엄학의 이런 통찰을 예비지식으로 삼아 주관, 또는 마음, 또는 의식의 정체를 구명해 보자. '일미진중함시방'에서 '일미진(한 점의 티끌)'과 '함시방[26](온 우주가 담김)'을 구분할 때, '한 점 티끌 크기의 어느 한 지점(一微塵)'에도 '온 우주의 모든 정보(十方)'가 담겨있다(含).[27] 여기서 바로 그 '한 점'이 바로 객관이

25) 김성철, 「화엄사상에 대한 현대적 이해」, 『불교문화연구』 제4집 (경주: 불교사회문화연구원, 2003), pp.179-206.

26) 十方: 동방, 남방, 서방, 북방(四方) + 남동방, 남서방, 북동방, 북서방(四維) + 상방, 하방

27) 라이프니츠(Leibniz, 1646-1716)는 그 한 점을 단자(單子, Monad)라고 부르면서 창이 없다고 보았지만, 화엄의 일미진은 모든 방향으로 창을 열어서 온 우주를 담는다.

라면, 그 안에 '담긴 온 우주'는 그 '한 점'의 주관적 측면이다. 자동차에 비유해 보자. 같은 하나의 자동차인데도 밖에서 본 모습과 안에서 본 모습이 판이하다. 밖에서 본 자동차는 '일미진'과 같이 국소적이지만, 안에서 본 자동차는 '함시방'과 같이 전체적이다. 밖에서 본 자동차는 세상의 일부일 뿐이지만, 안에서 본 자동차는 세상 전체다. 전자는 객관이고, 후자는 주관이다. 두 모습이 전혀 다르지만 같은 자동차의 양면이다. 이와 마찬가지로 우리가 사는 우주의 그 어떤 지점을 잡아도 그 지점은 객관과 주관의 양 측면을 갖는다. '일미진'의 측면과 '함시방'의 양 측면을 갖는다. 그래서 의상 스님의 법성게에서는 "낱낱의 미진에도 역시 그러하다(一切塵中亦如是)."고 노래하는 것이다. 우리가 사는 이 공간에서 어느 한 지점을 잡아도 그 점 속에는 시방의 모든 정보가 담겨있다.[28] 3차원 우주상의 그 어떤 좌표점도 '한 점'이라는 객관적 측면과 '함시방'이라는 주관적 측면이 함께한다.

따라서 우리 인간의 '주관성'[心]은 진화과정에서 창발한(Emergent) 것이 아니고 생명체[衆生]에게만 있는 것이 아니다. 물리적인 공간[佛]의 모든 지점에 '주관성'이 잠재한다. 우리가 사는 3차원 우주의 본질이다. 우주 그 자체인 비로자나부처님[佛]의 몸이다. 그래서 『화엄경』에서는 "마음과 부처와 중생, 이 세 가지는 다르지 않다(心佛及衆生 是三無差別)."[29]고 설하는 것이다. 존재론적으로는 생명체의 진화과정에서 물리적 세계만 존재하다가, 나중에 주관 또는 마음 또는 의식이 출현했을 것으로 추정하지만

---

28) 화엄학에서는 이런 관찰법을 인다라망경계문(因陀羅網境界門)이라고 부르기도 한다. 『華嚴一乘十玄門』(『大正藏』45, p.516中).

29) 『大方廣佛華嚴經』(『大正藏』9, p.465下).

인식론적으로는 이와 반대다. 진화 초기에 모든 생명체는 타자의 존재를 알지 못했을 것이다. 오직 주관적 체험만 존재하다가 감각기관이 생기면서 비로소 객관이 구성되기 시작한 것일 테다. 그리고 인간의 뇌가 고도로 발달하면서 객관의 모호성이 점차 사라지고 있을 뿐이다. 진화과정에서 주관은 객관에 선행(先行)한다.

2. 불교에서 보는 생명과 마음의 기원

현대과학의 우주론에서는 지구가 약 45~46억 년 전에 탄생했다고 추정한다. 운석의 방사능 연대 측정에 근거한 계산이다. 그리고 지구상에 최초의 생명체(단세포)가 나타난 것은 약 37억 년 전이고, 그 후 진화를 통해 온갖 생물의 종들이 탄생했으며, 약 6백만 년 전에 인류의 조상이 출현했고, 현생 인류는 약 2백만 년 전 나타났다고 한다. 여기서 "탄생했다.", "나타났다.", "출현했다."라고 기술했지만 이를 진화생물학적으로 정확히 표현하면 "기존의 종(種)에서 유전자에 돌연변이가 일어나 탄생한 새로운 종이 지구상에 널리 퍼지기 시작했다."라는 말이다.

일반적으로 불교를 과학적인 종교라고 평하지만, 생명의 기원에 대한 불전의 가르침은 이와 많이 다르다. 모든 생명체는 천상, 아수라, 인간, 아귀, 축생, 지옥의 육도에서 탄생과 죽음을 되풀이한다. 윤회하는 것이다. 그런데 이런 육도를 그 특징에 따라 셋으로 묶어서 삼계(三界)라고 부르기도 한다. 삼계는 욕계, 색계, 무색계의 셋인데, 욕계에 사는 중생은 '마음과 몸과 남녀 또는 암수의 성(性)'을 갖추고 있고, 색계 중생은 '마음과 몸'만 있으며, 무색계 중생에게는 '마음'만 있다. 삼계를 육도와 대응시켜 표로 정리하면 다음과 같다.

<table>
<tr><th>삼계</th><th colspan="2"></th><th>육도</th></tr>
<tr><td rowspan="4">무색계(無色界)
마음(삼매)</td><td colspan="2">비상비비상처천(非想非非想處天)</td><td rowspan="14">천상</td></tr>
<tr><td colspan="2">무소유처천(無所有處天)</td></tr>
<tr><td colspan="2">식무변처천(識無邊處天)</td></tr>
<tr><td colspan="2">공무변처천(空無邊處天)</td></tr>
<tr><td rowspan="4">색계(色界)
마음+몸(빛)</td><td colspan="2">제4선천(第四禪天) - 무운천, 복생천, … 선견천, 색구경천</td></tr>
<tr><td colspan="2">제3선천(第三禪天) - 소정천, 무량정천(無量淨天), 변정천</td></tr>
<tr><td colspan="2">제2선천(第二禪天) - 소광천(小光天), 무량광천, 광음천(光音天)</td></tr>
<tr><td colspan="2">초선천(初禪天) - 범중천, 범보천, 대범천(大梵天)</td></tr>
<tr><td rowspan="11">욕계(欲界)
마음+몸+성(sex)</td><td rowspan="6">육욕천
(六欲天)</td><td>타화자재천</td></tr>
<tr><td>화락천</td></tr>
<tr><td>도솔천</td></tr>
<tr><td>야마천</td></tr>
<tr><td>삼십삼천(도리천)</td></tr>
<tr><td>사대왕중천</td></tr>
<tr><td colspan="3">아수라</td></tr>
<tr><td colspan="3">인간</td></tr>
<tr><td colspan="3">아귀</td></tr>
<tr><td colspan="3">축생</td></tr>
<tr><td colspan="3">지옥</td></tr>
</table>

육도 가운데 지옥, 축생, 아귀, 인간, 아수라의 오도(五道)는 모두 욕계에 속하고, 천상 중에서는 사천왕천, 삼십삼천, 야마천, 도

솔천, 화락천, 타화자재천의 여섯이 욕계에 속하여 육욕천(六欲天)이라고 불린다. 그리고 그 이상의 경지인 색계와 무색계는 모두 하늘나라(天上)인데 색계에는 음욕을 끊고서 그 몸은 빛으로 이루어진 천신들이 거주하고, 무색계는 육체조차 사라지고 오직 정신적 삼매의 경지만 지속되는 곳이다. 선행(福業)이나 악행(非福業)을 하면 삼계 가운데 지옥에서 육욕천까지 욕계를 오르락내리락 이동하면서 그 과보를 받지만, 색계나 무색계에 태어나기 위해서는 지극히 선(善)하게 살면서 그런 천상에 해당하는 선(禪)이나 삼매의 경지를 체득해야 한다.[30] 예를 들어 내생에 초선천에 태어나려면 현생에 초선(初禪)의 경지에 올라야 하고, 무색계의 식무변처천에 태어나기 위해서는 현생에 식무변삼매(識無邊三昧)의 경지를 체득해야 한다.[31] 이상과 같이 불교의 생명관은 현대 생물학의 그것과 다르지만, 우주론은 현대 천문학 이론과 흡사하다. 불교의 우주론이 실린 경문 가운데 한 단락을 인용하면 다음과 같다.

> 태양이 사천하(四天下)를 지나면서 수미산 주위를 도는데 울단월에서 태양이 중천에 떠 있으면, 불우체에서 태양이 뜨기 시작하여 불우체의 사람들은 그곳을 동쪽으로 삼는다. 불우체에서 태양이 중천에 떠 있으면 염부제에서 태양이 뜨기 시작하여 염부제의 사람들은 그곳을 동쪽으로 삼는다.

---

30) 복업과 비복업이 상하 이동을 하는 동업(動業)인데 반하여, 색계나 무색계에 태어나는 것은 그런 상하 이동을 통해서가 아니라(非動) 선이나 삼매의 수행으로 그 경지를 체득해야 하기에 부동업(不動業)이라고 부른다.

31) 식무변삼매란 '주관이 무한히 펼쳐진 삼매의 경지'로 우빠니샤드의 범아일여(梵我一如) 체험이 이에 해당할 것이다. 우빠니샤드에서는 범아일여를 종교적 경지의 궁극으로 보지만 불교의 삼계설은 이를 윤회의 한 단계일 뿐이라고 격하시킨다.

> 염부제에서 태양이 중천에 떠 있으면 구야니에서 태양이 뜨기 시작하여 구야니의 사람들은 그곳을 동쪽으로 삼는다. …[32]

이는 방위에 실체가 없다는 것을 가르치는 『백론』의 경문인데, "태양이 사천하를 지나면서 수미산 주위를 돈다."라는 설명을 통해 우리는 수미산이 지구를 의미한다고 추측할 수 있다. 그런데 그런 수미산이 하나만이 아니다. 밤하늘의 모든 별마다 수미산을 갖추고 있다. 『기세경』에서는 우리가 사는 우주에 대해 다음과 같이 설명한다.

> 비구들이여 하나의 해와 달이 운행하는 곳에서 사천하를 비추는 것과 같으니라. 이와 같은 방식으로 사천하의 세계가 천 개의 해와 달이 운행하는 곳을 가지며 이를 1천세계라고 부르느니라. 비구들이여 천 곳의 세계 중에는 천 개의 달, 천 개의 해, 천 명의 수미산 왕, 사천 곳의 작은 섬, 사천 곳의 큰 섬 …… 천 곳의 사천왕천, 천 곳의 삼십삼천, 천 곳의 야마천, 천 곳의 도솔천, 천 곳의 화락천, 천 곳의 타화자재천, 천 곳의 마라천, 천 명의 범세천이 있느니라. 비구들이여 범세천에 한 명의 범왕이 있고 위력이 가장 강하여 이길 수가 없는데 천 곳의 범자재왕의 영토를 통치하면서 "내가 능히 만들고, 능히 변화시키고, 능히 홀린다."라고 말하고 "나는 마치 아버지와 같다."라고 말한다. 온갖 일에 대해서 스스로 이런 방자한 말을 하고서는 아만을 내지만, 여래는 이와 같지 않으니라. 왜 그런가? 온 세상은 각각의 업력에 따라서 나타나고 성립하는 것이니라.[33]

'천 개의 해와 달이 운행하는 곳'이 1천세계인데 이곳에는 '천 명의 수미산 왕'이 있다는 것이다. 수미산 왕이란 '의인화 한 지구'일 테고, 그런 수미산이 천 개 모이면 해도 천 개, 달도 천개

---

32) 『百論』(『大正藏』30, p.180中).
33) 『起世經』(『大正藏』1, p.310中).

가 될 것이다. 태양을 중심으로 표현하면 항성인 별이 천 개 모인 곳이 일천세계다. 이어지는 경문에 의하면 이런 일천세계는 소천(小千)세계라고도 불리며 그 모습은 마치 주라(周羅)[34]와 같다고 한다. 또 소천세계가 천 개 모이면 중천(中千)세계가 되고, 중천세계가 천 개 모이면 천이 세 번째 중첩되기에 삼천대천(三千大千)세계라고 불리는데 바로 이것이 한 분의 부처님이 주관하는 곳으로 일불국토(一佛國土)다. 우리가 사는 우주 전체다. 갖가지 중생들이 6도를 윤회하며 살아가는 현장이다. 태양계의 지구상에만 생명체가 사는 것이 아니다. 북두칠성의 어느 별 어느 행성에도 생명체가 살고 있고 안드로메다자리의 어느 별 어느 행성에도 온갖 중생이 살고 있다. 빛의 속도로 수백억 년 동안 달려야 겨우 한 바퀴 돌아서 제자리로 온다는 이 광막한 우주 전체에 온갖 생명체가 가득하다. 따라서 지구에서 죽어서 북극성 주위를 공전하는 어떤 행성에 태어날 수 있고, 오리온자리에서 죽어서 카시오페이아좌에 태어날 수 있다. 우리가 죽은 후 그야말로 "어디서 무엇이 되어 다시 만나랴?" 불교의 우주관과 생명관이다.

모든 것은 무상하다. 사물은 생(生), 주(住), 이(異), 멸(滅)하고, 생명체는 생(生), 노(老), 병(病), 사(死)하며, 우주는 성(成), 주(住), 괴(壞), 공(空)한다. 여기서 '성, 주, 괴, 공'이란 "성립되었다가(成), 머물다가(住), 파괴되어서(壞), 텅 빈다(空)."는 의미인데, 『아비달마구사론』에 의하면 이런 네 단계 각각에 20겁의 시간이

34) 주라는 산스끄리뜨어로는 '쭈다(cūda)', 빠알리어로는 쭐라(cūlā)의 음사어로 인도의 종교인들이 삭발할 때, 마지막에 남기는 한 줌의 머리칼을 말한다. 굳이 현대 천문학으로 풀어 본다면, 소용돌이 모습의 성운일 것이다.

걸리기에 총 80겁이 지나야 우주의 생성과 소멸의 한 주기(週期, Cycle)가 끝난다는 것이다. 그리고 이런 성주괴공의 주기는 무한히 되풀이 된다. 성주괴공 가운데 괴겁(壞劫)의 시기가 되면 삼계, 육도 가운데 가장 아래에 있는 지옥부터 점차 사라진다. 지옥에 태어나는 중생이 사라진 후, 아귀, 축생이 사라지고, 인간과 육욕천이 사라지고, 색계의 초선천에 거주하는 범천들이 사라진다. 이렇게 온 우주에서 모든 생명체가 사라져서 텅 비게 되는 데 총 19겁이 걸린다고 한다. 이때 사라진 모든 생명체는 타방(他方)의 삼천대천세계에 태어나거나 색계 제2선천 이상에서 천신으로 살아간나. 그 후 온 우주에 화재(火災), 수재(水災), 풍재(風災)의 삼재(三災)가 차례대로 일어나면서 제3선천까지의 물리석 우주조차 모두 파괴되고, 온 우주는 텅 비어 허공만 존재하는 공겁의 상태가 되는데, 그 상태로 20겁이 지나면, 다시 성겁이 시작된다. 성겁의 초기에는 모든 중생들의 업력에 의해서 허공에서 미세한 움직임이 생기는데, 그 움직임이 점차 왕성해져서 대범천의 궁전을 시작으로 야마천의 궁전 등 물리적인 우주가 성립된다. 그 후 색계의 제2선천 가운데 광음천(光音天)에 살던 한 중생이 복(福)과 수명이 다하여 목숨을 마치고 초선천인 범천에 태어나서 창조주, 조물주 행세를 한다. 그러나 위에 인용한 『기세경』의 경문 말미에서 보듯이 이는 옳지 않으며 세상은 온갖 중생이 지은 업의 힘으로 나타나는 것이다. 범천의 하강 이후 천상의 존재들이 하나, 둘 아래로 떨어지면서 지옥에 이르기까지 온 우주는 생명체로 가득 찬다. 그 후 주겁(住劫)이 시작된다.[35]

---

35) 『阿毘達磨俱舍論』(『大正藏』29, p.63上).

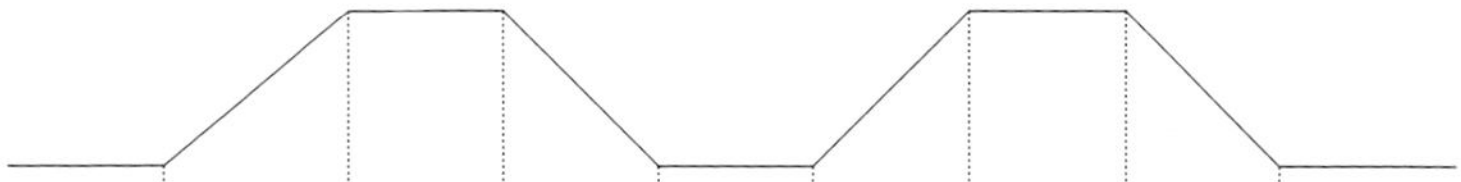

공	성	주	괴	공	성	주	괴	공
중겁	20겁	20겁	20겁	20겁	20겁	20겁	20겁	20겁
대겁	80겁				80겁			

소겁: 15,980,000년 / 중겁: 20소겁 / 대겁: 4중겁 = 12억7천8백4십만년

이러한 삼계 속에서 윤회하는 모든 생명체는 태생(胎生), 난생(卵生), 습생(濕生), 화생(化生)의 네 가지 방식으로 탄생한다. 조류, 어류, 파충류 등은 난생하고 코끼리나 말과 같은 포유류는 태생하며 나방, 모기, 지네와 같은 벌레는 습생하고, 지옥중생, 천신, 중음신 등은 화생한다. 화생의 경우 오관과 사지를 모두 갖추고 순간적으로 탄생한다. 아무것도 없었는데 갑자기 존재하기에 화생이라고 표현한다는 것이다.36) 인간이나 축생의 경우 난생, 태생, 습생, 화생의 모든 방식으로 탄생하며, 지옥중생이나 천신들은 모두 화생의 방식으로만 탄생하고, 아귀는 태생하기도 하고 화생하기도 한다.37)

삼계, 육도의 가르침에서 보듯이 불교에서 말하는 모든 생명체의 범위에는 우리 눈에 보이지 않는 천신이나 아수라, 아귀, 지옥중생은 포함되는 반면, 현대과학에서 생물로 간주하는 식물은 들

---

36) 『阿毘達磨俱舍論』(『大正藏』29, p.43下). ; 『增壹阿含經』(『大正藏』2, p.632上).
37) 『阿毘達磨俱舍論』(『大正藏』29, pp.43下-44上).

어가지 않는다. 모든 중생은 '지(地), 수(水), 화(火), 풍(風), 공(空), 식(識)'의 육대(六大, 여섯 가지 요소)로 구성되어 있는데, 식물의 경우 이 가운데 식(마음)이 없기에 생명체가 아니다. 요새 말로 풀면, 식물은 'DNA에 근거한 몸'만 있지 '마음(識)'이 없기에 불교적 의미의 생명체(중생)가 아니다. 식물은 산하대지와 같은 무정물(無情物)이다.

진화생물학과 뇌과학 이론에 의하면 마음은 창발한 것이다. 진화과정에서 우리의 육체, 구체적으로는 우리의 뇌에서 창발한 것이다. 그러나 불교의 구성적 세계관에 의하면 마음은 원래 존재하던 것이 육체를 통해 나타나는 것이다. 온 우주 도처에서 육도를 윤회하던 생명체가 죽으면 그 식(識)은 새로운 생명체의 몸에 반영된다. 대승불교의 아버지라고 불리는 용수(龍樹, 150~250경)는 『인연심론송석(因緣心論頌釋)』에서 그런 윤회의 과정을 설명하면서 '암송, 등불, 거울, 도장, 돋보기, 씨앗, 매실, 소리'의 여덟 가지 비유를 든다.

스승이 제자에게 암송을 전하듯이, 등에서 등으로 불을 옮기듯이, 거울에 영상을 비추듯이, 도장으로 자국을 내듯이, 돋보기로 햇볕을 모아 불을 내듯이, 씨앗에서 싹이 나오듯이, 매실을 보고서 입에 침이 고이듯이, 소리를 지르면 메아리가 울리듯이 윤회가 일어난다는 것이다. 이런 여덟 가지 비유와 마찬가지로 임종할 때의 마음이 내생으로 건너가는 것도 아니지만 그렇다고 해서 내생의 마음이 다른 어떤 곳에서 오는 것도 아니다.[38)]

마음은 '원래 없던 것이 몸 또는 뇌에서 새롭게 생긴 것'이 아

---

38) 『因緣心論頌釋』(『大正藏』32, pp.491上).

니라, '원래 있던 것이 새로운 몸에 깃들어 뇌를 통해 다시 나타난 것'이다. 물론 영혼과 같은 변치 않는 실체가 있어서 새로운 몸에 깃든 것이 아니다. '찰나적으로 생멸하는 식(識)의 흐름'으로서의 마음이 새롭게 형성된 수정란에 반영된 것이다. 마치 등불이 새 심지에 옮겨 붙듯이 …

3. 의식의 다양한 스펙트럼

양명학을 개창한 왕수인(王守仁, 1472~1518)의 사상 가운데 귀적(歸寂, 고요로 돌아감)이란 것이 있다. 『전습록』에는 왕수인이 한 친구와 나눈 다음과 같은 문답이 실려 있다.

> 선생께서 남진에 놀러 가셨을 때, 한 친구가 바위틈의 꽃나무를 가리키면서 다음과 같이 물었다. "천하 그 어디에도 마음 밖에 물건이 없다면, 깊은 산속에서 홀로 피고 홀로 지는 이런 꽃나무와 같은 바깥의 것들은 내 마음과 무슨 상관이 있습니까?" 선생께서는 다음과 같이 답하셨다. "그대가 이 꽃을 보지 않았을 때에는 이 꽃과 그대의 마음은 모두 고요로 돌아가지만(歸於寂), 그대가 이 꽃을 볼 때에는 이 꽃의 색깔이 일시에 명백(明白)해졌을 것입니다."[39]

일체유심조(一切唯心造). 모든 것을 마음이 만들었다. 이렇게 그 어디에도 마음 밖에 물건이 없기에, 아무도 오지 않는 산에 홀

---

39) 『傳習錄』, 275項. "先生遊南鎮 一友指巖中花樹問曰 天下無心外之物 如此花樹 在深山中自開自落 於我心亦何相關 先生曰 你未看此花時 此花與汝心同歸於寂 你來看此花時 則此花顏色一時明白起來 便知此花不在你的心外."

로 핀 꽃나무는 귀적(歸寂)의 상태다. 고요함으로 돌아가 있다는 것이다. 그러나 내가 산에 들어가 그 꽃을 보면 그 모습이 명백(明白)해진다. 명백과 귀적. '의식된 것'과 '의식되지 않은 것'이라고 바꿔 쓸 수 있을 것이다. 마음에 대해 연구하고자 할 때 문제가 되는 것은 '의식(Consciousness)'의 존재다. 우리에게 의식이 없다면, 이런 연구를 하려는 마음도 내지 않을 것이다. 왕양명이 말하는 '명백'과 '귀적' 가운데 '귀적'인 무의식은 마음에 대한 의문을 일으키는 동인(動因)이 아니다. 무의식이 의식에 영향을 미친다고 하지만, 마음의 정체를 구명하고자 할 때 그 중심에 있는 것은 '명백'한 의식이다. 라이프니츠(Leibniz, 1646-1716)는 "도대체 왜 아무것도 없지 않고 무언가 존재하는가(Why is there something rather than nothing)?"[40]라는 '존재의 근본 의문'을 토로했지만, 이는 "도대체 왜 아무것도 없지 않고 의식이란 게 있는가?"라는 '마음의 기원에 대한 의문'과 동전의 양면을 이룬다. 객관 세계의 모든 것들은 언제나 주관인 의식에 의해 그 존재가 확인되기 때문이다. 도대체 의식이란 무엇인가? 마음이란 무엇인가?

앞 절에서 모든 생명체가 사는 현장인 삼계에 대해 설명한 바 있는데, 삼계 가운데 욕계와 색계는 우주 공간에 존재하는 어떤 지점이기도 하지만,[41] 그 속에서 살아가는 어떤 개체의 마음 상

---

40) Leibniz, "The Principles of Nature and Grace, Based on Reason", 1714.

41) 무색계는 공간적 위치가 없다. 수행자가 체득한 정신적 삼매경이기 때문이다. 무색계의 삼매(定)를 체득한 수행자가 죽으며 그 몸은 사라지고 그런 삼매의 경지만 남는데, 공무변처정을 체득한 수행자는 그런 삼매가 2만겁 동안 지속하는 공무변처천에 존재하고, 식무변처정은 4만겁, 무소유처정은 6만겁, 비상비비상처정은 8만겁 동안 지속된다고 한다. 『阿毘達磨大毘婆沙論』(『大正藏』27, pp.434上).

태이기도 하다. 그래서 환경이든 마음이든 축생처럼 사는 인간도 있고, 천신 같이 사는 축생(애완견)도 있다. 같은 인간이라고 하더라도 식욕, 성욕, 재물욕 등과 같은 동물적 욕망이 가득하고 분노가 들끓으며 몸에 대해 집착하고 항상 분별을 내며 살아갈 수도 있고(욕계), 동물적 감성에서 완전히 벗어나서 사변적 삶을 살아갈 수도 있으며(색계 초선), 분별조차 끊어진 평안한 경지에 들어갈 수도 있고(색계 제2선 이상), 생각과 느낌이 완전히 사라진 삼매에 들 수도 있다(상수멸정). 지금 어떤 삶을 추구하는가에 따라서 인과의 법칙이 작용하면서 내생이 결정된다. 앞에서 보았듯이 이때 '어느 한 생'과 '다음 생'을 이어주는 매개는 '식(識)'이다. 그 식이 마치 거울에 영상이 비치듯이, 신 과일을 보고 입에 침이 고이듯이, 등불에서 다른 등으로 불길이 옮겨 붙듯이 새롭게 형성된 몸에 마음이 깃든다는 것이다. 그런데 그렇게 식의 전이를 통해 새로운 몸에 나타난 마음은 은현(隱現)의 스펙트럼이 다양하다.

몸의 상태, 수행의 경지에 따라서 거칠기도 하고 미세하기도 하며, 뚜렷하기도 하고 희미하기도 하다. 삼계 중에서 통상적 사유가 작동하는 곳은 색계의 초선까지다. 초선을 심사희락지(尋伺喜樂地)라고도 부르는데, 어떤 대상을 포착하여(尋, vitarka) 지속적으로 사유하고(伺, vicāra), 마음은 기쁘고(喜, prīti) 몸은 안락한(樂, sukha) 경지다. 그런데 제2선 이상이 되면 이러한 분별적 사유가 끊어진다. 수행의 경지가 제3선, 제4선 등 위로 오를수록 사유는 점점 미세해지다가 '생각이 사라졌지만(非想) 그렇다고 해서 생각이 아예 없는 것은 아닌(非非想) 삼매'인 '비상비비상삼매'의 경지에까지 이르게 된다. 이 모두 윤회의 세계로 불교수행의 목표는 이런 세계에서 완전히 벗어나는 것이다. 불교에서는 여기에 상수멸정(想受滅定) 또는 멸진정(滅盡定)의 경지를 추가한다. 상수멸정이란 문자 그대로 생각(想)과 느낌(受)이 완전히 사라진(滅盡) 무념무상의 삼매(定)다.[42] 삼계를 윤회하며 살아가는 모든 생명체는 마음이 있다는 점에서 공통되지만, 모든 생명체의 마음이 동일하지 않다. 또 무색계 천신의 경우 오직 정신적 삼매경 속에 살아가기에 몸이나 뇌가 없이도 마음이 존재 가능하다. 물론 그 마음은 삼매의 마음이다. 그러면 '생명체의 종류'와 '수행의 경지'와 '마음의 상태'에 대한 이상과 같은 불교의 조망을 토대로 '의식'의 정체에 대해 탐구해 보자.

"꿈도 꾸지 않은 깊은 잠에 들었을 때 나는 어디에 있었나?" 선가(禪家)에서 화두로 사용하는[43] 참으로 궁금한 물음이긴 하지만 '생각을 막기 위한 격외문답(格外問答)'이 아니라면 그 해답 간단하다. "꿈을 꾸지 않는 잠은 없다."라는 것이다. 잠을 자면서

---

42) 『청정도론』에 의하면 현생에 아나함(阿那含, anāgamin) 이상의 경지를 체득한 성자가 남은 번뇌를 다스리기 위해서, 또는 완전한 열반 이후를 생전에 체험하기 위해서 상수멸정에 든다. 『청정도론』의 저자는 여기서 의문을 제기한다. 수행자가 상수멸정에 들어갈 경우 "삼매에서 일어나야지."라는 생각조차 할 수가 없어서 깨어날 수가 없을 것이다. 그러면 어떻게 해야 할 것인가? 상수멸정에 들어가는 수행자는 언제 깨어나겠다고 미리 다짐을 하고 들어간다는 것이 그 의문에 대한 해답이다. 아마 그 다짐은 색(色, 몸), 수(受, 느낌), 상(想, 생각), 행(行, 의지), 식(識, 마음)의 오온(五蘊) 가운데 '의지'에 해당하는 행온에 각인이 되어 있을 것이다. 비유한다면 일정 시간 후 자명종이 울리도록 시계를 조작해놓고 잠에 드는 것과 같다.

43) 「天目高峯妙禪師示衆」, 『禪關策進』, (『大正藏』48, p.1101上). "問睡夢中作得主麼 答云 作得 又問 正睡著 無夢時 主在何處 於此無言可對 無理可伸."

뇌파가 정지하지 않은 이상 나는 언제나 무슨 꿈이든 꾸고 있었을 것이다. REM수면의 구상적 꿈이든, 비(非)-REM수면의 추상적 꿈이든 꾸고 있었을 것이다. REM수면의 구상적 꿈은 내가 깨어서 체험하는 현실과 닮아 있기에 그 내용이 쉽게 기억나는 반면, 비-REM수면 중의 꿈은 미세하고 밋밋하여 잘 기억나지 않을 뿐이다. 그래서 "꿈도 꾸지 않고 잘 잤다."라고 착각한다. 저녁에 취침하여 아침에 눈을 뜰 때까지 계속 꿈을 꾸겠지만 기상하면서 기억할 수 있는 내용은 잠에서 깨어나기 얼마 전의 것들뿐이다. 새벽 내내 이불 속에서 몸을 뒤척이며 꾸었을 그 많은 꿈들은 아침에 눈을 뜰 때면 모두 증발해 버리고 만다. 그러나 '꿈도 꾸지 않은 깊은 잠'은 없으며 '꿈을 기억하지 못하는 깊은 잠'만 있을 뿐이다. 그런데 새벽녘의 꿈만 기억 못 하는 것이 아니다. 어제 아침 8시의 일들도 기억하지 못하고 그저께 오후 3시의 일들도 기억하지 못한다. 또 조금 전에 있었던 대부분의 일들을 기억하지 못한다. 계속 변하는 피부감각, 계속 뒤바뀌는 온갖 생각들, 쉬지 않는 근육의 움직임 모두 거의 기억하지 못한다. 그렇다면 앞의 일을 제대로 기억하지 못하는 지금의 이 순간도 잠에서 깬 순간과 크게 다를 게 없다. 우리가 살아가는 매 찰나는 잠에서 깨는 순간과 다를 게 없다.

이런 통찰에 비추어 볼 때 의식(Consciousness)에는 여러 가지 층위(層位)가 있음을 알 수 있다. 첫째는 타인과 소통할 수 있는 의식이다. 혼절한 사람을 보고서 "그 사람이 지금 의식을 잃었다."라고 말할 때의 그런 의식이다. 둘째는 자신에게만 확인되는 의식으로 REM수면 중 구상적인 꿈을 꾸다가 깨어나 회상하여 확인되는 의식이다. 이때의 내 의식을 남은 전혀 알 수 없지만 나에게는 분명히 존재했던 의식이다. 셋째는 자신에게도 확인되지 않는 의식이다. 깊은 수면이나 코마(Coma), 전신마취 등에서 깨어났을 때, 그동안의 일을 전혀 회상하지 못하는 긴 시간의 단절이 있다. 그러나 뇌파의 진동이 지속되기에 그 상태에서 나의 의식에 꿈과 같은 무언가가 계속 떠올랐으리라고 추정할 수는 있지만 도저히 기억할 수 없는 의식이다.[44][45]

불교 수행론에서 보든, 상식적으로 보든 의식의 층위, 의식의 스펙트럼이 다양하다는 점만은 분명하다. 삼계에서 수행자가 색계의 초선에서 무색계의 비상비비상삼매까지 점차적으로 오를 때, 그 동인(動因)은 대개 '위의 경지를 좋아하고 아래의 경지를 싫어하는 마음[欣上厭下心, 흔상염하심]'이다.[46] 이런 향상은 고도의 집중을 통해서 이루어진다. 능동적으로 이루어지는 '마음 비우기'다. 그러나 깊은 수면이나 코마 또는 전신마취 상태의 '희박한 의식'은 수동적으로 이루어진다. 수행을 통해 능동적으로 체득하든,

---

44) 『만두꺄 우빠니샤드(Mandukya Upaniṣad)』에서 말하는 아뜨만의 4위(位) 가운데 '각성위(jagarita sthāna)', '몽중위(svapna sthāna)', '숙면위(susupta sthāna)'가 이런 세 단계의 의식에 그대로 대응한다. 『만두꺄 우빠니샤드』에서는 모든 희론이 사라진 '상서로운 제4의 단계'를 설정하면서 이것이 바로 아뜨만(Ātman)이라고 말한다. *Mundaka and Mandukya Upanishad*, trans. Swami Sharvananda (Madras: Sri Ramakrishna Math, 1920), pp.16~19.

45) 여기에 하나 덧붙인다면, 나에게 의식이 있다고 확인하는 의식이다. 나에게 어째서 의식이란 것이 있는지, 의식을 대상화 하여 의문을 떠올리는 제2의 의식이다. 일상생활 속에서 우리는 나의 의식 자체를 대상으로 삼지 않는다. 그러나 의식에 대해 연구하기 위해서는 의식을 대상화 한다. 그런데 그렇게 대상화 된 의식은 관념화 된 의식일 뿐이고, 진정한 의식이 아니다. 진정한 의식은 계속 한 발 뒤로 물러선다. 무한퇴행이 일어난다.

46) 『俱舍論疏』(『大正藏』41, p.522中).

일상생활에서 수동적으로 떨어지든 다양한 스펙트럼의 의식 모두를 관통하는 마음의 본질은 무엇일까?

Ⅲ. 무아에 대한 통찰 - '상일주재(常一主宰)'한 자아는 없다.

1. 무상하게 명멸하는 한 점 식의 흐름

코페르니쿠스(Copernicus, 1473~1543) 이전의 사람들은 태양이 지구의 둘레를 회전한다고 보았다. 지구는 둥근데 동쪽에서 해가 떠서 서쪽으로 지는 것이 눈에 확연히 보이기 때문이었다. 천동설은 눈에 보이는 그대로의 솔직한 이론이었다. 그러나 사실은 그와 반대였다. 태양을 중심으로 지구가 회전하고 있다고 가정하자 천문학 이론은 단순해졌다. 태양과 지구의 관계에서 주객을 뒤바꾸자 태양 주위를 공전하는 다른 모든 행성의 운동이 보다 명료하게 드러난 것이다. 칸트(Kant, 1724~1804)는 '인식'과 '대상'의 선후 관계를 역전시킨 자신의 인식론 철학을 이에 빗대어 '코페르니쿠스적 전환'이라고 불렀다.

마음과 뇌의 관계를 구명하고자 할 때 난관에 빠지는 이유는, 뇌에서 마음이 발생했다거나 객관 세계에서 주관성이 발생했을 것이라는 선입견 위에서 연구하고 이론을 모색하기 때문일지도 모른다. 이런 선입견은 과거의 천동설과 같이 눈에 보이는 그대로의 솔직한 생각이다. 그러나 앞에서 잠깐 언급했듯이 생명체의 진화과정에서 주관이 객관에 선행한다. 각 개체의 입장에서 볼 때는 촉각이나 미각, 후각과 같은 '근접 감각'만으로 이루어진 유일무이의 주관만 존재하다가 진화과정에서 시각과 청각이 열리면서 점차적으로 객관세계가 형성되기 시작하였다. 따라서 지렁이에서 인간에 이르기까지 종차(種差)를 넘어서 일관하는 마음의 본질을 알기 위해서 그 실마리를 주관에서 찾아야 한다. 그야말로 코페르니쿠스적 전환이 필요하다.

대부분 사람은 "세상이 있고 그 속에서 내가 산다."라고 생각한다. 3인칭 시점이다. 객관을 우선시하는 사고방식이다. 그런데 불교의 특징 가운데 하나는 모든 것을 1인칭 시점에서 바라보고 해석한다는 점이다. 주관에서 출발하여 객관을 해석한다. 일체를 '색(色), 수(受), 상(想), 행(行), 식(識)'의 다섯 가지 무더기로 나누는 오온(五蘊)설이 그렇고, 일체를 더 세분하여 '안(眼), 이(耳), 비(鼻), 설(舌), 신(身), 의(意)'의 여섯 가지 지각기관과 '색(色), 성(聲), 향(香), 미(味), 촉(觸), 법(法)'의 여섯 가지 지각대상의 열두 영역으로 나누는 십이처(十二處)설이 그렇고, 일체를 좀 더 세분하여 지각기관 여섯(眼~意)과 지각대상 여섯(色~法)과 지각내용 여섯(眼識~意識)의 열여덟 가지 요소로 나누는 십팔계(十八界)설이 그렇다. 모두 나의 주관적 지각을 토대로 구성한 '이 세상의 모든 것들(一切)'이다. 오온 가운데 '마음'에 해당하는 것은 '수, 상, 행, 식'인데 이 중 '수, 상, 행'은 십이처 가운데 '법처'이고 '식'은 '의처'다. 또 십팔계 중에서는 육식계와 의계가 의처이고, 법계가 법처다.[47] 이런 대응관계를 표로 정리하면서, 오온과 십이처와 십팔계의 삼과(三科) 가운데 '마음'에 해당하는 법들을 구분하여 드러내면 다음과 같다.

<table>
<tr><th rowspan="15">일
체
법</th><th>오온</th><th colspan="2">십이처</th><th colspan="2">십팔계</th></tr>
<tr><td rowspan="5">색온</td><td>안처</td><td>색처</td><td>안계</td><td>색계</td></tr>
<tr><td>이처</td><td>성처</td><td>이계</td><td>성계</td></tr>
<tr><td>비처</td><td>향처</td><td>비계</td><td>향계</td></tr>
<tr><td>설처</td><td>미처</td><td>설계</td><td>미계</td></tr>
<tr><td>신처</td><td>촉처</td><td>신계</td><td>촉계</td></tr>
<tr><td>무표색</td><td rowspan="3"></td><td rowspan="3">법처</td><td rowspan="3"></td><td rowspan="3">법계</td></tr>
<tr><td>수온, 상온, 행온</td></tr>
<tr><td>무위법(허공, 택멸, 비택멸)</td></tr>
<tr><td rowspan="6">식온</td><td rowspan="6">의처</td><td rowspan="6"></td><td rowspan="6">의계</td><td>안식계</td></tr>
<tr><td>이식계</td></tr>
<tr><td>비식계</td></tr>
<tr><td>설식계</td></tr>
<tr><td>신식계</td></tr>
<tr><td>의식계</td></tr>
</table>

십이처 가운데 의처를 '심적(心的)인 지각', 법처를 '심적인 내용'이라고 풀어쓸 수 있는데, 십팔계에 적용하면 '심적인 내용'은 '법계' 한 가지이고 '심적인 지각'은 '안식계, 이식계, 비식계, 설식계, 신식계, 의식계'의 육식계에 의근인 '의계'를 더하여 일곱 가지다. 그런데 이런 '심적인 지각' 일곱 가지에서 육식계와 의계는 다른 것이 아니다.[48] 그 이유에 대해 『아비달마구사론』에서는

---

47) 『阿毘達磨俱舍論』(『大正藏』29, p.4上).

48) 『阿毘達磨俱舍論』(『大正藏』29, pp.4上-中). "應知 識蘊即名意處 亦名七界 謂六識界及與意界 豈不識蘊唯六識身 異此說何復為意界 更無異法." ; "nanu ca ṣaḍ vijñānakāyā vijñānaskandha ity uktam. atha ko 'yaṃ punas tebhyo 'nyo manodhātuḥ? na khalu kaś cid anyaḥ."

다음과 같이 설명한다.

> [게송] "간극 없이(anantara, 無間, 무간) 지나가버리는 육식(六識)이 바로 의(意, manas)다." [풀이] 등무간(等無間, samanantara)하게 소멸하는 식(識, vijñāna)은 무엇이든 의계(意界, manodhātu)라고 설시되었다. 이는 어떤 남자가 바로 아들인데 다른 경우에는 아버지라고 불릴 수 있고, 어떤 것이 바로 열매인데 나중에는 씨앗이라고 불리는 것과 같다. 여기서도 바로 이와 같아서 의계라고 불릴 수 있다.[49]

예를 들어 눈(안계)으로 어떤 형상(색계)을 지각하면, 의계(의근)에 의해서 안식(안식계)이 발생하는데, 여기서 '의계'와 '안식'은 별도의 범주에 속하는 것이 아니란 말이다. 앞 찰나에 발생했던 안식은 다음 찰나의 안식을 위해서는 의계(의근)의 역할을 하고, 다음 찰나에 발생한 안식 역시 그 다음 찰나의 안식을 위해서는 의계(의근)가 된다. 마치 어떤 남자가 누군가에게 아들이 되지만, 자기 자식에게는 아버지라고 불리는 것과 같고, 어떤 농산물이 가을에는 열매라고 불리지만 봄에는 씨앗이라고 불리는 것과 같다.[50] 이는 다음과 같이 정리할 수 있다.[51]

---

49) 『阿毘達磨俱舍論』(大正藏 29, p.4中). "由即六識身 無間滅為意 論曰 即六識身無間滅已 能生後識故名 意界 謂如此子即名餘父." ; "ṣaṇṇām anantarātītaṃ vijñānaṃ yad dhi tan manaḥ. yad yat samanantaraniruddhaṃ vijñānaṃ tan manodhātur ity ucyeta. tadyathā sa eva putro 'nyasya pitrākhyāṃ labhate."

50) 『阿毘達磨俱舍論』(大正藏 29, p.4中). "論曰 即六識身無間滅已 能生後識故名意界 謂如此子即名餘父 又如此果即名餘種."

51) 이는 '김성철, 「사띠(Sati) 수행력의 측정과 향상을 위한 기기와 방법」, 『한국불교학』 제72집(서울: 한국북교학회, 2014), p.301'에서 인용하며 변형한 것임.

제1찰나	-	의계(의근)1 (아버지)	=	안식1
		(= 등무간연1)	↘	
제2찰나	-	의계(의근)2 (아버지)	=	**안식2 (아들)**
		(= 등무간연2)	↘	
제3찰나	-	의계(의근)3 (아버지)	=	**안식3 (아들)**
		(= 등무간연3)	↘	

그런데 이런 과정을 통해서 발생한 안식1, 안식2, 안식3은 최초의 안식이다. 이런 안식을 기점으로 삼아 일어나는 갖가지 느낌이나 생각이나 정서는 앞의 표에서 보듯이 '법계(法界)'에 속한다. '의식'의 발생 과정에 대한 『아비달마구사론』의 이러한 설명을 불교논리학 문헌인 『니야야빈두(Nyāyabindu)』에 실린 설명과 종합할 때 의식의 정체, 마음의 정체가 보다 분명해진다. 지식을 획득하는 방법에는 현량(現量, Pratyakṣa)과 비량(比量, Anumāṇa)의 두 가지가 있다. 현량은 지각(Perception), 비량은 추리(Inference)에 해당하는데, 현량은 다시 ①감각지(indriyajñāna), ②의식(manovijñāna, 또는 의근식), ③자증지(自證知, ātmasaṃvedana), ④현관지(現觀知, yogijñāna)의 네 가지로 구분된다. ①감각지는 문자 그대로 눈, 귀, 코와 같은 감관에 의한 지각이고, ②의식은 의근에 의한 지각, ③자증지는 마음(心)과 마음작용(心所)에 대한 지각, ④현관지는 불교수행의 견도(見道)에서 일어나는 사성제(四聖諦)에 대한 직관이다. 『니야야빈두』에서는 이 가운데 ②의식(意識, manovijñāna, 의근식)에 대해 "자기의 대상(svaviṣaya)과 인접한 대상(anantaraviṣaya)의 공조(共助, sahakārin)에 의해, 즉 감각지(indriyajñāna)에 의하고 등무간연(等無間緣, samanantarapratyaya)[52]에 의해 발생하는 것이 의식(의근식)이다."[53]라고 정의

한다. 이를 정리하면 다음과 같다.

제1찰나	-	**대상1**	-	감각지1 (안식1)	→	의식1 (= 등무간연1)
		↓				↓
제2찰나	-	**대상2**	-	감각지2 (안식2)	→	**의식2** (= 등무간연2)
		↓				↓
제3찰나	-	대상3	-	**감각지3 (안식3)**	→	의식3 (= 등무간연3)
						↓

'의식2'를 중심으로 설명해보자. 여기서 '대상2에 대한 지각인 감각지2'는 그 이전 찰나에 있었던 '대상1에 대한 지각의 결과인 의식1'과 공조하여 '의식2'가 되기에, '감각지2'는 위의 정의에서 말하는 '자기의 대상(svaviṣaya)'이고, '의식1'은 '인접한 대상(anantaraviṣaya)'이다. 감각지((indriyajñāna)란 무언가 보거나 들었을 때 그에 대한 '첫 찰나의 인식'으로 '안식(眼識), 이식(耳識), 비식(鼻識) …'과 같은 것이다. '의식1'은 앞 찰나에 존재했다가 '의식2'를 위해 조건(緣)의 역할을 하고는 곧 사라지기에 등무간연(等無間緣, samanantarapratyaya)이라고 부른다. 요컨대 앞 찰나의 감각에 대한 의식의 기억(등무간연)을 토대로 지금 느낀 감각의

---

52) 등무간연은 찰나 생멸하는 법의 흐름에서 '어떤 시점의 법이 발생할 때 시간적으로 간극 없는(無間) 바로 앞 찰나에 존재했다가 조건(緣)의 역할을 한 후 즉각 사라지는 법'이다.

53) *Nyāyabindu*, 1-9. "svaviṣaya anantaraviṣaya sahakāriṇā indriyajñānena samanantarapratyayena janitaṃ tan manovijñānam." 위의 번역은 기존의 번역들과 약간 다르다. 이에 대해서는 '김성철, 앞의 논문, p.299 각주' 참조.

의미가 순간적으로 규정되는데 그것이 '의식(manovijñāna)'이라는 것이다.

비근한 예를 들면, 어떤 방이 크다고 느껴지는 것은 바로 직전에 작은 방을 보았기 때문이고, 동굴 속에 들어가 따뜻한 느낌이 드는 것은 동굴 밖이 추웠기 때문인데, 이때 '작은 방'이나 '동굴 밖의 추위'가 조건의 역할을 하여 어떤 방의 크기와 동굴 속의 온도를 의미 짓는 것이다. 그 전에 더 큰 방을 봤으면 어떤 방은 작게 느껴지고, 그 전에 동굴 밖이 무더웠으면 동굴 안은 시원하게 느껴진다. 어떤 방에 원래 크기가 없고, 동굴 속의 온도도 원래 따뜻하거나 시원한 것이 아닌데 동굴 밖의 온도에 따라서 다른 '의식'이 떠오른다. 연기(緣起)하는 것이다. 그런데 이러한 '시간적 연기'는 매 순간 찰나적으로 일어난다.

움직임에 대한 지각을 예로 들어서 이 정의에 대해 설명해 보자. 우리가 지금 어떤 사물의 움직임을 인식할 때, 앞 찰나에서의 그것의 위치와 다음 찰나에서의 그것의 위치를 비교함으로써 그것의 '빠르기', 즉 속도가 파악된다. 이를 수식으로 표현하면 다음과 같다.[54]

$$\text{속도}(V_p) = \frac{\text{거리 (순간적으로 이동한 거리, } \Delta s)}{\text{시간 (그 순간의 길이, } \Delta t)}$$

그런데 어떤 사물이 움직일 때, 우리는 그 움직임 전체의 처음

54) 이하 微分에 대한 상세한 논의는 '김성철, 「Nāgarjuna의 運動 否定論」, 석사학위논문(동국대학교대학원, 1988), pp.12-15' 참조.

과 끝을 동시에 인식하지 못한다. 매 찰나 우리가 인식하는 것은 각 시점에서의 사물의 '순간속도'다. 앞 찰나에 있었던 사물의 위치와 다음 찰나로 이동한 사물의 위치를 비교함으로써 그 사물의 움직임이 빠르거나 느리다고 느끼는 것이다. 그런데 앞 찰나와 다음 찰나의 간극이 무한히 '0'에 수렴하기에 움직이는 물체의 어느 시점에서의 순간속도는 다음과 같이 계산된다.

$$\text{순간속도}(Vt) = \lim_{\Delta t \to 0} \frac{\Delta s}{\Delta t}$$

미분(微分, Differential)이다. 움직임에 대한 지각 과정에서 우리의 '의식'에서 제일 처음에 일어나는 일이다. 러시아의 불교학의 거장 체르밧스키(Stcherbatsky, 1866~1942)는 이런 과정에 대해 "수학자가 미분을 통해서 속도를 계산해 내는 것과 똑같이, 인간의 마음도 선천적인 수학자로서 찰나적인 감각의 흐름에서 지속을 축조해 낸다."[55]고 설명한 바 있다. 움직임에 대한 인식은 속도에 대한 인식이고, 속도(v)는 '거리(s)/시간(t)'으로 계산되기에, 움직임은 공간(거리, s)과 시간(t)의 외부세계에 존재하는 것이 아니라 우리의 마음속에 있다. 육조 혜능 스님이 광주 법성사에서 깃발이 나부끼는 것을 보고서, 그것은 '깃발의 움직임(幡動)'도 아니고 '바람의 움직임(風動)'도 아니고 '마음의 움직임(心動)'이라고 일갈했듯이 ….[56]

---

55) TH. Stcherbatsky, *Buddhist Logic* I (New York: Dover Publication, 1962), p.107.

56) 『六祖大師法寶壇經』(大正藏 29, p.349下). "時當弘法 不可終遯 遂出

그러면 움직임의 지각에 대한 이상과 같은 분석을, 의식의 발생 과정에 대한 『구사론』과 『니야야빈두』의 설명에 적용해 보자. 우리가 지금(제2찰나) 어떤 사물의 움직임을 인식할 때, '앞 찰나(제1찰나)에 인지했던 사물의 위치'에 대한 인식인 '감각지1'을 '지금 찰나(제2찰나)에 인지한 사물의 위치'인 '감각지2'와 순간적으로 비교함으로써 그 사물의 속도가 의식에 떠오른다(의식2). 여기서 '앞 찰나에 인지했던 사물의 위치'에 대한 의식인 감각지1이 비교의 토대인 등무간연[직전 찰나의 조건]이며 의근이다. '지금 찰나에 인지한 사물의 위치'에 대한 의식 역시 '다음 찰나(제3찰나)에 의식에 떠오를 사물의 속도'에 대해서는 등무간연이며 의근이 된다.

매 순간 우리는 변화를 인지한다. 움직임이든, 소리이든, 색깔이든, 냄새든, 맛이든 변화에 대한 매 순간의 앎은 모두 '앞 찰나의 감각'과 '지금 찰나의 감각'을 비교함으로써 얻어진다. 음악을 들을 때 앞 찰나의 곡조와 다음 찰나의 곡조의 차이가 크면 경쾌한 음악으로 느껴지고, 차이가 작으면 장중한 음악으로 느껴진다. 달콤한 아이스크림을 먹은 직후 인스턴트 커피믹스를 마시면 단맛이 덜 느껴진다. 순간적으로 비교가 일어나면서 의미가 발생하는 것이다. 찰나적으로 일어나는 '의존적(緣) 발생(起)'이다. 즉, 찰나적인 연기(緣起)다. 앞 찰나의 사건이 '등무간연(혹은 차제연)인 조건'이 되어 뒤 찰나 사건의 의미가 규정된다. 오늘과 내일을 비교할 수도 있고, 오전과 오후를 비교할 수 있고, '아까'와 '지금'을 비교할 수 있지만, 시간적 비교의 궁극은 찰나적이다. 앞 찰나

至廣州法性寺 值印宗法師講 涅槃經 時有風吹旛動 一僧曰 風動 一僧曰 旛動 議論不已 惠能進曰 不是風動 不是旛動 仁者心動."

와 다음 찰나를 비교하는 일이 모든 '의미 발생'의 토대가 된다. 의식에 떠오르는 모든 것들의 토대가 된다. 의식(manovijñāna)은 매 순간 변화하는 찰나적 흐름이다.

그렇다면 그 찰나의 길이는 얼마나 될까? 『아비달마구사론』의 설명을 토대로 계산하면 1찰나는 1/75초다.[57] 1초가 75찰나로 이루어져 있다는 말이다. 물론 1초는 더 세분될 수도 있겠지만, 『구사론』에 의하면 1찰나는 "갖가지 조건들이 모여서 법 자체가 인지되는 순간"[58]이기에, 찰나란 '물리적 시간의 최소 단위'가 아니라 인간 또는 생명체에게 '인지 가능한 시간의 최소 단위'임을 알 수 있다. 네 가지 현량 가운데 '감각지'나 '의식'은 1/75초 동안만 '한 곳'에 머무른다. 따라서 『구사론』의 찰나설에 근거하면 내가 어떤 움직임을 인식할 때 무한히 '0'에 수렴하는 시간의 순간속도를 인식하는 것이 아니라 1찰나인 '1/75초' 동안의 '평균속도'를 인식하는 것이리라.

그런데 이렇게 '감각지'와 '의식'과 같은 현량(pratyakṣa)이 1찰나 동안 머무르는 그 '한 곳'을 불교논리학에서는 자상(自相, svalakṣaṇa)이라고 부른다. 자상은 공상(共相, sāmanyalakṣaṇa)과 함께 인식대상 전체를 구성한다. 현대 용어로 풀어서 말하면 자상은 특수(particular), 공상은 보편(universal)에 해당한다. 자상은 현량, 즉 직접지각의 대상이고 공상은 비량, 즉 추리의 대상이다.[59] 『니

57) 이런 계산은 '『阿毘達磨俱舍論』(『大正藏』29, p.62中)'의 다음과 같은 설명에 의한다. "찰나(刹那, kṣaṇa) 120이 [모이면] 1달찰나(怛刹那, tatkṣaṇa)가 되고, 60달찰나는 1랍박(臘縛, lava)이 되며, 30랍박은 1모호율다(牟呼栗多, muhūrtta)가 되고, 30모호율다는 1주야(晝夜)가 된다."

58) 『阿毘達磨俱舍論』(『大正藏』29, p.62上). "衆緣和合法得自體頃." ; "samagreṣu pratyayeṣu yāvatā dharmasyātmalābhaḥ."

59) 현량과 비량의 두 가지만을 올바른 인식방법으로 인정하는 것은 불교

야야빈두』에서는 자상에 대해 "가깝거나 멂에 따라서 인식된 모습에 차이가 있는 대상, 그것이 바로 자상이다."60)라고 정의하면서 "그것만이 참된 존재(paramārtha-sat)"61)인데, 왜냐하면 "실유는 실질적 작용 능력을 특징으로 삼기 때문이"62)라고 설명한다. 그런데 이런 자상은 그것을 인식하는 현량과 별개의 것이 아니다. '인식수단'과 '인식결과'와 '인식대상'의 삼자는 일치한다.63) 물론 무아설(無我說)에서 보듯이 '인식하는 사람'도 실체가 없다. 이런 통찰이 불교논리학이 불교적일 수 있는 이유다.

실재하는 것은 자상들뿐이다. 그 크기는 우리의 주의력이 머무는 한 점(point)이고, 존속 시간은 1찰나(instant)다.64) 『니야야빈두』를 영역(英譯)하고 해설하면서 체르밧스키는 '특수 중의 특수'인 이런 자상을 '점-찰나(point-instant)'라고 명명하였다. 사물을 보건, 소리를 듣건, 냄새를 맡건, 무엇을 맛보건, 촉감을 느끼건, 생각을 하건, 상상을 하건, 회상을 하건 우리의 주의력(Attention)

의 진제(眞諦)와 속제(俗諦)의 이제설(二諦說)에 근거한다. 진제에 대한 인식이 현량이고, 속제에 대한 인식이 비량인 것이다. 따라서 현량의 대상인 자상은 진제적 존재이고, 비량의 대상인 공상은 속제적 존재다.

60) *Nyāyabindu*, 1-13, "yasya arthasya saṃnidhāna-asaṃnidhānābhyāṃ jñāna-pratibhāsa-bhedas tat svalakṣaṇam."

61) *Nyāyabindu*, 1-14, "tad eva paramārthasat."

62) *Nyāyabindu*, 1-15, "arthakriyāsāmarthya-lakṣaṇatvād vastunaḥ."

63) *Nyāyabindu*, 1-18, 19, 20. "바로 그런 현량지(pratyakṣa jñāna)는 '인식(= 量)의 결과(pramāṇa-phala)'이기도 한데, 대상(artha)에 대한 인식(pratīti)을 그 성질(rūpa)로 삼기 때문이다. 이 경우 인식방법(pramāṇa)[인 현량]은 대상과 동질적인 것(artha-sārūpya)인데, 그것에 근거하여 대상(artha)에 대한 인식(pratīti)이 성립하기 때문이다."

64) [2022년 7월 추가 설명] '찰나'가 '물리적 시간의 최소 단위'가 아니라, '우리에게 인지 가능한 시간의 최소 단위'이듯이, '주의력이 머무는 한 점'은 '물리적 면적의 최소 크기'가 아니라, '우리의 지각으로 인지 가능한 면적의 최소 크기'라고 추정할 수 있다.

은 이런 '점-찰나'를 훑고 있다. 나의 신체에서 일어나는 일이든 외부에서 일어나는 일이든 우리의 주의력은 1초에 75개소(個所)의 '점-찰나'를 두드린다. 그 '점-찰나'를 쫓아가는 주의력의 관점에서는 이를 '현량'이라고 부르고 부단히 명멸하는 그 '점-찰나'의 측면에서는 그것을 '자상'이라고 부른다. 현량과 자상은 다른 것이 아니다. 동일한 '점-찰나'의 양면일 뿐이다. 이 세상은 부단히 명멸하는 거대한 '점-찰나'들의 흐름일 뿐이다. 이런 '점-찰나'의 무더기가 마치 폭류처럼 콸콸 흘러간다. '나'라든가 '남'이라든가 '세상'이라든가 '사물'이란 것은 그런 '점-찰나의 무더기'가 모여서 만들어낸 가상들일뿐이다. 마치 브라운관 TV의 전자총에서 쏘는 1차원적인 전자의 흐름이, 전자석의 유도를 받아, 모니터 내면을 재빠르게 훑어서 2차원적인 '화면'의 영상을 그려내듯이, 1초에 75군데 지점을 포착할 수 있는 나의 '주의(注意, Attention)'의 흐름이 마치 전자총과 같이 세상을 훑어서 "3차원 공간 속에 내가 산다."라는 착각을 그려낸다.

브라운관(음극선관) TV

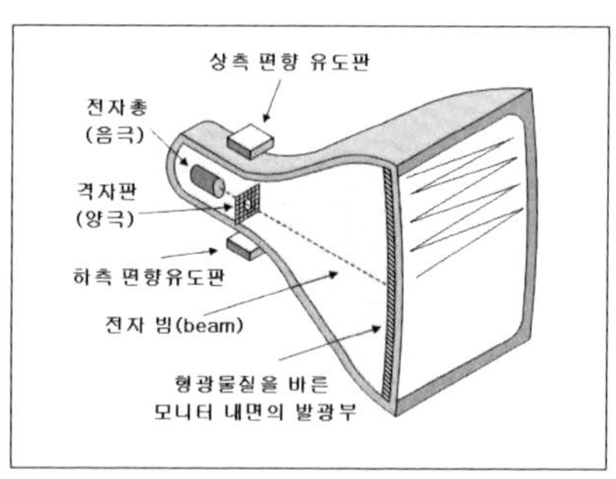

브라운관(CRT)의 원리

실재하는 것은 '무상하게 명멸하는 한 점 식(識)의 흐름'일 뿐이다. 달리 표현하면 '무상하게 명멸하는 한 점 자상(自相)의 흐름'일 뿐이다. 특수의 특수, 실재의 궁극에서는 인식과 대상이 분리되지 않는다. 한 찰나 동안만 존재하는 '한 점의 자상'이 그대로 그를 인식한 '한 점의 식(識)'이기도 하다. 화가가 한 점 붓끝을 도화지에 밀착하여 사물을 그릴 때 붓끝과 그림이 분리되지 않듯이, 한 점의 식이 주의(注意)에 실려서 세상을 그릴 때 식과 세상은 구별되지 않는다. 더 미세하게는 매 찰나의 현량(識)과 그 대상인 자상(세상)은 구별되지 않는다. 한 점 식의 흐름이 몸과 마음의 모든 것을 그린다. 온 세상을 그린다. 『화엄경〉에서 "마음은 마치 화가와 같아서 갖가지 심신을 그린다[心如工畫師 畫種種五陰, 심여공화사 화종종오음]."라고 설하듯이 ……. 세상은 무상하게 명멸하며 흘러가는 '한 점 식'의 흐름이다. 혹은, '한 점 자상(自相)'의 흐름이다. 의식을 갖는 모든 생명체는 '한 점'의 존재일 뿐이다. 그가 사는 세상도 사실은 '한 찰나 존재하는 한 점(point-instant)'일 뿐이다. 무상하게 명멸하는 1차원적인 '한 점 식(識)의 흐름'이 3차원 공간의 착각을 그려낸다. 의식을 갖는 모든 생명체에게 공통된 '마음'의 본질이다.

2. 뇌과학의 무아론(無我論) - 좌뇌 해석기가 만드는 가아(假我)

"굵은 철사를 느슨하게 엮은 울타리로 만든 우리 속의 호랑이가 네 발로 철사를 딛고 울타리를 넘어서 우리를 탈출하였다. 모두들 놀라서 도망치는데 내가 호랑이 얼굴을 한 손으로 움켜쥐어서 작게 만들어 비닐로 된 방울 같은 주머니 속에 넣었다. 그러곤 내 배 속의 왼쪽 큰창자 속에 꾸겨 넣었다. 전에 대장용종을 떼어낸 바로 그 자리다. 비닐 주머니 속 호랑이가 자꾸 꿈틀대기에 꺼내 보니까 호랑이 얼굴이 작은 악어로 변해 있었다. 악어가 왜 호랑이가 되었는지 궁금했지만 개의치 않았다." 그러다가 잠에서 깼다.

며칠 전에 꾸었던 생생한 꿈 얘기다. 스토리가 있고 생생하기에 아마 눈꺼풀 속의 내 눈동자가 분주히 움직이는 REM수면 중의 꿈이었을 것이다. 꿈에서는 이렇게 참으로 이상한 일들이 일어나는데도, 꿈속의 나는 시치미를 뚝 떼고 원래 그럴 수 있는 것으로 합리화하고 계속 그런 이상한 일에 휘말린다.[65] TV 오락프로의 몰래카메라에 속을 때도 마찬가지일 것이다. 꿈에서 겪은 여러 사건과 그에 대처하는 나의 행동은 본고 서두에서 소개했던 카프그라스 증후군(친척을 사기꾼으로 확신)이나 편측무시 증후군 환자의 행태와 크게 다를 게 없다. 편측무시 증후군의 어떤 환자는 그의 왼손을 들어 얼굴 앞에 들어 보여도 "그건 제 손이 아니에요." 라고 당연한 듯이 말하며 잡아뗀다. 또 카프그라스 증후군의 어떤 환자는 자기 아버지를 보고 "우리 아버지랑 똑같이 생겼지만 아버지는 아니에요. … 도대체 왜 아버지 흉내를 내려는 것일까요? 어쩌면 아버지가 저를 돌보려고 돈을 주고 사람을 산 것인지도

65) 잠을 잘 때 전두엽의 활동이 정지하면서, 꿈속의 경험을 비판적으로 분석하지 못하기 때문이다. Rita Carter, *The Human Brain Book* (New York: DK Publishing, 2009), p.189 참조.

몰라요. ……"라고 자신의 잘못된 인지를 합리화한다. 상식적으로는 너무나 이상한 인지이고, 이상한 행동인데 그런 일이 벌어진 것에 대해 그럴듯하게 꾸며댄 후 천연덕스럽게 행동한다.[66] '분리 뇌(Split Brain)' 연구의 권위자인 가자니가(Gazzaniga)는 '좌뇌 해석기(Left Brain interpreter)'의 가설로 이런 태도를 해명한다.

간질 발작을 완화시키기 위해 뇌량(腦梁, Corpus Callosum)을 절단한 환자의 증례에서 '좌뇌 해석기'의 가설이 탄생하였다. 간질 발작은 뇌의 특정 부위에서 발생한 과도한 전류가 주변으로 전파되면서 일어나는 발작으로, 감각중추로 전파되면 환상을 보거나 환청을 듣게 되고 운동중추로 전파되면 해당부위의 근육에 극심한 경련이 일어나 몸을 가누지 못하게 된다. 뇌량은 호두처럼 갈라진 좌뇌와 우뇌를 연결하는 '축색(Axon) 다발'인데, 쉽게 말하면 단백질과 지방 성분의 전선(電線) 다발이다. 간질발작 시 뇌의 특정 부위에서 발생한 과도한 전류가 반대 측으로 전달되는 것을 차단함으로써 발작의 피해를 줄이기 위해 개발한 의료기술이 '뇌량 절난술(Callosotomy)'이다. 주지하듯이 말초신경이 중추로 가면서 척수 상방에서 신경교차(Decussation)가 일어나기에 감각신경이든 운동신경이든 대뇌에서 좌우가 바뀌어 연결된다. 예를 들어 대뇌의 우반구에서 뇌출혈이 일어나면 몸의 왼쪽의 거동이 불편해진다. 좌측 눈으로만 본 것은 대부분 우반구의 후두엽에 신경회로를 형성하고, 우측 눈으로만 본 것은 좌반구의 후두엽에 회로를 형성한다. 그러면 이런 기본지식을 토대로 '분리 뇌' 환자를 대상으로 가자니가가 고안했던 실험 가운데 하나를 보자.

---

66) 가자니가, 앞의 책, pp.148-149.

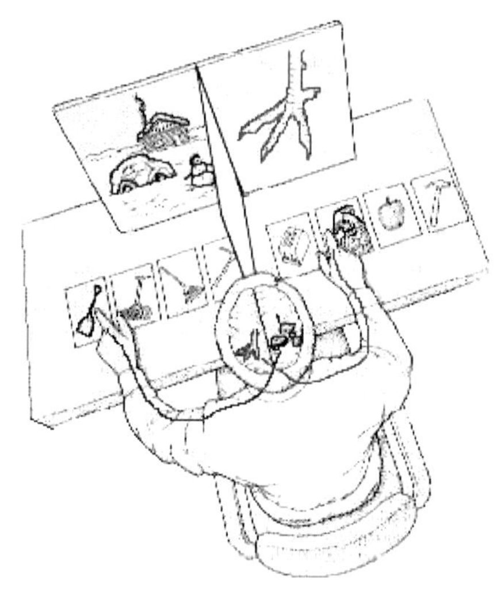

[환자의 얼굴 정 중앙에 수직의 가림막을 설치하여 두 눈 각각 반대 측 시야가 보이지 않게 한다] 오른쪽 눈에는 '닭발 그림'을 보여주고 왼쪽 눈에는 '눈이 내린 사진'을 보여준 후, 차단막을 치우고 다른 여러 가지 그림을 보여주면서 왼손과 오른손으로 적절한 것을 각각 한 장씩 고르게 하자, 환자는 왼손으로 삽을 가리켰고 오른손으로 닭을 가리켰다. 닭을 고른 이유를 묻자 환자는 "아 그건 간단해요. 닭발은 닭과 어울리잖아요."라고 대답했고 삽을 고른 이유를 묻자 환자는 "그리고 닭장을 치우려면 삽이 필요하잖아요."라고 대답했다.[67]

여기서 오른손으로 닭을 고른 것은 닭발을 봤던 오른쪽 눈과 함께 모두 동측(同側)인 좌뇌의 지배를 받기 때문이기도 하지만 실험자의 물음을 이해하고 대답할 수 있게 하는 베르니케영역이나 브로카영역과 같은 언어중추 역시 좌뇌에 있기 때문이다. 그런데 왼쪽 눈에 제시된 '눈이 내린 사진'의 경우, 왼손을 지배하는

67) '위의 책, pp.127-128'을 요약하면서 필자의 보충설명을 [ ] 속에 추가하였고, 그림의 가림막 역시 필자가 새로 그려 넣었다.

우뇌의 운동중추에는 전달이 되었기에, 동측인 우뇌의 지배를 받는 왼손으로는 그와 가장 잘 어울리는 '삽'을 골랐지만 뇌량이 절단되어 그 정보가 좌뇌의 언어중추로 전달되지 못하기에 환자는 그것을 봤다는 사실을 언어적으로 자각하지 못한다. 아마 무의식에서는 '눈을 치우기 위한 삽'을 택했으리라. 그러나 '눈 내리는 사진'을 언어적으로 의식하지 못하는 환자는 삽을 선택한 이유에 대해 "닭장을 치우려면 삽이 필요하잖아요."라고 그럴듯하게 꾸며낸다. 가자니가는 뇌 병변 환자들의 여러 증례들과 이 실험의 결과를 종합하여 좌뇌가 이렇게 이야기를 엮어 만드는 과정을 '해석기(interpreter)'라고 명명하였다.[68]

'자아'가 있다는 생각 역시 마찬가지다. 이러한 '좌뇌의 해석기'에 의해 만들어진 것이지 실재하지 않는다. 가자니가는 다음과 같이 설명한다.

> 우리가 경험하는 심리적 통일성은 우리의 지각, 기억, 행동, 그리고 이들 사이의 관계에 대한 설명을 만들어 내는 '해석기'라는 전문화된 체계에서 창발한다. 이것으로 의식적 경험의 개별적 측면들이 논리가 통하는 온전한 하나로 묶이고 이렇게 개인만의 이야기가 탄생한다.[69]
> 당신이란 곧 중앙통제실이 없는 병렬되고 분산된 뇌에 다름 아니[며], … 기계 속의 유령 같은 존재가 있는 것도 아니고 당신이라는 비밀스런 존재가 있는 것도 아니다. … 당신이라는 존재는 해석기 모듈이 당신의 행위를 최대한 설명하기 위해 만들어 낸 이야기다.[70]

앞에서 인용했던 '분리 뇌' 환자가 '삽'을 선택한 이유를 그럴

68) 위의 책, p.128.
69) 위의 책, p.157~158.
70) 위의 책, p.168.

듯하게 꾸며대듯이, 우리가 의식적으로 경험한 지각, 기억, 행동 등 갖가지 개별적 일들을 하나의 통일된 전체로 설명하기 위해서 '좌뇌의 해석기'가 만들어 낸 것이 '자아'라는 것이다. 즉 우리가 생각하는 자아는 사실은 좌뇌의 해석기에 의해 창발한 '가아(假我)'였다. 뇌과학의 최신 연구 성과를 정밀한 도해와 함께 소개하는 입문서 '*The Human Brain Book*'에 실린 다음과 같은 설명에 자아에 대한 뇌과학의 견해가 집약되어 있다.

> 인간의 뇌는 '자아'라는 생각을 만들어낸다. '자아'는 우리로 하여금 경험을 갖게 하고, 우리의 생각과 의도와 몸 그리고 우리의 행위들이 마치 서로 연관이 있는 것처럼 위조한다. 우리에게 자아가 있다는 느낌(sense)은 우리의 마음을 들여다보고 우리가 알게 된 것을 이용하여 우리의 행위를 조절하게 한다.[71]

무언가를 지각하고 회상하고 행동하는 등 갖가지 경험은 있지만 이를 총괄하는 자아는 없다. 우리의 느끼는 자아란 실재하는 것이 아니라 뇌가 만들어 낸 가아(假我)다. 보다 엄밀히 말하면 실재하는 것은 매 순간 일어나는 체험의 연속일 뿐이다. 여기서 뇌과학은 불교의 무아설(無我說)과 만난다.

3. 불전 속의 무아론 - 아함, 중론, 유식

남방불교의 위빠싸나(Vipassanā, 觀) 수행에서는 호흡을 따라

---

71) Rita Carter, 앞의 책, p.188.

발생하는 촉감에 주의를 기울이게 한다. 편안하게 가부좌하고 앉아서 아랫배의 움직임을 주시한다든지,[72] 호흡할 때 바람이 스치는 코끝이나 인중 부근의 촉감에 집중한다든지,[73] 가슴의 움직임을 주시한다든지,[74] 윗입술이나 콧구멍 주변에 주의를 기울이게 한다.[75] 이렇게 가만히 앉아서 호흡과 함께 발생하는 촉감의 변화를 주시하다 보면, 실재하는 것은 매 순간 일어났다가 사라지는 감각의 흐름일 뿐이며 자기동일성을 갖고 지속하는 것은 아무것도 없다는 사실을 절감하게 된다.[76] '모든 것은 변하며 그 어디에도 자아는 없다.'는 자각이다. 삼법인 가운데 제행무상(諸行無常)과 제법무아(諸法無我)에 대한 통찰이다.

인도에서 갖가지 종교들이 출현했지만, 불교가 다른 종교와 차별되는 특징은 이런 '무아설'을 제창했다는 점에 있다. 실재하는 것은 감각의 흐름뿐이지 자아는 없다. 이렇게 무상과 무아를 자각할 때 마음은 편안해진다. 더 이상 세속의 그 어느 것에 대해서도 집착하지 않기 때문이다. 초기불전의 가르침 가운데 '무아'에 대한 자각에서 '해탈'까지의 과정이 비교적 소상하게 실린 경문이 있는데 분량이 좀 많지만 반복되는 표현을 생략하면서 인용해 본다.

> "비구들이여 색(色)은 내가 아니다. 비구들이여, 만일 색이 나라면 색에서 질병이 생기지 말아야 하리라. 또, 색에 대해서 '나의 색이 그렇게 되어라.'든지 '나의 색이 그렇게 되지 말라.'고 [말]할 수 있어야 하리라. 그러나 색

72) 마하시의 수행 지침.
73) 고엔카의 수행 지침.
74) 쉐우민의 수행 지침.
75) 파욱의 수행 지침.
76) 이상의 내용은 '김성철, 「사띠 수행력의 측정과 훈련을 위한 기기와 방법」, 앞의 책, pp.308-309'에서 요약.

> 이 내가 아니기에 색에서 질병이 생기느니라. 또, 색에 대해서 '나의 색이 그렇게 되어라.'든지 '나의 색이 그렇게 되지 말라.'고 [말]할 수 없느니라. 비구들이여 수(受)는 내가 아니다. …… 상(想)은 내가 아니다. …… 행(行)은 내가 아니다. …… 식(識)은 내가 아니다. …… 비구들이여 어떻게 생각하는가? 색(色)은 영원한가, 무상한가?" "무상합니다. 세존이시여." "무상한 것은 괴로운 것인가 즐거운 것인가?" "괴로운 것입니다. 세존이시여." "무상하고 괴롭고, 항상 변하는 것에 대해서 '나의 것'이라든가 '내가 그것이다.'라든가 '이것이 나의 자아다.'라고 생각하는 것이 마땅한가?" "아니옵니다. 세존이시여." "수(受)는 영원한가, 무상한가? …… 상(想)은 영원한가, 무상한가? …… 행(行)은 영원한가, 무상한가? …… 식(識)은 영원한가, 무상한가? …… 비구들이여 그러므로 과거든 현재든 미래든, 안이든 밖이든, 거칠든 미세하든, 좋든 나쁘든, 멀든 가깝든 모든 색(色)에 대해 바른 지혜에 의해서 '있는 그대로(yathābhūtaṃ)' 다음과 같이 보아야 하느니라. '이것은 나의 것(mama)이 아니다. 이것은 내가(aham) 아니다. 이것은 자아(atta)가 아니다.' …… 모든 수(受)에 대해 …… 모든 상(想)에 대해 …… 모든 행(行)에 대해 …… 모든 식(識)에 대해 ……. 비구들이여 성스러운 성문들은 이와 같이 듣고서, 색(色)에 대해 정나미가 떨어지고 … 수(受)에 대해 … 상(想)에 대해 … 행(行)에 대해 … 식(識)에 대해 정나미가 떨어진다(nibbindati). 정나미가 떨어지기에 [오온에 대한] 욕망에서 벗어나고, 욕망에서 벗어나 해탈하며, 해탈에서 해탈했다는 [다음과 같은] 앎이 생긴다. '[다시] 탄생[함]이 파괴된다. 청정한 행을 완수했고 해야 할 일을 했다. [나에게] 내세의 삶은 없다고 안다.'"[77)]

여기서 말하는 색(色)은 몸을 의미한다. 이 몸뚱이는 내가 아니다. 만일 이 몸뚱이가 나라면 내 뜻대로 다룰 수 있어야 하는데 그렇지 못하며 원치 않는 질병도 생긴다. 몸뿐만 아니라 느낌(受)이든 생각(想)이든 의지(行)든 마음(識)이든 '나'라고 할 만한 모든 것이 다 마찬가지다. 또 색, 수, 상, 행, 식의 오온(五蘊)은 모

---

77) *Anattalakkhana Sutta*, SN. 22.59.

두 무상하다. 항상 변한다. 지금만 그런 게 아니라 언제나 그렇고 모든 것이 그렇다. 이렇게 하여 '색, 수, 상, 행, 식' 가운데 어떤 것도 '내'가 아니고 '나에게 속한 것'도 아니라는 점을 알게 되면 '색, 수, 상, 행, 식'에 대해 정나미가 떨어진다. 그래서 이들 오온에 대한 욕망에서 벗어나 해탈하며, 자신이 해탈했다는 자각(解脫知見)도 생긴다.

우리의 몸과 마음 그 어디에도 '나'라고 할 만한 것이 없고, 내가 없기에 '나에게 속한 것'도 없다. 초기불전의 무아설은 대승불교의 아버지라고 불리는 용수(龍樹, Nāgarjuna, 150~250경)에 의해 논리적인 방식으로 재탄생한다. 용수의 『중론(中論)』, 제9장 관본주품(觀本住品)에서는 먼저 '자아'에 대한 일반인들의 생각을 다음과 같이 제시한다.

> 눈과 귀 따위의 모든 감각기관과 고(苦)와 낙(樂) 따위의 모든 존재는 누군가에게 소속되어 있는바 그것을 바로 본주(本住)라고 부른다.78)
> 만일 본주가 없다면 눈 따위를 소유한 자는 누구이겠는가? 그러므로 미리 본주가 있는 것임을 알아야 한다.79)

여기서 말하는 '본주(本住)'는 '주체'나 '주인공', 즉 '자아'를 의미한다. 눈, 귀, 코 등의 감각기관을 소유하고 있고 괴로움이나 즐거움을 느끼는 주체가 그런 감관과 느낌의 이면에 존재해야 한다는 것이 일반적인 생각이다. 혹은 논적의 생각일 수도 있다. 그

78) 鳩摩羅什 譯, 『中論』, 9-1. "眼耳等諸根 苦樂等諸法 誰有如是事 是則名本住"
79) 鳩摩羅什 譯, 『中論』, 9-2. "若無有本住 誰有眼等法 以是故當知 先已有本住"

러나 용수는 다음과 같이 반문하면서 그런 생각을 반박한다.

> 만일 눈 따위의 존재와 고(苦)와 낙(樂) 따위의 존재를 떠나서 미리 본주(本住)가 존재한다면 무엇으로 그것을 알 수 있겠느냐?[80)]
> 만일 눈이나 귀 등을 떠나서 본주가 존재한다면 응당 본주를 떠나서 눈이나 귀 등도 존재하리라.[81)]

나에게 눈이 있고, 귀가 있고, 코가 있고 … 손이 있고, 발이 있고, 몸이 있고, 심장이 있고, 뇌가 있다. 나에게 괴로움도 있고, 즐거움도 있고, 욕망도 있고 분노도 있고 생각도 있다. 여기서 '눈, 귀, 코 … 손, 발, 심장, 뇌 … 괴로움, 즐거움, 욕망, 분노, 생각'등은 나에게 소속된 것이다. 불전에서 "내가 없고 나의 것(我所, mama)이 없다."라고 할 때 '나의 것'이 바로 이런 것들이다. 만일 '내'가 있다면 이런 '나의 것'들 모두 제거해도 '나'는 남아 있어야 할 것이다. 눈, 귀, 코, 손, 발, 몸, 심장, 뇌, 괴로움, 즐거움, 욕망, 분노, 생각 등을 모두 제거해도 '나'는 남아 있어야 할 것이다. 그러나 위의 게송에서 노래하듯이 이런 것들이 제거되면 '나(本住)'의 존재 역시 증발한다.

이와 반대로 이런 '나의 것'들에 실체가 있다면, '내'가 사라져도 '눈, 귀, 코'등이 있어야 하리라. 위의 게송에서 "본주(나)를 떠나서 눈이나 귀 등도 존재하리라."라고 노래하듯이 …. 그러나 내가 사라지면, 즉 시체가 되면 눈, 귀, 코는 그저 단백질 덩어리일

---

80) 鳩摩羅什 譯, 『中論』, 9-3. "若離眼等法 及苦樂等法 先有本住者 以何而可知"

81) 鳩摩羅什 譯, 『中論』, 9-4. "若離眼耳等 而有本住者 亦應離本住 而有眼耳等"

뿐이지 진정한 눈, 귀, 코가 아니며 괴로움, 즐거움, 욕망, 분노 등도 증발한다. 즉, '나의 것'들도 그 정체를 상실하고 사라진다.

위에 인용한 게송 이외에 『중론』 도처에서 "자아가 있다."든지 "자아에 소속된 법이 있다."라는 생각의 문제점을 논리적으로 드러낸다. 그런데 이렇게 무아(無我)이고, 무아소(無我所)임에도 불구하고 우리는 나와 나의 것을 설정하고 살아간다. 불교이론을 구성할 때도 이는 마찬가지다. 실재 세계에는 본래 아무것도 없는데, 그럼에도 불구하고 꿈과 같고 아지랑이와 같고 신기루와 같은 삼라만상은 법칙에 따라서 질서정연하게 전개된다. 그것이 '의존성'이라고 풀이되는 '연기(緣起)의 법칙'이다. 실재하지는 않아도 꿈과 같이 존재하는 삼라만상을 30수의 노래로 풀어낸 세친(世親, Vasubandu)의 『유식삼십송(唯識三十頌)』 첫 게송과 그에 대한 『성유식론(成唯識論)』의 풀이를 소개하면 다음과 같다.

> 게송: 거짓되게 자아와 법을 설하기 때문에 갖가지 모습들이 나타난다. 그것들은 식(識)에 의지하여 변화한 것들인데, 이렇게 변하시키는 작용은 단지 세 종류뿐이다.[82)]
>
> 풀이: 세간의 성스러운 가르침에서는 자아와 법이 존재한다고 설한다. 다만 거짓되게 설정한 것이지 실재하는 것이 아니다. '자아'는 '주도하여 다스리는 것(主宰)'이고 '법'은 '특정한 성질을 유지하여 그것이 무엇인지 알게 하는 것(軌持)[83)]'이다. 이 두 가지는 갖가지 변화한 모습을 갖는다. 자아의 갖가지 모습은 중생, 명자(命者) 등과 예류(預流), 일래(一來) 등이고 법의 갖가지 모습은 실체, 속성, 행위 등과 오온, 십이처, 십팔계 등이

82) 『成唯識論』(『大正藏』31, p.1上). "由假說我法 有種種相轉 彼依識所變 此能變唯三."; "ātmadharmopacāro hi vividho yaḥ pravartate/ vijñānapariṇāme 'sau pariṇāmaḥ sa ca tridhā//"

83) 軌持: 任持自性 軌生物解.

다.[84]

'나'도 거짓되게 설정된 것이지만 '나에게 속한 법'도 거짓되게 설정된 것이다. 즉 가아(假我)와 가법(假法)이다. '나'와 '세상의 구성 요소' 모두 궁극적으로는 공(空)하여 실재하지 않지만, 부처님은 이를 설정하고서 다양한 가르침을 베푸신다. 무아설은 초기 불전을 시작으로 중관학, 유식학으로 면면히 이어지는 일미(一味)의 가르침이다. 무아이지만 그럼에도 불구하고 가아를 설정하여 살아간다.

이렇게 자아의 존재를 부정하고 가아를 말한다는 점에서는 뇌과학과 불교가 만난다. 그러나 내생이나 윤회를 인정하지 않는다는 점에서 뇌과학은 불교와 다르다. 고대 인도의 유물론 역시 영혼의 존재를 부정한다는 점에서 일종의 무아론이지만, 내생이나 윤회조차 부정한다는 점에서 불교와 다르다. 뇌과학과 순세파의 이론은 '무아론적 단멸론(斷滅論)'인데 반해 불교는 '무아론적 윤회론'이다.

Ⅳ. 마음의 정체, 그리고 윤회와 해탈

현대의 뇌과학 연구가 '자아'의 존재를 부정하면서 유물론으로 기우는 이유는 과거의 일반적인 '자아관'이 무너졌기 때문일 것이

84) 『成唯識論』(『大正藏』31, p.1上). "論曰 世間聖教說有我法 但由假立 非實有性 我謂主宰 法謂軌持 彼二俱有種種相轉 我種種相 謂有情命者等 預流一來等 法種種相 謂實德業等 蘊處界等."

다. 서구전통의 경우 일반적인 자아는 감성(Sensibility)과 오성(Understanding)과 이성(Reason)으로 이루어져서 회상도 하고 상상도 하며, 지각도 하고 추리도 하는 자아였다. 그것이 단일한 영혼이고 정신이었다.[85] 그러나 마음에 대한 이러한 생각, 즉 서구전통의 일반적인 자아관, 영혼관은 뇌손상 환자들의 증례와 상치된다. 전두엽의 손상으로 감성에 장애가 생긴 피니어스 게이지의 증례, 측두엽 제거 수술로 해마가 제거되어 장기기억 능력을 상실한 H. M.의 증례, 특이한 인식체계로 살아가는 편측무시증이나 상모실인증 환자들, 파킨슨 질환, 알츠하이머, 우울증, 조현병 …… 등에서 보듯이 감성, 오성, 이성, 기억, 지각, 추리 등이 '단일한 영혼'의 속성이나 작용이 아니라 '뇌를 구성하는 다양한 신경망이 공조하여 만들어내는 기능'들이다. 따라서 뇌과학자들이 얘기하듯이 '자아'란 그런 기능들을 종합하여 뇌가 만들어낸 '가아(假我)'일 뿐 실재하지 않는다. 그러면 자아인 마음은 물질인 뇌에서 창발한 것이고, 육신의 죽음과 함께 모든 것이 끝나는가? 육신의 죽음과 함께 그야말로 온 우주가 폭발하는가? 우리의 마음이 '감성과 이성과 오성을 갖추고 기억하고 지각하고 추리하는 기능을 하는 단일한 영혼'이라면 그럴 것이다. 그러나 앞에서 보았듯이 마음의 본질을 '무상하게 명멸하는 한 점 식의 흐름'이라고 규정할 때 뇌손상 환자들의 여러 증례와도 어긋나지 않으며 윤회와 해탈이라

85) 데카르트의 경우 그런 속성과 작용을 갖는 '단일한 영혼'이 대뇌 반구 양쪽에 걸쳐 있을 수 없다는 생각에서 뇌에서 단일한 기관을 찾다가 송과선(Pineal gland)을 발견하고서 이곳이 영혼과 육체가 연결되는 곳이라고 추정하였다. M.R. Bennett and P.M.S. Hacker, *Philosophical Foundations of Neuroscience* (Oxford: Blackwell Publishing, 2007[1st ed. 2003]), pp.28~29 참조.

는 불교의 가르침과도 조화를 이룬다.

뇌의 신경망은 '마음이 창발하는 곳'이 아니라 역(逆)으로 '한 점 식(識)으로서의 마음이 타고 흐르는 궤도'다. 물론 뇌는 국소적 신경회로의 모듈(module)[86]로 가득하며 순차적으로 작동하는 컴퓨터와 달리, 여러 가지 모듈들이 다양한 임무를 수행하기 위해 동시에 작동하는[87] 병렬 프로세스[88]이긴 하지만 주의와 의식, 기억과 회상 등과 같은 주관적 과정은 순차적으로 일어난다. 우리의 식이 한 찰나에 한 지점에만 머물면서 순차적으로 이런 프로세스가 일어난다. 이는 앞에 인용한 『전습록』에서 말하는 귀적(歸寂)이 아니라 명백(明白)으로서의 식(識)이다. 칠나설에서 보듯이 그 '한 점의 식'은 1초에 최대 75개소의 지점까지 순차적으로 머물면서 보거나 듣거나 생각하는 등 여러 기능들을 발현한다. 그런 한 점 식(識)의 흐름(One point stream)은 주의(Attention)와 함께하는데, 주의는 상향적으로(bottom up) 자극에 이끌리기도 하고 하향적으로(top down) 감관의 방향을 이끌기도 한다.[89] 신경회로의 궤도 이곳저곳을 타고 흐르는 한 점 식(識)의 점화(點火)로 감성, 이성, 오성을 구현하는 다양한 모듈들이 협력하여 기억하고 지각하고 추리하는 작용이 일어난다. 뇌 손상 환자들의 갖가지 특이한 증례들은 '한 점 식의 흐름'이 손상된 신경회로를 발화하지 못하여 나타나는 것일 뿐이다.

---

86) 단위 기능을 발휘하는 신경회로.

87) 컴퓨터 프로그램은 순차적으로 작동하는 반면 뇌는 정보와 기능을 병렬적으로 처리한다. Neil Carlson, 앞의 책, p.23 참조.

88) 예를 들어 시각이 발생할 때 한 시스템은 모양에 대한 정보를 작동시키고 다른 시스템들은 색깔, 운동, 위치, 공간 조직을 맡는다. 존 레이티, 앞의 책, p.143 참조.

89) 김성철, 앞의 책, p.297 참조.

마음의 본질을 '주의를 타고 흐르는 한 점의 식'이라고 규정할 때, 그 기능에 대해 통일된 해석이 없는 뇌파(腦波)에 대한 연구도 새로운 접근이 가능하다. 뇌파는 두피에서 측정한 전압의 파동적 변화다. 귓불 등을 기준전극으로 삼고 전압계(Voltage meter)의 다른 한 극을 두피에 접촉시키면 리듬을 갖는 전압의 변화가 관찰된다. 1초에 9~13회 진동하는 뇌파를 알파파(Alpha波), 14~30회의 진동을 베타파(Beta波), 4~8회를 세타파(Theta波), 4회 이하를 델타파(Delta波)라고 부른다.

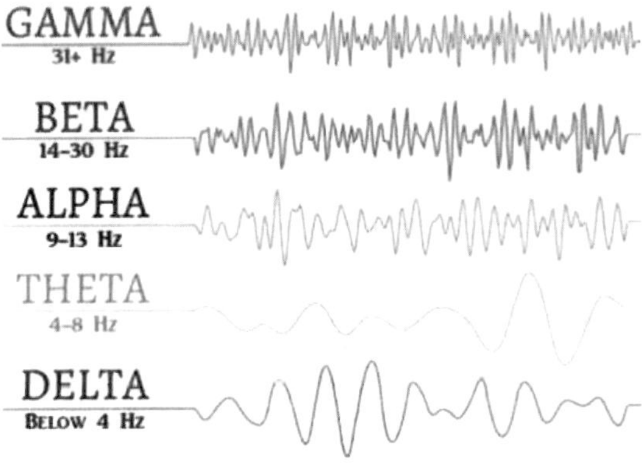

뇌파 - 두피에서 일어나는 전압의 시간적 변화

알파파는 눈을 감고 이완 상태에 있을 때 나타나고, 베타파는 깨어서 활동할 때의 일반적인 뇌파이며, 세타파는 졸 때, 델타파는 깊은 잠에 들었을 때 주로 나타난다. '한 점 식의 흐름'이 인지(認知)를 구성하기 위해서 뇌의 각 부위를 재빨리 왕래하면서 신경회로를 점화할 때, 인접한 두피에서 일어나는 전압의 파동적 변화가 뇌파일지도 모른다. 30Hz 이상의 뇌파를 감마파(Gamma

波)라고 부르는데 이는 동시에 두 가지 지각정보를 제시하면서 그것에 주의를 기울이게 할 때 발생한다. 예를 들어서 운전대를 잡고 전방을 주시하면서(시각) 휴대전화로 통화할(청각) 때 '한 점 식의 흐름'은 후두엽의 시각영역과 측두엽의 청각영역을 분주히 오가야 하며 뇌파의 파동 수는 늘어난다. 이와 반대로 어떤 하나의 대상에만 지속적으로 주의를 기울일 때 4Hz이하의 델타파가 나타난다고 한다. 마음이 이완될수록 뇌파의 진동수가 줄어들고 분주할수록 늘어나는 것이다. 이로 미루어 볼 때 '한 점의 식'이 주의(Attention)의 찰나적 요동을 따라서 대뇌 피질의 각 영역을 분주히 오가면서 남긴 흔적이 뇌파일 수 있다.

'한 점 식의 흐름'은 시공 연속체의 최소 단위인 '점-찰나(point-instant)'의 연속이다. 그 '점-찰나'에서는 주관과 객관의 구분이 사라진다. 인식론적으로는 현량(現量)이라는 인식수단이면서 자상(自相)이라는 인식대상이기도 하다. 오직 한 찰나 동안만 존재하는 하나의 점이다. 존재론적으로는 시방(十方)을 담고(含) 있는 일미진(一微塵)이다. 이 '점-찰나'의 객관적 측면은 4차원(x, y, z, t) 시공좌표에서 유일무이한 '한 점'이고 주관적 측면은 '시방'에서 감관과 뇌의 해석을 거쳐 그 한 점으로 들어오는 색, 성, 향, 미, 촉, 법의 정보들이다. 지극히 주관적 체험이라는 감각질(Qualia)의 경우도 지금 이 순간만 존재하는 유일무이의 것들이다. 과거에 내가 느꼈던 감각질도 '생각 속의 감각질'이라는 점에서 타인의 감각질과 다를 게 없다.

'무상하게 명멸하는 점(点)의 흐름'으로서의 '마음(識) 또는 세상(自相)'은 갈대밭을 태우며 이동하는 불길의 흐름에 비유할 수 있다. 갈대밭 한구석에 불을 붙이면 그 불길이 번지며 다른 곳으로 이동하는데, 사실은 매 순간 새로운 갈대를 태우고 꺼지는 불길의 연속일 뿐이다. 또, 다이너마이트 도화선에 불이 붙으면 불꽃이 이동하는 것처럼 보이지만, 사실은 매 순간 도화선에 입힌 새로운 화약을 태우고 꺼지는 불꽃의 연속일 뿐이다. '한 점 식의 흐름'인 우리의 마음도 이와 같아서 매 찰나 명멸하면서 다음 찰나의 마음으로 이어질 뿐이다. 그런 마음의 흐름에 '나'랄 것도 없고, '나의 것'이랄 것도 없다. 무상(無常)하기에 무아(無我)이고 무아소(無我所)이다. 그러나 갈대밭 여기저기서 불길들이 이동할 때 이 불길과 저 불길이 같을 수 없듯이, 모든 생명체는 각각 서로 다른 '식의 흐름'으로서 존재한다.[90] 그 '한 점의 식'은 육체의 죽음과 함께 사라지는 것이 아니다. 인간이나 짐승의 경우 어딘가에 남녀 또는 암수가 교미를 할 때 형성된 수정란에 그 '한 점의 식'이 반영되어 새로운 삶을 시작한다. 윤회가 일어나는 것이다. 동물의 세계에서 인간과 두더지와 참새와 깍지벌레는 그 몸만 다를 뿐이나. '한 점 식의 흐름'이라는 점에서는 모든 생명체의 마음은 본질적으로 차이가 없다. 죽은 후 환생할 때 '한 점 식의 흐름'이 반영된 새로운 몸이 서로 다르기에 체험의 양과 질이 다를 뿐이다. 앞에서 소개했듯이 『인연심론송석』에서는 "스승이 제자에게 암송을 전하듯이, 등에서 등으로 불을 옮기듯이, 거울에 영상

90) 아비달마논사들은 이런 통찰 하에 무상(無常)과 무아(無我)에 위배되지 않으면서 '나'와 '남'을 지칭하는 용어로 '자상속(自相續, svasantāna)'과 '타상속(他相續, parasantāna)'이라는 신조어를 고안하였다. 자상속이란 '내 쪽의 식의 흐름'이란 의미이고, 타상속은 '저쪽의 식의 흐름'이란 의미이다. 다시 말해 무상과 무아로서의 '나'는 '자상속', '남'은 '타상속'이다. 『阿毘達磨大毘婆沙論』(『大正藏』27, p.397中). ; 『阿毘達磨俱舍論』(『大正藏』29, p.22上).

을 비추듯이, 도장으로 자국을 내듯이, 돋보기로 햇볕을 모아 불을 내듯이, 씨앗에서 싹이 나오듯이, 매실을 보고서 입에 침이 고이듯이, 소리를 지르면 메아리가 울리듯이 윤회가 일어난다."라고 설명한다.

그 한 점 식은 은현(隱現)의 스펙트럼이 다양하기에 '명백한 의식'으로서 표면에 떠오를(現) 수도 있고 '전(前)의식'의 심연으로 잠재할(隱) 수도 있다. 또 앞에 인용했던 『법성게』의 경문에서 '무한히 긴 세월이 한 찰나의 생각이요, 한 찰나의 생각 그대로가 무한 세월'이라고 하듯이 한 찰나, 한 점의 식(識)에는 그 식이 살아온 무한한 과거가 누석되어 있다. 부처님께서는 숙명통(宿命通), 천안통(天眼通), 누진통(漏盡通)의 세 가지 신통력(三明)이 저녁, 자정, 새벽에 차례대로 열리면서 깨달음을 얻으셨다고 한다.[91] 자신의 전생을 모두 기억하는 숙명통과 다른 생명체의 전생과 현생과 내생의 관계를 모두 아는 천안통, 그리고 모든 번뇌가 사라지는 누진통의 셋이다. 숙명통이 가능한 것은 '지금 이 순간의 한 점의 식(一念)'에 무한한 과거(無量劫)가 누적되어 있기 때문일 것이다. 꿈에서는 전혀 경험해보지 못한 새로운 영상과 소리가 나타난다. 한 점 식의 흐름이 대뇌피질의 시각영역과 청각영역을 훑으면서 일어나는 일이다. 숙명통이 실제로 가능하다면, 전생의 장면들이 떠오르는 방식 역시 이와 같으리라. 현생의 대뇌 기억 회로에 저장된 그 무엇이 떠오르는 것이 아니라 '무한한 과거를 머금은 한 점 식의 흐름(無量遠劫卽一念)'이 대뇌피질의 캔버스에 그 과거 이력(履歷)을 그리는 것이리라.

---

91) 『四分律』(『大正藏』22, p.781上-下).

불교 전체는 사성제(四聖諦)로 요약된다. 우리가 체험하는 모든 것이 궁극적으로 괴로운 것이라는 고(苦)성제와, 괴로움의 원인이 탐욕, 분노, 교만, 어리석음과 같은 번뇌라는 집(集)성제와, 괴로움이 사라진 경지인 열반의 멸(滅)성제와, 그렇게 열반을 체득하는 방법인 도(道)성제의 네 가지 성스러운 진리다. 불교수행의 최종 목표는 이 가운데 멸성제인 열반을 얻는 것이다. 열반을 해탈이라고도 부르고 깨달음이라고도 부른다. 그러면 해탈이란 무엇인가? 더 노골적으로 물으면, "깨달은 사람의 뇌에서는 무슨 일이 일어날까?"

진화과정에 대응하여 뇌는 '본능의 뇌', '감성의 뇌', '사고의 뇌'의 3단계로 이루어져 있다. 순서대로 '파충류의 뇌', '변연계', '신피질'이라고 불리기도 한다.[92] 탐욕, 분노, 우치(愚癡), 교만과 같은 번뇌 가운데 우치는 '사고의 뇌'와 관계되고 탐욕과 분노와 교만과 같은 정서는 '감성의 뇌'나 '본능의 뇌'와 관계된다. 그런데 불교의 깨달음은 이런 번뇌에서 벗어나는 것으로 계(戒, 윤리), 정(定, 집중), 혜(慧, 지혜)의 삼학(三學)을 통해 성취된다. 이 가운데 계행은 뇌의 세 층위 가운데 '감성의 뇌'와 '본능의 뇌'의 속박에서 벗어나게 해 주는 수행이다. 십선계(十善戒)를 예로 들면 '①살생하지 않고, ②도둑질하지 않으며, ③음행하지 않고, ④거짓말하지 않으며, ⑤욕하지 않고, ⑥이간질하지 않으며, ⑦꾸며서 말하지 않고, ⑧욕심내지 않으며, ⑨분노하지 않고, ⑩삿된 종교관을 갖지 않는' 계행을 통해 탐욕과 분노와 교만 같은 동물적 감성에서 벗어나고 식욕이나 성욕과 같은 동물적 본능에서 벗어난다. 계

92) 김성철, 『붓다의 과학이야기』(서울: 참글세상, 2014), p.232.

목(戒目)을 바라제목차(Pratimokṣa)라고 부른다. 동물적 본능에서 벗어나게(mokṣa, 해탈) 해 주는 낱낱의(prati prati) 조항들이라는 뜻이다. 그리고 '사고의 뇌'의 속박에서 벗어나는 수행이 정(定)과 혜(慧)를 함께 닦는(雙修) 선(禪) 수행이다. 곰곰이(止, samathā) 생각하는(觀, vipassanā) 선 수행이다. 나와 세상, 삶과 죽음의 문제에 대해 곰곰이 생각할 때, 그 모든 것이 '연기(緣起)한 것이라서 공(空)하다.'는 점을 자각하여 고정관념의 속박에서 벗어난다. '사고의 뇌'인 신피질 도처에 형성되어 있는 고정관념의 신경회로에서 해방되는 것이다. 이렇게 감성의 속박(修惑)과 인지의 속박(見惑) 모두에서 벗어나는 것이 불교적 깨달음이다. 뇌가 어떤 특정한 상태가 되는 것이 아니라 뇌에 가득한 '감성의 신경망'과 '인지의 신경망'의 속박에서 '한 점 식의 흐름'이 자유로워지는 것이다. 이렇게 해탈한 '한 점 식의 흐름'은 육신의 죽음과 함께 적멸에 든다. 본능과 감성과 고정관념으로 가득한 생명의 세계, 윤회의 세계에 더 이상 미련이 없기(無願三昧, 무원삼매) 때문이다. 아라한의 죽음이다. 완전한 열반이다. 더 이상 내생이 나타나지 않는(不受後有, 불수후유) 대열반이다. 그래서 모든 아라한은 다음과 같이 노래한다. "[다시] 탄생[함]이 파괴된다. 청정한 행을 완수했고 해야 할 일을 했다. [나에게] 내세의 삶은 없다고 안다."[93] 자신이 깨달았다는 자각(解脫知見)이다.

-『불교학보』 71권, 동국대(서울) 불교문화연구원, 2015

---

93) *Silāyūpopama Suttaṃ*, AN. 9.26. "Khīṇā jāti, vusitaṃ brahmacariyaṃ, kataṃ karaṇīyaṃ, nāparaṃ itthattāyā'ti pajānāmi" ; "我生已盡 梵行已立 所作已作 自知不受後有."

진화론과 뇌과학으로 조명한 불교*

Ⅰ. 모든 생명의 공통점 - 십이연기의 순환
Ⅱ. 약육강식을 대하는 상반된 태도 - 폭력과 자비
Ⅲ. 자유의지가 있다면 윤회는 가능하다
Ⅳ. 뇌의 허구를 폭로하는 반야중관학

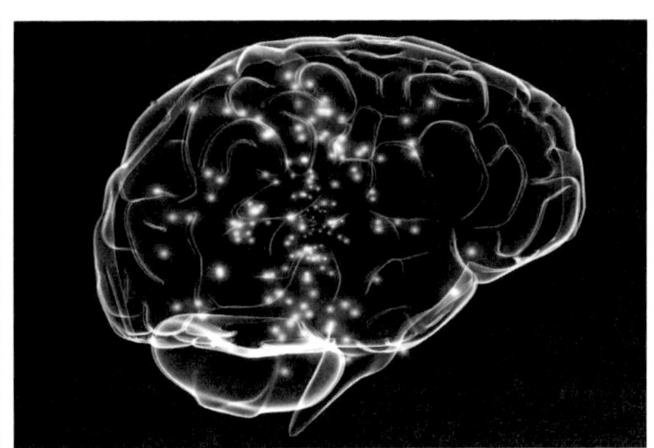

* 2009년 8월, '문명사적 대전환 불교가 대안인가?'라는 주제로 조계사 내 한국불교역사문화기념관 국제회의장에서 열린 『불교평론』 창간 10주년 기념 심포지엄에서 발표.

Ⅰ. 모든 생명의 공통점 - 십이연기의 순환

불교에서는 우리에게 목격되는 생물 가운데 인간을 포함한 짐승, 즉 동물만을 생명체로 간주한다. 식물은 불교적 의미의 '중생[Sattvaⓢ]'이 아니다. 생명체가 윤회하는 현장인 육도 중에도 식물의 세계는 포함되지 않는다. 식물 역시 동물과 마찬가지로 생로병사하지만, 생명체의 본질인 '식(識)'을 갖지 않기 때문이다. 인간을 포함한 동물의 경우 '지(地), 수(水), 화(火), 풍(風), 공(空), 식(識)'의 육계(六界)로 이루어져 있지만, 식물의 육계는 '지, 수, 화, 풍, 공, 시(時)'로 마지막의 식(識)이 시(時)로 대체되어 있다.[1)]

불교의 가르침 가운데 많은 부분이 생명체에 대한 분석에 할애되어 있다. 색, 수, 상, 행, 식의 오온설에서는 'DNA에 기반을 두는 물질적 육체'인 '색'에 '수, 상, 행, 식'의 네 가지 정신활동을 덧붙인다. 육계설에서 말하는 식(識)이 오온에서는 수, 상, 행, 식으로 세분된다. 무정물(無情物)인 식물의 경우는 '씨앗 → 싹 → 잎 → 마디 → 줄기 → 봉오리 → 꽃 → 열매'의 순서로 그 생장이 이어지며 이를 외연기(外緣起)라고 부르는데,[2)] 유정류(有情類)인 중생의 경우는 그 어느 것이든, '무명 → 행 → 식 ↔ 명색 → 육입 → 촉 → 수 → 애 → 취 → 유 → 생 → 노사'의 내연기(內緣起) 과정을 거치며 생사(生死)를 되풀이한다. 이러한 십이연

1) 『佛說稻芊經』(대정장16), 807a~b면.
2) 위의 책.

기의 진정한 의미에 대해 현대 학자들 간에 이견이 많지만, 단적으로 말하면 '모든 생명체가 겪게 되는 생존방식의 공통점'이다. 이를 정리하면 다음과 같다.

무정물(無情物)인 식물의 외연기(外緣起)
씨앗→ 싹→ 잎→ 마디→ 줄기→ 봉오리→ 꽃→ 열매

유정류(有情類)인 중생의 내연기(內緣起)
무명→ 행→ 식 ↔ 명색→ 육입→ 촉→ 수→ 애→ 취→ 유→ 생→ 노사
無明→ 行→ 識 ↔ 名色→ 六入→ 觸→ 受→ 愛→ 取→ 有→ 生→ 老死

인간이든, 짐승이든, 곤충이든, 물고기든 모든 생명체는 "출생했다가 늙어 죽는다(생 → 노사)"라는 점에서 공통된다. 생명체의 탄생 방식의 경우, 인간이나 포유류와 같이 자궁에서 어느 정도 자란 후 탄생[태생, 胎生]하는 것도 있지만, 조류나 파충류, 물고기와 같이 알을 낳은 후 부화하여 탄생[난생, 卵生]하는 것도 있고, 거미나 지네와 같이 습한 곳에서 탄생[습생, 濕生]하는 것도 있다. 또 우리에게 보이진 않지만 지옥중생이나 천신과 같이 한순간에 몸을 갖추고 탄생[화생, 化生]하는 것도 있다고 한다. 여기서 과학적으로 검증할 수 없는 화생은 논외로 하더라도 태생이든 난생이든 습생이든 우리가 아는 모든 생명체는 "출생했다가 늙어 죽는다(생 → 노사)."

모든 생명체는 정자와 난자가 만난 수정란에 식(識)이 결합하면서 시작한다(명색). 그 수정란은 어미의 자궁 속에서든, 알 속에서든 분화를 거듭하며 성장하는데, 어느 시점이 되면 눈, 귀, 코, 혀 등의 감각기관이 형성되기 시작한다(육입). 그리고 출산을 통해서

든, 부화를 통해서든 세상으로 나오게 되면 앞에서 형성되었던 여섯 감관(육입)을 통해 외부 대상을 접하게 되고(촉), 괴로움과 즐거움 등을 감수하며(수) 살아간다. 음식의 섭취를 통해 그 몸이 어느 정도 자라면 2세를 생성할 수 있는 능력이 생긴다. 인간이든, 짐승이든, 벌레든, 물고기든 성적(性的)으로 성숙하는 시기이다. 인간의 경우 이를 사춘기라고 부른다. 이때가 되면 이성(異性)을 향한 강력한 욕망이 발생한다(애). 그리고 그런 욕망을 충족시키기 위한 구체적인 방안(취)을 추구하며 평생을 살아간다(유). 그러다 죽은 후 '다시 태어났다가(생) 늙어 죽는(노사) 과정'을 끝없이 되풀이한다.

암술과 수술의 만남으로 씨앗(열매)이 생기면서 이어지는 식물의 생장 과정과 정자[精, 정]와 난자[血, 혈]가 만나서 수정란[名色, 명색]이 생기면서 이어지는 동물[중생]의 생장 과정은 외견상 유사해 보일지 몰라도 전자와 달리 후자에는 '식(識)'이 결합되어 있다는 점에서 차이가 있다. '식'은 '간다르바(gandharvaⓢ, 香陰, 향음)'나 '중음신(中陰身)'이라고도 불리는데, 남방 상좌부 전통에서는 어떤 생명체든 임종의 순간에 그 몸[사음, 死陰]에 있던 그 마지막 식(識)이, 다른 곳에서 새롭게 생성된 수정란[생음, 生陰]으로 이어진다고 보는 반면, 동아시아와 티벳을 포함하는 북방불교 전통에서는 수정란 이후 죽을 때까지 우리 몸에 부착되어 있던 식(識)은 사망[사음] 후 최대 49일 동안 중음의 몸[중음신]으로 떠돌다가, 남녀 혹은 암수의 교미하는 모습을 보고서 그 때 만들어진 수정란[생음]에 부착한다고 가르친다.[3] *Dīgha Nikāya*의

---

3) 復次三事合會入於母胎 父母聚集一處 母滿精堪耐 香陰已至: 『中阿含經』(대정장1), 769면 / 『俱舍論』(대정장29), 46~47a면.

*Mahānidānasutta*에서도 십이연기에 대해 설명하면서 "식이 어미(mātu)의 자궁에(kucchismiṃ) 들어간다(okkamissatha)"라는 표현을 사용한다.[4)]

해탈하지 못한 이상, 열반을 얻지 못한 이상 모든 생명체의 식(識)은 위와 같은 과정을 거쳐 계속 새로운 몸에 부착 또는 반영되면서 생사윤회를 되풀이한다. 우리가 죽은 후 중음신이 되어 나의 새로운 몸이 될 수정란을 찾고자 할 때, 지구상에서 형성된 수정란 가운데 인간의 수정란을 찾는 것은 거의 불가능할 것이다. 성체의 외형은 천차만별이지만, 참으로 희한한 것은 코끼리든 쥐든 개미든 인간이든 사마귀든 그 출발점인 수정란들은 크기와 외형에서 거의 차이가 없다는 점이다. 불전에서 가르치듯이 중음신 역시 오감을 갖는다면,[5)] 그의 눈에 보이는 수정란은 축생의 것이 대부분일 것이다. 지구상에서 남녀의 교미를 통해 매일 형성되고 있는 인간의 수정란을 모두 합한다고 해도 다른 생명체의 수정란을 모두 합한 수에 비하면 옛날 쌀가마에 섞인 '피 낟알'의 수 정도도 안 될 것이다. 그것도 다른 수정란과 전혀 구별되지도 않는 모습으로 여기저기 산재할 것이다. 그렇다면 우리가 죽은 후 다시 인간의 몸을 찾아 태어나기는 그야말로 '맹구(盲龜)가 우목(遇木)하기'[6)]보다 더 힘들 지도 모른다. 이런 통찰이 생길 때, "다시 태

4) "Mahānidānasuttaṃ", *Dīgha Nikāya* Ⅱ ;『中阿含經』(대정장1, pp.579~580)에도 같은 내용이 실려 있음.

5) 一切中有皆具五根:『俱舍論』, 앞의 책, 46b면.

6) 인간이 죽은 후 내생에 다시 인간의 몸을 받는 것은 '100년에 한 번 숨을 쉬는 눈먼 바다거북[盲龜]이 숨을 쉬기 위해 물위로 머리를 내밀다가, 우연히 그곳에 떠다니던 나무[木]판자를 만나[遇] 그것에 뚫린 구멍에 목이 끼는 정도의 확률'도 안 된다는 부처님의 가르침:『雜阿含經』(대정장2), 108면.

어나서는 안 되겠구나."라는 염리심(厭離心) 또는 출리심(出離心)이 더욱 강화된다.

우리의 식(識)이 자신의 시체에서 벗어나 새롭게 형성된 수정란으로 전이(轉移)하는 과정에 대해 용수(龍樹, Nāgārjuna: 150~250경)는 『인연심론송(因緣心論頌)』에서 다음과 같이 비유한다: "①마치 스승의 낭독을 듣고서 제자가 그 내용을 그대로 암송하듯이, ②한 등불의 불꽃이 다른 등불로 옮겨붙듯이, ③어떤 사물의 영상이 거울에 비치듯이, ④도장이 찰흙에 자국을 내듯이, ⑤태양빛이 돋보기를 통과하여 불을 내듯이, ⑥씨앗이 변하여 싹이 되듯이, ⑦시큼한 매실을 보고서 입에 침이 고이듯이, ⑧소리를 지를 때 메아리가 생기듯이."[7] 이런 여덟 가지 모두, '이쪽에서 저쪽으로 무언가가 건너가지는 않지만, 이쪽에 의해 저쪽의 사건이 발생하는 예들'이다. 앞의 사건과 뒤의 사건의 관계는 불일불이(不一不異), 불상부단(不常不斷), 불래불거(不來不去)로 연기적(緣起的)이다. 이와 같은 방식으로 '전생에 죽는 순간의 마지막 식(識)'이 새로운 수정란에 반영되어 다음 생이 시작된다는 것이다. 이렇게 죽을 때의 '식의 마지막 흐름'이 그대로 내생으로 이어지기에 좋은 내생을 맞이하기 위해서 가장 중요한 것은 죽는 순간의 마음을 잘 조절하는 일일 것이다. 그래서 불전에서는 만일 내생에 좋은 곳에 태어나고 싶다면 죽는 순간에 몸이 아프고 괴롭더라도 '현생에 몸[身, 신]과 입[口, 구]과 생각[意, 의]로 지었

7) "암송, 등불, 거울, 도장, 태양석, 종자, 신 맛, 소리[와 같은 방식]에 의해 오온이 모여 상속하는 것이지 [어떤 미세한 주체가 있어서] 이동하는 것이 아니라는 것을 지혜로운 자는 마땅히 관찰해야 한다(誦燈鏡及印 火精種梅聲 諸蘊相續結 不移智應察)": 龍樹, 『因緣心論頌』(대정장32), 490b면.

던 자신의 선행(善行)'을 떠올려야 한다고 가르친다.[8)]

해탈하지 못한 이상 우리는 이런 방식으로 다시 태어난다. 그러나 수행을 통해 아라한의 지위에 오른 자의 경우 그가 생을 마치는 순간의 마지막 식(識)은 더 이상 수정란에 부착하지 않는다.[9)] 내생이 없는 것이다. 윤회를 마치는 것이다.[10)] 아라한이란 모든 번뇌를 제거한 성자를 말한다. 그의 마음은 번뇌(行)를 일으키지 않는다. 근본 무명(無明)이 사라졌기 때문이다. 그러나 무명 속에 사는 다른 모든 중생들은 번뇌에 속박되어 계속 새로운 삶을 희구하며 생사윤회를 이어간다.

이상에서 보듯이 십이연기란, 모든 생명체에게 공통된 생사윤회의 원리이다. 인간은 물론이고 들짐승이든, 날짐승이든, 곤충이든, 어류든 십이연기의 과정을 거치며 탄생과 죽음을 되풀이한다. 그 몸의 생김새나, 사는 모습이나, 죽는 과정에서 인간은 짐승과 크게 다를 게 없고, 짐승은 인간과 다를 게 없다. 인간이든 짐승이든 모두 DNA에 기반을 둔 몸을 갖고 있다. 인간이든 짐승이든 먹어야 산다. 인간이든 짐승이든 배설을 하며 산다. 인간이든 짐승이든 약육강식의 지배를 받는다. 인간이든 짐승이든 교미를 통

---

8) 臨壽終時 身遭苦患 沈頓床褥 衆苦觸身 彼心憶念先修善法 身善行 口意善行成就 當於爾時 攀緣善法 我作如是身口意善 不為衆惡 當生善趣 不墮惡趣 心不變悔 不變悔故 善心命終 後世續善: 『잡아함경』, 위의 책, 341a면.

9) 따라서 아라한의 마지막 마음은 다음 찰나의 마음에 대한 차제연의 역할을 하지 못한다: 次第緣除過去現在阿羅漢最後心心數法 餘過去現在心心數法[『中論』(대정장30), 2면c] / 除阿羅漢臨涅槃時最後心心所法諸餘已生心心所法 是等無間緣性[『俱舍論』, 위의 책, 36b면].

10) 아라한이 된 성자는 일률적으로 다음과 같은 노래를 부른다.: "나의 삶은 다했다. 청정한 행은 이미 세웠고, 할 일을 다 했으니, 다시 태어나지 않을 것을 나 스스로 아노라."

해 2세를 생산한다. 인간이든 짐승이든 고통을 싫어하고 쾌락을 좋아한다. 인간이든 짐승이든 모두 생로병사 한다. 인간이든 짐승이든 모두 '가련한 중생'일 뿐이다. 인간은 원래 짐승이다.

Ⅱ. 약육강식을 대하는 상반된 태도 - 폭력과 자비

서구불자들의 채식주의 - 폭력성에 대한 반발

참으로 특이한 점이 있다. 근현대 들어 불교가 전파되기 시작한 서구의 경우 불자들 가운데 채식주의자(Vegetarian)가 많은 반면, 전통적 불교권인 아시아에는 불자 가운데 채식주의자가 그렇게 많지 않다.[11] 우리나라의 경우 사찰 내에서는 철저하게 채식 식단을 운영하지만, 사찰 밖의 식사에 대해서는 육식에 대해 크게 문제 삼지 않는다. 조계종 종립대학인 동국대학교조차, 수차례에 걸친 뜻있는 분들의 건의가 있었음에도 불구하고, 아직까지 별도의 채식식당을 운영하지 않고 있다.

육식이 채식과 다른 점은 '살생(殺生)'을 통해 음식물을 마련한다는 데 있다. '우리와 똑같이 고통을 느끼고 죽음을 싫어하는 다른 생명체'를 살해해야만 육식 문화가 계속 유지될 수 있다. 동서의 음식문화를 전체적으로 비교하면, 서구의 육식 인구의 비율은

11) 사찰 안과 밖 모두에서 출가자의 채식이 제도적으로 철저하게 지켜지는 나라는 대만 한 곳 뿐이다.

아시아의 그것에 비해 월등히 높다. 그럼에도 불구하고 서구의 불자들 가운데 채식인구가 많은 이유는 무엇일까? 혹자는 서구 불자들의 채식주의가 '원칙에 충실한 서구인들의 생활방식' 때문일 것이라고 추정하면서 그들의 '인격적 우월성'에 대해 감탄하기도 하지만 그게 아니다. 서구인의 불교입문 과정이 아시아인의 그것과 다르기 때문이다. 우리나라를 포함한 아시아인에게 불교는 '깨달음의 종교'로 비쳐진다. 이와 달리 서구인들이 불교에 관심을 갖기 시작한 것은 불교가 '비폭력의 종교'이기 때문이었다.[12]

근대 이후 서구문화의 부정적 측면을 한마디로 요약하면 '폭력성(Violence)'이다. 1, 2차 세계대전과 6.25전쟁, 그리고 월남전 참전으로 이어지면서 근 70년간 계속되어 온 서구문화의 '폭력성'에 대한 반발로 1960년대 말 이후 서구사회에서 '평화와 사랑'을 기치로 내건 대항문화운동(Counter-culture movement)의 불길이 일어난다. 서구의 기성세대들은 대항문화운동에 앞장섰던 젊은이들을 Hippie, New Age, Flower children[13] 등으로 불렀다. 이들 중 많은 수가 '비폭력의 종교'인 불교에 입문하였다.[14] 아시아의 불자들과 달리 서구 불자들 가운데 채식주의자가 많은 이유는 이

12) 1893년 Vivekananda의 시카고종교회의 연설, 1800년대 말에서 1900년대 중반에 이르기까지 Mahatma Gandhi가 주도했던 비폭력 독립운동, 스즈키 다이세츠의 저술 등을 통해 서구의 젊은이들은 불교를 포함한 인도종교의 비폭력성을 알게 되었고, 1950년대의 비트 세대(Beat Generation)를 거친 후 1960년대 말에 이르러 인종차별 철폐와 월남전 반대 운동을 계기로 서구사회에 인도종교와 불교의 급속한 전파가 시작되었다.

13) 김성철, 「신자유의의 정체와 불교도의 역할」, 『불교학연구』 제21호, 2008 참조.

14) 현재 활동 중인 구미의 불교학자들 역시 대부분 서구의 대항문화운동과 관련이 있다.

들을 불교에 입문하게 만든 동인(動因)이 '서구 문화의 폭력성에 대한 반발'이었기 때문이다.

제국주의의 이데올로기 - 다윈의 진화론

콜럼버스 이후 신대륙 수탈과 식민지 경영을 통해 서구사회에 막대한 부가 유입되면서, 그 과정을 주도했던 상업인이 사회의 중추세력으로 부상하였다. 1776년 애덤 스미스의 『국부론』 출간과 함께 시작된 자유방임적 국가 운영, 상업인이 그 중심에 있었던 1789년의 프랑스대혁명, 혁명 주도 세력인 상업인의 이익을 대거 반영한 나폴레옹법전의 편찬(1804년)과, 이런 일련의 사건과 수반하여 진행된 산업혁명(1760~1840년)을 통해 서구사회에 자본주의적 경제체제가 뿌리를 내린다. 그러나 자유방임적 자본주의는 순탄할 수 없었다. 그 내적 모순[15]으로 인해 1873년 대공황이 초래되었고, 그 탈출구를 모색하면서 '무자비한 식민지 쟁탈전'인 제국주의 시대가 시작되었는데, 1859년 『자연선택에 의한 종의 기원에 관하여(*On the Origin of Species by Means of Natural Selection*)』을 발간하면서 공표된 찰스 다윈의 진화론은 저자의 의도와 달리 약육강식의 제국주의를 미화하는 이데올로기로 작용하였다.

다윈 이전에도 그리스의 자연철학이나, 라마르크의 용불용설(用

15) 마르크스에 의하면, "자본주의적인 생산 체제 하에서는, 상품의 가격 경쟁력을 높이려면 노동자의 임금을 낮춰야 하는데, 그 노동자가 사실은 그대로 구매대중이기도 하기에, 노동자가 빈곤해짐으로써 결국에는 상품에 대한 구매력이 떨어져 상품의 재고가 쌓이고 기업이 도산하는 공황이 초래된다."라는 것이다.

不用說)과 같이 진화에 의해 생명체의 변화를 설명하는 많은 이론들이 있었지만, 다윈의 진화론은 현장답사를 통한 정밀한 관찰과 분석을 통해 발견된 이론으로 '자연선택(Natural selection)'과 '성선택(Sexual selection)'의 '적자생존(Survival of the fittest)'이라는 합리적 원리에 의해 생물종의 분화와 발달을 설명한다는 점에서 설득력을 갖는다. 환경에 적합한 종만이 살아남는다. 생명의 세계는 약육강식의 법칙의 지배를 받는다. 약한 놈은 잡아먹히고, 강한 놈은 잡아먹는다. 철저한 우승열패(優勝劣敗)의 원리에 의해 생명체의 존속과 쇠멸을 설명한다. 강자의 지위에 오른다고 하더라도 이는 일시적일 뿐이다. 모든 생명체는 생로병사의 과정을 겪지 않을 수 없기에 강자 역시 시간이 지나 노쇠해지면 약자로 전락한다. 결국 모든 생명체는 무한 경쟁의 고통 속에 허덕이다가 목숨을 마치고 만다. 다윈이 발견한 생명세계의 진상은 비정한 것이었다. 근대의 서구인들은 이런 약육강식의 세계에서 강자의 길을 추구하였으며, 그 수단은 군사적 폭력이었다.

생명 세계의 비정함 대한 싯다르타 태자의 통찰

그런데 다윈과 마찬가지로 비정한 생명세계의 진상을 목격했지만, 약육강식의 지배를 받는 생명체의 겉모습이 아니라 약육강식의 현장에서 모든 생명체가 받는 내적 괴로움에 주목한 분이 있었다. 바로 고따마 싯다르타 태자였다. 싯다르타 태자는 어린 시절 아버지인 정반왕과 함께 농사짓는 모습을 참관한다. 뜨거운 햇볕에 온몸을 드러내고 흙먼지로 뒤범벅이 되어 일하는 깡마른 농부의 모습, 쟁기질할 때마다 흙덩이 사이로 벌레들이 꿈틀대면 온갖 새들이 날아와 다투며 벌레를 쪼아 먹는 모습을 본 태자는 마치 자신의 가족이나 친척이 고통을 당하는 것을 보고 있는 것처럼 큰 슬픔을 느꼈으며, 모든 생명체에 대한 크나큰 자애(慈愛)와 연민의 마음에서 다음과 같이 외쳤다고 한다.

> 아! 아! 이 세상의 모든 생명체들은 크나큰 고통을 받는구나. 그것은 출생과 늙음, 그리고 병듦과 죽음이다. 이와 더불어 갖가지 고통을 받으며 살아가지만 거기서 벗어나질 못하는구나! 어째서 이런 모든 고통들을 버리려 하지 않는가? 어째서 이런 모든 고통을 넘어선 적멸의 지혜를 추구하지 않는가? 어째서 이런 모든 고통의 원인인 생로병사에서 벗어나려고 하지 않는가?[16)]

그 후 인근의 염부수(閻浮樹) 그늘에 앉아 모든 생명체가 받는 생로병사 등의 고통[苦]에 대해 면밀히 생각하면서 자비(慈悲)의 마음을 내자 마음이 편안해지면서[定, 정] 모든 욕망과 악에서 벗어났으며 욕계(欲界)의 번뇌가 다 소진되고 색계(色界) 초선(初禪)의 경지에 들 수 있었다[17)]고 한다. 그 후 오랜 세월이 지나 29세에 출가한 싯다르타 태자는 6년간 다양한 수행체험을 한 후 35세에 보드가야의 보리수 아래 앉아 어린 시절의 바로 이 추억을 되살려 수행에 들어간 후[18)] 궁극적 깨달음을 얻는다.

---

16) 『佛本行集經』(대정장3), 706a면.

17) 諦心思惟 眾生有於生老病死種種諸苦 發起慈悲 即得心定 彼時即便離於諸慾棄捨一切諸不善法 思惟境界 分別境界 慾界漏盡 即得初禪: 같은 책.

18) 爾時菩薩自念 昔在父王田上坐閻浮樹下 除去欲心惡不善法 有覺有觀喜樂一心 遊戲初禪 時菩薩復作是念 頗有如此道可從得盡苦原耶 復作是念 如此道能盡苦原 時菩薩即以精進力修習此智 從此道得盡苦原: 『

약육강식의 법칙이 짐승 사회를 지배하듯이 우승열패(優勝劣敗)의 법칙이 인간사회를 지배해 왔다. 불교가 발생하기 전까진 그랬다. 불교가 전파되지 않은 지역에서도 그랬다. 다윈의 진화론을 포함한 현대 생물학에서 그리는 생명의 세계 역시 비정한 곳일 뿐이다. 고따마 싯다르타 태자에게 비친 생명의 세계 역시 비정한 곳이었다. 그런데 불교의 독특한 점은 이렇게 비정한 생명의 세계에 '자비와 평화의 길'을 제시했다는 데 있다. 약육강식과 우승열패라는 동물의 법칙이 지배하던 인간 세계에 반(反)동물적인 가르침을 제시했다는 데 있다. 인간으로 하여금 동물성에서 벗어날 것을 가르쳤다. "살생하지 말라, 도둑질하지 말라, 음행하지 말라. …"에서 보듯이 그분이 가르친 계율이 그랬다. 빼앗고(貪) 싸우는(瞋) 것이 동물의 삶이라면, 빼앗는 마음 내지 말고, 싸우는 마음 내지 말 것을 가르쳤다. 일체개고(一切皆苦)인 동물의 세계에 열반적정(涅槃寂靜)의 목표와 그런 열반의 목표에 이르는 길인 팔정도의 수행을 제시했다.

고, 집, 멸, 도 사성제의 가르침에 비추어 볼 때, 다윈의 진화론은 약육강식의 고통인 고성제와 그런 고통의 원인인 식욕(자연선택, Natral selection)과 성욕(성선택, Sexual selection)의 집성제에 대한 실증적 발견이다. 12세 싯다르타 태자께서 농경제에서 목격하신 생명체의 실상이었다. 그러나 부처님께서는 보리수 아래 앉으시어 그런 고통이 사라진 경지인 멸성제의 열반과 열반을 체득하는 방법인 팔정도의 도성제를 발견하신 것이다. 고집멸도의 사성제 가운데 고성제와 집성제를 발견했다는 점에서 불교와 진

四分律』(대정장22), 781a면.

화생물학이 공통되지만, 멸성제와 도성제의 발견에 불교의 위대함이 있다. 이를 표로 비교하면 다음과 같다.[19)]

불교			
생로병사	탐, 진, 치 (번뇌)	열반	팔정도 (계정혜)
고(苦)	집(集)	멸(滅)	도(道)
약육강식, 적자생존	성선택, 자연선택		
진화생물학			

Ⅲ. 자유의지가 있다면 윤회는 가능하다

중생과 무생물의 차이 - 식(識)의 유, 무

생명세계에 대한 부처님의 통찰 대부분은 다윈의 진화론을 포함한 생물학의 조망과 크게 상충하지 않는다. 인간의 몸은 본질적으로 짐승의 몸과 다를 게 없다. 인간이든 짐승이든 그저 중생일 뿐이다. 십이연기의 가르침에서 보듯이 인간의 생장 과정은 짐승의 생장과정과 큰 차이가 없다. 아울러 인간 사회는 본질적으로 약육강식과 우승열패의 법칙의 지배를 받는다. 그러나 불교의 가르침이 현대의 생물학 이론과 완전히 일치하는 것도 아니다. 양자

19) 이 단락은 이 논문을 이 책에 실으면서 2022년에 추가한 내용이다. 불교와 진화생물학의 공통점과 차이점에 대해서는 2014년에 출간한 졸저, 『붓다의 과학이야기』(참글세상)에서 상세히 설명한 바 있다.

의 차이점은 다음과 같이 세 가지로 정리된다.

① 생물학에서는 식물 역시 동물과 다를 게 없는 생명체로 간주하지만, 불교에서는 동물만을 생명체로 간주한다.
② 생물학에서는 동물이든, 식물이든 '식(識)'의 유무에 대해 거론하지 않지만, 불교적으로 조망할 때 인간을 포함한 동물은 그 몸에 '식(識)'이 부착되어 있다는 점에서 식물과 차별된다.
③ 생물학적 견지에서는 "동물이든 식물이든 한 개체는 2세를 산출할 뿐 그 자체가 사멸하면 그것으로 끝"이라고 보지만, 불교에서는 "인간을 포함한 동물은 죽은 후에 그 식(識)이 다시 새로운 수정란에 반영되어 내생의 삶을 시작한다."라고 본다.

요컨대 불교적 의미에서 '중생[有情]'과 '무생물[無情]'을 가르는 기준은 '식(識)'의 유무에 있다. 깔루파하나에 의하면 초기불전에서 식(識: viññāṇaⓟ)의 용례는 다음과 같은 세 가지다. 첫째는 심(心: cittaⓟ), 마음(mind), 의(意: manoⓟ), 생각(thought)과 동의어로 통상적인 정신을 의미하고, 둘째는 인식활동을 의미하며, 셋째는 전생과 현생을 연결하는 결생식(結生識: paṭisandhi-viññāṇaⓟ)이다.[20] 이러한 식(識)은 지금 이 순간에도 우리가 무언가를 보고, 듣고 할 때 안식(眼識), 이식(耳識)으로서 작용하고 있고,[21] 모든 것이 찰나 생멸함에도 불구하고 이러한 식(識)의 작용으로

20) David J. Kalupahana, *Causality: The Central philosophy of Buddhism*(Hawaii: The University Press of hawaii, 1975), p.119.
21) 불교인식논리학에서 말하듯이 이 때 '인식작용'은 그대로 '인식대상'일 뿐이며 별도의 자아를 설정할 필요가 없다.

인해 앞 찰나에 보고 들은 것을 뒤 찰나에 재인할 수 있으며, 죽음의 순간에 이르러서는 이 몸을 벗어나 다음 생의 출발점인 새로운 수정란에 반영되는 것이다.

모든 생명체의 식은 1차원적인 흐름이다.

인간이든 지렁이든 "찰나 생멸하는 1차원적인 식(識)의 흐름이 그 몸을 훑고 있다."라는 점에서는 차이가 없다. 입체는 3차원, 평면은 2차원, 선(線)은 1차원이다. 입체 속에서 한 점의 위치를 표시하기 위해서는 세 개의 좌표점(x, y, z)이 필요하고, 평면에서는 둘(x, y), 선에서는 하나의 좌표점(x)이면 된다. 우리의 감각 대상 가운데 순전히 1차원적인 현상의 예로 '소리[聲, 성]'를 들 수 있다. 소리는 넓이나 부피를 갖지 않고 1차원적인 강약, 고저(高低)의 흐름만 있을 뿐이다. 그리고 우리의 식 역시 1차원적인 흐름이다. 마치 TV 브라운관의 주사선과 같이 1차원적인 식의 흐름이 뇌의 내부를 훑음으로써 그에 대응하는 평면과 입체의 영상을 그려낸다. 한 점 불씨를 재빨리 돌리면 불 바퀴[旋火輪, 선화륜]가 나타나듯이, 1차원적인 식의 흐름이 체험의 부피를 만들어 낸다.[22)]

지렁이와 인간의 차이는 그 몸의 차이일 뿐이다. 그 속에서 주의력의 흐름에 따라 훑고 있는 식(識)은 지렁이에서든 인간에게서든 모두 1차원적으로 명멸(明滅)한다. 모든 생명체의 식은 1차원

22) 一切諸行 皆悉無常 苦空無我 念念變壞 速疾不停破壞之法 空無所有 非堅固法 如旋火輪 乾闥婆城:『正法念處經』(대정장17), 366a면.

적인 흐름일 뿐이지만, 어떤 식은 지렁이와 같은 하등동물의 몸속에서 요동하고 있고, 어떤 식은 인간과 같은 고등동물의 뇌 속에서 요동하고 있다. 현생에 인간의 몸에 부착하여 살아가던 식이라고 해도, 내생에 다시 인간의 수정란에 부착한다는 보장은 없다. 현생에 자신의 식의 흐름을 잘 조절한 사람만이 내생에 다시 인간의 몸을 받든지, 더 나아가 천신의 몸을 받는다. 이런 조절이 계(戒), 정(定), 혜(慧)의 순서로 이루어지는 불교수행이다. 인간의 뇌 구조는 본능(Instinct: 그림1-1), 감성(Emotion: 그림1-2), 사고(Reasoning: 그림1-3)의 순서로 진화적 위계를 갖는다. 계정혜 삼학 가운데, 계학(戒學)이란 나의 식(識)의 요동을 [동물적] 본능의 영역[1]이 아닌 이성의 영역[3]에 묶어두는 수행이라고 풀이할 수 있다. 정학(定學)이란 이런 식의 요동을 정지시키는 훈련이며, '내 주의력의 이동에 수반되어 1차원적으로 흐르는 식(識)'의 내용을 매 찰나 주시함으로써 제행무상과 제법무아를 자각케 하는 수행이 위빠사나(Vipassanā)의 혜학(慧學)이다. 혜학이 무르익으면 식은 뇌의 차원을 벗어난다. 이계과(離繫果)인 열반이다.[23]

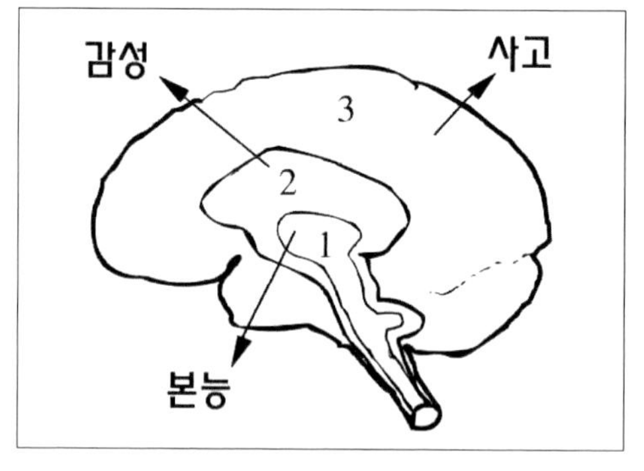

그림1 - 뇌의 진화적 구조

객관적으로 보면 나의 식이 나의 뇌 내부를 훑고 있다고 말할 수 있고, 주관적으로 보면 지금 이 순간 나에게 체험

23) 6인 5과 이론에서 보듯이, 이계과(離繫果)인 열반은 인(因)을 갖지 않는다. 조건들의 결합이 아니라 제거를 통해 얻어지는 것이기 때문이다.

되는 모든 현상에 나의 식(또는 나인 식)이 작용한다고 말할 수 있다. 앞 찰나에 체험했던 내용을 뒤 찰나에 지각된 내용과 비교함으로써 의미가 발생한다. 앞 찰나에 체험했던 모든 것이 토대가 되어 다음 찰나에 체험한 것의 의미가 만들어진다. 『구사론』에서 말하듯이 우리의 모든 인식의 토대가 되는 의근(意根)은 바로 그 앞 찰나의 육식(六識)이다. 매 찰나의 동일한 마음이 육식이 되기도 하고 의근이 되기도 한다. 이는 A에게 아들인 B가 C에게는 아버지가 되고, 가을의 열매가 봄에는 씨앗이 되는 것과 마찬가지다.[24] 다른 비유를 들면 수학자가 미분(微分: differential)을 통해 속도 등의 변화를 계산하는 것과 다를 게 없다.[25] 사물이 이동할 때 앞 찰나의 위치와 뒤 찰나의 위치의 차이에 의해 속도라는 '의미'가 계산되듯이, 매 찰나 명멸하는 1차원적인 식의 흐름에서 전과 후의 비교를 통해 모든 의미가 만들어진다. 거시적(巨視的) 비유를 들면 같은 온도의 동굴 속이라고 하더라도 겨울에는 바깥과의 비교를 통해 따뜻하게 느껴지지만, 여름에는 시원하게 느껴지는 것과 같다. 어떤 것이든 고정된 의미는 없다. 앞에 체험한 것과의 비교를 통해 의미가 만들어진다. 식에서 매 순간 미시적(微視的)으로 의미가 만들어진다.

지렁이나, 개구리나, 송아지나, 인간 등은 그 진화 방식의 차이로 인해 몸의 크기와 모양은 다르지만 이렇게 1차원적인 식의 흐름이 그 몸(또는 뇌)를 훑고 있다는 점에서는 차이가 없다. 이들

24) 即六識身無間滅已 能生後識故名意界 謂如此子即名餘父 又如此果即名餘種: 『俱舍論』(대정장29), 4b면 ; 김동화, 『俱舍學』(서울: 보련각, 1982), 89면.
25) Stcherbatsky, *Buddhist Logic I*, Bibkiotheca Buddhica XXVI(Tokyo: Meicho-Fukyū-Kai, 1977)[초판은 1932], p.107.

의 몸을 구성하는 최소단위인 세포나 수정란의 크기나 모양 역시 큰 차이가 없다. 현생의 출발점에서 수정란에 부착되었던 식이 그 몸을 통해 희로애락을 느끼며 살다가 그 몸이 노화하면, 임종 시 그 몸의 마지막 세포에서 떠나 다시 새로운 수정란에 부착한다. 즉 세포에서 세포로 식이 이동하는 것이다. 환생하는 것이다. 윤회하는 것이다.

뇌과학의 유물론과 증명 불가능한 자유의지

그런데 '식의 흐름'에 대한 이상과 같은 조망 가운데, 다른 것은 몰라도 윤회에 대한 설명은 '믿음'의 차원에서 수용할 수는 있어도 증명할 수는 없는 내용들이다. 우리가 아는 한도 내에서는 우리의 몸이 죽으면 우리의 마음도 사라진다. 불전은 윤회를 당연시 하면서 '윤회에서 벗어날 것'을 가르치지만, 그 누구도 윤회를 증명한 적이 없다. 윤회가 사실이 아니라면 불전의 많은 가르침은 폐기되어야 할 것이다. 더욱이 최근 눈부신 연구 성과를 내고 있는 뇌과학에서는, 윤회를 부정함은 물론이고, 종교적 신비체험 모두 뇌의 작용일 뿐이라고 설명한다. 예를 들어, 신(神)의 모습을 본다든지, 소리를 듣는 등의 종교적 신비체험 대부분은 측두엽 간질(Temporal Lobe Epilepsy)의 증상일 뿐이라고 해석한다.[26]

뇌과학의 연구 성과가 보편화 될 경우 종교는 물론이고 철학, 심리학, 사회학 등 지금까지 인류가 이룩한 다양한 학문적 성과

26) Michael S. Gazzaniga, *Ethical Brain*(New York: DANA Press, 2005), pp.156~161.

대부분이 재검토되어야 할 것이라고 한다. 불교는 뇌과학의 냉철한 분석과 비판을 비껴갈 수 있을까?

이에 대해 답하기 전에 우선 뇌의 구조를 개관해 보겠다. 불전에서 가르치듯이 윤회가 사실이고 전생에서 이어져 온 식(識)이 생명체의 몸에 반영 또는 부착되어 있다면, 그런 식이 직접 작용하는 곳은 인간의 신체 기관 중 뇌(腦)일 것이다.[27] 그런데 신장이나 간장, 위장 등 신체 내의 다른 기관과 비교할 때 뇌의 미세구조는 단순하다. 뉴런(Neuron)이라는 신경세포를 최소 단위로 하는 신경망이 종횡으로 얽혀 있는데, 감각기관(Sense organ)에서 보내온 '자극(Stimulus)의 전기신호'를 해석한 후 운동근육(Skeletal muscle)으로 '반응(Response)의 전기신호'를 내보내는 중개역할을 하는 곳이 뇌일 뿐이다[그림2].

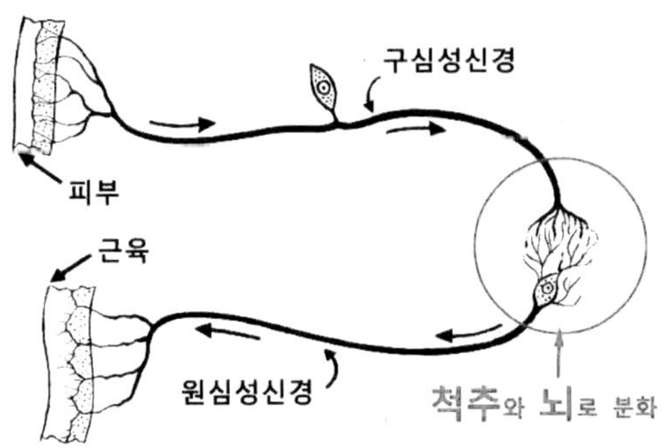

그림2 - 전기신호의 흐름지각신경 → 뇌 → 운동신경

27) 남방논서에서는 식(識)의 안주처를 심장토대(hadaya-vatthu)라고 설명하고 있는데, 위빠사나 수행의 부흥자인 마하시 사야도는 이에 대해 해설하면서, 의학적으로 심장이 이식 가능하기에 마음의 안주처를 심장이 아니라 머리[腦]로 바꿔도 좋다고 설명한다(http://www.buddhanet.net/budsas/ebud/mahasi-paticca/paticca-04.htm).

대뇌의 중앙 상단에 좌우 방향으로 패인 중심고랑(Central sulcus)을 기준으로 대뇌피질의 앞부분과 뒷부분을 구분할 경우, 앞부분은 근육운동과 사유 등 '능동적 행위[하기]'를 담당하고, 측두엽을 포함한 뒷부분은 신체감각과 시각, 청각 등 '수동적 지각[알기]'을 담당한다[그림3].28)

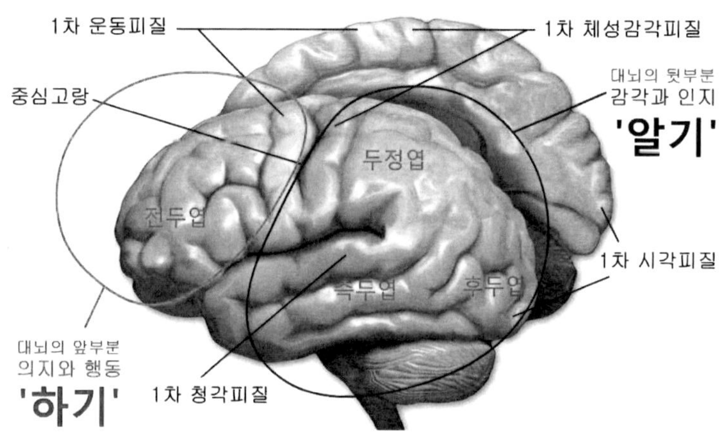

그림3 - 중심고랑을 경계로 나누어지는 '하기'와 '알기'

뇌과학과 신경의학은 철저한 유물론이다. 뇌과학이나 신경의학의 견지에서 보면 뇌의 모든 활동은 기계적이다. 객관적으로 연구

28) 시각정보는 대뇌피질 후두엽의 시각피질(Visual cortex)에, 청각정보는 측두엽의 1차청각피질(Primary auditory cortex)에, 촉각정보는 중심고랑에 인접한 1차체성감각영역(Primary somesthetic cortex)에, 미각정보는 같은 영역의 하부에 저장되는데, 불교적으로 보면 이런 영역은 승의근(勝義根)으로 감각을 일으키는 여러 조건(緣)들 가운데 하나일 뿐이다. 예를 들어 눈, 시신경, 허공, 빛, 시각피질, 식의 집중 가운데 어느 것 하나만 결여되어도 '시각체험'은 일어나지 않는다.

하다 보니, 유물론적이고 기계론적인 결론만 도출된 것이기에 뇌과학에 대해 반종교적이라거나 천박한 학문이라고 나무랄 수도 없는 노릇이다.

감각신경을 통해 어떤 자극이 뇌로 전달되면, 다소 복잡하긴 하지만, 선험적 방식[29]이든, 경험적 방식[30]이든 그것이 해석된 후, 그에 대한 적절한 반응이 운동신경을 통해 근육에 전달될 뿐이다. 그런 과정의 틈새에 '자유의지(Free will)'라든지, '식(識)'을 개입시킬 필요는 전혀 없다. 철두철미한 기계론적 해석이기에 결국 숙명론, 결정론적 세계관을 피할 수 없다. 뉴턴 물리학에서 가르치듯이 거시적 물질의 세계는 기계적으로 작동하는데, 뇌과학을 포함한 생리학에서 설명하듯이 우리의 신체가 오직 기계적으로 작동할 뿐이라면, 그 누구에게도 자유로운 행동이 있을 수 없을 것이다. 태어난 순간, 아니 수태(受胎)된 순간부터 그의 미래는 결정되어 있어야 한다. 그가 체험하는 모든 것, 그가 행동하는 일거수일투족이 모두 결정되어 있어야 한다. 예를 들어 당구 게임에서 쓰리 쿠션을 칠 때, 공을 때리는 순간 큐(Cue)의 방향과 힘의 강도에 따라, 최종적으로 공이 안착할 곳이 결정되어 있듯이, 뇌가 물질로만 이루어져 있다면, 탄생 후 우리가 평생 짓는 행동과 평생 겪는 체험은 모두 결정되어 있어야 할 것이다. 이런 난국을 피하기 위해, 하이젠베르크(Heisenberg)의 불확정성 원리(uncertainty principle)를 도입하여 자유의지의 가능성을 모색하기도 하지만,

---

29) 'a priori'라는 철학용어는 뇌과학적으로 '뇌 신경망의 유전적 연결 구조와 연관된'이라고 재해석된다.

30) 'a posteriori'라는 철학용어는 뇌과학적으로 '뇌 신경망의 후천적 연결 구조와 연관된'이라고 재해석된다.

불확정성원리는 뉴턴 물리학의 거시적 '결정론'을 미시적 '우연론'으로 대체하는 것일 뿐이며, 그것이 '물질적 뇌신경과 별개인 식(識)'이나 '자유의지'의 존재를 증명하는 근거로 쓰일 수는 없다. 아무리 객관적 분석을 시도해도 '자유의지'를 증명할 수 없다. 칸트(Kant)가 말하듯이 '자유의지가 있다거나 없다는 생각'은 우리의 이성(Reason)이 빚어내는 이율배반적 사유의 두 축일 뿐이다.

그러면 식이나 자유의지의 존재를 증명할 수 없는 이유는 무엇일까? '식'이나 '자유의지' 모두 객관이 아니라 주관적 현상이기 때문이다. '식'이나 '자유의지'는 객관 대상이 아니기에 우리 사유의 대상이 될 수 없다. 생각 속에서 '개념'으로서 떠올릴 수는 있어도, 실제로 그 존재가 확인되지는 않는다. 예를 들어 우리의 눈과 같다. 나의 눈에는 여러 가지 사물들이 보인다. 그러나 아무리 보려고 해도 나의 눈만은 보이지 않는다. 거울에 눈을 비추어 보아도 그것은 진정한 눈이 아니라 눈에 비친 대상이다. '나의 눈'은 능견(能見)이고, '보이는 대상'은 소견(所見)인데 능견은 소견의 세계에서 능견을 결코 찾을 수 없기 때문이다. 이와 마찬가지로 '식'과 '자유의지'의 양자 모두 매 순간 주관[能] 측에서 작용하고 있기에 그것을 객관[所]화 하여 왈가왈부할 수 없는 것이다. '왈가왈부'하는 행위 그 자체가 '식'과 '자유의지'에 의한 것이며, 반성적 사유에 의해 그것을 대상화 할 경우 그것은 진정한 '식'과 '자유의지'가 아니다.[31)]

---

31) 이는 다음과 같은 『중론』, 제3 관육정품 제2게의 논리 근거한 착안이다: "눈이란 것은 스스로 자기 자신 [= 눈]을 볼 수 없다. 스스로를 보지 못한다면 어떻게 다른 것을 보겠는가?(是眼則不能 自見其己體 若不能自見 云何見餘物)"

따라서 뇌와는 별개인 '식'이 존재하는지 아닌지, 그런 '식'에 자유의지가 있는지 없는지, 증명할 방법은 없다. 윤회에 대한 증명은커녕, 식의 존재와 자유의지의 유무 역시 증명할 방법은 없다. 그렇다면 불교 역시 다른 종교와 마찬가지로 뇌과학의 유물론 앞에서 백기(白旗)를 들어야 하는 것일까?

가언명제(假言命題)에 의한 윤회의 논증

이제 치밀한 분석에서 시선을 거두고, 우리의 '현실적 느낌'으로 돌아와 보자. 당신은 당신에게 자유의지가 있다고 느끼는가, 아니면 일거수일투족이 기계적으로 작동된다고 느끼는가? 대부분 전자를 지지할 것이다. 우리는 항상 선택의 기로에 선다. 무엇을 먹을까? 어디로 갈까? 최종 결정을 할 때까지, 순식간이긴 하지만 뇌의 신경망에서는 종합적 검토가 이루어질 것이다. 그리고 최선의 행동을 결정한다. 무엇이 좋겠다고 판단이 되었음에도 불구하고, 그와 반대의 결정을 하는 경우도 있다. 그런 결정이 의식적으로 이루어지는 경우도 있고, 무의식적으로 이루어지는 경우도 있다.[32] 어쨌든 우리는 나에게 자유의지가 있으며, 나의 미래는 열려있다고 생각하며 살아간다. "착하게 살아라."든지 "남을 도우며 살라."는 등의 윤리, 도덕적 훈계는 자유의지의 존재를 전제로 한다.

---

32) 일반적으로 우리는 의식적 생각을 통해 무언가를 결정한 후 그것을 행동에 옮긴다고 '느끼지만', 최근의 신경생리학 연구에 의하면 의식은 '뒷북치기'일 뿐이다. "행동하기로 작정한 다음에 행동하는" 것이 아니라 "행동한 다음에 행동하기로 작정한다."라는 것이다.

그러면 이런 자유의지와 뇌신경망은 어떤 관계가 있을까? 인체의 장기 가운데 뇌에 대한 연구가 가장 더디고 어려운 이유는 그 활동을 측정하기가 쉽지 않기 때문이었다. 과거의 뇌에 대한 연구는 '질병'이나 '사고'로 뇌의 일부가 손상된 환자의 증례를 수집함으로써 이루어진 것이 대부분이었다. 예를 들어 간질 발작을 줄이기 위해 뇌량(腦梁)을 절단한 환자의 증례,[33] 사고로 전두엽 부위가 손상된 환자의 증례[34] 등을 수집하여 역으로 뇌의 각 부위의 기능을 추정해 보는 것이 고작이었다. 1929년 독일의 한스 베르거에 의해 뇌파측정기(EEG: electroencephalogram)가 개발되었지만 그 용도는 극히 제한적이었다.[35] 그런데 1990년대 이후 뇌의 혈류 속의 산소 양의 변화를 탐지함으로써 특정부위에서 일어나는 신경활동 정도를 측정하는 '기능적 핵자기공명장치(fMRI)'가 개발되어 뇌에 대한 연구는 괄목할 진전을 보게 된다[그림4].[36]

이런 측정기기를 통해 알 수 있는 것은 우리의 의식 내용에 수

---

33) 뇌의 특정 부위에 과도한 전류가 발생하여 주변부로 퍼져 다른 신경세포들이 활성화 될 때 간질발작이 일어난다. 이때 발작의 정도를 완화시키기 위해 전류가 반대쪽 반구(Hemisphere)로 흐르지 못하도록 양 반구를 연결하는 신경다발인 뇌량(Corpus callosum)을 절단하는 시술을 했는데, 시술을 받은 환자의 독특한 증례들이 뇌 연구의 자료로 널리 활용되었다: Patricia Smith Churchland, *Neurophilosophy - Toward a United Science of the Mind/Brain -*,(Massachusetts: The MIY Pree, 1998[first edit. 1986]), p.174.

34) 1848년 철도노동자로 일하다가, 폭약을 잘못 다루어 철봉이 뇌를 관통하면서 전두엽이 손상되었으나 그 성격이 포악하게 변했던 Phineas P. Gage의 증례가 대표적인 예이다: Patricia Smith Churchland, *Ibid*, p.162

35) 간질환자나 뇌종양의 진단, 수면과 각성의 깊이 등 뇌의 전기적 활동과 관계된 경우에 한해 유용할 뿐이다: Neil R. Carlson, *Foundations of Physiological Psychology*(Boston: Allyn and Bacon, 2005), p.139.

36) *Ibid*, p.141.

반하여 그에 해당하는 부위의 뇌신경 활동이 활발해진다는 것이다. 예를 들어 우리가 눈으로 무언가를 보고 있을 때에는 뇌의 후두엽(Occipital lobe) 부위가 활성화되고, 눈을 지그시 감고 무언가를 듣고 있을 때에는 측두엽(Temporal lobe) 부위가 활성화된다. 깨어있는 동안에는 항상 무언가가 들리고 보이고 느껴지겠지만, 그 모든 감각이 우리에게 체험되는 것이 아니다. 우리의 '주의력'이 머무는 대상만 체험된다. 즉 우리의 주의력이 머무는 대상에 해당하는 뇌신경만 활성화되고 그것만이 유의미한 의식체험으로 남아 신경회로에 각인된다.

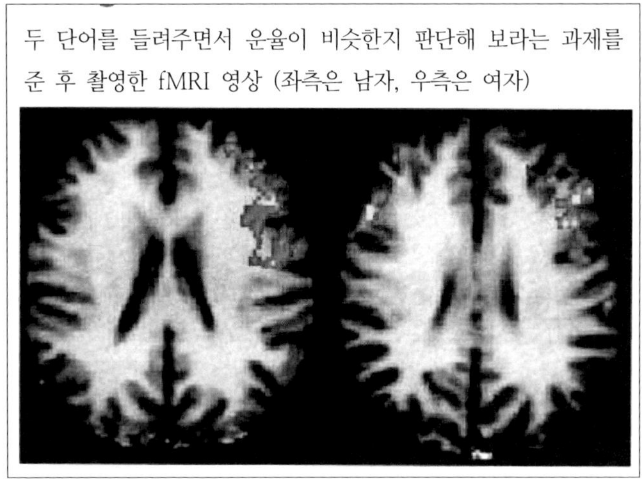

두 단어를 들려주면서 운율이 비슷한지 판단해 보라는 과제를 준 후 촬영한 fMRI 영상 (좌측은 남자, 우측은 여자)

그림4. - fMRI 사진의 예

'뇌신경의 활동'과 '의식체험'의 관계에 대한 이상과 같은 통찰에 근거하여 '식'과 '자유의지'와 '윤회'의 문제에 대해 조망해 보

자. 현생의 출발점인 수정란에 부착되었던 식은 그 수정란이 자라나 성체가 되면, 성체의 뇌 속에서 활동할 것이다. 만일 그 성체가 나라면, 내 주의력이 외부대상의 이곳저곳으로 이동함에 따라 나의 '식'은 그에 해당하는 뇌 속의 신경세포의 이곳저곳으로 이동할 것이다. 주의력의 이동은 대부분 조건반사와 같이 수동적으로 이루어지며, 이런 수동적 이동은 기계적인 것이지만, 만일 나에게 자유의지가 있다면, 그런 자유의지가 작용하는 경우에 한해, 나의 식은 뇌신경의 기계적 흐름과 무관하게 능동적으로 이동할 수도 있을 것이다. 다시 말해 '식'이 이쪽의 신경세포에서 저쪽의 신경세포로 비약하는 것이 가능할 것이다; "우리에게 자유의지가 있다면 뇌 속의 식이 한쪽의 신경세포에서 다른 쪽의 신경세포로 비약하는 것이 가능하다." 앞에서 논의했듯이, 우리에게 자유의지가 있는지 없는지 증명할 수 없다. 불전에서 가르치듯이 설혹 뇌를 포함한 우리의 몸과 무관한 식이 있다고 하더라도, 만일 자유의지가 없다면 그런 식은 뇌신경의 전기적 흐름을 거역할 수 없으며 외경(外境)과 뇌의 상호작용으로 체험되는 모든 일들을 그저 관조만 할 수 있을 것이다. 그렇다면 모든 것은 결정되어 있고 우리의 삶은 숙명에서 벗어날 수 없으리라. 만일 결정론, 숙명론이 사실이라면 이러한 분석도 무의미하고 뇌에 대해 논의할 필요도 없고 학문도 필요 없고 윤리, 도덕도 모두 무의미할 것이다. 그러나 체험적으로 우리는 우리에게 자유의지가 있다고 느낀다. 불전의 가르침 모두 자유의지의 존재를 전제로 한다. 그런데 우리에게 자유의지가 있다면 뇌 속에서 작용하는 식(識)이 신경세포와 신경세포 사이를 비약할 수 있어야 한다. 이런 통찰에 근거하여 식과

신경세포, 그리고 자유의지의 관계를 하나의 가언명제(假言命題: Hypothetical proposition)로 정리하면 다음과 같다.

> 가언명제1: 만일 우리에게 자유의지가 있다면, 우리의 식(識)은 뇌 속의 한 신경세포에서 다른 신경세포로 비약할 수 있다.

이제 윤회의 문제로 넘어가자. 우리에게 자유의지가 있다면 뇌 속의 식은 어느 한 쪽의 신경세포에서 다른 쪽의 신경세포로 건너뛸 수 있고, 그 때 의식 내에서는 주의집중의 대상이 바뀌는 일이 수반될 것이다. 뇌는 그 크기가 전후, 좌우, 상하 모두 20cm 내외로 몇 조(兆)의 신경세포로 이루어져 있는 단백질 덩어리다. 식이 신경세포 간을 건너뛴다고 해도, 그런 비약은 이런 20cm 이내의 공간의 한계 내에서 이루어질 것이다. 그러나 뇌(腦)의 내부일지라도 이렇게 '식의 세포 간 비약'이 가능하다면, 더 먼 거리라고 하더라도 식이 한 세포에서 다른 세포로 비약하는 것이 불가능할 까닭은 없을 것이다.

앞에서 소개했듯이, 불전의 가르침에 의하면 이곳에서 죽는 순간의 마지막 찰나의 심신[사음, 死陰]이 다른 곳에서 형성된 수정란[생음, 生陰]에 부착하면서 윤회가 이루어진다고 한다. 이곳에서 죽는 순간에 몸이 시체로 변하면서 모든 감관이 닫히고 신경활동의 작용이 끊겨 꿈의 환영(幻影)도 나타나지 않아 뇌 속이 칠흑과 같이 어두워지면 뇌 속의 어느 '신경세포'에 머물던 마지막의 식(識)은 그곳을 벗어나 먼 곳 어딘가에 형성된 다른 '수정란 세포'로 비약한다는 말인데 이는 충분히 가능한 일이다. 이런 조망을 앞에서 제시했던 '가언명제1'과 종합할 경우 다음과 같은 가언명제 역시 가능할 것이다.

> 가언명제2 - 만일 식이 뇌 속의 한 신경세포에서 다른 신경세포로 비약하는 것이 가능하다면, 죽는 순간의 신경세포에서 새롭게 형성된 수정란 세포로 비약하는 것도 가능하다.

여기서 "죽는 순간의 신경세포에서 새롭게 형성된 수정란 세포로 비약한다."라는 것은 환생을 통해 윤회하는 과정에 대한 묘사이기에 '가언명제2'는 다음과 같이 바꿔 쓸 수 있다.

> 가언명제3 - 만일 식(識)이 뇌 속의 한 신경세포에서 다른 신경세포로 비약하는 것이 가능하다면, 윤회는 가능하다.

그리고 이 '가언명제3'의 전건(前件)인 "식(識)이 뇌 속의 한 신경세포에서 다른 신경세포로 비약하는 것이 가능하다"는 문장은 앞의 '가언명제1'의 후건이기에 '가언명제1'과 '가언명제3'을 종합하면 다음과 같은 가언명제가 만들어질 수 있다.

> 가언명제4: 만일 우리에게 자유의지가 있다면, 윤회는 가능하다.

윤회를 논증해 보았다.

Ⅳ. 뇌의 허구를 폭로하는 반야중관학

인간을 포함한 포유류는 물론이고 어류, 파충류, 조류는 물론이고 곤충이나 갑각류 등 대부분의 동물에게 뇌가 있지만, 모든 동물이 뇌를 갖는 것은 아니다. 아메바나 짚신벌레와 같은 원생동물에게는 뇌가 없다. 지렁이와 같은 하등무척추동물의 경우에는 앞부분에 신경 덩어리가 있긴 하지만, 이는 뇌라기보다 혀[舌, 설]에 해당하는 '잘 발달한 화학탐지기'[37]일 뿐이다. 불교의 가르침은 인간만이 아니라 모든 생명체를 위한 것이다. 일체중생을 위한 것이다. 불교의 제도 대상에는 인간뿐만 아니라 육도 중생 모두가 포함된다. 그런데 지렁이 등의 하등 동물에서 보듯이 뇌는 모든 생명체에게 공통된 필수기관이 아니다.

모든 생명체의 공통점은 탄생했다가 고생하다가 죽는다는 점이다. 그런데 인간의 경우 뇌를 갖고 있을 뿐만 아니라, 뇌에 기반하는 언어를 구사하며, 언어에 기반하여 갖가지 생각을 한다는 점에서 인간 이외의 다른 생명체와 차별된다. 이는 다음과 같이 정리된다.

일반생명체	탄생 → 고생 → 죽음
인간	언어, 생각 탄생 → 고생 → 죽음

37) 사람이든 들짐승이든, 날짐승이든, 곤충이든, 물고기든 이목구비(耳目口鼻)가 얼굴에 몰려 있는데, 그 이유는 '먹이'를 얼굴 중앙의 '입(口)'에 넣기 위해서다. 진화론적으로 보다 정확히 표현하면 "입 주변에 감관이 몰려 있는 생명체만 현재 생존해 있는 것이다." 우리 인간의 경우, 이목구비 또는 오감이 그 본래적 용도에서 많이 벗어나 있지만 눈은 원래 '광학 탐지기', 코는 '원격 화학 탐지기', 혀는 '근접 화학 탐지기', 귀(물고기의 경우 옆줄)는 '매질(媒質) 진동 탐지기'로 '먹이'를 탐지하거나 '먹힘의 위해(危害)'를 탐지하는 것이 그 주 용도였다.

인간을 포함하여 모든 생명체는 약육강식의 세계 속에 태어나 시달리다가 늙고 병들고 죽는다[生老病死]. 그리곤 다시 태어나서 시달리고 늙고 병들고 죽는 과정을 되풀이 한다. 해탈하지 못한 이상 이런 윤회는 영원히 계속된다. 부처님은 이런 윤회의 진상[苦]과, 이런 윤회의 세계에 태어나게 되는 원인[集]과, 다시는 윤회에 시달리지 않는 깨달음[滅]과, 그런 깨달음을 얻는 길[道]을 제시하였다. 고, 집, 멸, 도의 사성제다.

이런 윤회의 세계에 태어나지 않으려면, 이런 윤회에 세계에 대해 맺힌 것이 없어야 한다. 맺힌 것이란 바로 '탐, 진, 치의 삼독 번뇌'다. 이 삶의 세계에 무언가 하고 싶은 것이 남아 있을 때 죽는 순간의 식은 삶에 대한 그런 애착 때문에 다른 수정란에 달라붙는다. 윤회하는 것이다. 윤회의 진상인 무상(無常), 무아(無我), 고(苦)에 대한 통찰을 통해 '탐, 진, 치'의 번뇌를 모두 없앨 경우, 다시는 태어나지 않는 아라한의 지위에 오르게 된다. 단순하고 분명한 초기불전의 가르침이었다.

그런데 불멸 후 오백여 년 지나 난삽한 아비달마 교학이 발달하였다. 단순, 명료했던 초기불교였는데, 인간의 언어와 생각으로 인해 번쇄해짐으로써 치심의 번뇌만 더 증장되었다. 이를 단칼에 쳐버리는 것이 바로 반야중관학의 공사상이다. 『반야경』에서는 언어로 표현된 불교의 가르침 모두가 허구일 뿐이고, 도구일 뿐이라고 선언하고, 중관학에서는 치밀한 분석을 통해 그런 선언을 논증한다. 언어로 언어를 버리는 것이다. 생각을 통해 생각의 사슬에서 벗어나는 것이다. 뇌의 허구에서 벗어나는 것이다. "뇌를 제거하라!" 반야중관학의 법공(法空) 사상이다.

그러나 이렇게 생각의 허구를 자각하는 것이 불교수행의 끝이 아니다. 깨달음이 아니다. 언어와 생각의 허구를 자각한 후에는 다시 초기불교의 가르침으로 돌아가야 한다. 삼독심을 제거함으로써 이 윤회의 현장에 맺힌 한을 모두 풀어버려야 한다. 다시 태어나지 않을 수 있도록 남은 번뇌를 모두 녹여야 한다. 반야중관학에서는 후대에 덧붙여진 아비달마 교학의 군더더기를 털어내기만 할 뿐이다. (Ⓟ Pāli / Ⓢ Sanskrit)

–『불교평론』 40호, 2009

제2부
불교적 상담과 명상

연기론의 인지치료적 활용*

* 2008년 5월 24일 조계사 내 한국불교역사문화기념관 국제회의장에서 열린 한국불교심리치료학회 학술대회에서 발표.

Ⅰ. 심리치료와 불교수행론의 만남

불교의 모든 가르침을 요약한 사성제(四聖諦: 네 가지 성스러운 진리)는 '괴로움[苦]의 정체'와, '괴로움의 원인[고집, 苦集]'과 '괴로움의 소멸[고멸, 苦滅]'과 '괴로움을 소멸하는 방법[고멸도, 苦滅道]'의 네 가지로 이루어져 있다. 이런 사성제의 진리는 해(解), 단(斷), 증(證), 수(修)라는 네 단계의 과정을 거쳐 성취된다. 즉, 우리가 체험하는 모든 것이 궁극적으로 괴로운 것[苦]이라는 점은 이해[解]해야 하고, 그러한 괴로움을 야기한 원인[集]은 끊어야[斷] 하며, 괴로움의 소멸[滅]은 체득[證]해야 하고, 괴로움을 소멸시키는 길[道]은 닦아야[修] 한다.[1)]

또, 다음에서 보듯이 사성제의 가르침은 질병의 진단과 치료과정에 비유되기도 한다.

> 세존께서 비구들에게 고하셨다. "네 가지를 갖춘 경우 세속의 왕에 필적하는 대의왕(大醫王)이라고 부르느니라. 무엇이 네 가지인가? 첫째는 질병을 잘 아는 것이니라. 둘째는 질병의 원인을 잘 아는 것이니라. 셋째는 병의 치료법을 잘 아는 것이니라. 넷째는 질병의 치료가 끝나면 다시는 재발하지 않을 것이라고 잘 아는 것이니라. … 여래, 응공, 등정각이 네 가지 능력을 갖추어 중생의 병을 치료하는 것도 이와 마찬가지니라. 무엇이 네 가지인가? 여래는 고성제(苦聖諦)를 있는 그대로 알고, 고집성제를 그대로 알고, 고멸성제를 그대로 알고, 고멸도적성제를 그대로 아느니라."[2)]

훌륭한 의사이기 위해서는 질병의 정체와 질병의 원인과 질병

---

1) 『잡아함경』, 대정장2, p.359b
2) 『잡아함경』, 대정장2, p.105b.

의 치료법을 잘 알 뿐만 아니라 질병의 치료가 끝나면 다시는 재발하지 않을 것을 잘 알아야 하는데, 이와 마찬가지로 붓다는 중생의 병인 '괴로움'과 '괴로움의 원인'과 '괴로움의 소멸'과 '괴로움의 소멸에 이르는 길'을 잘 안다는 것이다.

이런 과정은 심리치료에도 그대로 적용될 수 있을 것이다. 상담자는 먼저 내담자가 어떤 심리적 괴로움[苦]을 겪는지 정확히 파악[解]해야 하며, 그런 괴로움을 야기한 원인[集]을 찾아 낸 후, 합당한 방법[道]을 사용[修]하여 그런 원인을 제거[斷]함으로써, 내담자가 마음의 평안[滅]을 찾는데[證] 도움을 주어야 할 것이다.

'사성제로 요약되는 불교의 수행론'과 '심리치료'는 이렇게 문제에 대한 접근과 그 해결 방식에서 일치하지만 그 최종 목표를 달리한다. 즉 '마음의 아픔을 겪는 내담자(來談者)'의 심리상태를 '정상적인 사회생활을 할 수 있는 일반인'의 수준 정도로 개선시키는 것을 목표로 삼는 것이 심리치료인 반면[3], '마음의 아픔을 겪는 사람'은 물론이고 '정상적인 사회생활을 할 수 있는 일반인'까지 '종교적, 철학적 고민에서조차 벗어나게 해 주는 것'이 불교 수행의 궁극 목표이기 때문이다.[4] 이를 정리하면 다음과 같다.

---

3) "환자와 의사 사이에서 주로 언어를 통한 의사전달로써 환자가 자기를 이해하는 것을 도우며 자기의 생각·느낌·언행을 교정하여 그의 인생에의 적응을 더욱 마음 편하게 그리고 더욱 효과적으로 할 수 있도록 돕는 목적에서, 의사와 환자가 시간표에 따라 계획적인 면접을 갖는 것을 정신치료라고 한다.": 한동세, 『정신과학』, 일조각, 1980(초판 1969), p.252.

4) 위에 인용한 경문에 이어지는 구절에서도 질병을 치료하는 '세속의 훌륭한 의사'와 '여래, 응공, 등정각'인 부처의 차이점에 대해 다음과 같이 설명한다: "비구들이여, 저 세간의 '훌륭한 의사'는 '생(生)'의 근본에 대한 치료법을 여실(如實)하게 알지 못하며, '노(老), 병(病), 사(死), 우(憂), 비(悲), 뇌(惱), 고(苦)'의 근본에 대한 치료법을 여실하게 알지 못

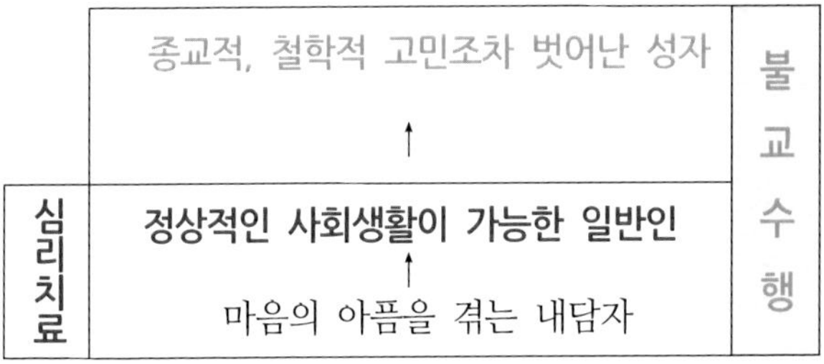

심리치료	종교적, 철학적 고민조차 벗어난 성자 ↑ 정상적인 사회생활이 가능한 일반인 ↑ 마음의 아픔을 겪는 내담자	불교수행

심리치료의 내담자가 겪는 마음의 아픔은 불교용어로 '고수(苦受)', 즉 '괴로운 느낌'에 해당할 것이다. 사성제의 가르침을 심리치료에 적용할 때, '마음의 아픔(苦)을 겪는 내담자'가 '괴로움'에서 벗어나기(滅) 위해서는 우선 '괴로움의 원인'(集)을 끊어야 할 것이다. 그리고 그러한 괴로움의 근본원인 두 가지는 무명(無明)과 갈애(渴愛)이며 이를 '번뇌(Kleśa, 惑, 혹)'라고 부른다.

불교 유식학(唯識學)에서는 [넓은 의미의] 이러한 번뇌(惑, 障)를 다시 [좁은 의미에서] 번뇌장(煩惱障: Kleśa-āvaraṇa)과 소지장(所知障: Jñeya-āvaraṇa)으로 구분한다. 유식학의 전범(典範)인 『성유식론(成唯識論)』에서는 이러한 두 가지 번뇌의 의미에 대해 다음과 같이 설명한다.

> 번뇌장이란 것은 '실재하는 자아(實我)라고 망상분별한 것'에 대해 집착하는 것을 말하며 '내가 있고 나의 것이 있다는 생각(有身見)'[5]을 선두로 삼는 128가지의 '근본적인 번뇌' 및 등류(等流)의 '부수적인 번뇌'들이다. 이

한다. '여래, 응공, 등정각'은 대의왕(大醫王)이어서 '생'의 근본에 대한 치료법을 여실하게 알며 '노, 병, 사, 우, 비, 뇌, 고'의 근본에 대한 치료법을 여실하게 안다. 그래서 '여래, 응공, 등정각'을 대의왕이라고 부르느니라."

5) 薩迦耶見 謂 於五取蘊 執我我所: 『성유식론』, 대정장31, p.31c.

> 것들 모두가 중생의 몸과 마음을 어지럽히고 괴롭혀서 열반을 방해하기에 번뇌장이라고 명명한다.[6)]

> 소지장이란 것은 '실재하는 법(實法)이라고 망상분별한 것'에 대해 집착하는 것을 말하며 '내가 있고 나의 것이 있다는 생각(有身見)'을 선두로 삼는 견(見), 의(疑), 무명(無明), 애(愛), 에(恚), 만(慢) 등[의 번뇌들]이다. '앎의 대상인 무전도성'을 덮어서 보리를 방해하기에 소지장이라고 명명한다.[7)]

불교 전문용어가 많이 등장하기에 이해가 쉽진 않겠지만, 그 줄가리만 추리면 번뇌장은 '자아에 대한 집착(我執)'과 그런 집착에서 파생된 번뇌들이고 소지장은 '법에 대한 집착(法執)'과 그런 집착에서 파생된 번뇌들이라는 설명이다. 그리고 '자아에 대한 집착'을 제거하면 내생에 다시는 태어나지 않는 열반, 해탈의 목표를 성취하고, '법에 대한 집착'을 제거하면 '삶과 죽음, 인생과 세계'에 대해 완전하게 통찰하는 '보리'를 획득한다.

그런데 '자아에 대한 집착'[아집]과 '법에 대한 집착'[법집]은 공성(空性)의 체득을 통해 제거된다. 『성유식론』 서두에서는 이렇게 번뇌의 발생에서 공성의 체득을 통한 번뇌의 소멸로 이어지는 과정을 다음과 같이 요약한다.

> 아집과 법집으로 인해 [번뇌장과 소지장이라는] 두 가지 장애가 모두 생한다. 만일 [아공(我空)과 법공(法空)이라는] 두 가지 공성(空性)을 체득하면

---

6) 煩惱障者 謂 執遍計所執 實我 薩迦耶見 而為上首 百二十八根本煩惱及彼等流諸隨煩惱 此皆擾惱有情身心 能障涅槃 名煩惱障: 위의 책, p. 48c.

7) 所知障者 謂 執遍計所執 實法 薩迦耶見 而為上首 見疑無明愛恚慢等覆所知境 無顛倒性 能障菩提 名所知障: 위의 책.

> 그런 [두 가지] 장애는 그에 수반하여 끊어진다. 장애를 끊으면 두 가지 뛰어난 결과를 얻게 되기 때문이다. 끝없이 태어나게 만드는 번뇌장을 끊기 때문에 참된 해탈을 증득하고, 통찰에 장애가 되는 소지장을 끊기에 대보리(大菩提)를 획득한다.[8)]

"자아가 실재하지 않는다."라는 아공(我空)의 진리를 체득할 경우 자아에 대한 집착[我執]이 끊어져 번뇌장이 사라지고 해탈[열반]을 증득하게 되며, "법 역시 실재하지 않는다."라는 법공(法空)의 진리를 체득할 경우 법에 대한 집착[法執]이 끊어져 소지장이 사라지고 보리(菩提: Bodhi)를 획득하게 된다는 것이다.

여기서 '아집[자아에 대한 집착]'이라고 할 때 '자아'의 의미는 명확하다. 그러나 '법집'이라고 할 때의 법의 의미는 이해하기가 쉽지 않다. '법(法)'은 '~를 띄다(bear, hold)'를 의미하는 산스끄리뜨 어근 '√dhṛ'에서 파생된 단어인 'dharma'의 번역어인데, '진리'를 의미하기도 하고 붓다의 '가르침'을 의미하기도 하며, 언어의 최소 단위인 '개념'을 의미하기도 하고, 나와 세상을 이루고 있는 '구성요소'를 의미하기도 한다. 붓다는 자아와 세계를 오온(五蘊), 십이처(十二處), 십팔계(十八界) 등 '구성요소'로 낱낱이 분석한 후 갖가지 '개념'들을 동원하여 '가르침'을 펼쳤고 붓다의 가르침 모두가 '진리'이기에, '법(dharma)'이란 말에는 '구성요소', '개념', '가르침', '진리'라는 의미가 모두 담겨있다. 『성유식론』에서 법집(法執)이라고 할 때의 '법'은 우리의 인생관이나 세계관을 구성하는 갖가지 '개념'들을 의미한다.[9)] 다시 말해 우리의 '인지

8) 由我法執二障具生 若證二空彼障隨斷 斷障為得二勝果故 由斷續生煩惱障故證真解脫 由斷礙解所知障故得大菩提: 위의 책, p.1a.

9) 謂諸法自性略有三 656c02 種 一遍計所執自性 二依他起自性 三圓 65

(認知: Cognition)를 구성하는 개념'들이 바로 '법'들인 것이다.

일반적으로 우리의 마음은 '지성'과 '감성'으로 양분된다. 심리학 용어로 풀어보면 지성은 인지(認知)에 해당하고, 감성은 정서(情緖: Emotion)에 해당할 것이다. 이러한 구분법에 비추어 볼 때, 유식학에서 말하는 번뇌장은 '정서장애', 소지장은 '인지장애'[10]라고 번역 가능할 것이다.[11] 유식학의 가르침에 비추어 볼 때, 내담자가 겪는 정서적 고통은 '자아에 대한 과도한 집착'[강력한 아집]에 기인한 것이며, 인지적 고통은 '잘못된 세계관이나 인생관'[강력한 법집]에 기인한 것이다. 따라서 우리는 "자아에 실체가 없다."라는 아공(我空)의 가르침을 통해, '정서장애'의 치료를 모색할 수 있고, "세계관이나 인생관과 같은 개념적 지식이 모두 허구"라는 법공(法空)의 가르침을 통해 '인지장애'의 치료를 모색

6c03 成實自性 遍計所執自性者 謂諸所有名言 656c04 安立諸法自性 依假名言數數周遍 計度 656c05 諸法而建立故 김동화는 법의 내용으로 불교의 5온, 12처, 18계 등의 법 이외에 인도 승론(勝論)학파의 10句義, 수론(數論)학파의 25원리를 드는데[金東華, 『唯識哲學』, 『雷虛金東華全集』 6, 뇌허불교학술원, 2001(초간 1972년), p.269], 이들 모두 각 학파의 세계관 인생관을 구성하는 '개념'들이라는 점에서 공통된다.

10) 일반적으로 심리학에서 말하는 '인지장애(Cognitive disorders)'는 정신착란(Delirium), 치매(Dementia), 건망증(Amnestic disorders) 등과 같이 '정상적인 생활'에 지장을 초래하는 '정신-신경계의 질환'을 가리키지만, 불교 유식학 술어(術語)인 소지장의 번역어로서의 '인지장애'는 '공성(空性)을 체득하지 못한 자의 인지적 문제'를 의미한다. 인류역사에서 철학자, 종교인, 과학자, 사상가들이 인간과 세계에 대해 품었던 '종교적, 철학적 고민' 모두 불교적 의미의 '인지장애'에서 기인한 것으로 볼 수 있다.

11) 韋達(Wei-Tat)은 번뇌장을 "the barrier of vexing passions(성가신 격정의 장애)", 소지장을 "the barriers that hinders Absolute knowledge(절대지를 방해하는 장애)"라고 영역한다: Wei-Tat, *CH'ENG WEI-SHIH LUN*, CH'ENG WEI-SHIH LUN PUBLICATION COMMITTEE, Hong Kong, 1973, p.5.

할 수 있을 것이다.

그러면 인지장애에 해당하는 소지장과 정서장애에 해당하는 번뇌장의 선후 관계는 어떠할까? 『성유식론』에서는 "아집은 반드시 법집에 의존하여 발생한다(我執必依法執而起)"[12]고 설명한다. 소지장에 의존하여 번뇌장이 발생한다는 것이다. 다시 말해, 인지장애가 선행하고 그에 의존하여 정서장애가 나타난다는 것이다.

여기서 우리는 현대의 심리치료 기법 가운데 하나인 인지치료(Cognitive Therapy)를 떠올리게 된다. 인지치료는 1960년대에 미국의 정신과 의사인 에런 벡(Aaron T. Beck) 등이 창안한 심리치료법으로 그 원리는 다음과 같이 요약된다.

> 인지치료(Cognitive Therapy)는 잘못된 '인지나 생각의 패턴'이 부적응적인 '행위와 감성의 반응'을 일으킨다고 추정하는 심리사회적 치료이다. '심리'와 '성격'의 문제를 바로잡기 위해서 '사고'에 변화를 일으키는 데 치료의 초점을 맞춘다. … 부적응적인 행위는 '습관적인 사고(automatic thought)'라고 불리는 부적절하거나 비이성적인 사고패턴(思考pattern)으로 인해 야기된다. 어떤 사람은 주어진 상황에 대해 있는 그대로 반응하지 않고 그런 상황을 바라보는 자신의 왜곡된 관점에 따라서 습관적으로 반응한다. 인지치료는 이런 사고패턴['인지의 왜곡'이라고도 함]의 이면에 깔려있는 여러 가지 가정들(assumptions)의 합리성과 타당성을 검토함으로써 이런 사고패턴을 변화시키는 데 초점을 맞춘다. 이런 과정을 '인지적인 개조'라고 부른다.[13]

위의 인용문에서 보듯이 인지치료에서 말하는 '인지'는 '부적절

---

12) 『성유식론』, 앞의 책, p.24b.

13) Bonnie R. Strickland(executive editor), *The Gale encyclopedia of psychology*, Gale Group, 2001, p.134.

하고 비이성적인 습관적 사고패턴'을 의미하며, '인지치료'에서는 그런 사고패턴의 이면에 깔려 있는 여러 가지 가정들의 합리성과 타당성을 검토함으로써 사고패턴을 변화시키는 것을 지향한다고 하는데, 여기서 말하는 '부적절하고 비이성적인 습관적 사고패턴'은 유식학에서 말하는 '법집'에 다름 아니다. 또 "잘못된 '인지나 생각의 패턴'이 부적응적인 '행위와 감성의 반응'을 일으킨다."라는 추정은, "인지적 장애인 '법집'에 의존하여 정서적 장애인 '아집'이 발생한다."라고 보는 유식학의 이론에 그대로 대응된다.

앞에서 소개한 바 있지만 불전의 모든 가르침이 집약되어 있는 사성제에서는 '괴로움(苦)의 정체'와, '괴로움의 원인(苦集)'과 '괴로움의 소멸(苦滅)'과 '괴로움을 소멸시키는 방법(苦滅道)'에 대해 가르치는데, 사성제를 골격으로 삼아 유식학의 번뇌론과 임상심리학의 인지치료를 비교, 대응시키면 다음과 같이 정리된다.

사성제	유식학의 번뇌론	인지치료
고(苦)	마음의 아픔	마음의 아픔(정서적 괴로움)
집(集)	법집, 소지장(번뇌)	부적절하고 비이성적인 습관적 사고패턴과 그런 사고 패턴의 이면에 깔려 있는 여러 가지 가정들(잘못된 인지)
멸(滅)	법집과 소지장의 타파(법공의 체득)	사고패턴의 변화(건강한 인지)
도(道)	법공의 추구(수행이나 교화를 통한 지혜의 추구)	사고패턴의 이면에 깔려 있는 여러 가정들의 합리성과 타당성 검토(인지치료)

인지치료는 원래 우울증 치료를 위해 창안되었으나 자살, 자해적 행동, 범 불안 장애, 공황 장애, 일부 인격장애, 섭식장애, 건강염려증, 신체화 장애, 동통장애, 약물 혹은 알코올 중독성, 성기능 장애, 일부 소아정신질환, 부부갈등 등에 대해서도 매우 효과적이라고 한다.[14] 이런 예 대부분은 정서적 문제들인데, 내담자의 인지를 '건드림'으로써 이러한 문제들을 치료할 수 있다고 보는 것이 인지치료의 큰 원칙이다.

그런데 불전을 보면 우리는 이렇게 '인지의 전환'을 통해 '정서의 문제'를 해결한 대표적 예화 두 가지를 찾을 수 있다. 하나는 속가의 부인에 대한 음욕 때문에 환속을 하려는 난다(Nanda)의 예화이고, 다른 하나는 죽은 아들을 살려달라고 부처님께 애원하는 고따미(Gotamī) 여인의 예화이다. 그런데 방식은 좀 다르지만 이 두 가지 예화 모두에 '연기(緣起)의 원리'가 도입된다. 본고에서는 이들 두 인물의 인지를 변화시키기 위해 연기론이 각각 어떤 식으로 활용되었는지 분석해 봄으로써 '연기론에 바탕을 둔 인지치료 기법'을 제시해 보고자 한다. 그리고 더 나아가 이러한 인지치료 기법이 '일반적인 심리치료'의 수준을 넘어서 '깨달음을 지향하는 수행'으로 어떻게 연결될 수 있는지 모색해 보기로 하겠다.

---

14) Jacqueline B. Persons, 김지혜 · 임기영 공역, 『인지치료의 실제』, 중앙문화사, 2006(1989년 원본 출간, 1999년 번역본 제1쇄 발행), 머릿글, p.v.

Ⅱ. 불전에 등장하는 연기론적 인지치료

1. 아공(我空)의 연기와 법공(法空)의 연기

원래 초기불전에서 말하는 연기는 주로 십이연기를 의미했다. "이것이 있으면 저것이 있고, 이것이 생하기 때문에 저것이 생한다. 이것이 없으면 저것이 없고, 이것이 멸하기 때문에 저것이 멸한다."라는 연기공식(緣起公式)의 경우도 "무명을 연하여 행이 있고 … 생을 연하여 노사가 있으며, 무명이 멸하기 때문에 행이 멸하며 … 생이 멸하기 때문에 노사가 멸한다."라는 십이연기의 유전문(流轉門)과 환멸문(還滅門)을 요약한 것에 다름 아니었다. 이러한 가르침의 취지는 '무한히 반복되어 온 모든 생명체의 탄생과 죽음'은 연기관계에 있는 열두 가지 법(法)들의 반복된 흐름일 뿐이며, 그 이면에 '자아(自我: Ātman)'나 '인아(人我: Pudgala)'와 같은 실체가 있는 것은 아니라는 점을 알려주는 것이었다. 즉, 무아(無我: Anātman, Pudgala-nairātmya) 혹은 아공(我空)을 가르치는 것이 그 주된 목적이었다. 그러다가 반야계 경전이 등장하면서 '자아'를 넘어 '법(Dharma)' 그 자체에까지 연기의 법칙을 확대 적용하여 법의 공성, 즉 법공(法空)의 이치를 천명하게 되었던 것이다. 그리고 용수(龍樹, Nāgārjuna: 150~250경)에 의해 창안된 중관학(中觀學)에서 이를 적극 논증한다. 중관학의 전범(典範)인 『중론송(中論頌: Madhyamaka Kārikā)』에서는 법과 법의 연기관계, 즉 법의 공성에 대해 다음과 같이 노래한다.

> 만일 '가는 자'를 떠난다면 '가는 작용'은 성립되지 않는다. '가는 작용'이 없다면 도대체 어떻게 '가는 자'가 성립하겠는가? (*M.K.*, 2-7)

> '색인(色因)'이 없으면 '색(色)'은 포착되지 않는다. '색(色)'이 없어도 '색인(色因)'은 보이지 않는다. (*M.K.*, 4-1)

이 두 게송 모두 법과 법 간의 쌍조건 관계를 나타내고 있다. 앞의 게송은 '가는 자 ↔ 가는 작용', 뒤의 게송은 '색인 ↔ 색'[15]과 같이 쌍 방향의 조건 관계를 노래하고 있다. 그러나 십이연기의 경우는 이와 다르다. 식(識)과 명색(名色) 이외의 다른 모든 지분들이 '무명 → 행 → … 생 → 노사'와 같이 일방향의 조건 관계를 갖는다.[16] 그 이유는, '십이연기는 시간의 흐름에 따라 불가역적(不可逆的)으로 살아가는 자아의 공성을 드러내는 계기적(繼起的) 연기'이고, 중관학의 연기는 '가역적(可逆的) 관계를 갖는 법과 법 간의 구기적(俱起的) 연기'이기 때문이다. 즉, 십이연기는 아공을 드러내는 연기이기에 불가역적이고 중관학의 연기는 법공을 드러내는 연기이기에 가역적이다. 이는 다음과 같이 요약

---

15) 색은 물질/형상을 의미하고 색인은 지, 수, 화, 풍의 사대이다. 색은 옷감[布]에 비유되고, 색인은 그 옷감을 짜고 있는 실[縷]에 비유되기도 한다: 『중론』, 대정장30, p.6b.

16) 식과 명색의 관계가 쌍조건적인 것은 식이 '중음신'에 해당하고 '수정란'이 명색에 해당하기 때문이다. 부모가 교합할 때 정자[精]와 난자[血]가 결합하여 만들어진 수정란에 중음신[識, gandharva]이 안착되어야 새로운 생이 시작되는데, 중음신이 없으면 수정란이 자라날 수 없고, 수정란이 없으면 중음신이 안착할 수 없기 때문에 중음신인 식과 수정란인 명색은 쌍조건 관계를 갖는다: 『중아함경』, 대정장1, pp.579~580.

된다.

아공(我空)의 연기: A → B
법공(法空)의 연기: A ↔ B [A → B, A ← B]

이런 조망은 앞 장에서 설명했던 유식학의 수행론에도 그대로 대입될 수 있을 것이다. 앞에서 소개했듯이 번뇌장과 소지장이라는 두 가지 번뇌 가운데 정서장애에 해당하는 번뇌장은 아집(我執)으로 인해 야기되며 아공을 체득함으로써 사라지고, 인지장애에 해당하는 소지장은 법집(法執)으로 인해 야기되며 법공을 체득함으로써 사라진다. 그리고 앞으로 소개할 난다(Nanda)의 예화와 고따미(Gotamī) 여인의 예화 모두 아(我)와 법(法) 가운데 법의 문제, 즉 인지(認知)의 문제와 관계된다. 다시 말해 법의 연기성을 체득시킴으로써 이루어지는 인지치료의 예화들이다.

2. 난다(Nanda)의 예화와 이열치열(以熱治熱)의 유전연기(流轉緣起)

『증일아함경』에는 출가 전의 옛 부인에 대한 음욕을 참지 못해 환속하려는 난다(Nanda, 難陀)를 교화하는 예화가 있다. 재가자의 경우 건전한 부부생활을 통해 음욕을 충족하는 것이 죄가 될 수 없겠지만, 율장의 4바라이법(波羅夷法: pārājikā dhammā)[17]

17) ① 인간, 시체, 짐승과의 직접적 성교, ② 5전(錢) 이상의 도둑질(당시

에서 보듯이 출가자의 경우는 단 한 번의 '직접적인 성교'만으로도 그 자격을 박탈당한다. 따라서 난다의 예화는 일반인에게도 활용될 수 있는 심리치료의 예화가 아니라, '고결한 출가자로서의 심성'을 갖추게 만드는 '성격(Personality) 교정'의 예화로 볼 수 있다. 난다의 예화를 요약하면 다음과 같다;

> 속가(俗家)의 부인 순다리(孫陀利, Sundarī)를 잊지 못하여 난다가 환속하려한다는 소식을 들은 세존은 "불로써 불을 끄리라(以火滅火)"고 생각하고 난다를 원숭이들이 사는 향산(香山)으로 데리고 간다. 세존은 '애꾸눈 원숭이'를 가리키며 그 모습과 순다리의 미모를 비교하게 한다. 난다는 순다리의 미모는 애꾸눈 원숭이에 비할 바가 아니며 원숭이와 비교하니 순다리가 더 보고 싶어진다고 대답한다. 그러자 세존은 천상으로 난다를 데리고 가서 500명의 천녀들을 보여준 후 그녀들의 미모와 순다리의 미모를 비교하게 한다. 난다는 "천녀들과 순다리를 비교하니 순다리는 마치 '애꾸는 원숭이' 같이 추악해 보인다."라고 답한다. 세존은, 난다가 청정행을 닦을 경우 내생에 이런 천녀들 모두의 남편이 되어 즐기며 살게 될 것이라고 말한다. 이 말을 들은 난다는 '너무나 기뻐서 어쩔 줄을 몰라 하며(甚懷喜悅 不能自勝)' 속가의 옛 부인을 완전히 잊고 열심히 수행 정진한다. 얼마 후 세존은 난다에게 무간지옥(無間地獄)을 보여준다. 지옥에서는 수많은 중생들이 고통에 시달리고 있었는데 한쪽에 빈 가마솥이 보였다. 난다가 옥졸에게 그 용도를 묻자 옥졸은 "수행을 잘 한 난다가 내생에 하늘나라에 태어나서 일천 년 간 천녀들과 즐기다가 목숨을 마치면 무간지옥으로 떨어지게 될 텐데, 이 가마솥은 그 때 난다가 들어가 살 곳이다."라고 대답한다. 옥졸의 말을 듣고 공포심에 온몸의 털이 곤두선 난다는 크게 참회하면서 다음과 같이 노래한다. "사람의 삶이란 귀할 것도 없으며 / 천신도 수명이 다하면 죽는구나 / 지옥의 고통은 쓰리고 괴로운 것 / 열반의 즐거움만 오롯이 존재하네." 그 후 난다는 열심히 수행, 정진하여 아라한

의 세속법에서는 재가자가 5전 이상을 훔칠 경우 사형시켰다), ③ 사람을 죽이는 것, ④ 깨닫지 못했는데 깨달았다고 하는 대망어(大妄語).

이 된다.[18)]

붓다는 먼저 난다의 출가 전 부인인 순다리의 외모를 '애꾸눈 원숭이'와 비교함으로써 난다에게 순다리의 '아름다움'을 확인시킨다. 그리곤 난다에게 천녀들의 모습을 보여주어 동일한 순다리가 추하게 보이게 한다. 붓다는, "청정행을 닦을 경우 천상에 태어나 그런 천녀들의 남편이 되어 살게 될 것이라"고 말함으로써 순다리에 대한 난다의 음욕을 우선 잠재워 수행에 매진하게 만든다. 그야말로 '불로써 불을 끄는(以火滅火)' 이열치열(以熱治熱)의 교화방식이다. 불전에서는 아난다(Ānanda)가 이러한 난다를 꾸짖는 게송이 발견된다. 이는 다음과 같다.

> 숫양이 서로 맞부딪칠 때/ 앞으로 가려 하나 물러서듯이/ 그대가 음욕(淫慾) 위해 계(戒)를 지키면/ 그것도 역시 이와 같으리/ 몸으론 비록 능히 계(戒)를 지키나/ 마음만은 욕망에 잡혀 있어서/ 그 행동은 청정하지 못한 것이니/ 이런 계(戒)를 지켜서 무엇하리요?[19)]

난다가 출가 전 부인인 순다리에 대한 욕정을 버리긴 했지만, 욕정 그 자체를 버린 것이 아니라, 더 큰 욕락을 얻는 것이 그 목적이었기에 아난다로부터 꾸중을 들었던 것이다. 얼마 후 붓다는 무간지옥의 모습을 보여주면서 천상에 태어나 복락을 누리더라도, 천상에 태어나게 만든 지계의 공덕이 소진되면 언젠가 그러한 지옥에 태어나 괴로움을 받게 될 것이라는 점을 자각하게 만

---

18) 『증일아함경』, 대정장2, pp.591c~592b.

19) 如羝羊相觸 將前而更卻 汝爲欲持戒 其事亦如是 身雖能持戒 心爲欲所牽 斯業不淸淨 何用是戒爲: 『백론』, 대정장30, p.169c.

듦으로써 난다로 하여금 참된 수행자의 길을 가게 한다.

욕정에 시달리던 난다를 수행에 전념하게 만들었던 붓다의 이러한 가르침에서 우리는 '연기적 조망'을 추출할 수 있다. 이는 앞 절에서 정리했던 아공과 법공의 두 가지 연기 가운데 '법공의 연기' 즉 'A ↔ B'로 표시되는 쌍조건적인 연기로 다음과 같은 세 가지이다.

원숭이(추함) ↔ **순다리(아름다움)**
순다리(추함) ↔ 천녀들(아름다움)
윤회(고통) ↔ 열반(즐거움)

애꾸눈 원숭이와 비교할 때 아름다웠던 순다리가, 천녀들과 비교하니 추악하게 보인다. 순다리의 외모는 변하지 않았는데 비교대상에 따라 그 모습이 달리 보였던 것이다. 예를 들어 어떤 길이의 막대기가 있을 때, 더 짧은 막대기와 비교하면 길어 보이지만, 더 긴 막대기와 비교하면 짧아 보이는 것과 같다. 어떤 크기의 방이 있을 때, 보다 작은 방과 비교하면 커 보이지만 더 큰 방과 비교하면 작아 보이는 것과 같다. 이 때, '긴 막대기'나 '짧은 막대기'라는 생각, '큰 방'이나 '작은 방'이라는 생각들이 의존적으로 발생한 것, 즉 연기(緣起)한 것이듯이 순다리의 '아름다움'이나 '추악함' 역시 실재하는 것이 아니라 원숭이나 천녀들과의 비교를 통해 발생한 생각들이다. 연기한 것들이다.

연기공식에서 "이것이 있으면 저것이 있고, 이것이 생하므로 저것이 생한다."와 같이 긍정적으로 표현되는 연기를 유전연기(流轉

緣起)라고 하며 "이것이 없으면 저것이 없고 이것이 멸하므로 저것이 멸한다."와 같이 부정적으로 표현되는 연기를 환멸연기(還滅緣起)라고 한다. 상술(上述)한 난다의 예화에 동원된 연기는 이 가운데 유전연기로 다음과 같이 정리된다.

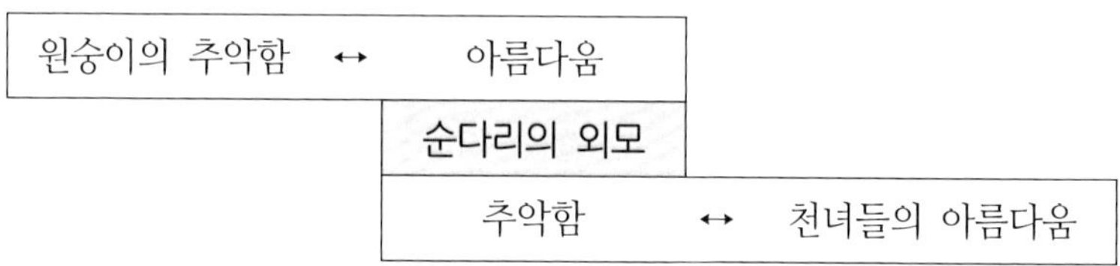

원숭이의 추악함에 의존[緣]하여 순다리가 아름답다는 생각이 발생[起]하지만, 곧이어 천녀들의 아름다움에 의존[緣]하여 순다리가 추악하다는 생각이 발생[起]함으로써 난다는 순다리에 대한 욕정을 잊고서 천상락(天上樂)을 위한 청정행에 매진한다.

이어서 붓다는 그러한 천상의 쾌락도 잠깐일 뿐 지계의 공덕이 소진되면 다시 지옥의 가마솥에 들어가 고통을 받게 될 것이라는 점을 난다에게 확인시킨다. 일반인들은 윤회의 세계를 즐거운 곳으로 착각하기 때문에 열반을 추구하지 않는다. 성도 직후의 붓다 역시 '온갖 욕망을 다 소멸한 열반[滅諸欲愛盡涅槃, 멸제욕애진열반]'에 대해 얘기해 보았자, 이를 납득할 사람이 없을 것이라고 생각하고서 설법하기를 주저했다고 한다.[20] 사실 "개똥밭에 굴러도 이승이 낫다."라는 속담에서 보듯이 세속에 대한 미련이 남아있는 대부분의 사람들에게 '윤회에서 완전히 벗어나는 열반'은

---

20) 『사분율』. 대정장22, p.786c.

'공포'로 느껴질 것이다. 그러나 생명을 갖는 존재는 누구든 탄생과 죽음을 되풀이 하면서 지옥, 축생, 아귀, 인간, 아수라, 천상의 육도를 끝없이 오르내려야 하며 이 가운데 인간, 아수라, 천상과 같은 삼선도에 태어나는 것은 그야말로 '태평양과 같이 넓은 바다 밑을 헤엄치던 한 마리의 눈 먼 거북이가 숨을 쉬기 위해 100년에 한 번 물 밖으로 고개를 내밀다가 마침 그곳에 떠다니던 나무 판자의 구멍에 목이 끼는 정도의 확률밖에 안 된다.'[21]라는 점을 직시할 경우 '다시는 태어나지 않는 열반'이야말로 진정한 행복이라는 사실을 자각하게 될 것이다. 즉, 윤회를 즐겁다고 보는 사람에게 열반의 사라짐은 공포로 느껴지겠지만, 윤회의 괴로움을 통찰한 사람에게는 열반의 사라짐이야말로 행복으로 느껴질 것이다. 이런 조망을 정리하면 다음과 같다.

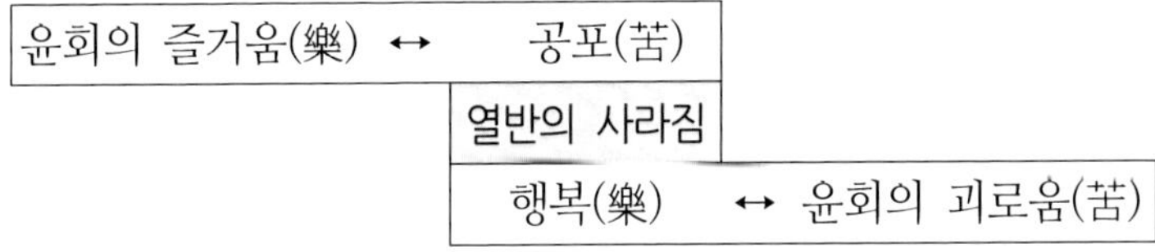

윤회를 즐거움으로 볼 경우[緣] 열반의 사라짐에서 공포스러운 느낌이 발생[起]하지만, 윤회의 괴로움을 자각할 경우[緣] 열반의 사라짐에서 행복한 느낌이 발생[起]한다. 천상의 욕락을 위해 청정행을 닦던 난다를 '진정한 수행자의 길'로 들어서게 하기 위해 지옥의 가마솥을 보여주는 예화는 이런 두 가지 유전연기(流轉緣起) 가운데 후자에 해당한다. 연기론의 유전문적(流轉門的) 방식

21) 맹구우목(盲龜遇木)의 비유, 『잡아함경』, 대정장2, p.108c.

의 교화를 통해, '육도윤회의 세계가 궁극적으로 괴로운 곳일 뿐'이라는 '일체개고(一切皆苦)'를 통찰하는 불교수행자의 인지체계(Cognitive System)를 갖추게 된 난다는 천상의 쾌락이 아니라 그런 천상을 포함하는 육도윤회의 세계에서 완전히 사라지는 '열반'을 지향하는 청정한 수행자의 길을 가게 된다.

3. 고따미(Gotamī)의 예화와 동병상련(同病相憐)의 환멸연기(還滅緣起)

앞 절에서 소개한 난다의 예화에서는 "이것이 있으면 저것이 있다."라는 식으로 표현되는 연기의 유전문이 활용되었지만 이와 반대로 "이것이 없으면 저것이 없다."라는 연기의 환멸문이 교화에 사용되기도 한다. '말라깽이 고따미(Kisā Gotamī)' 여인의 예화가 바로 그것인데 그 내용을 요약하면 다음과 같다.

> 사밧티(Sāvatthī) 성에 '말라깽이 고따미'라는 여인이 있었다. 이 여인은 결혼 후 심한 학대를 받으며 생활했는데 아들을 하나 낳자 사람들은 이 여인을 칭찬하며 더 이상 학대하지 않게 되었다. 그런데 뛰어 놀 수 있을 만큼 자란 아들이 갑자기 병이 들어 죽었다. 비탄에 잠긴 여인은 죽은 아들을 등에 업고 약을 구하기 위해 여기저기 떠돌아다니다가 부처님을 찾아왔다. 그리곤 아들을 살려 달라고 애원하였다. 그러자 부처님께서는 죽은 사람이 없는 집에서 겨자씨를 얻어 오면 아들을 살려 주겠다고 말씀하셨다. 여인은 온 종일 돌아다니며 겨자씨를 구하려고 했지만 단 한 톨의 겨자씨도 구할 수 없었다. 그 때 여인은 죽음이란 누구에게나 찾아오는 것임을 깨닫게 되고 부처님의 지도를 받아 예류과(預流果)를 얻게 된다(요약

).[22]

여기서 고따미 여인의 괴로움은 “남들은 혈육의 죽음을 경험하지 못했는데, 나만 혈육의 죽음을 경험했다.”거나 “남들은 모두 행복한데 나만 불행하다.”라는 잘못된 ‘인지(Cognition)’에서 비롯된 것이다. 붓다는 고따미로 하여금 ‘사람이 죽은 적이 없는 집’을 찾아내어 겨자씨를 얻어 오게 하고 그러면 죽은 아들을 살려주겠다고 한다. 겨자씨를 구하지 못한 고따미는 “나에게만 불행이 있는 것이 아니라, 누구에게나 불행이 있다.”라는 사실을 깨닫고 마음의 평안을 찾는다. 겨자씨를 구하는 과정에서 동병상련(同病相憐)의 위로를 받았던 것이다. 고따미의 ‘잘못된 인지’가 개선되는 과정을 사성제 및 유식학의 번뇌론과 대응시키면 다음과 같이 정리할 수 있을 것이다.

사성제	연기론적 인지치료 과정	유식학의 번뇌론
고	혈육이 죽은 슬픔	마음의 아픔
집	나에게만 혈육이 죽은 슬픔이 있고 남들에게는 그런 슬픔이 없다	법집, 소지장(번뇌)
멸	혈육이 죽은 슬픔의 완화	법집과 소지장의 타파(법공의 체득)
도	혈육이 죽은 적이 없는 집을 찾으려는 시도가 무모함을 자각함	법공의 추구(수행이나 교화를 통한 지혜의 추구)

22) *Therīgāthā* 제213~223송에 대한 Dhammapāla註(*Paramatthadīpanī*): Hermann Oldenberg and Richard Pischel 校訂, *Theragāthā and Therīgāthā*, P.T.S., London, 1883, pp.195~198(英譯: Rhys Davids 譯, *Palms of the Early Buddhist*, P.T.S., London, 1909, pp.106~108): 이 요약문은 『불교문화연구』 제1호(2000년)에 실린 필자의 논문에서 발췌한 것이다.

그런데 이 예화에서 고따미 여인이 최종적으로 깨달은 것은 "나에게만 '혈육이 죽은 슬픔'이 있는 게 아니라, 누구에게나 '혈육이 죽은 슬픔'이 있다."라는 사실이다. 혈육이 죽은 적이 없는 집에서 겨자씨를 얻어 오려다가 그런 시도가 무모한 것임을 자각함으로써 "나만 그런 게 아니라, 누구나 다 그렇다!"라는 지혜가 생긴 것이다. 사성제 가운데 도성제(道聖諦)는 팔정도(八正道)를 의미하며 팔정도는 지계, 선정, 지혜의 삼학(三學)으로 이루어져 있는데, 삼학을 닦는 궁극적 목표는 이 가운데 마지막인 지혜를 얻는 것이다. 이는 '공(空)의 지혜'이며 '해체의 지혜'인데, 이런 해체가 '인지치료'에 활용될 경우 고따미의 예화에서 보듯이 절대부정의 조망과 절대긍정의 조망을 병치하여 "나만 그런 게 아니야, 누구나 다 그래!"라는 격언으로 표현되기도 한다.

고따미에게 잘못된 인지가 발생하는 과정은 연기의 유전문(流轉門)에 해당한다. 고따미에게 지독한 슬픔을 초래한 생각은 "나 이외의 사람들 모두에게 행복이 있기에 나에게만 불행이 있다."라는 인지로 "이것이 있기에 저것이 있다."라는 유전연기(流轉緣起)의 공식과 그 구조가 같다. 그러나 겨자씨를 구하러 다녀본 결과 "나 이외의 사람들 모두에게 행복만 있는 것이 아니기에 나에게만 불행이 있는 것이 아니다."라는 인지가 생기게 된다. 이는 "이것이 없기에[= 있는 것이 아니기에] 저것이 없다[= 있는 것이 아니다]."는 환멸연기(還滅緣起)의 공식에 그대로 대응된다. 여기서 "나에게만 불행이 있는 것이 아니다."라는 조망은 역으로 "누구에게나 다 불행이 있는 법이다."라는 조망으로 바꾸어 쓸 수 있다.

앞의 것은 절대부정(絶對否定)의 조망이고, 뒤의 것은 절대긍정(絶對肯定)의 조망이지만 그 취지와 목적은 동일하다. 두 가지 모두 고통을 야기하는 '잘못된 분별'을 해체시켜 주는 조망으로 '인지장애'를 치료해 주는 조망이다. 유식학의 용어를 빌리면 "소지장(所知障)을 적멸(寂滅)에 들게 하는 법공(法空)의 조망이다."

Ⅲ. 연기론적 상담사례와 바람직한 상담기법

이상에서 보듯이 난다의 예화에서는 '이열치열'의 방식이 활용되었는데 이는 '유전연기'에 해당하고 고따미의 예화에서는 '동병상련'을 체감케 하는 방식이 활용되었는데 이는 '환멸연기'에 해당한다. 그런데 인지치료의 선구자 에런 벡(Aaron Beck)이 제시하는 상담사례에서도 우리는 이러한 연기구조를 추출할 있다. 아래 인용하는 두 가지 사례는 '정서증상' 가운데 '죄책감'과 '수치심'을 치료한 사례들이다.

사례1

치료자: 당신이 왜 딸의 자살에 책임이 있나요?

환자: 나는 그 애가 자살할 것이라는 점을 알았어야 했어요.

치료자: 사람들이 여러 해 동안 자살에 대해서 연구를 해오고 있지만, 누구도 어떤 사람이 언제 어디서 자살할지 정확하게 예언할 수 없습니다.

환자: 그러나 나는 알 수 있어야 했어요.

치료자: 당신이 알 수 없는 것을 알아야만 한다는 믿음은 자연의 섭리에

모순되는 것입니다. 당신 딸이 자살을 하기로 결정하는 실수를 했다는 것과 당신이 이 일에 책임이 있다고 고집하는 실수를 하고 있다는 것이 우리가 아는 전부입니다.[23)]

사례2

환자: 직장 사람들이 내가 우울해져 있는 것을 안다면 그들은 나를 나쁘게 생각할지도 모릅니다.

치료자: 전체 인구의 10% 이상이 때때로 우울해집니다. 이것이 왜 수치스럽습니까?

환자: 사람들은 우울한 사람들은 열등하다고 생각하고 있어요.

치료자: 당신은 사회적 문제와 심리적 상태를 혼동하고 있습니다. 이는 희생자를 책망하는 꼴입니다. 그들이 비록 당신을 나쁘게 생각할지라도 이는 그들의 무지 때문이거나 사람을 평가하려는 미숙한 태도 때문이므로 당신은 그들의 평가를 받아들일 필요가 없습니다. 당신이 그들의 가치체계를 받아들이는 경우에만 즉, 당신이 그것이 수치스럽다고 실제로 믿을 때에만 부끄러움을 느낄 것입니다.[24)]

위의 '사례1'에서 치료자는 내담자에게 "당신만 다른 누군가의 자살을 예측 못하는 것이 아니라, 남들도 당신과 마찬가지로 다른 누군가의 자살을 예측하지 못합니다."라는 식으로 해체의 조망을 제시한다. 앞 장에서 소개했던 고따미의 예화와 마찬가지로 '절대부정'과 '절대긍정'의 조망을 병치하는 '동병상련의 환멸연기'가 활용되고 있는 것이다.

'사례2'에서는 "당신만 때때로 우울해지는 것이 아니라, 남들도 때때로 우울해집니다."라는 조망과 "우울한 사람을 열등하다고 보

---

23) Aaron T. Beck, 원호택 외 공역, 『우울증의 인지치료』, 학지사, 2005 (1979년 원본 출간, 1997년 번역본 제1쇄 발생), p.207.

24) 위의 책, p.209.

는 자는 무지하거나 미숙한 사람이다."라는 조망이 제시되는데, 전자에는 '동병상련의 환멸연기'가 내재해 있고 후자에는 '이열치열의 유전연기'가 내재해 있다.

내담자의 신뢰를 받는 노련한 상담자의 경우 상담과정에서 내담자에게 상처를 주는 일은 드물 것이다. 그러나 '심리상담'이라는 것이 반드시 전문기관에서만 행해지는 것은 아니다. 일상생활 속에서 친구나 선후배 간에 이루어지는 '심리상담'이 훨씬 많을 것이다. 친분관계에 있는 상담자와 내담자는 언제든지 경쟁관계로 돌변할 수 있으며 내담자는 오히려 상처를 받을 수도 있다. 왜냐하면 예를 들어 '재산의 문제'로 우리에게 '복통(腹痛)'이라는 '정신신체장애(Psychosomatic disorder)'를 일으키는 장본인은 '빌 게이츠'나 '로스차일드'가 아니라, 너무나 친하게 지냈던 '땅을 산 사촌'이기 때문이다. 이렇게 내담자와 경쟁관계에 있는 상담자의 경우 내담자의 마음을 오히려 아프게 할 수도 있다는 점을 고려하여 '연기론을 활용한 바람직한 상담기법'을 제시해 보면 다음과 같다.

연기론을 활용한 인지치료의 상담기법

내담자와 상담자의 관계 →	**경쟁관계(친구나 친척, 직장동료)**	**신뢰관계(전문상담가, 인격자)**
동병상련의 환멸문 →	① 당신만 그런 것이 아니라, 나도 마찬가지였습니다.	② 당신만 그런 것이 아니라, 남들도 마찬가지입니다.
이열치열의 유전문 →	③ 당신은 그 정도지만 나는 더 심했습니다.	④ 당신은 그 정도지만, 남들은 더 심합니다.

* 아들 잃은 고따미 여인의 예화는 이 가운데 ②번에 해당한다.

Ⅳ. 불교적 인지치료의 궁극 목표 -'인지의 완전한 해체'

본고 서두에서 "불교의 수행론과 심리치료는 문제에 대한 접근과 그 해결 방식에서 일치하지만 그 최종 목표를 달리한다."라고 말한 바 있다. 말라깽이 고따미 여인의 예화에서 '아들을 잃은 슬픔'을 극복하는 데 환멸연기의 방식으로 법공의 조망이 활용되었지만, 그것만으로 고따미 여인이 깨달음을 얻은 것은 아니다. 다른 모든 번뇌까지 녹인 것은 아니란 말이다. 그 예화는 고따미 여인을 출가하게 만든 계기일 뿐이었다. 출가 후 고따미는 부처님의 지도를 받아 수행정진하여 첫 단계의 성자인 예류과의 경지에 도달했다고 한다.

그렇다면 도대체 어떤 수행을 하고 어떤 조망을 체득해야 '인지장애'를 넘어서 '깨달음의 체득'에까지 이를 수 있을까? 답은 간단하다. 모든 번뇌를 제거하면 된다. 그러면 어떻게 해야 모든 번뇌를 제거할 수 있을까? 앞에서 소개했듯이 불교 유식학에서는 아공(我空)과 법공(法空)을 체득할 경우 모든 번뇌가 제거된다고 가르친다. 아공을 체득할 경우 아집(我執)이 야기한 번뇌장이 사라지고, 법공을 체득할 경우 법집(法執)이 야기한 소지장이 사라진다. 그리고 아집은 법집에 의존하여 발생하는 것이기에[我執必依法執而起, 아집필의법집이기], 모든 번뇌를 제거하기 위해서는 먼저 법집을 제거하는 작업부터 시작해야 한다. 다시 말해 '갖가지 개념[法]들을 재료로 삼아 우리의 사유(思惟)가 만들어 내었던 세계관과 인생관[見: dṛṣṭi]'을 해체하는 작업을 해야 한다. 우리의 사유가 만들어 내었던 세계관과 인생관은 우리의 인생행로에서 우리를 인도하는 좌표가 되기도 하지만, 거꾸로 우리에게 '인지적 문제'를 일으켜 '심리적 어려움'을 겪게 만드는 '보이지 않는 장애물'이기도 하다.

그러면 어떻게 해야 법공을 체득하여 법집을 제거할 수 있을까? 두 가지 방법이 있다. 하나는 화엄학에서 가르치는 것으로 법의 외연(外延)이 무한히 열려있다는 조망을 체득하는 것이고, 다른 하나는 반야중관학에서 가르치는 것으로 법의 실체를 해체하는 절대부정의 조망을 체득하는 것이다. 본고 제1장에서 '법'은 '개념'으로 번역될 수 있다고 설명한 바 있다.[25] 사유의 최소 단위인 '개념'의 외연이 무한히 열려있다는 '일즉일체(一卽一切: 하나가 그대로 무한이다)', '일중일체(一中一切: 하나 속에 무한이 들어있다)'[26], 또는 '일중해무량(一中解無量: 하나 속에서 무한을 해석해낸다)'[27]의 '절대긍정의 조망'이나, '제법부동본래적 무명무상절일체(諸法不動本來寂 無名無相絶一切: 모든 개념들은 부동하여 본래 고요하니 이름도 없고, 모습도 없고 일체가 끊어져 있다)'[28]를 역설하는 절대부정의 조망을 체득할 경우 우리는 '개념'에 대한 고착에서 벗어나 '모든 인지로부터의 완전한 해방'을 맛보게 된다.

이러한 절대부정과 절대긍정의 조망을 한 가지 예를 들면, '나'는 지금 여기서 '발표자'이지만, 학교에 가면 '교수'이고, 아내에게

---

25) 각주 9)의 본문 참조.
26) 義湘, 『법성게』.
27) 佛駄跋陀羅 역, 『대방광불화엄경』(60권본), 대정장9, p.423a / 實叉難陀 역, 『대방광불화엄경』(80권본), 대정장10, p.63a.
28) 義湘, 앞의 책.

는 '남편'이고, 자식에게는 '아버지'이고, 조카에게는 '삼촌'이며, 부모에게는 '아들'이고, 길 가는 행인에게는 '아저씨'이며 … 아프리카 정글에서 만난 배고픈 사자에게는 '먹음직한 고깃덩어리'이고, 바퀴벌레에게는 '위험한 괴물'이다. 이 가운데 "그 어떤 이름도 본래의 내 이름이 아니지만[無名, 무명], 이 모든 이름들이 나에게 부여될 수가 있다[一卽一切, 일즉일체]." 전자는 '나'라는 하나의 개념에 대한 반야중관적인 절대부정의 조망이고, 후자는 화엄적인 절대긍정의 조망이다.[29] 진제(眞諦)와 속제(眞諦)의 이제(二諦) 가운데 진제에 해당한다. 그리고 이렇게 '절대부정'의 조망과 '절대긍성'의 조망을 병치함으로써 '분별의 고통'을 극복한 대표적 예화가 바로 '아들 잃은 말라깽이 고따미 여인의 일화'인 것이다. 겨자씨를 구하던 고따미는 "나만 그런 게 아니야, 누구나 다 그래!"라는, '절대부정과 절대긍정이 병치된 해체의 조망'을 통해 '인지의 고통'에서 해방된다.

'나'라는 개념뿐만 아니라 우리의 생각과 논리의 토대가 되는 수만 가지 개념들 모두에 대해 우리는 이와 동일하게 '절대긍정'의 방식으로 조망할 수도 있고, '절대부정'의 방식으로 조망할 수도 있다. 다른 예를 들어, '생명'이라는 개념의 경우, 『화엄경』에서는 "모든 것이 다 생명이다."라고 가르치지만, 거꾸로 『금강경』에서는 "생명이랄 것도 없다."라고 가르친다. 『화엄경』에서는 '주

29) 세속의 세계에서는 매 상황 속에서 '나'에게 반드시 하나의 이름이 붙는다. '아들'에 대해서는 반드시 '아버지'라는 이름이 붙고, '학생'에 대해서는 반드시 '교수'라는 이름이 붙는다. 연생(緣生)하는 것이다. 연기(緣起)하는 것이다. '나'에 대한 화엄적인 절대긍정의 조망이나, 반야중관의 절대부정의 조망은 '연멸(緣滅)'을 드러내는 상반된 방식일 뿐, '나'에 대한 분별을 해체한다는 점에서 그 취지를 같이한다.

해신(主海神), 주산신(主山神), 주하신(主河神) …'이라고 하듯이 바다도 살아있고, 산도 살아있고, 강도 살아있으며, '일천자(日天子), 월천자(月天子)'라고 하듯이 태양도 보살이고 달도 살아있는 보살이다. '생명' 개념에 대한 절대긍정의 조망이다. 이와 반대로 『금강경』에서는 아상(我相), 인상(人相), 중생상(衆生相), 수자상(壽者相)의 사상(四相)을 비판하면서, 자신에 대해 '생명체[Sattva: 衆生]'라는 '생각[Samjñā: 想]'도 내지 말라고 가르친다. '생명' 개념에 대한 절대부정의 조망이다. 『화엄경』과 『금강경』의 가르침을 종합하면, 그야말로 "모든 것이 생명이기에 생명이랄 것도 없다."

이렇게 '나'와 '생명'은 물론이고 우리가 사용하는 모든 개념들에서 절대긍정과 절대부정의 조망을 발견함으로써 그런 개념들에 대한 고착에서 벗어날 때, 우리는 우리에게 '심리적 아픔'을 초래하고, '종교적 철학적 고민'을 만들어내었던 '과거의 인습적 인지체계[Cognitive system]'에서 완전히 해방된다. 불교 유식학의 용어로 표현하면 '소지장(所知障)'이 사라지는 것이다. '분별의 고통'이 해소되는 것이다.

이러한 '인지적(認知的) 오도(悟道)의 체험'을 근대의 고승 효봉(曉峰: 1888~1966)은 다음과 같이 노래했다.

> 바다 밑 제비 집에 사슴이 알을 품고 /
> 타는 불 속 거미집에 물고기가 차를 달이네 /
> 이 집안 소식을 뉘라서 알랴 /
> 흰 구름은 서쪽으로 달은 동쪽으로 …[30]

---

30) 海底燕巢鹿胞卵 火中蛛室魚煎茶 此家消息誰能識 白雲西飛月東走.

하늘을 나는 제비가 바다물속에 집을 지었는데, 숲속에 있어야 할 사슴이 그 제비집에서 새끼가 아니라 알을 낳아 품고 있다. … 어불성설(語不成說)이다. 세계가 무너져 있고 언어가 흩어져 있다. '일반적인 인지치료'를 넘어서 '인지 그 자체'가 완전히 '해체'되어 있다. 이런 해체와 만날 때 우리는 우리의 '사유'가 만들어낸 종교적, 철학적 고민 모두에서 해방된다. 불교적 인지치료의 궁극이다.

– 『불교평론』 35호, 2008

불교의 구사학으로 풀어 본 무의식과 명상*

상담을 통한 무의식의 폭로와 사성제 명상을 통한 실상의 통찰

* 2012년 9월 서울불교대학원대학 개교 10주년을 기념하여, '명상과 무의식'을 주제로 조계사 내 한국불교역사문화기념관 국제회의장에서 열린 불교와 심리 심포지엄에서 발표.

Ⅰ. 무의식이란 무엇인가?

1. 지그문트 프로이트(Sigmund Freud: 1856~1939)

프로이트는 '심리적 인격의 해부'라는 제목의 강의에서 인간의 마음을 '의식(Conscious mind)', '전의식(Preconscious mind)', '무의식(Unconscious mind)'의 세 단계로 구분한 후 전의식과 무의식에 대해 다음과 같이 설명한다.

> … 두 가지 무의식을 구별할 수 있게 되는데, 하나는 매우 빈번히 발생되는 상황에서 쉽사리 의식으로 변화되는 것이고, 또 다른 하나는 이러한 변환이 매우 힘든 것으로서 대단한 노력을 들인 후에나 겨우 성공하거나, 아니면 아예 성공하지 못하는 경우가 있습니다. …… 그저 잠재되어 있을 뿐 쉽게 의식될 수 있는 무의식을 '전의식(前意識)'이라고 부르고, '무의식'이라는 표현은 그와는 다른 것에만, 의식으로 떠오르기 힘든 무의식에만 한정하기로 하겠습니다.[1)]

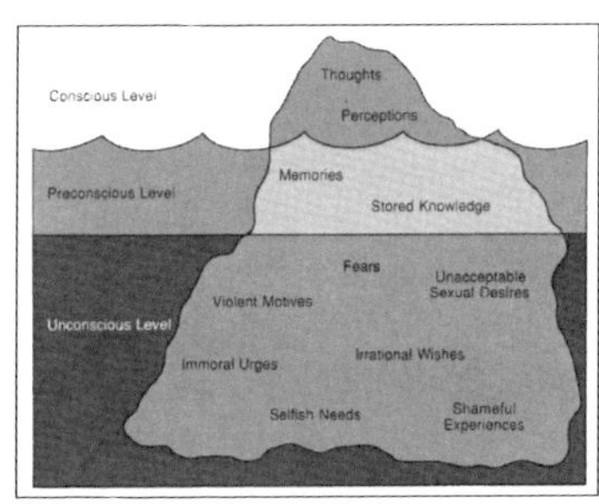

그림1 - 의식, 전의식, 무의식

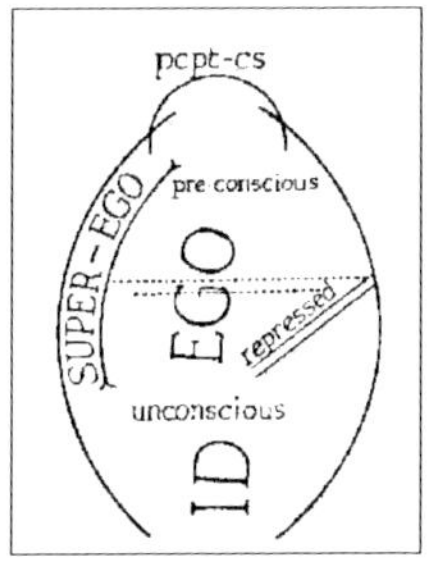

그림2 - 마음의 구조

1) 프로이드, 임홍빈 홍혜경 옮김(1996). 프로이드전집3, 새로운 정신분석 강의, 서울: 열린책들, 103.

전의식은 지금의 의식에서 소재로 삼지는 않지만 언제든지 의식에 떠오를 수 있는 생각들이다. 예를 들면, 과거의 기억과 같은 것들이다. 한편 무의식이란 심리적 억압으로 인해서 의식화하기 힘든 생각들로 '관찰자에게는 직접 드러나지 않고, 인성을 결정짓는 힘'[2]이다. 프로이트적인 정신분석(Psychoanalysis)의 과제는 이러한 '무의식의 과정을 의식의 과정으로 해독함으로써, 의식적 지각의 빈틈을 메우는 것'이었다.[3] 무의식을 드러내기 위해서 내담자의 '꿈'에 나타난 상징을 분석하기도 하고, 우연한 듯이 보이는 '실수'에 깔린 저의를 폭로하기도 하며, 자유연상법(Free associations)을 사용하여 내담자의 성향을 탐구하기도 한다. 이런 과정을 통해서 내담자가 자신의 무의식을 자각할 때, 다시 말해 무의식을 의식화할 때 심리의 문제가 해결된다고 보았다.

초창기의 프로이트는 '의식-무의식'의 이원구조에 근거하여 무의식의 탐구에 집중하였으나, 후기에 와서 무의식의 중요성은 감소되고 '의식-무의식'의 이원구조는 '이드-자아-초자아'라는 삼원구조로 대체된다.[4] '이드(Id)'는 '인격을 이루는 구성요소 가운데 가장 원초적인 것'으로 '먹고, 마시고, 배설하고, 고통을 피하며, 성욕을 충족하고, 공격하는 것과 같은 생물학적인 근본 충동이나 욕구'의 중심이며 '쾌락원리(Pleasure principle)'에 따라서 작동한다.[5] '자아(Ego)'는 "몸에서 일어나는 생물학적인 충동이나 욕구

2) 캘빈 S. 홀, 유상우 옮김(1993), 프로이트 심리학 입문, 서울: 홍신문화사, 75.
3) 캘빈 S. 홀, 유상우 옮김(1993), 75.
4) '캘빈 S. 홀, 유상우 옮김(1993), 74' 참조.
5) Bonnie R. Strickland ed.(2001). The GALE ENCYCLOPEDIA of Psychology, 323.

를 현실과 결합시켜서 적절한 행동을 유발"하는 기능을 하며 '현실원리(Reality principle)'에 따라 작동한다.[6] 초자아(Superego)는 '개인의 내적 가치와 도덕'을 나타내며, 그런 "가치체계에 따라서 행동의 옳고 그름을 판단한다."[7] 요컨대 이드는 '본능', 초자아는 '양심'에 해당하며 자아는 양심에 어긋나지 않고 현실에 맞추어 본능을 실현케 하는 '영민한 조절자'라고 정리할 수 있을 것이다.

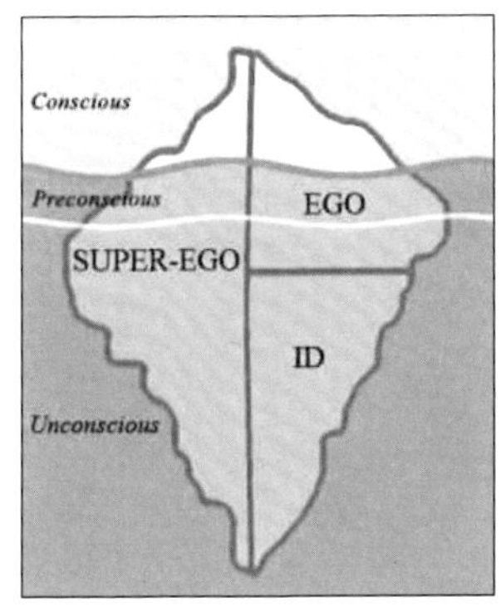

그림3 - 빙산의 비유

그림4 - 프로이드

프로이트는 '심리적 인격의 해부' 강의를 마무리하면서 '의식-전의식-무의식'과 '이드-자아-초자아'의 관계를 '그림2'[8]와 같이 도시했는데[9], 무의식에 대해 설명할 때 흔히 사용되는 '빙산'의 비유와 연관시켜 마음의 구조를 다시 그리면 '그림3'[10]과 같다.

6) Bonnie R. Strickland ed.(2001), 208.
7) Bonnie R. Strickland ed.(2001), 637.
8) '프로이드, 임홍빈 홍혜경 옮김(1996), 114'에 실린 도해로 'http://www.marxists.org/reference/subject/philosophy/works/at/freud2.htm-2012/08/01'에서 채취한 원본.
9) 그림 상단의 'pcpt-cs'는 'perception-consciousness'의 약자다.

'그림3'에서는 이해의 편의를 위해 이드와 자아, 초자아의 영역을 분명하게 구분하여 놓았지만 프로이트가 말하듯이 이 셋 사이에 뚜렷한 경계선이 있는 것은 아니다.[11]

프로이트는 '전생식기(前生殖期: Pregenital stage)'라고 명명했던 '생후 5년까지의 시기'에 입, 항문, 성기라는 '성감대(性感帶)'에 대한 자극과 통제의 과정을 통해 성격이 형성된다고 보았다. 입의 경우 '집어넣기, 붙잡기, 깨물기, 뱉기, 다물기' 등의 기능을 하는데, 순서대로 '획득, 끈기, 파괴, 배척, 거부'의 성격으로 이어진다.[12] 예를 들어 어릴 때 일찍 젖을 뗀 사람은 '빼앗김'의 충격적 경험을 되풀이 하지 않기 위해서 사물에 강하게 집착하는 경향을 보인다.[13] 또 배설의 경우 '긴장의 해소'와 연관되기에, 엄격한 배변훈련을 받은 사람에게서는 인색함, 냉담함, 결벽증 등의 성격이 보인다.[14] 영유아기인 '전생식기'에 우리가 겪었던 입과 항문과 성기의 외상성(外傷性) 체험이 초자아와 자아로 빚어져 '무의식'에 잠재함으로써 성인이 되어서도 나의 성격과 행동을 지배한다는 것이다.

2. 칼 구스타브 융(Carl Gustav Jung: 1875~1961)

---

10) 'http://www.thespiritwiki.com/index.php/Psychoanalytic_Theory_of_Personality-2012/08/01'에서 채취.
11) 프로이드, 임홍빈 홍혜경 옮김(1996). 114.
12) 캘빈 S. 홀, 유상우 옮김(1993), 138-139.
13) 캘빈 S. 홀, 유상우 옮김(1993), 139~140.
14) 캘빈 S. 홀, 유상우 옮김(1993), 143~144.

프로이트에게 있어서 무의식은 '개인의 무의식'이었는데, 융은 이에 덧붙여 '집단무의식(Collective unconscious)'이라는 개념을 창안하였다. '집단무의식'은 진화와 유전을 통해서 인간이라는 종 모두의 무의식에 각인되어 있는 공통된 성향을 의미한다. 사람의 성격은 영유아기의 개인적인 체험뿐만 아니라 인류의 과거를 포함하여 더 멀리는 인류 탄생 이전의 생물의 진화와도 관계된다. 융은 심리학에 집단무의식 이론을 도입함으로써 "진화와 유전이 신체의 청사진을 제공하는 것처럼 정신의 청사진도 제공한다."15)는 점을 보여주었다.

그림5 - 칼 구스타브 융

그림6 - 찰스 다윈

찰스 다윈은 『종의 기원』을 마무리하면서 다음과 같이 토로한 바 있다. "나는 먼 미래에 [진화생물학]보다 더 중요한 연구를 위한 [새로운] 분야가 열릴 것이라고 생각한다. 심리학은 새로운 토대 위에 서게 될 텐데, [그 토대는 생명체] 하나하나의 정신적인

15) C. S. 홀(외), 최현 옮김(1993). **융 심리학 입문**. 서울: 범우사, 50.

능력 역시 필요에 의해서 [진화과정에서] 점차적으로 획득된다는 점이다."16) 인간의 심리 역시 진화론적 토대 위에서 해명될 것이라는 다윈의 예측을 실현이라도 하듯이, 최근 들어 '진화심리학' 분야에서 창의적인 연구 성과가 쏟아져 나오고 있는데, '진화 과정에서 뇌와 유전자에 각인된 인간 종의 공통적 성향'을 발견하여 '집단무의식'이라는 개념을 창안했다는 점에서 융에 대해 '진화심리학의 선구자'라고 평할 수 있을 것이다.

개인무의식을 분석할 때, 융은 프로이트와 달리 콤플렉스(Complex)라는 개념을 주로 사용하였다. 콤플렉스는 '오이디푸스 콤플렉스'와 '엘렉트라 콤플렉스'를 설명할 때 한하여 프로이트가 사용하던 용어였는데, 융은 '무의식에 잠재된 심리적 핵'들을 의미하는 것으로 그 외연을 확장하였다. 융은 다음과 같이 설명한다.

> 그러면 '감정을 띤 콤플렉스(feeling-toned complex)'에 대해 과학적으로 어떻게 표현해야 할까? 그것은 감정의 악센트가 들어간 정신 상태의 이미지로, 의식의 습관적 태도와는 완전히 반대된다. 이런 이미지는 강력한 내적인 응집력을 가지며, 그 자체가 독립적인 단일체로, 스스로 작동하는 경우가 대부분이고, 의식으로 이를 조절하는 것은 극히 제한적이다. 따라서 우리의 의식 속에서 살아 숨 쉬는 이물질처럼 작용한다.17)

강한 감정의 기미가 배어 있는 여러 가지 정신 상태들이 콤플렉스로, 우리의 마음속에서 마치 살아있는 개체처럼 작용하기에

16) Charles Darwin(1859). *The Origin of Species*, London: John Murray, p.488.

17) Jung, C.G. ([1960] 1969). *The Structure and Dynamics of the Psyche, Collected Works, Volume 8*, Princeton, N.J.: Princeton University Press. [Wikipedia(http://www.wikipedia.org - 2012/07/31)의 Complex (psychology) 항목에서 재인용].

의식적으로 이를 조절하기가 쉽지 않다는 것이다. 따라서 "인간이 콤플렉스를 갖는 것이 아니라, 콤플렉스가 인간을 갖는다."[18] 정신분석의 목적은 이러한 콤플렉스를 해소하고 콤플렉스의 포악한 지배로부터 환자를 해방시키는 것이다.[19] 프로이트의 영향 아래 있을 때 융은 콤플렉스의 기원이 영유아기의 외상성 체험에 있다고 보았는데, 연구를 진행하면서 콤플렉스는 그 보다 더 깊은 수준의 무엇에 기인한다는 점을 깨닫게 되었고 그것을 집단무의식이라고 불렀던 것이다.[20]

집단무의식에는 인간의 행동이나 성격을 지배하는 원초적인 이미지나 상징들이 내재한다. 이를 태고유형(Archetype)이라고 부른다. 융에 의하면 태고유형은 "내용이 있는 이미지의 형식이 아니라, …… 어떤 타입의 지각과 행동의 가능성을 나타내고 있을 뿐이다."[21] 예를 들면, '출생, 재생, 죽음, 권력, 마법, 영웅, 어린이, 사기꾼, 신, 악마, 늙은 현인, 어머니인 대지, 수많은 거인, 나무, 태양, 달, 바위'등이 그것이다.[22] 이런 태고유형과 연관된 기억이나 해석이 하나의 그룹을 이룰 때 콤플렉스가 된다.[23] 예를 들어 '어머니'라는 태고유형과 관계된 개인적인 여러 경험들이 모이면 '어머니 콤플렉스'를 형성하고, '신(神)'이라는 태고유형을 중심으로 콤플렉스가 형성되어 의식에 침투할 만큼 강력해지면 모든 것

18) C. S. 홀(외), 최현 옮김(1993), 48.
19) C. S. 홀(외), 최현 옮김(1993), 48.
20) C. S. 홀(외), 최현 옮김(1993), 49.
21) 'C. S. 홀(외), 최현 옮김(1993), 54'에서 재인용.
22) 'C. S. 홀(외), 최현 옮김(1993), 54' 참조.
23) Wikipedia(http://www.wikipedia.org - 2012/07/31)의 Archetype 항목.

을 선과 악의 이분법으로 지각하고, 판단하고, 요구하게 되는 '신 콤플렉스'를 형성하게 된다.24)

인격에 큰 영향을 주는 태고유형으로 '자아(Self), 그림자(Shadow), 아니마(Anima), 아니무스(Animus), 페르소나(Persona)'의 다섯을 들 수 있다. '자아'는 정신활동을 조절하는 구심점이면서 개체화를 촉진한다. '그림자'는 자신의 성격 가운데 스스로 의식하지 못하는 모든 것, 즉 무의식 전체를 의미한다. 부끄럽고 숨기고 싶은 부정적인 내용도 포함하지만, 자존감이 낮은 사람의 경우는 '자신이 알지 못하는 장점'과 같은 긍정적인 내용도 포함한다. 아니마는 남성의 정신에 내재하는 여성의 이미지이고, 아니무스는 여성의 정신에 내재하는 남성의 이미지다. 페르소나는 '바깥세상에 나타내는 자신의 이미지'로, 마치 가면과 같으며, 자아의 부정적 이미지를 가린다.

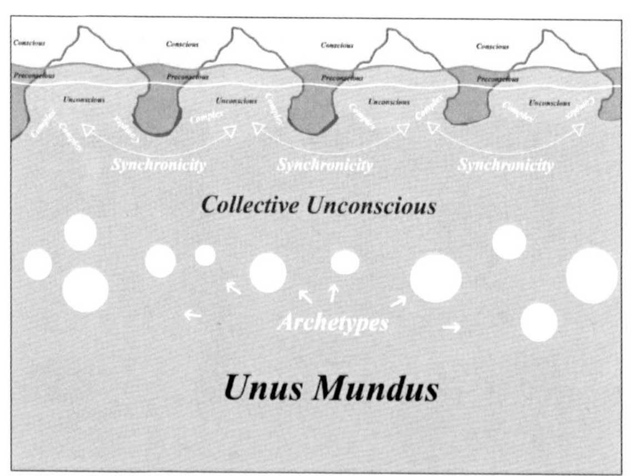

그림7 - 집단무의식과 통일세계

24) 'C. S. 홀(외), 최현 옮김(1993), 56' 참조.

융의 이론 가운데 집단무의식과 관련하여 중요한 이론이 하나 더 있다. '동시성(Synchronicity)' 이론이다. 결코 우연이 아닌 듯한 사건들이 물리적인 인과관계를 초월하여 동시에 체험되는 경우가 있다. 융은, 자신의 환자가 황금 풍뎅이 꿈에 대해 얘기를 하고 있는데, 갑자기 황금 풍뎅이가 창문을 두드렸던 일화를 동시성의 한 예로 든다.[25] 융은 이와 유사한 체험사례들에 대해 진지하게 탐구한 후 '비(非)인과적인 관계의 원리(Acausal connecting principle)'가 작용한다고 추정한 후 '동시성'의 법칙을 창안하였다. 그리고 '집단무의식' 이론은, '동시성'과 '태고유형'을 근거로 삼아 '통일세계(Unus mundus, One world)' 이론으로 발전한다. 통일세계란 '이 세상의 모든 것이 그곳으로부터 나타나고 그곳으로 돌아가는 통일된 실재'를 의미한다.[26] 이상과 같은 설명을 도시하면 '그림7'과 같다. 앞의 '그림3'에서 보듯이 프로이트가 발견한 것은 우리의 의식이 '빙산의 일각'과 같다는 점이었는데, 융은 그런 빙산들이 '집단무의식'을 통해 심층에서 하나로 연결되어 있으며, 각 개인을 포함한 이 세상 모든 것은 '통일세계'의 일원으로서 내적으로 연결되어 있다고 보았다.

Ⅱ. 무의식, 아뢰야식, 번뇌

25) 25) Wikipedia(http://www.wikipedia.org - 2012/07/31)의 Synchronicity 항목에서 재인용.

26) Wikipedia(http://www.wikipedia.org - 2012/07/31)의 Unus mundus 항목.

1. 아뢰야식이 무의식인가?

정신분석학의 무의식과 유관한 이론을 불교에서 찾으려면 대부분 유식학(唯識學)의 아뢰야식(阿賴耶識)을 떠올릴 것이다. 사실 무의식과 아뢰야식을 비교하는 연구는 참으로 많이 이루어졌다. 국내의 경우 특히 석사학위논문에서 많이 다뤘으며, 일반학술지에 실린 논문 역시 적지 않다.[27] 따라서 무의식과 아뢰야식을 연관시켜서 새삼스럽게 중언부언(重言復言)하는 것은 '학문적 낭비'이겠지만, 지금까지의 논의를 정리하는 의미에서 아뢰야식이 무의식과 동일할 수 있는지 검토해 보자.

우리가 매일매일 짓는 행위는 모두 열매(=씨앗)와 같이 변하여 마음 속 깊은 곳에 저장된다. 이 때 '씨앗과 같이 변화한 행위'를 업종자(業種子)라고 부르며 그런 '업종자가 저장되는 깊은 마음'을 아뢰야식(阿賴耶識)이라고 부른다. '아뢰야'는 산스끄리뜨어 알라야(Ālaya ⓢ)의 음사어로 '집, 거주, 수용소, 저장소' 등의 뜻을 가지며 '장(藏)'이라고 한역한다. 아뢰야식이란 장식(藏識)이다. 우

---

27) 이만(1981). 第八阿賴耶識과 無意識에 關한 比較: C.G.Jung의 無意識觀을 中心으로. **韓國佛敎學**, 6, 103-119. ; 김성관(1990). 아뢰야식과 무의식 - 불교사상과 체·게·융사상의 비교 고찰을 중심으로 -. **동양철학**, 167~201 ; 남수영(1995). 알라야식설과 무의식설의 비교 고찰 - 유식불교와 분석심리학을 중심으로-. **인도철학**, 5, 101-127 ; 妙注(金明實)(1998). 유식학의 阿賴耶識이론과 융의 無意識이론 비교. **(동국대)大學院硏究論集**, 28, 41-57 ; 최연자(1999). 아뢰야식과 무의식에 관한 연구, **범한철학**, 20, 311-334 ; 安相煥(法淨)(1999). 唯識學의 心識說과 深層心理學의 比較 硏究 : S. Freud와 C. G. Jung의 意識과 無意識을 中心으로. **불교대학원논총**, 235-372 ; 원혜영, 프로이트의 이론과 유식설 비교 연구 - 알라야식을 통한 무의식의 탐구, **동서비교문학저널**, 24, 2011 봄.여름, 117~137.

리가 짓는 모든 행위를 저장하는 '창고와 같은 마음'이다. 그런 행위의 씨앗들이 번뇌의 자양분을 받아 성숙하다가 시기가 무르익으면 우리가 체험하는 세상만사로 싹을 틔운다. 이때 행위의 씨앗인 업종자는 '원인'이 되고 우리가 체험하는 세상만사는 '결과'가 된다. '씨앗'과 '저장'이라는 비유를 사용했지만, 그릇 속에 과일이 들어가듯이 아뢰야식 속에 종자가 들어있는 것은 아니다. 아뢰야식에서 제각각 결과를 나타낸다는 점에서 종자라고 부르는 것일 뿐이지 종자와 아뢰야식은 같은 것도 아니고 다른 것도 아니다.[28)]

프로이트의 이드(Id)나 융의 콤플렉스(Complex) 등과 같이 내가 의식하지 못하지만 나의 성격과 행위에 영향을 주는 '심리적인 핵'을 간직하고 있는 것이 '무의식'이기에, 유식학에서 말하는 '아뢰야식'과 다르지 않아 보인다. 그러나 아뢰야식은 이러한 '심리적 핵'이면서 동시에 나의 몸(有根身)이기도 하고, 내가 살아가는 물리세계(器世間)이기도 하다.[29)] 따라서 프로이트의 무의식이든, 융의 집단무의식이든 아뢰야식이 완전히 동일한 것이 아니다. 장타오(蔣韜)[30)]는 "장식(藏識)과 무의식: 잠재의식에 대한 현장(玄奘: 602~664)과 프로이트 비교연구"라는 논문에서, 프로이트의 경우 '인간이란 근본적으로 성욕덩어리(sexual being)이지만 사회 속에서 살아남기 위해서 정신적으로 되려고 애쓰고 있는 존재'라고 본

28) "此中何法名為種子 謂本識中親生自果功能差別 此與本識及所生果不一不異", 成唯識論, 大正藏31, 8a.

29) "阿賴耶識因緣力故自體生時 內變為種及有根身 外變為器", 成唯識論, 大正藏31, 10a.

30) Associate Professor of Religion, Rutgers University, New Brunswick, NJ.

반면, 현장의 유식학(唯識學)에서는 '인간이란 망상덩어리(deluded being)이며 그런 망상에서 벗어나는 방법은 유가행파의 가르침대로 명상수행을 하는 것'이라고 양자의 인간관을 대비시킨 후 다음과 같이 결론을 내린다.31)

> 결론적으로 말해서, 우리는 현장(玄奘)의 아뢰야식과 프로이트의 무의식이 다르다는 점을 분명히 해야 한다. 토마스 쿤의 용어로 표현하면, 현장과 프로이트는 서로 다른 '패러다임' 속에서 작업을 하고 있다. 그 자체로만 말하면, 양자의 잠재의식 이론에서는 전혀 다른 규칙을 따르면서, 전혀 다른 청중들을 향해서, 전혀 다른 관심사에 대해 설명한다. 유가행파에서는 주로 불교 수행자들에게 깨달음의 가능성에 대해서 설명하는 반면에 프로이트는 우울증을 문제로 삼아서 토로하며 그 대상은 주로 신경증 환자들이다. 양측의 이론이 고유영역을 넘어서 그 바깥으로 손을 뻗치면 반드시 문제가 일어나게 마련이다.32)

유식학에서 아뢰야식 이론을 고안하게 된 동기와 프로이트가 무의식이론을 고안하게 된 동기가 전혀 다르듯이 두 이론의 패러다임은 전혀 다르다는 것이다. 물론 그렇다. 그러나 이와 같은 통찰 하에서는 시대와 지역을 달리하는 두 사상을 비교하는 일은 아예 불가능할 것이다.

앞에서 언급했듯이 국내에서는 무의식과 아뢰야식의 관계에 대해 긍정적으로 조명하는 연구가 많이 이루어졌다. 어떤 연구에서든 무의식과 아뢰야식을 무모하게 동일시하지는 않는다. 양자의

---

31) Tao Jiang(2004). Storehouse Consciousness and the Unconscious: A Comparative Study of Xuan Zang and Freud on the Subliminal Mind, *Journal of the American Academy of Religion*, Vol.72, No.1, The American Academy of Religion, 136.

32) Tao Jiang(2004), 137.

공통점에 대해서도 논의하지만 아울러 차이점 역시 분명하게 드러내고 있다. 이만, 김성관, 묘주, 남수영 등의 연구 가운데 유의미한 것을 추출하여, '정신분석의 무의식'과 '유식학의 아뢰야식' 간의 공통점과 차이점을 드러내면 다음과 같다.

공통점

① 무의식의 내용물이 선악(善惡)과 무관하듯이, 아뢰야식 역시 무부무기(無覆無記)의 것이다.[33)]

② 무의식이 잠재의식이듯이, 아뢰야식 역시 심층심리와 관계된다.[34)]

③ 무의식 내의 콤플렉스가 부단히 바뀌듯이, 아뢰야식의 업종자 역시 전변하면서 존재한다.[35)]

④ 개인무의식과 집단무의식 또는 각각에 속한 콤플렉스는 유식학의 신훈(新熏)종자와 본유(本有)종자에 대응된다.[36)]

⑤ 무의식과 아뢰야식 모두 각성 시에든 수면 중이든 의식의 저변에서 항상 작용한다.[37)]

⑥ 의식과 행동이 무의식과 아뢰야식에 이식된다.[38)]

차이점

① 아뢰야식은 3생의 윤회상속과 관련되지만 정신분석에서는 심리적 문제에만 집중한다.[39)]

② 아뢰야식은 업력의 소장처인 반면에 무의식은 의식화 되지 않은 심리다.[40)]

③ 유식학에서는 아뢰야식의 (유루의) 업종자에 대해 긍정적 평가를 하지

33) 이만(1981), 114.
34) 이만(1981), 115 ; 김성관(1990), 196 ; 묘주(1998), 47.
35) 김성관(1990), 197.
36) 김성관(1990), 198 ; 남수영(1995), 106.
37) 묘주(1998), 53.
38) 묘주(1998), 53.
39) 김성관(1990), 199 ; 남수영(1995), 106.
40) 김성관(1990), 200.

않지만, 융은 콤플렉스가 긍정적 기능을 발휘할 수 있다고 본다.[41]

④ 아뢰야식 이론은 수행자들이 선정을 통해 이론화 한 것이지만, 정신분석 이론은 경험과학의 범위 안에 있다.[42]

⑤ 아뢰야식은 종자를 저장하면서 동시에 인식대상이 되지만 무의식은 인식대상이 아니다.[43]

장타오가 주장하듯이 아뢰야식과 무의식이 동일한 것은 아니다. 설혹 융의 집단무의식이라고 해도 그렇다. 유식학과 달리 정신분석 이론에서는 윤회에 대해서 언급하지 않고, 물리적 세계에 대해 '무의식의 발현'이라고 말하지 않는다. 그러나 우리의 일거수일투족에 영향을 끼치는 의식 이전의 '심리적 핵'이라는 점에서 무의식은 아뢰야식의 범위 내에 들어온다. 다시 말해 무의식은 '아뢰야식의 한 단면'일 수 있다. 무의식 이론은 '아뢰야식 이론의 정교한 각론'일 수 있다.

2. 무의식과 『구사론』의 번뇌

인도에서 불교사상은 '초기불교→ 아비달마→ 중관학→ 유식학'의 순으로 발전하였다. 초기삼장에 산설(散說)된 교학들을 체계적으로 정리한 것이 아비달마 교학이었고, 아비달마 교학의 '법(法)'에 대한 고착을 타파한 것이 반야중관학의 공사상이었으며, 반야중관의 토대 위에서 '식(識)'에 의해 불교전반을 재해석한 것이

41) 김성관(1990), 201.
42) 묘주(1998), 46-47.
43) 묘주(1998), 55.

유식학이었다. 유식학 이론은 불멸 후 7백년 이상 지나서 성립한 대승불교 사상이기에 원시성에서 많이 벗어나 있다. 앞 절에서 보았듯이 정치(精緻)한 아뢰야식 이론에서 정신분석의 무의식 이론과 유사한 측면을 찾을 수 있긴 하지만, 부처의 가르침이 원래 그랬는지 확인하기 위해서는 불교사상사의 흐름을 더 거슬러 올라가 보아야 한다. 중관학의 경우 '언어와 분별로 이루어진 모든 이론'을 타파하는 일종의 테크닉이기에, 그 사상 중에 무의식 이론 중에 직접 대비되는 것이 있을 수 없다.[44] 그러나 아비달마교학의 '번뇌론'에는 프로이트나 융의 '무의식이론'에 비견할 만한 내용이 실려 있다. 일반적으로 괴로움이 있을 때, 그 원인과 해결책을 외부에서 찾는다. 예를 들어 돈이나 명예, 권력을 획득할 경우 괴로움이 사라질 것이라고 생각한다. 그러나 정신분석과 불교 모두 그런 괴로움의 원인이 마음속에 있으며, 이를 해소할 때 괴로움에서 해방된다고 본다는 점에서 방법을 같이 한다. 정신분석에서 말하는 '이드, 태고유형, 콤플렉스'와 같은 무의식 속의 '심리적 핵'과, 불교에서 말하는 '탐욕, 분노, 교만, 어리석음'과 같은 번뇌들이, 괴로움을 야기하는 '마음속의 원인'인 것이다.

부처의 가르침, 즉 불교는 고(苦), 집(集), 멸(滅), 도(道)의 사성제(四聖諦)로 요약된다. 순서대로 '괴로움'과 '괴로움의 원인'과 '괴로움의 소멸'과 '괴로움의 소멸에 이르는 길'을 의미한다. '탐욕, 분노, 교만, 어리석음'과 같은 번뇌는 이 가운데 '괴로움의 원인', 즉 집성제에 속한다. 초기불전에서도 괴로움의 원인인 번뇌에 대해 설명하고 있지만, 아비달마 문헌 가운데 세친(世親: 4세기

---

44) 그러나 무의식적인 '認知의 왜곡'을 解消하는 기술로 中觀學을 援用할 수는 있다.

경)의 『아비달마구사론(阿毘達磨俱舍論: Abhidharma-kośa)』에서는 수행론과 연관하여 번뇌의 종류와 성격 등을 잘 정리하고 있다.

번뇌(煩惱)의 산스끄리뜨 원어는 끌레샤(kleśa)다. "괴롭히다."거나 "괴로움을 겪다"는 뜻의 어근 '끌리슈(√kliś)'에서 파생한 명사다. 혹(惑)이라고 번역하기도 하였다. 『구사론』에서는 불전에서 발견되는 번뇌의 이명(異名)으로 수면(隨眠: anuśaya), 전(纏: paryavasthāna), 누(漏: āsrava), 폭류(瀑流: ogha), 액(軛: yoga), 취(取: upadāna) 등을 소개하는데 이 가운데 '수면'이라는 용어를 사용하면서 번뇌에 대해 설명한다.[45]

『구사론』에서는 먼저 근본번뇌로 ①탐(貪: rāga), ②진(瞋: pratigha), ③만(慢: māna), ④무명(無明: avidyā), ⑤의(疑: vicikitsā), ⑥견(見: dṛṣṭi)의 여섯 가지를 든다. 그리고 이렇게 여섯 번뇌 가운데 '⑥견'을 다시 (6)유신견(有身見: satkāya-dṛṣṭi), (7)변집견(邊執見: anta-grāha-dṛṣṭi), (8)사견(邪見: mithyā-dṛṣṭi), (9)견취(見取: dṛṣti-parāmarśa), (10)계금취(戒禁取: śīlavrata-parāmarśa)의 다섯으로 세분하면 총 열 가지가 된다. 이런 열 가지 근본번뇌를 십수면(十隨眠)이라고 부른다.

이 가운데 ①탐은 탐욕으로 오욕락(五欲樂)[46]에 대한 욕탐(欲貪)과 내생에 태어나 다시 존재하고 싶은 욕망인 유탐(有貪)의 두 가지로 구분된다. ②진은 분노, ③만은 교만한 마음을 의미하며,

---

45) 본고에서 사용한 『구사론』의 산스끄리뜨문은 '北京大学 外国语学院 东方学研究院 梵文贝叶经与佛教文献研究所의 阿毗达磨俱舍论梵汉对勘(http://www.mldc.cn/sanskritweb/etext.htm)'에서 채취한 것이다.

46) 色聲香味觸의 五欲境. 또는 財色名食睡, 즉 재물욕, 음욕(淫欲), 명예욕, 식욕(食欲), 수면욕(睡眠欲).

④무명은 사성제에 대한 무지, ⑤의는 사성제에 대한 의심이다. ⑹유신견이란 색, 수, 상, 행, 식의 오온(五蘊)으로 이루어진 심신 복합체에 변치 않고, 단일하며, 자유자재한 내가 존재한다고 보는 착각이며, ⑺변집견이란 죽음 이후에 '지금의 나'와 같은 내가 그대로 존재한다거나, 아니면 완전히 사라진다고 보는 편견이고, ⑻사견은 인과응보의 이치를 부정하는 잘못된 생각이며, ⑼견취는 '유신견, 변집견, 사견'의 세 가지에 대해서 올바른 사상이라고 집착하는 것이고, ⑽계금취는 잘못된 수행을 천상에 태어나는 원인으로 착각하든가, 지계(持戒)만으로도 해탈이 가능하다고 오해하는 것이다.[47]

이런 열 가지 번뇌가 프로이트나 융의 이론에서 말하는 무의식 속의 '심리적 핵'들과 그대로 일치하지는 않지만, '①탐욕'은 프로이트의 '이드(Id)'에 대응되고 '⑻사견, ⑼견취, ⑽계금취'는 초자아(Superego)와 연관시킬 수 있으며, '③만이나 ④무명과 ⑹유신견'은 융의 페르소나(Persona) 또는 자아(Ego)와 연관시킬 수 있을 것이다. 무의식이든 번뇌든 우리의 행동을 지배하는 '심리적 핵'이라는 점에서 일치한다.

수면(隨眠)의 산스끄리뜨 원어는 '아누싸야(anuśaya)'다. "잇따르다."라는 의미의 '아누(anu, 隨)'와 '잠'을 뜻하는 싸야(śaya, 眠)가 합쳐진 단어로 보아 수면이라고 한역하였다. 『구사론기(俱舍論記)』에서는 수면의 어의에 대해 풀이하면서 "유정(有情)을 따라다니기에 '수(隨)'라고 이름을 붙이고, 그 작용이 은밀하기에 '면(眠)'이라고 이름을 붙였는데, 마치 사람이 잘 때 그에게 무엇

47) 김동화(2001), **구사학**, 서울: 뇌허불교학술원, 263.

이 떠오르는지 알기 힘든 것과 같다."[48]고 쓰고 있다. 유정은 '감정이 있는 존재'라는 뜻으로 산스끄리뜨 원어는 삿뜨와(sattva)다. 중생이라고 번역하기도 한다. 인간과 짐승을 포함한 생명 있는 존재를 가리키는 불교용어다. 잠을 자는 사람의 경우 그가 무슨 꿈을 꾸는지 알 수 없다. 간혹 일어나는 잠꼬대나 표정을 보고서 짐작만 할 수 있을 뿐이다. 이와 마찬가지로 번뇌의 경우도 스스로 알아채기가 쉽지 않다. 화(瞋)가 날 때든, 욕심(貪)이 날 때든, 잘못된 종교관(癡)을 갖고 있을 때든 그런 감정이나 생각에 파묻혀 있을 때에는 그것들이 나에게 뚜렷하게 자각되지 않는다. 그런 감정이나 생각의 와중에서 순간적으로 반성이 일어나든지, 그런 감정과 생각이 없어진 다음에 회고해 보든지 해야 비로소 나에게 화, 욕심, 잘못된 종교관이 있었다는 사실을 알게 된다.

또, 열 가지 근본번뇌가 동시에 작용하는 것이 아니다. 대부분 잠재되어 있으며 적절한 상황에서 여러 가지 조건이 어우러질 때 몇 가지 번뇌만 나타나 작용하며 그것이 자각된다. 그래서 번뇌의 종류를 더 나누어서, 마치 잠자는 것(睡眠)과 같이 잠재(潛在)되어 있는 번뇌를 '수면(隨眠)', 의식에 나타나 작용하는 번뇌를 '전(纏, 얽힘)'이라고 부르기도 한다.[49] 잠(睡眠)에 비유하는 이유는 번뇌가 [아직 발아하지 않은] 종자(種子)의 상태로 묶여 있기 때문이다.[50] 전(纏)은 '빠리아와스타나(paryavasthāna)'에 대한 현장

---

48) "隨逐有情名隨 行相微細名眠 如人睡眠行相難了", 普光, 俱舍論記, 大正藏41, 291a ; 김동화(2001), 259.

49) "prasupto hi kleśo'nuśaya ucyate, prabuddhaḥ paryavasthānam(煩惱睡位說名隨眠 於覺位中即名纏故 何名為睡 謂不現行種子隨逐 何名為覺 謂諸煩惱現起纏心)", 阿毘達磨俱舍論, 大正藏29, 99a.

50) "kā ca tasya prasuptiḥ? asammukhībhūtasya bījabhāvānubandhaḥ(何名為睡 謂不現行種子隨逐)", 阿毘達磨俱舍論, 99a.

의 번역어다. 접두사 '빠리(pari)'가 '두루'나 '완전'을 의미하고 '아와스타(avasthā)'는 '머무름, 거주함'을 의미하며 접미사 '아나(a na)'는 '작용'을 뜻하는데, 현장은 '얽힘'을 의미하는 전(纏)이라고 번역했지만 『구사론』의 이역본인 『구사석론(俱舍釋論)』의 번역자 진제(眞諦: 499~569)는 상심(上心, 위로 떠오른 마음), 상심혹(上心惑, 위로 떠오른 마음인 미혹), 도기혹(倒起惑, 뒤집힌 마음) 등으로 번역하였다.[51]

어쨌든[52] 대부분의 번뇌는 잠재되어 있고, 매 순간 몇 가지 번뇌만 작용하며 그것이 나에게 의식된다. 프로이트 정신분석의 용어로 설명하면 대부분의 번뇌는 '전의식'이나 '무의식' 상태로 잠재되어 있는 '수면(隨眠)'들이고, '의식'에 나타난 것은 '전(纏)'이다.

3. 번뇌의 정체

불교수행의 목표는 모든 번뇌가 사라진 아라한이 되는 것이다. 열 가지 근본번뇌를 완전히 제거한 최고의 성자, 아라한이 되는 것이다. 그러나 불교와 같은 종교적 가르침을 모르는 인간이나, 짐승들은 탐욕, 분노, 교만과 같은 번뇌의 추동으로 악을 지으며

51) 眞諦 譯, 阿毘達磨俱舍釋論, 大正藏29, 261a.

52) 이런 설명은 세친이 소속한 경량부(經量部)의 이론으로 후대에 유식학의 종자설로 발전하는 단초가 된다. 『구사론』의 번뇌론을 논할 때, 이런 논의와 아울러 설일체유부의 학설과 경량부의 학설을 면밀히 비교하고 구분하면서 논지를 전개해야 하겠지만 응용불교, 비교학문이라는 본 논문의 성격상 이런 논의들은 모두 생략한다.

살아간다. 불교를 포함한 모든 종교에서는 윤리적이고 도덕적인 삶을 권하지만, 사실 '번뇌와 악행'은 '동물적 행복의 원천'이다. 찰스 다윈의 용어로 표현하면 번뇌와 악행은 먹이 획득에 성공하게 하여 자연선택(Natural selection)의 적자(適者)가 되게 하고, 새끼를 낳아 잘 키우게 함으로써 성선택(Sexual selection)의 경쟁에서 승자(勝者)가 되게 해준다.

불전에서는 열 가지 악행을 열거한다. 'ⓐ살생(殺生), ⓑ투도(偸盜: 훔치기), ⓒ사음(邪淫: 삿된 음행), ⓓ망어(妄語: 거짓말), ⓔ양설(兩舌: 이간질), ⓕ악구(惡口: 욕), ⓖ기어(綺語: 꾸밈말), ⓗ탐욕(貪欲), ⓘ진에(瞋恚: 분노), ⓙ사견(邪見: 종교적 어리석음)'의 열 가지다. 과거의 사람들 역시 짐승과 다를 게 없었다. 종교적 가르침이 나타나기 전까지는 인간사회 역시 밀림과 다름없었을 게다. 알렉산더대왕, 진시황, 칭기즈칸 모두 인간의 모습을 한 잔인한 살육자, '라이온 킹'이었다. 탐욕, 분노, 교만과 같은 강력한 번뇌로 무장한 사람들이었다. 인과응보를 부정하기에 내생의 과보에 대한 두려움 없이((8)邪見, (7)변집견) 무참하게 살육을 저지른다(ⓐ살생). '라이온 킹'이 그렇듯이 수많은 암컷 후궁들을 거느린다(ⓒ사음). 지금도 금력이나 권력을 추구하는 사람 중에는 그 속내가 짐승과 다를 게 없는 사람들이 적지 않을 것이다. 짐승 또는 짐승과 같이 '몸의 행복', '물질적 행복'을 추구하는 사람의 경우 10번뇌의 토대 위에서 10악을 지향하며 살아간다. 물론 현대의 인간사회에서는 '법'이 '악행'을 처벌하기에 노골적으로 10악을 지을 수는 없을 것이다. 그래서 법망(法網)에 걸려들지 않게 교묘하게 10악을 지으면서 동물적 '행복'을 만끽한다. 일시적으로는 승승장구하며 최강자가 될 수 있다. 그러나 상대적 행복은 언젠가 결국 스러지고 만다. 진정한 행복은 그런 투쟁의 세계에서 벗어날 때 찾아온다. 번뇌와 악행을 끊는 것이다. 아라한이 되는 것이다.

Ⅲ. 『구사론』의 명상수행과 번뇌론

1. 사성제 명상을 통한 번뇌의 제거

이런 예비적 통찰을 바탕으로 『구사론』의 수행론에 대해 검토해 보자. 10번뇌와 10악이 동물적 행복의 원천이지만, 그런 행복은 일시적이고 언젠가는 무너지고 만다. 그래서 대부분의 종교에서는 '짐승과 반대로 살 것'을 가르치며, 그런 가르침 가운데 최정상에 위치한 것이 불교다. 불교에서는 10악을 금하는 것뿐만 아니라, 그 근원인 마음속의 10번뇌까지 완전히 제거하는 것을 수행의 목표로 삼는다. 10번뇌의 완전한 소멸을 위해서 『구사론』에서 제시하는 수행과정을 순서대로 정리하면 다음과 같다.

①문혜 → ②사혜 → ③신기청정

→ ④수혜 ↗ ⑤부정관 ↘ ⑥별상념주 → ⑦총상념주
　　　　 ↘ ⑤지식념 ↗

→ ⑧사선근 → ⑨견도 → ⑩수도 → ⑪무학도

수행에 들어가기 전에 먼저 계(戒)를 철저하게 지킬 수 있어야 한다.[53] 그 후 '사성제에 대한 통찰(satya-darśana)'에 대해 학습한다. '이름(nāma, 名)'과 '대상(ālambanā, 境)'을 귀로 들어서(聞) 배우는 것이기에 이를 ①문혜(聞慧: śrutamayī prajñā, 聞所成慧)라고 부른다. 그 다음에는 사성제의 '이름'과 '대상'은 물론이고 그 '의미(artha, 義)'에 대해서 깊이 숙고한다[②사혜(思慧: cintāmayī prajñā, 思所成慧)]. 이름에 대한 암기가 끝났으면 단지 '대상'과 '의미'만을 소재로 삼아 수행한다. 이 이후의 수행에서 얻는 지혜를 ④수혜(修慧: bhāvanāmayī prajñā, 修所成慧)라고 부른다.[54] 그런데 본격적으로 수혜에 들어가려면 몸(kāya)과 마음(citta)을 세속에서 멀리 하고, 적은 욕망(alpeccha)에 만족하며, 의복(cīvara)과 시주물(piṇḍapāta)과 거주처(śayanāsana)에 만족하면서 '끊음의 수행(prahāṇa-bhāvanā)'을 좋아하는 마음이 있어야 한다. 현장(玄奘)은 수혜를 위한 이런 세 가지 조건을 차례대로 신심원리(身心遠離), 희족소욕(喜足少欲), 주사성종(住四聖種)이라고 번역하면서 총괄하여 ③신기청정(身器淸淨)이라고 명명하였다.[55]

이렇게 몸과 마음과 조건이 모두 정리되면 ④수혜의 수행에 들어가는데, 탐욕(貪: rāga)이 많은 사람은 ⑤부정관(不淨觀: aśubhā)을 닦고 생각(尋: vitarka)이 많은 사람은 ⑤지식념(持息念: ānāpānasmṛti)을 닦는다.[56] 부정관이란 남이나 자신의 몸이 시체나

53) "應先安住清淨尸羅 然後勤修聞所成等", 阿毘達磨俱舍論, 大正藏29, 116c.

54) 阿毘達磨俱舍論, 116c.

55) 阿毘達磨俱舍論, 117b.

백골이 된 상태를 떠올리는 수행이며, 지식념이란 들숨(āna)과 날숨(apa-āna)을 살피는(念, smṛti) 수행이다. 이런 두 가지 수행의 목적은 마음을 집중(samādhi)하는 것이다.

그 후 마음을 평정히 하고(śamatha: 止) 몸(身)과 느낌(受)과 마음(心)과 생각(法)에 대해 관찰하는(vipasyanā, 觀) 지관(止觀) 수행에 들어간다. '사념처에 머무르는 수행(smṛti-upasthāna-bhāvanā)'으로 '사념주(四念住)'라고 한역하였다. 먼저 몸(身)과 느낌(受)과 마음(心)과 생각(法) 각각의 특성에 대해 살펴본다. 예를 들어 '몸(身)'의 경우 지(地), 수(水), 화(火), 풍(風)의 사대(四大)로 이루어졌다는 점이 그 특성이다.[57] 이런 특성을 '자상(自相: svalakṣaṇa)'이라고 부른다. 신, 수, 심, 법 각각의 개별적인 특성, 즉 자상에 대한 관찰을 『구사론기』에서는 ⑥별상념주(別相念住)라고 부른다. 별상념주의 수행이 끝나면 이들 네 가지의 공통점, 즉 공상(共相: sāmānyalakṣaṇa)에 대해 관찰(vipasyanā)한다. 이는 '신, 수, 심, 법'의 네 가지 대상 모두 '무상(無常)하고, 고(苦)이며, 공(空)하고, 무아(無我)'라는 점이다. 이런 관찰을 ⑦총상념주(總相念住)라고 부른다. 앞의 세 가지인 '신, 수, 심'의 경우는 각각에 대해서 네 가지 관찰을 별도로(asambhinna) 닦지만, 마지막인 '법'에 대해 관찰할 때에는 별도로 닦기도 하고 '신, 수, 심'과 결합하여(sambhinna) 닦기도 한다.

⑦총상념주 가운데 마지막인 법념주의 수행이 무르익으면 ⑧사

56) 거친 번뇌를 제거하는 오정심(五停心)에 '부정관, 자비관, 계분별관, 연기관, 수식관'이 있지만 『구사론』에서는 수식관에 해당하는 지식념과 부정관만 소개한다.

57) 眞諦 譯, 阿毘達磨俱舍釋論, 大正藏29, 271a.

선근(四善根) 수행에 들어간다. 앞의 ⑥별상념주나 ⑦총상념주의 수행 모두 사성제 가운데 고성제의 네 가지 행상(行相: ākāra)인 '무상, 고, 공, 무아'만을 관찰하였는데, ⑧사선근에서는 사성제 전체를 소재로 삼는다. 먼저 고성제에 대해서는 사념주에서와 마찬가지로 '무상(無常: anitya), 고(苦: duḥkha), 공(空: śūnya), 무아(無我: anātma)'라고 관찰한다. 그리고 집성제에 대해서는 '인(因: hetu), 집(集: samudaya), 생(生: prabhava), 연(緣: pratyaya)'이라고 관찰하고, 멸성제에 대해서는 '멸(滅: nirodha), 정(靜: śānta), 묘(妙: praṇīta), 리(離: niḥsaraṇa)'라고 관찰하며, 도성제에 대해서는 '도(道: mārga), 여(如: nyāya), 행(行: pratipatti), 출(出: nairyāṇika)이라고 관찰한다.[58] 사성제 각각에 대해서 네 가지 행상으로 관찰하기에 총 16가지 행상을 관찰하게 된다. 이러한 16행상의 관찰은 '난(煖)→ 정(頂)→ 인(忍)→ 세제일법(世第一法)'의 순서로 진행된다.

난(煖: ūṣman)은 '따스함'이란 뜻으로 '번뇌를 모두 태우는 사성제'를 불길에 비유하여[59] 그 '따스함'이 느껴지기 시작하는 단계다. 처음에는 '신, 수, 심, 법' 가운데 '법'에 대해서만 16행상으로 관찰하다가 나중에는 네 가지 모두에 대해 16행상으로 관찰하는데, '욕계'의 사성제에 대해서 16행상, 색계와 무색계를 하나로 묶은 상계(上界)의 사성제에 대해서 16행상으로 관찰하기에 총 32행상을 관찰한다. 그다음 단계인 정(頂: mūrdha)은 '정상(頂上)'이란 뜻이며 그 수행방법 역시 난과 다르지 않다. 처음에는 '법'

58) 阿毘達磨俱舍論, 119b.

59) "kleśendhanadahanasyāryamārgāgneḥ pūrvarūpatvāt(是能燒惑薪聖道火前相 如火前相故名為煖)", 阿毘達磨俱舍論, 119b.

을, 나중에는 '신, 수, 심, 법'을 모두 관찰한다. 악취에 태어날 가능성을 갖는 상태 중에는 최고의 단계이기에 '정(頂)'이라고 명명하였다. 그다음인 '인(忍: kṣānti)'의 단계에 들어가면 결코 삼악도에 떨어지지 않는다.[60] '인(忍)'의 원어인 '끄샨띠(kṣānti)'의 의미에 대해서 다양한 학설이 있지만[61] 그 사전적 의미는 '참음'이다. 『구사론』에서 '난(煖)'에 대해 설명할 때 '성도(聖道: ārya-mārga)'를 '번뇌를 태우는 불(火)'에 비유하는 데서[62] 알 수 있듯이 '인'의 단계에서는 성도의 출발점인 ⑨견도(見道: darśana-mārga)를 목전에 두고 그 불길의 '뜨거움'을 참으면서(忍) 수행 정진하기에, 문자 그대로 '참음'이라고 명명했을 것으로 추정된다. 사성제에 대해 완벽하게 통찰하여 ⑨견도 이상의 단계로 올라가 수다원, 사다함, 아나함, 아라한의 성자(聖者) 대열에 합류하려면 '동물적 행복의 원천'이었던 '탐욕, 분노, 교만, 종교적 어리석음' 등의 번뇌를 모두 태워 없애야 하는데, 번뇌에 대한 미련을 버리지 못한 '어리석은 아쉬움'을 '참음(忍)'이라는 단어로 표현했을 것이다.

'인(忍)'은 하인(下忍), 중인(中忍), 상인(上忍)의 세 단계로 구분되는데, 특징적인 것은 '신, 수, 심, 법' 가운데 오로지 '법'만 소재로 삼는 관찰이라는 점이다. 하인과 중인 모두에서 욕계와 상계의 사성제에 대해 총 32행상으로 관찰하는데, 중인의 경우 32

---

60) 阿毘達磨俱舍論, 120b.

61) '최원섭(2000), 『阿毘達磨俱舍論』의 修行體系 硏究 -'忍'概念을 中心으로-, **동국대학교대학원석사학위논문**'에 이에 대한 연구성과가 집대성되어 있다.

62) "kleśendhanadahanasyāryamārgāgneḥ pūrvarūpatvāt(是能燒惑薪聖道火前相 如火前相故名為煖)", 阿毘達磨俱舍論, 119b.

행상을 되풀이 할 때마다 마지막의 1행상을 감소시킨다. 요컨대 첫 번에는 상계 도제(道諦)의 4행상인 '도, 여, 행, 출' 가운데 '출'을 감소시킨 31행상만 관찰한 다음에, 매 주기(週期)마다 1행상씩 감소시켜서 마지막에는 욕계 고제의 4행상인 무상, 고, 공, 무아 가운데 '무상'의 1행상만 남긴다. 이렇게 마지막 남은 '욕계 고제의 1행상'에 대한 관찰이 바로 상인(上忍)이다. 그리고 상인의 관지(觀智) 작용으로 이런 1행상에 대해 투철하게 자각할 때 1찰나의 세제일법(世第一法: laukika-agra-dharma)을 자각하며, 곧이어 '욕계의 사성제'와 '상계(색계, 무색계)의 사성제' 각각을 '무간도(無間道: anantarya-mārga)인 인(忍: kṣānti)'과 '해탈도(解脫道: vimukti-mārga)인 지(智: jñāna)'의 2단계로 통찰하는 '16찰나의 마음'이 발생한다. 앞의 15찰나를 '⑨견도'라고 부르고, '상계(上界)의 도성제에 대한 해탈도의 지(智)'가 생한 마지막의 제16찰나의 경지가 ⑩수도(修道: bhāvanā-mārga)의 시작이다. 수도에 오른 첫 단계의 성자를 수다원(須陀洹)이라고 부른다. 산스끄리뜨어 '스로따-아빤나(srota āpanna)'의 음사어다. '흐름에(srote) 들어온 분(āpanna)'이란 뜻으로 '입류(入流)' 또는 '예류(預流)'라고 의역한다. 이어서 '한 번(sakṛt) 오는 분(āgamin)'인 사다함(斯陀含, 一來)을 거쳐서, 오지(āgam) 않는(an) 분(in)인 아나함(阿那含: anāgamin, 不還)의 경지로 올랐다가, 번뇌를 모두 제거하면 아라한(阿羅漢: arhat)이 된다. 아라한의 경지를 ⑪무학도(無學道: aśaikṣa-mārga)라고 부른다. 더 이상 배울 것이 없기 때문이다. 불교 수행의 끝이다.

2. 명상수행에 근거한 번뇌의 분류

프로이트의 경우 무의식에 잠재된 '심리의 핵'에 대해서, 입과 항문과 성기라는 세 가지 '성감대'와 관계된 '5세 이전의 체험'에 연관시켜 설명했고, 융은 자아, 그림자, 아니마, 아니무스, 페르소나와 같은 태고유형에 근거한 콤플렉스를 '심리의 핵'으로 보았는데, 『구사론』을 포함한 아비달마교학의 번뇌이론에서 이런 '심리의 핵'에 해당하는 것은 '십수면(十隨眠)'이라고 불리는 10가지 번뇌다. 10가지 번뇌는 크게 견혹(見惑)과 수혹(修惑)의 두 가지로 구분된다.

<table>
<tr><td rowspan="9">사성제</td><td rowspan="9">고집멸도</td><td colspan="7">5부의 번뇌[63]</td></tr>
<tr><td colspan="3">견혹 (고, 집, 멸, 도) 4부</td><td colspan="4">수혹 1부</td></tr>
<tr><td>(6) 유신견</td><td rowspan="3">소취(所取)</td><td rowspan="6">④ 상응무명</td><td rowspan="6">① 탐</td><td rowspan="6">② 진</td><td rowspan="6">③ 만</td><td rowspan="6">④ 상응무명</td></tr>
<tr><td>(7) 변집견</td></tr>
<tr><td>(8) 사견</td></tr>
<tr><td>(9) 견취</td><td>능취(能取)</td></tr>
<tr><td colspan="2">(10) 계금취</td></tr>
<tr><td colspan="2">⑤ 의</td></tr>
<tr><td colspan="3">④ 독두무명</td><td colspan="4"></td></tr>
</table>

표1 - 견혹과 수혹

견혹은 견소단혹(見所斷惑: darśana-heya-kleśa)[64]의 준말이다. 불교수행단계 가운데 '견도(見道: darśana-mārga)에서 끊어지는(斷) 번뇌(惑)'이라는 뜻이다. '사성제(四聖諦)를 모르는 1차

63) ①, (6) 등의 번호는 10근본번뇌의 순서를 의미함
64) 阿毘達磨俱舍論, 122b.

적인(親緣) 번뇌'로 인지적(認知的) 번뇌다. '사성제의 이치(理致)에 미혹한 번뇌'라는 의미에서 미리혹(迷理惑)이라고도 부르고 후천적으로 습득된 잘못된 생각으로(分別) 인해 발생하기에 '분별기(分別起)의 번뇌'라고도 부른다.

수혹은 수소단혹(修所斷惑: bhāvanā-heya-kleśa)[65]의 준말이다. '수도(修道: bhāvanā-mārga)에서 끊어지는 번뇌'라는 뜻이다. '견혹에 근거한 2차적인(重緣) 번뇌'로 점차적으로 제거하는 감성적 번뇌다. '대상(vastu, 事)에 대한 미혹'이라는 의미에서 미사혹(迷事惑)이라고도 부르고 선천적으로 갖추고(俱生) 태어나는 번뇌이기에 '구생기(俱生起)의 번뇌'라고 부르기도 한다. 김동화의 설명을 참조하면서[66] 견혹과 수혹의 종류와 성격을 정리하면 '표1'과 같으며, 견도와 수도에서 끊어지는 번뇌의 종류와 연관시켜 이를 보다 자세하게 정리하면 '표2'와 같다.

'표1'에서 보듯이 10번뇌 가운데 '⑹유신견(有身見), ⑺변집견(邊執見), ⑻사견(邪見), ⑼견취(見取), ⑽계금취(戒禁取), ⑤의(疑)'는 오직 견혹에만 속한다. 견도에서 사성제에 대한 통찰이 생길 때 모두 사라지는 '인지적(認知的) 번뇌'들이다. 이와 달리 '①탐(貪), ②진(瞋), ③만(慢)'은 수도를 통해서 점차적으로 제거되는 '감성적 번뇌'들이며, '④무명(無明)'은 견혹에 수반된 무명도 있고, 수혹에 수반된 무명도 있으며, 견혹과 마찬가지로 사성제를 직접 대상으로 삼는 무명도 있다. 앞의 둘을 상응무명(相應無明)이라고 부르고, 마지막의 것을 독두무명(獨頭無明)이라고 부른다.[67] 또 '표2'에서 보듯이 10가지 번뇌들은 생명체가 살아가는

---

65) 阿毘達磨俱舍論, 89a.
66) 김동화(2001), 264-265.

현장인 '욕계, 색계, 무색계' 전체에서 들쑥날쑥하게 작용하며, 이런 번뇌를 모두 끊기 위해서는, 수행론에서 봤듯이 계행(戒行)을 완성해야 하고 적어도 부정관(不淨觀)이나 지식념(持識念) 같은 기초수행을 통달하여 마음을 집중할 수 있어야 한다.

3계 三界	5부혹 五部惑		견도와 수도 (能治, 능치)		관찰순서	10번뇌 (所治, 소치)									
						탐	진	만	의	무명	유신견	변집견	사견	견취견	계금취견
욕계 36혹	견혹 32	고	법지인	무간도	1	○	○	○	○	○	○	○	○	○	○
			법지	해탈도	2										
		집	법지인	무간도	5	○	○	○	○	○			○	○	
			법지	해탈도	6										
		멸	법지인	무간도	9	○	○	○	○	○			○	○	
			법지	해탈도	10										
		도	법지인	무간도	13	○	○	○	○	○			○	○	○
			법지	해탈도	14										
	수혹 4		1散地×9品	무간도		○	○	○		○					
				해탈도											
색계 31혹	견혹 28	고	류지인	무간도	3	○		○	○	○	○	○	○	○	○
			류지	해탈도	4										
		집	류지인	무간도	7	○		○	○	○			○	○	
			류지	해탈도	8										
		멸	류지인	무간도	11	○		○	○	○			○	○	
			류지	해탈도	12										
		도	류지인	무간도	15	○		○	○	○			○	○	○
			류지	해탈도	16										
	수혹 3		4禪×9品	무간도		○		○		○					
				해탈도											
무색계 31혹	견혹 28	고	류지인	무간도	3	○		○	○	○	○	○	○	○	○
			류지	해탈도	4										
		집	류지인	무간도	7	○		○	○	○			○	○	
			류지	해탈도	8										
		멸	류지인	무간도	11	○		○	○	○			○	○	
			류지	해탈도	12										
		도	류지인	무간도	15	○		○	○	○			○	○	○
			류지	해탈도	16										
	수혹 3		4定×9品	무간도		○		○		○					
				해탈도											

표2 - 견도와 수도, 그리고 98수면 (88견혹+10수혹[총252혹])

67) 『俱舍論記』의 용어. 진제의 『俱舍釋論』에서는 獨行無明이라고 번역하며, 현장은 唯有無明(오직 무명만 존재한다)는 문장으로 할 뿐 별도 술어(術語, technical term)를 만들지 않는다.

사실 견도에 올라서 무루지(無漏智)가 발생해야 삼계 전체의 번뇌를 완전히 끊을 수 있는데, 수행자가 무루지를 발생시킬 수 있는 경지는 '미지정(未至定) 및 중간정(中間定)'과 '초선(初禪), 제2선, 제3선, 제4선, 공무변처정(空無邊處定), 식무변처정(識無邊處定), 무소유처정(無所有處定)' 각각의 근본정(根本定)들인 9지(地)뿐이다.[68] 미지정이란 초선의 바로 아래 단계의 선(禪)을 의미하며, 중간정은 초선과 제2선 근분정의 사이에서 체득되는 삼매다. 이런 9지 가운데 최소한 미지정(anāgamya dhyāna)의 경지까지 올라야 '해탈도'인 욕계의 '법지(法智: dharma-jāña)'와 상계(上界: ūrdhava)의 '류지(類智: anvaya-jāña)'를 생하여 삼계 전체의 번뇌를 녹일 수 있다.[69]

견혹의 경우는 앞에서 보았듯이 욕계와 상계의 사성제를 통찰함으로써 끊으며 이를 '사성제에 대한 현관(現觀: abhisamaya)'이라고 부른다. 수혹은 견도에서 발생한 무루지로 끊을 수도 있고, 유루도의 6행관(六行觀)을 통해 끊을 수도 있다. 전자는 사성제에 대한 통찰로 견혹을 모두 끊은 수다원 이상 성자(聖者)의 수행이고, 후자는 아직 견혹을 끊지 못한 이생범부(異生凡夫)의 수행이다.

수혹의 번뇌는 '욕계의 1산지(散地)와 색계의 4선(四禪) 및 무색계의 4정(四定)'까지 '아홉 경지(九地)' 각각의 번뇌를 다시 아홉 단계(九品)로 나누어 총 81품이 있는데 각 품의 번뇌를 끊을 때마다 무간도(無間道: anantarya-mārga)와 해탈도(解脫道: vimukti-mārga)의 2단계를 거치기에 총 162심(心)이 작용한다. 무간

68) 阿毘達磨俱舍論, 32a.
69) 阿毘達磨俱舍論, 134c.

도를 통해 아래 단계의 번뇌를 모두 끊고 해탈도를 통해 그 상태를 지킨다. 비유하면 도둑을 쫓고 문을 닫으면 집안이 편안해 지는데,70) '도둑을 쫓음'이 무간도에 해당하고, '문을 닫음'이 해탈도에 해당하며, '편안해 짐'이 수행자가 처한 경지에 해당한다. 수행자가 자신이 처한 경지에 만족하지 못하고 다시 보다 위의 경지를 향해 정진하다가 최종적으로 비상비비상처정의 '제9품 혹'을 끊게 되는데, 이 때 제161심인 무간도까지는 수도(修道)에 해당하고 마지막 제162심의 해탈도는 무학도다. 번뇌를 완전히 끊은 최고의 성자 아라한이 되는 것이다.

견도를 성취한 성자는 무루지에 의해 수도에 들어가 번뇌를 끊음으로써 제162심의 무학도까지 오를 수 있지만, 이생범부의 경우 무소유처까지의 번뇌만 끊을 수 있을 뿐 비상비비상처의 번뇌는 끊지 못한다. 왜냐하면 이생범부는 '삼계 9지(九地)'에서 '위의 단계를 좋아하고 아래 단계를 싫어하는(欣上厭下)'하는 육행관(六行觀)에 의해서 유루도로 경지를 상승하며 번뇌를 제거하기 때문이다.71) 예를 들어 색계의 초선에서 제2선에 오를 때에는 초선 및 그 이하의 지에 대해 '추(麁: audārika), 고(苦: duḥkhila), 장(障: sthūlabhittika)'이라는 세 가지 행상(行相: ākāra)으로 관찰하여 싫은 마음을 내고(厭下), 제2선에 대해서는 '정(靜: śānta), 묘(妙: praṇīta), 리(離: niḥsaraṇa)'의 3행상으로 관찰하여72) 좋은 마음을 냄으로써(欣上) 비상비비상처삼매까지 상승한다. 그러나 비상비비상처삼매의 경지에 이른 후에는 좋아할 그 이상의 경

---

70) 阿毘達磨俱舍論, 122a ; 김동화(2001), 312.
71) 김동화(2001), 315.
72) 阿毘達磨俱舍論, 127c ; 김동화(2001), 316.

지가 없기에 그 경지의 번뇌를 제거하지 못하는 것이다. 유루도의 한계다.73)

Ⅳ. 심리적 문제의 해소 - 상담인가 명상인가?

『구사론』의 수행론을 다시 정리해 보자. 불교적 명상에 들어가기 전에 먼저 갖추어야 할 것은, 세속의 욕락에서 멀리 벗어나는 것이다. 철저하게 계행(戒行)을 준수해야 한다는 말이다. 그 후 부정관이나 지식념(=수식관)을 통해 마음을 한 곳에 집중할 수 있게 되면, 사성제 가운데 먼저 고(苦)성제에 대해 관찰한다. 신, 수, 심, 법, 즉 몸과 느낌과 마음과 생각이라는 네 가지 대상에 대해서 '있는 그대로' 관찰하는 것이다. 소위 '마음챙김(Mindfulness)'이라고 번역되는 염(念: smṛti, satiⓟ) 수행이다. 최근 국내외에서 유행하는 위빠싸나 수행의 경우 대부분 이 단계에 머물고 있는 듯하다. 네 가지 대상 각각에 대한 관찰이 무르익으면, 네 가지 모두를 그 공통점인 '무상, 고, 공, 무아'로 관찰한다. 고성제에 다름 아니다. 그 후 집(集)성제를 '인, 집, 생, 연'으로 관찰하고, 멸(滅)성제를 '정, 출, 묘, 리'로 관찰하며, 도(道)성제를 '도, 여, 행, 출'로 관찰하는 사선근(四善根) 수행에 들어간다. 사성제에 대한 개념적 분석이다. 사선근 수행은 '난→ 정→ 인→ 세제일

---

73) 이상은 '김동화(2001), 311-317' 및 '阿毘達磨俱舍論, 分別賢聖品'에 근거한 설명이다.

법'의 순서로 진행되는데 '인'의 단계부터는 신, 수, 심, 법 가운데 '법'에 대해서만 관찰한다. 그 결과 전에는 알지 못했던 사성제의 진상을 직관하게 되며 이를 견도(見道)라고 부른다. 견도에서는 '후천적 번뇌'인 '분별기(分別起)의 번뇌'가 완전히 제거된다. '인지(認知)의 문제'가 사라지는 것이다. 심리학적 용어로 표현하면 '인지장애'에서 완전히 해방되는 것이다. 그리고 견도에서 체득한 '무루지(無漏智)'로 '선천적 번뇌'인 '구생기(俱生起)의 번뇌'를 차츰차츰 제거한다. 수도에 들어가는 것이다. '감성적 번뇌'인 '수혹(修惑)'을 제거한다. 이를 통해 '정서장애'에서 점차 해방된다.

이상의 요약에서 보듯이 불교의 경우는 내담자의 고통이 무엇이든, 명상을 통해서 사성제의 진리를 철견(徹見)할 때 모든 심리적 고통이 해결된다고 보았다는 점에서 그 방식이 독특하다. 혹 상담자가 개입한다면, 상담자는 내담자로 하여금 사성제를 철견할 수 있도록 지도해 줄 뿐이다. 이와 달리 정신분석에서는 상담자가 내담자의 무의식을 드러냄으로써 심리적 고통을 해결할 수 있을 것이라고 기대하였다. 비유한다면 『구사론』의 수행론은 '기성복'과 같고, 정신분석의 상담은 '맞춤복'을 지향하였다. 옷의 경우는 기성복보다 맞춤복이 더 나을 것이다. 그러나 '심리 치료'의 경우에도 그럴까? 더 나아가 심리치료에서 무의식을 도입하는 것이 유의미할까? 더 근본적인 질문을 던지면, 무의식과 의식이 존재하기라도 한 것일까?

1. 논의의 혼란

우리는 '무의식'에 대해 논의할 때, 은연중에 '의식'의 존재를 당연시한다. 그러나 우리는 '의식'이 무엇인지 도대체 알고 있기나 한가? 의식이 존재한다는 것은 당연한 사실인가?

『금강경』에서는 "과거심불가득(過去心不可得), 현재심불가득, 미래심불가득"이라고 선언한다.[74] "과거의 마음도 잡을 수 없고, 현재의 마음도 잡을 수 없고, 미래의 마음도 잡을 수 없다."라는 뜻이다. 과거, 현재, 미래가 모두 실체가 없다. 실재하지 않는다. 공(空)하다. 공에 대해 논리적으로 해명하는 용수(龍樹: Nāgārjuna, 150~250경)의 『중론』에 의거하여 그 이유를 말하면 "과거의 시간은 지나갔기에 만난 적이 없고, 미래의 시간은 오지 않았기에 만날 수가 없으며, 현재의 시간은 과거와 미래의 틈에 끼어 있을 곳이 없기 때문"이다.[75] 과거든, 현재든, 미래든 그 어떤 시간대에도 우리의 의식이 있을 틈이 없다. 따라서 우리가 '의식'이라고 생각하는 모든 것은 외계에 실재하는 것이 아니라 마음이 만든 허상이다. 『화엄경』에서는 이런 통찰을 일체유심조(一切唯心造)라고 노래한다. "모든 것은 마음의 조작이다."라는 뜻이다. 나에게 떠오른 '의식'은 모두 조작된 것이라서 실재하는 것이 아니다. 실재하는 모든 것은 잠재되어 있다. 의식은 실재하지 않기에 무의식만 실재한다. 잠재된 것만 실재한다. 나타나지 않은 것만 실재한다. 없는 것만 실재한다. 없는 것만 있다. 모순(Contradiction)이고 역설(Paradox)이다.

---

74) 金剛般若波羅蜜經, 大正藏8, 751b.

75) "已去無有去 未去亦無去 離已去未去 去時亦無去", 中論, 大正藏30, 3c.

2. 의식이란 무엇인가?

'의식'이 있다는 생각은 어째서 일어났는가? 잠을 자는 사람에게는 의식이 없는가? 기절한 사람에게는 의식이 없는가? 식물인간에게는 의식이 없는가? 뇌사자에게는 의식이 없는가?

자동차를 바라보는 방식에는 두 가지가 있다. 하나는 자동차 밖에서 자동차를 보는 것이고(그림8), 다른 하나는 자동차 내부에서 자동차를 보는 것이다(그림9). 두 경우 모두 동일한 자동차를 바라보지만, 관찰자에게 보이는 모습은 판이하게 다르다.

그림8 - 밖에서 본 자동차 (객관)

그림 9 - 안에서 본 자동차 (주관)

'의식'에 대해서 연구할 때도 이는 마찬가지다. 자동차의 외형을 보듯이 객관적으로 관찰할 수도 있고, 자동차의 내부를 보듯이 주관적으로 관찰할 수도 있다. "잠을 자는 사람에게는 의식이 있는가, 없는가?"라고 물을 때, 남이 볼 때는 의사소통이 불가능하기에 "의식이 없다."라고 답할 수 있고, 잠을 자는 당사자가 볼 때는 항상 꿈이 나타나기에 "의식이 있다."라고 답할 수 있다. 사실 f-MRI로 촬영해 보면 REM수면 중 뇌의 활동은 각성시의 그것과 차이가 없다고 한다. 뇌교(Pons, 다리뇌)에서 연수(Medulla oblongata, 숨뇌)로 보낸 전기신호가 운동신경을 차단하여 근육운동이 일어나지 않는 것일 뿐이다(그림10).[76]

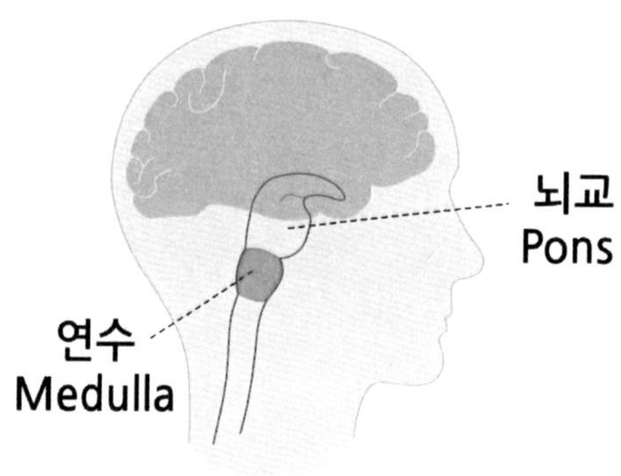

그림10 - 다리뇌(뇌교)와 숨뇌(연수)

그렇다면 "잠을 잔다."라는 말 역시 확고부동한 표현이 아니다.

---

76) http://www.cerebromente.org.br/n13/curiosities/desligamento_i.htm -2012/07/28.

남이 볼 때는 그가 잠을 자고 있지만, 꿈을 꾸는 당사자는 꿈속에서 깨어있다. 그래서 REM수면을 '역설적 잠(Paradoxical sleep)'이라고 부른다. '깨어있는 잠'이다.[77] 식물인간에게는 의식이 있는가? 남이 볼 때는 의식이 없지만, 당사자에게는 의식이 있다.[78] 항상 꿈이 나타나기 때문이다. 뇌파가 떠는 한 그의 의식에는 항상 무언가가 나타날 것이다. REM상태의 구체적인 꿈이든, Non-REM상태의 '희미한 꿈'이든 …….

내가 나를 바라볼 때는 깨어있든, 잠을 자든, 혼절을 했든 항상 의식이 있지만, 내가 남을 볼 때에는 그가 혼절했을 때도 그에게 의식이 없고, 잠을 잘 때도 의식이 없다. 더 나아가 깨어서 나와 대화를 나눌 때에도 그의 의식을 추측할 수는 있어도 그의 의식이 나에게 직접 지각되지는 않는다. 남에게 의식이 있는지 없는지는 나에게 확인되지 않는다. 불교전문용어로 표현하면 남의 의식은 '비량(比量)'될 뿐이지, '현량(現量)'되지 않는다.

3. 무의식을 드러낼 때 치유되는가?

부단히 흘러가는 시간 속에서 의식이 있을 '틈새'가 없다. 의식

---

77) Wikipedia(http://www.wikipedia.org - 2012/08/02)의 Rapid eye movement sleep 항목.

78) 식물인간에게도 REM수면이 나타나는데 정상인보다 그 기간이 짧고, 안구운동의 정도나 턱과 다리의 근육수축 역시 정상인보다 약하다고 한다. Arie Oksenberg PhD, Carlos Gordon, MD DSc, Elena Arons PhD and Leon Sazbon(2001). Phasic Activities of Rapid Eye Movement Sleep in Vegetative State Patients, *Sleep*, 24(6), 703.

은 시간의 흐름 위에서 가까스로 보금자리를 틀고 있을 뿐이다.[79] 의식은 실재할 수 없고 실재하는 모든 것은 무의식이어야 한다. 그러나 이는 역설이다. 무의식은 모순에 빠지고, 의식은 위태롭다.

사상누각과 같다고 해도 나에게는 항상 의식이 있지만, 남의 의식은 확인되지 않는다. 나에 대해서 남의 의식은 무의식이고 전(前)의식이다. 따라서 상담자가 정신분석을 통해 내담자의 "무의식을 의식에 드러낸다."라고 할 때, 그것이 내담자가 의식하지 못하는 그의 무의식을 발견한 것인지, 아니면 내담자가 익히 알고 있는 '속내'가 발각된 것인지 구분하기 쉽지 않다. 또 상담자가 정신분석을 통해 내담자의 무의식을 드러내어 그에게 알렸을 때 증상이 사라지는 것을 보고 치유되었다고 평하지만, 양상을 달리하여 더 깊은 무의식의 심연으로 숨었기 때문인지도 모른다. 정신분석을 통해서 내담자의 속내가 상담자에게 들킨 것인지, 아니면 내담자 자신도 알지 못하는 무의식을 드러낸 것인지 확인할 방법이 없다.

"멍석을 깔면 하던 짓도 멈춘다."라는 속담이 있다. 정신분석을 통해서 내담자의 속내가 상담자에게 발각되었을 때, 더 이상 같은 증상이 내담자의 '의식'에 나타나지 않고 '상담자'에게 관찰되지 않는 이유일 수 있다. 멍석을 깔면 하던 짓을 멈추었지만, 그 짓이 '사라진 것'이 아니라 '숨은 것'일 수 있다. '정신분석'을 통해 무의식을 드러내는 일이 분석가의 지적 호기심을 충족시키고, 학문적 정합성을 가질 수는 있어도, 그런 분석 결과를 내담자에게

79) '공초 오상순'의 시 '방랑의 마음': "흐름 위에 / 보금자리 친 / 오, 흐름 위에 / 보금자리 친 / 나의 혼(魂). ……"

알려줄 때 그의 전인격이 치유되는지에 대해서는 면밀히 다시 검토해 보아야 할 것이다.

4. 예화를 통한 비교

정신분석과 불교의 수행론의 차이를 보다 분명하게 드러내기 위해서 예를 들어보자. 불전에는 다음과 같은 일화가 소개되어 있다.

> 사왓티(Sāvatthī) 성에 '말라깽이 고따미'라는 여인이 있었다. 이 여인은 결혼 후 심한 학대를 받으며 생활했는데 아들을 하나 낳자 사람들은 이 여인을 칭찬하며 더 이상 학대하지 않게 되었다. 그런데 뛰어 놀 수 있을 만큼 자란 아들이 갑자기 병이 들어 죽었다. 비탄에 잠긴 여인은 죽은 아들을 등에 업고 약을 구하기 위해 여기저기 떠돌아다니다가 부처님을 찾아왔다. 그리곤 아들을 살려 달라고 애원하였다. 그러자 부처님께서는 죽은 사람이 없는 집에서 겨자씨를 얻어 오면 아들을 살려 주겠다고 말씀하셨다. 여인은 온 종일 돌아다니며 겨자씨를 구하려고 했지만 난 한 톨의 겨자씨도 구할 수 없었다. 그 때 여인은 죽음이란 누구에게나 찾아오는 것임을 깨닫게 되고 부처님의 지도를 받아 예류과(預流果)를 얻게 된다(요약).[80]

---

80) *Therīgāthā* 제213~223송에 대한 Dhammapāla註(*Paramatthadīpanī*): Hermann Oldenberg and Richard Pischel 校訂(1883), *Theragāthā and Therīgāthā*, P.T.S., London, 195-198(Rhys Davids 英譯(1909), *Palms of the Early Buddhist*, P.T.S., London, 106-108): 이 요약문은 필자의 논문 '김성철(2000). 중관적 연기론과 그 응용, **불교문화연구**, 1'에서 발췌한 것이다.

상담심리의 틀에 대입하면, '말라깽이 고따미'는 내담자라면 부처님은 상담자다. 여기서 보듯이 부처님은 아들 잃은 괴로움에 애원하는 고따미 여인을 마을로 보내어 "사람은 누구나 죽는다."라는 무상의 진리를 스스로 체득하게 한다. 이런 방식은 '무상, 고, 공, 무아'의 고성제를 자각하게 하는 사념처 수행이나 사선근 수행, 더 나아가 견도의 수행의 방식과 다르지 않다. 여인의 마음을 캐물어 들어가는 것이 아니라, 생명과 세상의 참모습에 대해 있는 그대로 자각하게 함으로써 심리적 문제를 해결한다. 고따미 여인뿐만 아니라, 어떤 고민을 갖고 있는 어떤 누가 와도 마찬가지다. 그의 개인사를 캐묻는 것이 아니라 세상을 통찰하게 한다.

그러면 정신분석에서는 어떻게 대처할까? 고따미 여인의 경우 "내 아들은 아직 죽지 않았다. 약을 먹으면 나을 것이다."라는 생각만 의식에 떠오르기에 아들의 시체를 업고서 약을 구하기 위해 돌아다닌다. 그 때 고따미 여인을 만난 정신분석가는 그녀의 무의식을 분석한 후 '끊어진 의식의 고리'를 이어주기 위해서 다음과 같이 알려줘야 할 것이다. "당신은 마르고 못생겼기 때문에, 어릴 때부터 항상 조롱을 받고 열등감 속에서 지냈습니다. 결혼 후에도 남편에게 학대를 받다가 아들을 낳자 사람들의 칭찬이 자자했습니다. 그런데 아들이 죽자 다시 옛날처럼 조롱받고 학대받을 것이 두려워 아들이 죽지 않은 것처럼 등에 업고서 약을 구하러 다니고 있습니다. 이는 사실과 다릅니다. 그런 행동을 중지하기 바랍니다." 고따미 여인은 더욱 모욕감을 느낄 것이다. 좀 과장한 면이 있지만, 사실 정신분석에는 그런 면이 있다.

정신분석을 통해 망각한 의식의 고리를 무의식에서 찾아내어 내담자의 심리를 파악할 수 있을지도 모른다. 그러나 내담자에게 자신의 무의식을 알려줌으로써 그의 증상이 완화되는 것이 아니라, 모든 것이 무상하며(苦) 마음 속 번뇌가 그 원인이라는(集) 세상의 실상, 다시 말해 내담자가 미처 알지 못했던 사성제(四聖諦)의 편린이라도 내담자 스스로 자각함으로써 그의 증상이 완화된다. '맞춤복과 같은 상담'을 희망할 것이 아니라, '기성복과 같은 명상'을 제공하는 것이 보다 효과적일 것이다. 『구사론』의 사성제(四聖諦) 명상에서 얻는 교훈이다.

-『불교와 심리』, 서울불교대학원대학 '불교와 심리연구원', 2012

제3부

명상 기기의 개발과 실험

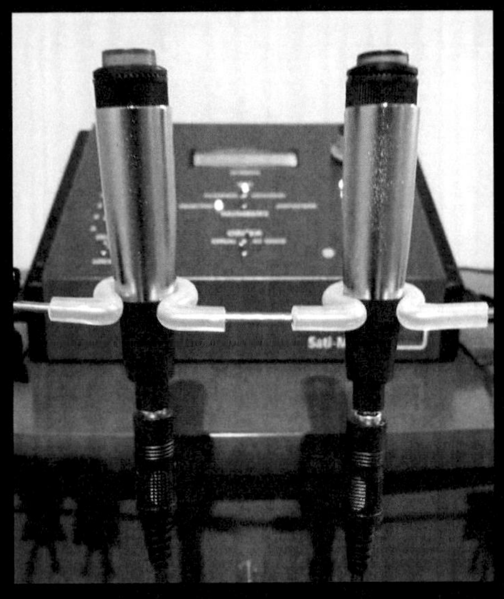

촉각자극분배장치, Sati-Meter

사띠(Sati) 수행력의 측정과 향상을 위한 기기와 방법*

Ⅰ. 기기의 고안을 위한 이론적 토대
  1. 주의(Attention) - 동시에 여러 가지를 파악할 수 없다.
  2. 마음의 정체 - 선화륜(旋火輪)과 같은 '한 점 식(識)의 흐름'
  3. 주의 용량의 한계는 찰나의 길이에 의존한다.
  4. 사띠(Sati)의 출발점 - 신근(身根)에서 일어나는 촉경을 주시하기
Ⅱ. 사띠 수행력을 측정하고 훈련하는 기기 - 촉각자극분배장치
  1. 사띠 수행력의 측정을 위한 장치의 고안
  2. 촉각자극분배장치의 개량과 실험의 고안
Ⅲ. 촉각자극분배장치의 활용 전망
  1. 사띠 수행력을 향상하기 위한 기초적 훈련
  2. ADHD나 치매와 같은 질병의 진단과 치료에 활용한다.

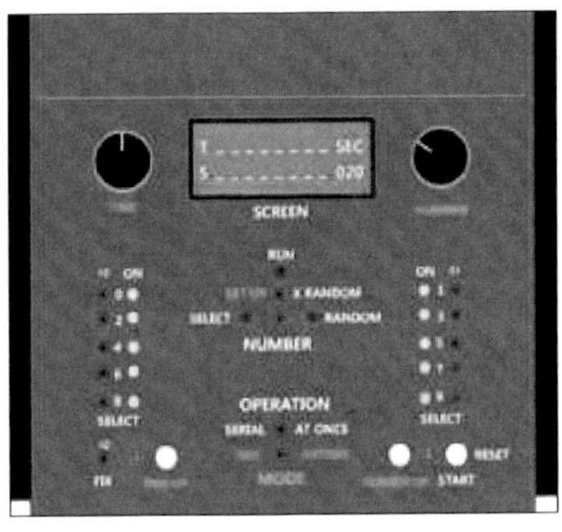

---

* 2014년 11월 금강대에서 열린 (사)한국불교학회 추계학술대회에서 발표.

요약문

매 순간 오감을 통해 나에게 수많은 정보가 들어오지만, 의식화 되는 것은 그 중 일부에 불과하다. 주의(Attention)의 작용이다. 이렇게 주의가 작용하는 이유는 우리의 마음이 '1찰나만 머물면서 명멸하는 한 점 식(識)의 흐름'이며 그 1찰나가 1/75초라는 길이의 한계를 갖기 때문이다. 그런 '한 점 식의 흐름'을 낱낱이 추적함으로써 무상과 무아를 체득케 하는 수행이 바로 사띠(Sati)인데, 호흡 등 신체에서 일어나는 촉감, 즉 촉경(觸境)에 주의를 기울이는 것으로 수행을 시작한다는 것이 그 특징이다. 촉각자극분배기(觸覺刺戟分配機)는 피험자의 몸의 여러 곳에 일정한 수의 소형 진동모터를 부착하고, 그 가운데 일부를 작동시켜서 자극 개소의 인지 여부를 확인하는 기기로, 촉경에 주의를 기울이게 한다는 점에서 사띠 수행과 유사하다. 피험자의 연령, 성별은 물론이고 사띠 수행 이력(履歷)에 따라 인지하는 개소에 차이가 있을 것으로 짐작된다. 또 사띠에서 주의집중 자체가 치유적 기능을 하듯이, 촉각자극분배기 역시 자극 개소의 인지 여부를 측정하는 것 자체가 훈련이 될 수 있을 것이다. 본 기기는 사띠 수행력의 측정과 훈련 이외에 ADHD나 치매와 같은 질병 치료에도 활용될 수 있을 것이다.

Ⅰ. 기기의 고안을 위한 이론적 토대

1. 주의(Attention) - 동시에 여러 가지를 파악할 수 없다.

지금 이 순간에도 우리의 감관에는 수많은 정보가 쏟아져 들어온다. 모니터의 화면이 눈에 보이고, 냉장고의 냉매를 압축하는 모터가 돌아가는 소리, 창 밖에서 지나가는 자동차의 소음, 책상 위 탁상시계의 초침이 재깍거리는 소리, 거실에 켜진 TV의 소리, 단물이 다 빠진 추잉검의 씁쓸한 맛, 옆집에서 고등어 굽는 냄새……. 이런 감각들만이 아니다. 우리의 몸은 지금 이 순간에도 수많은 촉각정보와 접하고 있다. 옷이 피부에 닿은 느낌, 머리에서는 가려운 느낌, 손가락으로 키보드를 두드리는 촉감, 숨을 쉬면서 복부가 움직이는 느낌 …… 발바닥이 바닥에 닿은 느낌, 등이 의자에 기댄 느낌 …… 지금 이 순간에 우리의 신체는 수십 가지의 촉감과 접하고 있다. 이렇게 '안, 이, 비, 설, 신'의 오근으로 수많은 감각정보가 들어오지만, 그 모든 것이 나에게 인지되지는 않는다. 그 가운데 내가 '주의(Attention)'를 기울인 것만 의식에 떠오르고 기억에 남는다.

근대적 의미의 심리학이 탄생한 이후 '주의'에 대해 심도 있게 연구한[1] 최초의 인물은 윌리엄 제임스(William James, 1842~1910)였다. 그는 대표작인 『심리학의 원리』에서 '주의'에 대해 "동

---

1) 윌리엄 제임스, 『심리학의 원리 1』, 정양은 옮김 (아카넷, 2006), pp. 723-827.

시에 가능한 여러 사고 계열 중에서 정신이 하나만 뚜렷하게 생생한 형태로 소유하는 것"이라거나 "어떤 것을 효과적으로 다루기 위해 다른 모든 것들로부터 후퇴하는 것"이라고 정의하면서 "의식이 초점화 되고 집중되는 것"이 주의의 본질이라고 설명하였다.[2] 제임스는 주의의 종류로 다음과 같이 세 쌍의 여섯 가지를 든다.[3]

A. ⓐ 감각 대상에 대한 주의(감각적 주의)
   ⓑ 관념 또는 재현된 대상에 대한 주의(지적[知的]주의)
B. ⓒ 직접적인(immediate) 주의
   ⓓ 유도된(derived) 주의
C. ⓔ 수동적, 반사적, 불수의적, 무노력(effortless)의 주의
   ⓕ 능동적(active), 수의적인(voluntary) 주의

대부분 그 명칭만으로도 의미를 이해할 수 있지만, 이 가운데 'B, ⓒ 직접적인 주의'는 '화제나 자극이 다른 것과 관련되지 않고 본래 관심을 불러일으키는 것에 대한 주의'이고 'B, ⓓ 유도된 주의'는 '다른 직접적으로 관심을 불러일으키는 사물과 연합함으로써 관심을 불러일으키는 주의'이며 '통각적(apperceptive) 주의'라고 불리기도 한다.[4] 윌리엄 제임스 이후 최근까지 주의는 인지심리학의 중요한 주제가 되어 계속 연구되어 왔는데, 주의의 특성에 대한 연구 성과 가운데 눈에 띄는 내용을 열거하면 다음과 같다.

---

2) 위의 책, p.726.
3) 위의 책, p.744 ; William James, *Principles of Psychology* Vol. I (London: MACMILLAN AND CO. 1891), p.416.
4) 위의 책.

* 몇 가지 자극에 대해 동시에 주의(분할된 주의)를 두어야 할 때 과제수행이 저조해진다. …… 그러나 집중적인 훈련을 통해 어떤 분할된 주의의 과제수행은 향상될 수 있다.[5]
* 주의를 기울이는 방식에는 상향식(bottom-up)과 하향식(top-down)의 두 가지가 있다. 전자는 '외부 자극으로 인한 주의집중'으로 대뇌피질의 두정엽과 측두엽, 그리고 뇌간과 관계되고 후자는 '목표 지향적 주의집중'으로 전두엽과 기저핵이 관여한다.
* 드러난 주의이동(overt orienting)과 은폐된 주의이동(covert orienting)이 구분되는데, 시각의 경우 눈동자를 움직여 주의를 이동하는 것이 전자에 해당하고, 눈동자를 고정한 채 시야의 변두리에 주의를 기울이는 것은 후자에 해당한다.[6]
* 사람들이 두 과제를 거의 동시에 할 수 있지만, 반응을 선택할 때 한 번에 한 과제만을 할 수 있음을 보여준다. …… 정보처리 단계에서 병목(bottle-neck)이 발생하는 이유는 …… 인간의 뇌에는 컴퓨터의 중앙처리기처럼, 어떤 정보를 받아 그에 대한 행위를 하려고 기억 저장고를 검토하는 메커니즘이 있고, 이것이 한 순간에 하나씩만을 검토하므로 병목이 생김을 시사한다.[7]

우리가 무엇에 주의를 기울일 때, 그런 주의가 외부 자극에 의해 촉발되는 경우도 있지만, 자발적으로 이루어지는 경우도 있다. 전자가 상향적 주의, 후자가 하향적 주의다, 이런 두 방향의 주의 과정에서 대뇌피질의 중심고랑을 경계로 상향적 주의는 '감각과 인지(認知)'를 담당하는 뒷부분과 관계되고, 하향적 주의는 '행동과 의지'를 담당하는 앞부분과 연관된다(그림1).[8] 또 동시에 두

5) Margaret W. Matlin, 『인지심리학』, 민윤기 역 (박학사, 2007), p.95.

6) http://en.wikipedia.org/wiki/Attention#cite_note-Posner-24 2014년 10월21일 검색.

7) 김정호, 「제4장 주의와 인지」, 이정모 외 17명, 『인지심리학』 (학지사, 2010), p.148.

가지 이상의 과제가 주어질 때는 병목현상이 발생하여 주의집중의 정도가 떨어지는데 이는 한순간에 하나의 정보만을 검토하는 메커니즘이 있기 때문인 것 같다는 것이다.[9)]

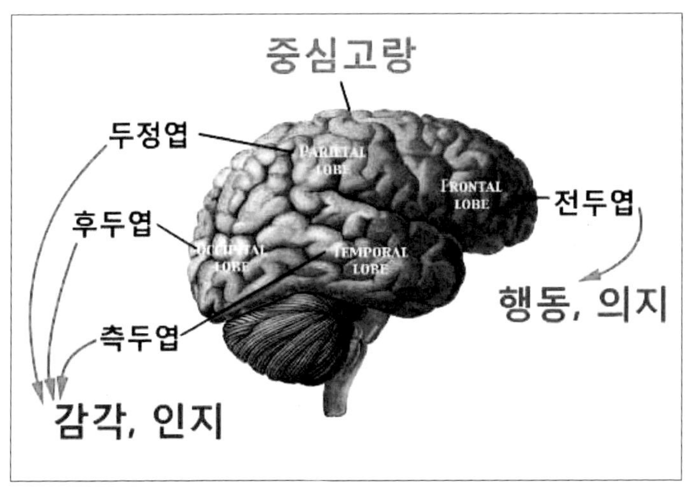

그림1 - 중심고랑을 경계로 본 기능의 차이

그러면 불교에서도 이러한 '주의'에 대해 논하는가? 『아비달마구사론』의 5위75법에서 심소법(心所法) 가운데 대지법(大地法)

---

8) 김성철, 『눈으로 듣고 귀로 읽는 붓다의 과학 이야기』 (참글세상, 2014), p.236의 그림.

9) 이런 생각의 배후에는 '자아가 존재하고 그런 자아가 주의라는 창문을 통해 외부의 감각을 접한다.'는 사고방식이 깔려 있다. '창문'의 크기로 인해 병목현상이 일어난다는 것이다. 이런 해석에서, 우리는 '주의'에 대한 과학적 접근도 결국은 '자아의 형이상학'을 기반으로 한다는 점을 알 수 있다. 앞으로 논의하겠지만 자아를 설정할 필요 없이, '한 점 식의 흐름'으로 우리의 마음을 규정하면서 이를 아비달마교학의 '찰나' 이론과 접목하여 해석할 때 '주의'의 병목현상은 보다 명료하게 이해된다.

의 하나인 '작의(作意, manasikāra)'가 주의(Attention)에 해당할 것이다. 예를 들어 위빠사나 수행의 경우 그 내적 과정은 '작의 → 사띠(sati) → 알아차림(sampajañña) → 집중(sāmadhi) → 지혜(pañña)'의 과정을 거치는데[10] 여기서 보듯이 첫 단계에서 주의인 '작의'가 일어난다는 것이다. 그러나 이러한 분석은 이론적으로는 정합적일지 몰라도 '주의'나 '사띠'에 대한 현실적 이해를 더 어렵게 만든다. 그런데 불교논리학의 경우는 우리의 인식과정에 대해 심도 있게 다루고 있음에도 불구하고 '주의'에 해당하는 용어를 전혀 사용하지 않는다. 그 이유를 알기 위해 불교논리학과 아비달마교학의 인식론에 대해 검토해 보자.

2. 마음의 정체 - 선화륜(旋火輪)과 같은 '한 점 식의 흐름'

디그나가(Dignāga, 480~540경)나 다르마끼르띠(Dharmakīrti, 7세기경)와 같은 불교논리가들은 불교적 세계관에 입각하여 인도의 전통논리학에서 사용하던 용어들을 새롭게 정의함으로써 불교인식논리학을 창출하였다. 다르마끼르띠의 『니야야빈두(Nyāya Bindu)』에서는 "현량(現量, Pratyakṣa, 직접지각)은 개념을 떠난 것으로 환각이 아니다. 말에 결합될 수 있는 표상적 인식이 개념인데, 그것을 떠나고, 눈병, 빠른 움직임, 배 타고 가기, 흥분 등으

10) 정준영·박성현, 「초기불교의 사티(sati)와 현대심리학의 마음챙김(mindfulness): 마음챙김 구성개념 정립을 위한 제언」, 『한국심리학회지: 상담 및 심리치료』 22(2010), p.7.

로 인한 착각이 초래하지 않은 인식이 현량이다."[11]라고 정의하면서 이러한 현량의 종류로 감각지(感覺知, indriya-jñāna), 의근식(意根識, mano-vijñāna), 자증지(自證知, ātma-saṃvedana), 정관지(定觀知, yogi-jñāna)의 네 가지를 들었다. 감각지는 문자 그대로 '안(眼), 이(耳), 비(鼻), 설(舌), 신(身)'이라는 오근(五根)에 의한 직접지각을 의미하며, '의근식'은 의근에 의한 직접지각이고, '자증지'는 심법(心法)과 (心所法)에 대한 지각이며, '정관지'는 불교수행을 통해 사성제(四聖諦)에 대해 깊이 통찰할 때 새롭게 발생하는 직접지각이다.[12] 이 가운데 의근식의 발생과정에 대해 『니야야빈두(*Nyāya Bindu*)』에서는 다음과 같이 설명한다.

> 자기의 대상(svaviṣaya)과 인접한 대상(anantaraviṣaya)의 共助(sahakārin)에 의해, 즉 감각지(indriyajñāna)에 의하고 등무간연(等無間緣, samanantarapratyaya)에 의해 발생하는 것이 의근식(manovijñāna)이다.[13]

---

11) "tatra pratyakṣaṃ kalpanā apoḍham abhrāntam. abhilāpa-saṃsarga-yogya-pratibhāsā pratītiḥ kalpanā. tayā rahitaṃ timira-āśubhramaṇa-nauyāna-saṃkṣobha-ādy-anāhita-vibhramaṃ jñānaṃ pratyakṣam." NB 1.4-1.6.

12) NB 1.8-1.11.

13) "svaviṣaya anantaraviṣaya sahakāriṇā indriyajñānena samanantarapratyayena janitaṃ tan manovijñānam." NB 1.9. ; 이에 대해 中村元은 "(제2의 직접지각은) 心에 의한 인식(統覺的 인식)이어서, 그것은 (감관) 자신의 (찰나적인) 대상의 직후의 순간에 존재하는 (같은 찰나적인) 대상과 함께 작용하는 〈감관에 의한 지〉 - 그것은 同種類的인 직전의 원인(=等無間緣)이다. - 에 의해 生한 (인식)이다."라고 번역하며 [中村元, 『インド論理學の理解のために Ⅰ.ダルマキルティ『論理學小論(Nyāya-bindu)』(東京, 平樂寺書店, 1981) p.21], 木村俊彦은 "자기의 대상과 접하는 대상을 共働因으로 하고, 감관지를 등무간연으로 하여 생한, 그런 의식"이라고 번역한다[木村俊彦, 『ダルマキールティ宗教哲學の硏究』(東京, 木耳社, 1987, 초판 1981), p.230]. 양자의 번역에 차이가 있을 뿐만 아니라, 이들과 같이 번역할 경우 의근식의 발생

의근식이란 '인접한 바로 앞 찰나에 일어난 사건'에 '지금 이 순간에 감각된 것'을 비교함으로써 발생하는 직접지각이다. 비근한 예를 들어보자. 무더운 여름에 동굴에 들어가면 시원한 느낌이 들고, 추운 겨울에 동굴에 들어가면 따뜻한 느낌이 든다. 여름이든 겨울이든 동굴의 물리적 온도는 일정하지만 동굴 밖 온도와 비교하여 동굴 안의 온도가 다르게 느껴지는 것이다. 다시 말해 ①앞의 체험에 의존하여 ②지금의 체험의 ③의미가 결정되는 것이다. 이런 과정을 '의근식'에 대한 『니야야빈두』의 정의에 대응시키면 '①앞의 체험'이 '인접한 대상(anantaraviṣaya)'에서 비롯한 '등무간연(samanantarapratyaya)', '②지금의 체험'이 '자기의 대상(svaviṣaya)'에서 들어온 '감각지(indriyajñāna)', 그리고 '③지금의 의미'가 이런 두 가지 체험의 공조함으로써(sahakārinā) 발생하는 의근식에 해당한다. 물론 이런 과정은 위에서 예로 든 '동굴 속 온도감'의 변화와 달리 찰나적으로 일어난다. 이렇게 의근식이 발생하는 과정을 정리하면 다음과 같다.

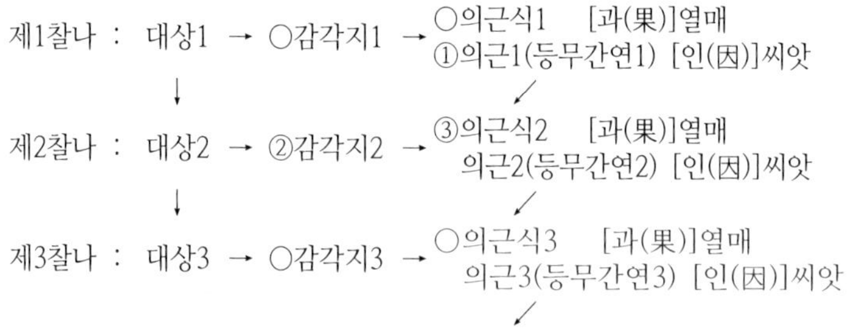

```
제1찰나 : 대상1 → ○감각지1 → ○의근식1    [과(果)]열매
                               ①의근1(등무간연1) [인(因)]씨앗
            ↓                       ↙
제2찰나 : 대상2 → ②감각지2 → ③의근식2    [과(果)]열매
                                 의근2(등무간연2) [인(因)]씨앗
            ↓                       ↙
제3찰나 : 대상3 → ○감각지3 → ○의근식3    [과(果)]열매
                                 의근3(등무간연3) [인(因)]씨앗
                                    ↙
```

과정이 명료하게 이해되지 않는다.

여기서 '의근식2'가 '감각지2'에 의해 발생할 때 '등무간연1'이 조력한다. 앞에 인용한 의근식에 대한 정의에서 보듯이 "감각지(indriyajñāna)에 의하고 등무간연(samanantarapratyaya)에 의해 발생"하는 것이다. 이는 '의근식2'의 대상인 '대상2'와, 대상2에 인접한 '대상1'이 공조함으로써 이루어지는 것이기도 하다. 즉, 위의 정의에서 보듯이 "자기의 대상(svaviṣaya)과 인접한 대상(anantaraviṣaya)의 공조(共助, sahakārin)에 의해" 의근식이 발생하는데, 여기서 '인접한 대상은' '직전의 대상'을 가리킨다.

그런데 『니야야빈두』의 이상과 같은 해석은 의근에 대한 『아비달마구사론』의 설명과도 부합한다. 다음을 보자.

> [게송] "간극 없이(anantara, 무간) 지나가버리는 육식(六識)이 바로 의(意, manas)다." [풀이] 등무간(等無間, samanantara)하게 소멸하는 식(識, vijñāna)은 무엇이든 의계(意界, manodhātu)라고 설시되었다. 이는 어떤 남자가 바로 아들인데 다른 경우에는 아버지라고 불릴 수 있는 것과 같다.[14)]

'안이비설신의'의 육근 가운데 안근(眼根)이나 이근 …… 신근 등의 오근은 그 존재를 쉽게 알 수 있다. 근(根)이 우리 눈에 보이기 때문이다. 안근에서는 안식(眼識)이 발생하고 …… 신근에서는 신식(身識)이 발생한다. 그러면 마음인 의식(意識)을 발생시키

---

14) "ṣaṇṇām anantarātītaṃ vijñānaṃ yad dhi tan manaḥ. yad yat samanantaraniruddhaṃ vijñānaṃ tan manodhātur ity ucyeta. tadyathā sa eva putro 'nyasya pitrākhyāṃ labhate" Akb. ; "由即六識身 無間滅為意 論曰 即六識身無間滅已 能生後識故名 意界 謂如此子即名餘父", 阿毘達磨俱舍論(大正藏 29) p.4b.

는 의근(意根)은 무엇일까? 우빠니샤드에서는 마음인 아뜨만의 거주처를 '심장'으로 보았고, 현대의학에서는 마음은 '뇌'에서 발생한다고 볼 것이다. 그런데 위의 인용문에서 보듯이 『구사론』에서는 [앞 찰나에서 비롯한] '등무간하게 소멸하는 식(識)'이 바로 [현재 찰나에서 발생한] 마음의 토대, 즉 의계(意界, manodhātu)라고 말한다. 의계는 '①안계, ②이계 …… ⑥의계', '⑦색계, 성계 …… ⑫법계', '⑬안식계, ⑭이식계 …… ⑱의식계'의 십팔계 중의 '⑥의계'로 의근을 의미한다. 물질적 실체가 있는 안근이나, 이근과 달리 의근은 '등무간하게 소멸하는 식'이라는 것이다. 다시 말해, 의근은 색법(色法)이 아니라 심법(心法)이다. '바로 앞(anantara) 찰나에 소멸하면서(niruddha) 공존하는(sam)[15] 식(vijñāna)'이 지금 찰나의 의식을 발생시키는 의근이다. 의식의 토대는 심장이나 뇌가 아니라 바로 '앞 찰나의 식'이다.

그런데 어떤 한 찰나의 식은 다음 찰나의 식에 대해서는 의근의 역할을 하지만, 이전 찰나의 식에 대해서는 의식이 된다. 위의 인용문에서 비유하듯이 어떤 사람이 자기 아버지에 대해서는 아들이지만, 자기 아들에 대해서는 아버지인 것과 같아서 동일한 식이 의근이 되기도 하고 의식이 되기도 한다. 이를 도시하면 다음과 같다.

---

15) 鳩摩羅什 譯, 『中論』에서는 等無間을 次第라고 번역하며 그 산스끄리뜨 원어는 'anantara pratyaya'인데(*Prasannapadā*의 주석에서도 anantara라고 쓴다.) 위에서 보듯이 sam을 추가하여 'samanatara pratyaya'라는 용어를 사용하게 된 것은 차제연 이론에 대한 중관학적인 비판(MK 1.8)을 의식한 개선인 듯하다. 그러나 '소멸(niruddha)'과 '동시(sam)'가 함께 작용하는 것은 중관학의 四句批判 가운데 제3구인 '상호모순의 오류(相違謗)'에 빠진다.

제1찰나	:	의근1 (아버지) (=등무간연1)	=	의식1
			↘	
제2찰나	:	**의근2 (아버지)** (=등무간연2)	=	**의식2 (아들)**
			↘	
제3찰나	:	의근3 (아버지) (=등무간연3)	=	의식3 (아들)
			↘	

여기서 제2찰나를 중심으로 의식의 역할에 대해 다시 설명하면 다음과 같다. '의식2'는 '의근1'인 '의식1'에 의해 발생하기에 '의식2'를 아들, '의식1'을 아버지에 비유할 수 있을 것이다. 그러나 '의식2'가 '의근2'로서 '의식3'을 발생시키는 역할을 할 때에는 '의식2'는 아들인 '의식3'을 산출한 아버지에 비유된다. 즉 하나의 '의식2'가 제1찰나의 '의식1'에 대해서는 아들에 해당하지만, 제3찰나의 '의식3'에 대해서는 아버지의 역할을 한다.

『구사론』의 이런 설명을 앞에 인용했던 의근식에 대한 『니야야빈두』의 설명에 대응시키면 『구사론』의 '의식2'가 『니야야빈두』의 '의근식2'에 해당하고, 『구사론』의 '의근1'이 『니야야빈두』의 '의근1(등무간연1)'에 해당할 것이다. 이렇게 『구사론』의 설명을 참조할 때 의근식에 대한 『니야야빈두』의 설명이 명료해진다.

우리의 삶에서는, 우리의 인식에서는 '앞 찰나의 의근식(등무간연)'과 '현 찰나의 감각지'가 공조하여 '현 찰나의 의근식'이 발생하는 일이 부단히 이어진다. 그런데 의근식을 포함하여 감각지와 자증지와 정관지의 네 가지 현량의 대상(viṣaya)을 자상(自相, sva lakṣaṇa)이라고 부른다. 자상은 우리가 일반적으로 생각하는 감각대상이 아니다. 단적으로 말하면 자상이란 '지금 이 순간에 우리의 주의력이 머무는 찰나적인 한 점'이다. 다음의 설명을 보자.

> 그것(현량)의 대상(viṣaya)은 자상(自相, svalakṣaṇa)인데, 가깝고 멂에 따라서 인식된 모습에 차이가 있는 대상, 그것이 바로 자상이다. 그것만이 승의적 존재이다. 실유(實有)는 실질적 작용 능력을 특징으로 삼기 때문이다. 바로 그런 현량지(現量知, pratyakṣa jñāna)는 인식의 결과(pramāṇa-phala)이기도 한데, 대상에 대한 인식을 그 성질로 삼기 때문이다. 이 경우 인식방법(pramāṇa)[인 현량]은 대상(artha)과 동질적인 것인데(sārūpya), 그것에 근거하여 대상에 대한 인식이 성립하기 때문이다.[16)]

현량의 대상인 자상은 찰나적으로 생멸하는 법, 단 한 찰나만 존재하는 '법의 상(dharma lakṣaṇa)'이다. 불교논리학에서 말하는 현량은 우리가 흔히 생각히는 직집시삭이 아니다. 위의 인용문에서 보듯이 '인식의 수단(pramāṇa)'과 '인식의 결과(phala)'와 '인식의 대상(artha)'의 삼자가 일치하는 직접지각이다. 다시 말해 주관과 객관이 나누어지지 않고, 감관과 대상을 나눌 수 없는 지금 이 순간에 찰나적으로 존재하는 한 점이다. 이것을 인식방법으로 간주하면 '현량(pratyakṣa)'이라고 부르고 인식대상으로 취급하면 '자상(svalakṣaṇa)'이라고 부를 뿐이다.

자상을 그대로 지각하는 현량이 감각지(indriya-jñāna)이며, 이런 자상과 앞 찰나의 자상이 공조하여 발생하는 현량이 의근식(mano-vijñāna)이다. 이 때 앞 찰나의 자상으로 인해 발생한 의근식은 등무간연으로 작용한다. 실재의 세계에서는 주관과 객관, 방법과 대상이 구분되지 않는다. 의근식이든, 감각지든, 자증지든, 정

---

16) "tasya viṣayaḥ svalakṣaṇam. yasya arthasya saṃnidhāna-asaṃnidhānābhyāṃ jñāna-pratibhāsa-bhedas tat svalakṣaṇam. tad eva param ārthasat. arthakriyāsāmarthya-lakṣaṇatvād vastunaḥ(NB 1.12-1.15). …… tad eva ca pratyakṣaṃ jñānaṃ pramāṇa-phalam. artha-pratīti-rūpatvāt. artha-sārūpyam asya pramāṇam. tad-vaśād artha-pratīti-siddher iti(NB 1.18-1.21)"

관지든 앞 찰나의 자상에서 다음 찰나의 자상으로 이어지는 1차원적인 흐름만 있을 뿐이다. 선화륜(旋火輪)에 비유하면, 한 점 불꽃의 흐름이 동그란 불 바퀴의 허상을 그려내듯이[그림2], 매 찰나 명멸하는 '1차원적인 식'의 흐름으로 인해 "내가 3차원의 공간 속에 산다."라는 착각이 일어난다.

그림2 - 선화륜 - 한 점의 불꽃을 돌리면 불 바퀴의 허상이 나타난다

불교논리가들은 마음과 세계가 이와 같이 '한 점 식의 흐름'으로 이루어지는 것으로 통찰하였기에 '주의(attention)'라는 개념을 도입할 필요가 없었을 것이다. '주의'란 절대공간 속에서만 가능한 행위다. 변치 않는 사물들과 변치 않는 공간이 있어야 '주의'를 이곳, 저곳으로 이동시킬 수 있다. 그러나 모든 것은 무상하기에 한 번 주의를 기울인 사물에 다시 또 주의를 기울일 수 없다.

절대공간 속에서 '주의'를 움직여 무엇을 주시하는 것이 아니다. 절대공간은 존재하지 않는다. 실재하는 것은 매 찰나 명멸하는 '한 점 식의 흐름(one point stream of consciousness)'일 뿐이다. 이렇게 한 찰나만 머물 수 있는 식의 흐름이 입체와 절대공간의 착각을 그려낸다.

3. 주의 용량의 한계는 찰나의 길이에 의존한다.

찰나는 시간의 최소단위다. 『아비달마구사론』에서는 "찰나(刹那, kṣaṇa) 120이 [모이면] 1달찰나(怛刹那, tatkṣaṇa)가 되고, 60달찰나는 1랍박(臘縛, lava)이 되며 …… 30랍박은 1모호율다(牟呼栗多, muhūrtta)가 되고, 30모호율다는 1주야(晝夜)가 된다."[17] 고 설명하는데 이에 근거할 때 1일은 6,480,000찰나로 이루어져 있음을 알게 된다. 또 1일은 86,400초로 계산되기에 1찰나는 정확히 1/75초다(86,400÷6,480,000=1/75). 그런데 이렇게 1/75초로 계산되는 1찰나가 '물리적 시간'의 최소단위일 수는 없을 것이다. 물리적 시간은 그보다 더 잘게 계속 나누어질 수 있기 때문이다. 그렇다면 찰나란 어떤 시간일까? 『아비달마구사론』에서는 찰나의 의미에 대해 다음과 같이 설명한다.

---

17) "kṣaṇānāṃ viṃśaṃ śatamekastatkṣaṇaḥ/ te punaḥ ṣaṣṭirlavaḥ. tat kṣaṇāḥ ṣaṣṭirlava ityucyate/ …… triṃśallavā muhūrttaḥ, triṃśanmu hūrttā ahorātraḥ" Akb. ; "刹那百二十為一怛刹那 六十怛刹那為一臘縛 …… 三十臘縛為一牟呼栗多 三十牟呼栗多為一晝夜", 阿毘達磨俱舍論(大正藏 29), p.62b.

> 그러면 무엇을 1찰나의 양(量)이라고 하는가? 갖가지 조건들이 모여서 법 자체가 인지(lābha)되는 순간, 또는 움직이는 어떤 법이 한 극미에서 인접한 극미로 건너가는 순간이다. 아비달마논사들은 힘센 사람이 손가락을 퉁길 뿐인데도 65찰나가 걸린다고 말한다.[18]

여기서 '갖가지 조건들이 모여서 법 자체가 인지되는 순간'이라는 정의에서 우리는 찰나란 '물리적 시간'이 아니라 '심리적 시간'의 최소단위임을 알게 된다. 다시 말해 '인간(또는 중생)에게 파악 가능한 시간의 최소단위'가 찰나인 것이다.

이런 설명이 사실과 부합한다면 1/75초 이내에 생멸하는 사건은 인간에게 인지되지 않으리라. 예를 들어 우리가 마술사의 재빠른 손놀림을 알아채지 못하는 것은 그것이 1찰나 이내에 일어나기 때문일 것이다. 그런데 흥미로운 것은 1찰나가 1/75초라는 아비달마논사들의 통찰이 '눈으로 보고서 의미를 기억할 수 있는 최소한의 시간'에 대한 과학자들의 측정 결과와 거의 같다는 점이다. 1/75초는 0.01333초, 즉 13.3ms인데 최근의 연구결과에 의하면 인간이 '시각적 의미'를 파악할 수 있는 가장 짧은 시간이 13 ms라고 한다. 인간의 시지각의 기민성을 측정하기 위해 고안한 RSVP(Rapid serial visual presentation) 실험이라는 게 있다. 계속 어떤 영상들을 제시하다가 중간에 엉뚱한 영상을 한 장 넣어서 그것이 무엇이었는지 기억하게 하는 실험인데, 이전에 전혀 본 적

---

18) "kṣaṇasya punaḥ kiṃ pramāṇam? samagreṣu pratyayeṣu yāvatā dharmasyātmalābhaḥ, gacchan vā dharmo yāvatā paramāṇoḥ paramāṇvantaraṃ gacchati/ balavatpuruṣāddhaṭamātreṇa pañcaṣaṣṭiḥ kṣaṇā atikrāmantītyābhidhārmikāḥ" Akb. ; "何等名為一剎那量 眾緣和合法得自體頃 或有動法行度一極微 對法諸師說 如壯士一疾彈指頃六十五剎那 如是名為一剎那量", 위의 책, p.62a.

이 없는 영상을 최소 13ms 동안 제시했는데, 그것이 무엇이었는지 인지했다고 한다.[19] '13밀리(m) 秒(second)'를 분수로 표현하면 '1/76.923'인데 이는 아비달마논사들이 발견했던 '인간이 인지할 수 있는 시간의 최소단위'인 '1/75초', 즉 1찰나에 근접한다. 이는 부단히 흘러가는 '한 점의 식'이 지속하는 기간이기도 하며, 현량의 대상(viṣaya)인 '한 점의 자상(svalakṣaṇa)'이 지속하는 기간이기도 하다. 또 '의미를 기억할 수 있다.'는 점에서 이 때의 인지는 『니야야빈두』의 현량론에서 말하는 의근식에 비견된다.

주의에 대한 인지심리학의 연구 성과를 들먹이지 않더라도 우리는 '동시에 여러 곳에 주의를 기울이기 힘들다.'는 사실을 너무나 잘 안다. 우리의 오감을 통해 수많은 정보가 들어오지만 '주의'는 선택적으로 일어난다. 주의의 핵심은 '정보처리의 순차성(serial processing)'에 있다.[20] 매 순간 수많은 감각정보가 나에게 입력되는데 이를 순차적으로 처리할 수밖에 없는 이유는 일시에 주의를 기울일 수 있는 용량에 한계가 있기 때문이다. 그러면 그 용량에 한계가 있는 이유는 무엇이고 용량의 한계는 얼마일까? 앞에서 소개했던 『니야야빈두』의 현량 이론, 그리고 의근과 찰나에 대한 『구사론』의 설명에 근거하여 이 문제를 풀어보자.

우리의 마음은 '한 점 식의 흐름'이다. 매 순간 지각되는 대상 역시 한 찰나만 존재하는 법의 자상이다. 우리의 식은 한 찰나만 머물 수 있고, 법의 자상 역시 한 찰나만 존재할 수 있다. 현량의

---

19) Mary C. Potter 외 3명, "Detecting meaning in RSVP at 13 ms per picture", *Attention, Perception, & Psychophysics* (Long Beach, CA: A publication of the Psychonomic Society, 2014), p.274.

20) 김정호, 「제4장 주의와 인지」, 이정모 외 17명, 앞의 책, p.137.

대상인 '한 찰나만 존재하는 법의 자상'과 이를 대하는 '한 찰나의 식'은 별개의 것이 아니다. 앞에서 인용했던 『니야야빈두』의 설명과 같이, 현량이라는 '인식의 수단(pramāṇa)'은 '인식의 결과(phala)'이면서 '인식의 대상(artha)'이기 때문이다. 즉 현량 그대로가 찰나적인 자상이며, 자상이 그대로 찰나적인 현량이다. 그런데 '현량이면서 자상인' 찰나적인 법상(法相, dharmasya svalakṣaṇa)은 1/75초 동안 머문다. 법상의 존속 시간이 1/75보다 짧으면 우리에게 인지되지 않는다. 다시 말해 1초 동안에 일어나는 찰나적 사건 가운데 75가지만 우리의 인지(認知)에 영향을 미치고 잉여의 찰나적 사건들은 방기(放棄)되는 것이다.

어쨌든 이렇게 단위 시간 동안 인지할 수 있는 찰나적 사건들의 개수에 한계가 있기에, 찰나적인 현량들, 즉 찰나적인 자상들이 모여서 이루어지는 '주의'의 용량에 한계가 생긴다. 내가 동시에 여러 가지 일을 하기 위해서는 1초 동안에 '한 점 식의 흐름'이 머물 수 있는 한계인 '75찰나'를 그 일들에 적절히 나누어 써야 한다. 예를 들어 '그림을 감상'하면서 '남의 얘기를 경청'하려면 '한 점 식의 흐름'은 대뇌에서 시각을 담당하는 후두엽(그림 감상)과 청각을 담당하는 측두엽(얘기 경청)을 분주하게 오가야 하는데, 이때 1초 동안에 명멸하는 75찰나를 후두엽과 측두엽에 적절히 분배하여 왕복해야 '보면서 듣는' 두 가지 과제를 성공적으로 수행할 수 있을 것이다. 주의의 용량에 한계가 있는 이유는 "인간의 뇌에는 컴퓨터의 중앙처리기처럼, 어떤 정보를 받아 그에 대한 행위를 하려고 기억 저장고를 검토하는 메커니즘이 있고, 이것이 한순간에 하나씩만을 검토하"[21)]기 때문이라기보다 '한 점 식의 흐름'인 우리의 마음이 머물 수 있는 시간이 최소 1찰나 이상이어야 하기 때문이다.

4. 사띠(Sati)의 출발점 - 신근(身根)에서 일어나는 촉경(觸境)을 주시하기

팔정도의 정념(Sammā Satiⓟ, Samyak Smṛtiⓢ)[22]이나 사념처(Cattāro Satipaṭṭhānāⓟ, Catvāri Smṛtyupasthānāḥⓢ)에서 보듯이 동아시아의 한문불교권에서는 사띠(Satiⓟ)를 염(念)이라고 번역하였고 영어권에서는 Mindfulness라고 번역한다. 사띠는 일반적으로 Awareness(알아차리기), Attention(주의), Remembering(기억하기) 등을 의미하는데[23] Mindfulness라는 번역어를 처음 사용한 인물은 Rhys Davids였다.[24] 우리나라의 경우 위빠싸나 수행과 관련하여 사띠를 '마음챙김', '주의집중', '마음지킴', '알아차림' 등으로 다양하게 번역하는데[25] 최근에는 '마음챙김'이라는 용어를 많이 사용하는 것 같다.

---

21) 앞의 '각주7'의 인용문.

22) ⓟ는 Pāli, ⓢ는 Sanskrit를 의미한다.

23) Ronald D. Siegel 외 2명, "Mindfulness: What Is It? Where Did It Come From?" in Fabrizio Didonna eds., *Clinical Handbook of Mindfulness* (New York: Springer Science+Business Media, 2009), p.19.

24) 1881년에 팔정도 가운데 정념(sammā sati)을 'Right Mindfulness'라고 번역하였다. Rupert Gethin, "ON SOME DEFINITIONS OF MINDFULNESS", *Contemporary Buddhism*, Vol.12, No.1 (London, Taylor & Francis Group, 2011), p.263.

25) 인경스님은 '알아차림', 김재성은 '마음챙김', 임승택은 '마음지킴', 조준호는 '수동적 주의집중'으로 번역한다.

사띠에 근거한 명상치료법인 MBSR(Mindfulness Based Stress Reduction program)을 개발한 존 카밧진(Jon Kabat-Zinn)은 사띠에 대해 "지금 이 순간에 어떤 판단도 개입시키지 않고 의도적으로 순간순간의 경험을 명료하게 만드는 일에 주의를 기울임으로써 드러나는 앎"[26]이라고 정의하였으며, 심리치료와 연관시켜서 거머(Germer) 등은 사띠를 "지금 경험하는 것을 수용적 태도로 알아차리는 것"[27]이라고 보다 간단하게 정의하기도 하였고, "다정한 알아차림(affectionate awareness)", "사려 깊은 수용(mindful acceptance)", "사려 깊은 연민(mindful compassion)" 등으로 간략하게 표현하는 경우도 있다.[28]

사띠(Sati)에 해당하는 산스끄리뜨어는 Smṛti이고 일반적으로 '기억'을 의미하는 단어지만, 현대사회에서 아나빠나사띠(Ānāpāna sati, 출입식념)나 사념처(Cattāro Satipaṭṭhānā)의 사띠 수행을 응용하여 위빠싸나(Vipassanā) 등 다양한 수행법이 개발되면서 사띠가 "지금 이 순간의 경험을 명료하게 알아차림" 정도의 의미로 정착되고 있는 듯하다. 그런데 아나빠나사띠를 포함하여 마하시(Mahasi), 쉐우민(Shwe Oo Min), 고엔카(Goenka), 파욱(Pa Auk) 등이 보급해온 사띠 수행의 공통점은 수행자로 하여금 1차적으로 자신의 신체에서 일어나는 일에 대해 주의를 기울이게 한다는 점이다. '안, 이, 비, 설, 신, 의'의 육근 가운데 신근에서 일어나는 촉경의 변화, 즉 촉감의 변화에 주의를 기울이게 한다. 보다 구체적으로는 먼저 촉감 가운데 호흡과 함께 일어나는 촉감을 주

26) Ronald D. Siegel 외 2명, 앞의 책, p.19에서 재인용.
27) 위의 책, p.19에서 재인용.
28) 위의 책, p.19.

시하게 한다. 마하시의 경우는 호흡을 할 때 일어나는 아랫배의 움직임을 주시하는 것으로 수행을 시작하게 하고,[29] 마하시의 수제자였던 쉐우민은 호흡을 할 때 가슴의 움직임에 주목하면서 호흡 전체를 알아차리게 하고,[30] 고엔카는 코끝이나 인중 부근의 들숨과 날숨이 접촉하는 부위의 감각을 관찰하면서 집중의 힘을 기르며 마음의 안정을 이루게 하며[31] 파욱의 경우 『대념처경』의 아나파나 사티에 근거하여 호흡을 지도하는데 윗입술이나 콧구멍 주변을 접촉하는 가장 분명한 장소에서 숨을 지켜보게 한다.[32] 이런 수행 이후에는 대개 행선(行禪)을 하게 되는데 발바닥이 땅에 닿는 느낌, 걸어갈 때 다리를 올렸다가 내리거나 몸을 좌우로 돌리면서 몸에서 일어나는 느낌 등에 주의를 기울이게 한다. 요컨대 이들 수행자가 가르치는 사띠 수행의 공통점은 호흡이든 걷기든 신근에서 일어나는 촉경, 즉 촉감의 변화를 계속 주시하게 한다는 점이다. 이를 통해 마음이 편안해지고, 더 나아가 제행무상, 제법무아, 일체개고라는 삼법인, 다시 말해 사성제 가운데 고성제를 알게 되고 궁극적으로는 열반적정의 멸성제를 체득한다.

임상심리학자인 마이클 트레드웨이(Michael T. Treadway)와 사라 라저(Sara W. Lazar)가 열거하는 사띠(Sati)의 임상적 효과를 요약하면 다음과 같다.[33]

---

29) 잭 콘필드, 『붓다의 후예, 위빠사나 선사들 - I권 미얀마편』, 김열권 옮김 (도서출판 한길, 2014), pp.84-85.

30) http://blog.jinbo.net/plus/134 2104년 10월22일 검색

31) 김재성, 「위빠사나 수행의 현대적 위상」, 『한국선학』 26(2010), 한국선학회, p.338.

32) 잭 콘필드, 앞의 책, p.343.

33) Michael T. Treadway and Sara W. Lazar, “The Neurobiology of Mindfulness” in Fabrizio Didonna eds., 앞의 책, pp.53-54.

1) 사띠 수행에 숙달될 경우 부정적 감정이 떠오를 때 휘말리지 않고 잘 견뎌낼 수 있다. 부정적인 사고(思考)에 몰두하는 버릇이 있는 어떤 가족이 있었는데 사띠 수행을 한 후 그런 사고에 휘말리는 경향이 감소하였다.
2) 일반적으로 낙담과 공포에 시달리는 환자들의 경우 대뇌 우반구에서 EEG(뇌파도)의 세기가 증가한 반면, 정신적으로 건강한 사람들은 좌반구의 활동이 더 활발하다. 8주간의 사띠 수행 후 EEG를 기록해보니 좌반구의 활동이 활발해졌고 그런 상태는 3개월 동안 지속되었으며, 질병에 대한 면역력도 증가하였다.
3) 사띠 수행자들은 침착성이 증가하기에 부정적인 일을 큰 어려움 없이 겪어낸다.
4) 사띠 수행자 그룹과 대조군을 비교한 결과 수행자들의 경우 전전두엽의 일부가 더 두꺼웠다. 따라서 사띠 명상은 노년기에 대뇌피질이 점차 얇아지는 노화현상을 방지한다.

사띠 수행을 할 경우 일상생활 속에서 부정적 사고에 휘둘리지 않을 뿐만 아니라 뇌파에도 변화가 나타나고 질병에 대한 면역력도 증가할 뿐만 아니라 대뇌의 해부학적 구조에서도 변화를 보인다는 것이다.

그러면 신근에서 일어나는 촉감, 즉 촉경에 주의를 기울이는 사띠 수행을 할 때 마음이 편안해지고 몸이 제 기능을 회복하는 이유는 무엇일까? 진화생물학적으로 추정해 보면, 촉감이 가장 원시적인 감각, 원초적인 감각이기 때문인 것 같다. 우리의 번민은 거의 모두가 안근과 이근을 통해 유입된 것들이다. 다시 말해 눈으로 보고 귀로 들은 것들이 대뇌피질에서 각각에 해당되는 피질에 전달된 후 회로를 형성하면서 우리를 번민하게 만든다. 그러나 대뇌의 신경망을 타고서 방황하던 '한 점 식의 흐름'을 사띠 수행을 통해 신근을 담당하는 대뇌피질로 돌릴 때 옛 기억의 공포도 사라지고, 미래에 대한 불안도 자취를 감춘다. 신근을 담당하는 피질은 대뇌 상단의 중심고랑을 경계로 뒤쪽의 1차 체성감각피질(Somatic sensory cortex)과 앞쪽의 1차 운동피질(Motor cortex)이다(그림3).[34] 전자는 피부와 근육, 장기에서 구심성신경을 타고 들어오는 전기신호가 종착하는 곳이고 후자는 원심성신경을 타고 근육으로 나가는 전기신호가 출발하는 곳이다. 안식이 머무는 후두엽과 이식이 머무는 측두엽에서 멀리 떨어진 그곳에서 '한 점 식의 흐름'인 우리의 마음은 신체감각과 근육운동이 빚어내는 무상(無常)의 물결을 타고 쉰다.

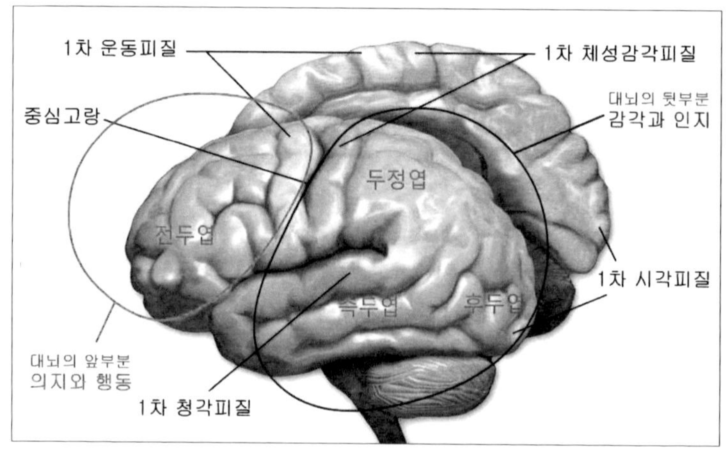

그림3 - 운동피질과 체성감각피질

34) 김성철, 앞의 책, p.204의 그림.

Ⅱ. 사띠 수행력을 측정하고 훈련하는 기기 - 촉각자극분배장치

1. 사띠 수행력의 측정을 위한 장치의 고안

시각, 청각, 후각, 미각, 촉각의 다섯 가지 감각 가운데 촉각이 갖는 특징은 그 기관이 우리 몸의 일부에 국한하지 않고 전체에 분포한다는 점이다. 신체의 표면인 피부는 물론이고, 심부의 근육과 장기에서도 촉각이 발생하며, 이런 모든 촉각을 포괄하여 '체성감각(Somatic sense)'이라고도 부른다.

앞에서 설명했듯이 시각이나 청각 등 감각적 자극에는 주의가 작용하여 유의미한 자극만 '선택적으로 인지'된다. 속되게 말해 "봐도 보는 것만 보이고, 들려도 듣는 것만 들린다." 촉각의 경우도 예외가 아니다. 예를 들어 컴퓨터의 자판을 두드리는 이 순간에도 어깨의 근육이 수축한 촉감, 입에 침이 고인 촉감, 엉덩이가 의자에 배기는 촉감, 소변이 마려운 촉감, 안경이 콧등에 걸쳐진 촉감, 손가락이 자판을 두드리는 촉감, 머리가 가려운 촉감, 호흡이 콧구멍을 스치는 촉감 등 나의 신체 도처에서 여러 가지 촉감의 자극들이 동시에 발생하는데, 그 가운데 내가 주의를 기울이는 몇몇 촉감만 '유의미한 자극으로 인지'되는 것이다. 그렇다면 1찰나에 그 가운데 몇 가지 촉감들이 인지될까? 본 장치를 고안하게 된 첫 계기는 이런 의문에 있었다. 이런 의문을 풀기 위해서는 피험자의 신체 여러 곳에 촉각자극기를 부착한 후, 이를 아주 짧은 시간 동안 작동시켜서 피험자가 그 가운데 몇 가지 개소를 인지할 수 있는지 확인해보면 될 것이다.

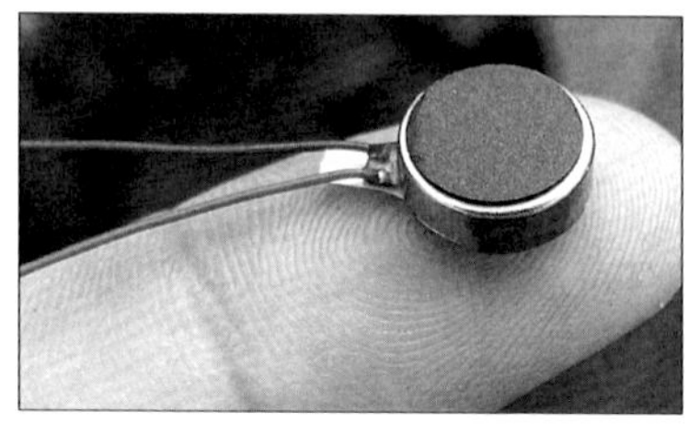

그림4 - 소형진동모터

먼저, 촉각자극기로는 '소형진동모터(또는 코인형 진동모터)'를 사용하였다(그림4). 휴대폰의 진동기능을 위한 부속품이다. 인체에 무해하고, 균일한 자극을 유발하며, 자극을 일정시간 지속시킬 수 있다는 점에서 '소형진동모터'는 본 장치와 방법을 위해 가장 이상적인 '촉각자극기'였다.

충분한 시간이 주어지고, 나에게 느껴지는 모든 촉감들 하나하나에 주의를 기울일 수 있다면, 지금 이 순간에 나의 몸에서 어떤 촉감이 발생하는지 모두 파악할 수 있을 것이다. 그러나 자극 시간이 짧아지면 인지되는 '촉감의 개소'는 줄어들 것이다.

앞에서 『니야야빈두』와 『구사론』의 설명을 통해 분석해 보았듯이 '한 점 식의 흐름'인 우리의 마음이 1초 동안 75찰나만 멈출 수 있기에 아무리 기민한 의식의 소유자라고 하더라도 예를 들어 1/10초, 즉 0.1초 동안에 감각할 수 있는 찰나적인 사건은 75/10개, 즉 7.5개를 넘을 수 없을 것이다. 또 강한 자극의 경우는 쉽게 인지되지만, 약한 자극의 경우 인지되기가 어려울 것이다. 즉 촉각 자극들의 '지속 시간'과 '강도'에 따라 그에 대한 인지여부가 달라질 것이라는 말이다. 청각 자극을 예로 들어 설명하면, 오케스트라 연주를 들을 때 시간이 지날수록 연주되는 악기들 낱낱이 무엇인지 알기 쉽고(자극 지속 시간), 소리가 큰 악기의 경우 그 존재를 쉽게 파악할 수 있는 것(자극의 강도)과 같다. 따라서 본 장치를 고안하면서 촉각 자극들의 '지속 시간'을 조절하기 위해 '자극 지속 시간 설정 타이머'를 추가하였고, '자극의 강도'에 변화를 주기 위해 '자극 강도 설정 다이얼'을 추가하였다. 촉각자극분배장치의 작동방식을 도해하면서 각 부분의 명칭과 용도를 설명하면 다음과 같다.

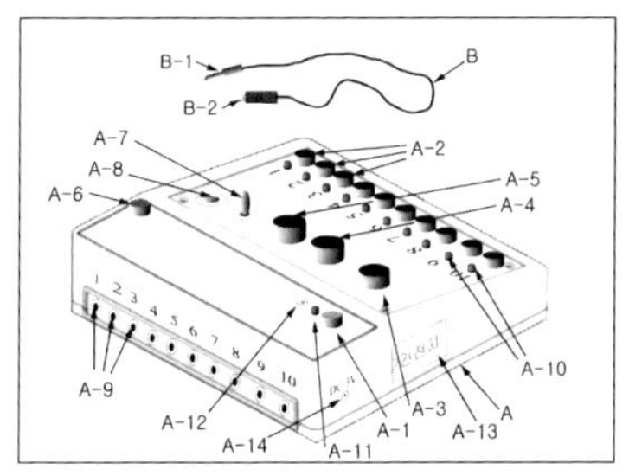

그림5 - 촉각자극분배장치

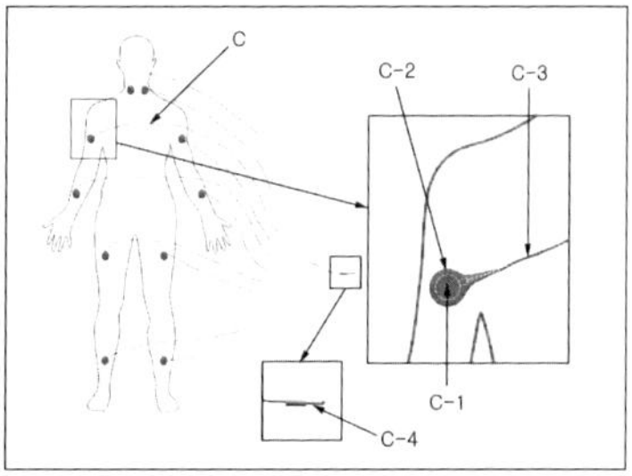

그림6 - 촉각자극기의 부착

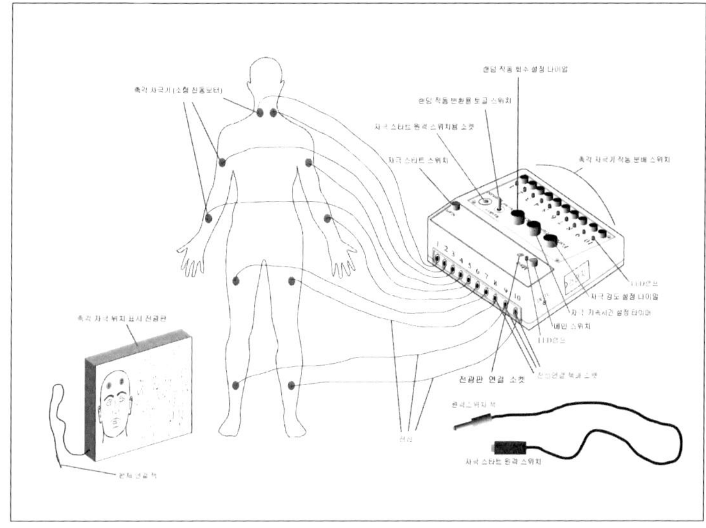

그림7 - 장치의 작동방식

A. 촉각자극분배장치 본체

A-1. 메인(Main) 스위치 - 장치의 전원 전체를 단속하는 기능을 한다.

A-2. 촉각자극기 작동 분배 스위치(10개) - 촉각자극기의 전원을 단속(斷續, ON/OFF)하는 기능을 한다. 어느 스위치를 단속할지 여부는 실험자의 고안에 따른다.

A-3. 자극 강도 설정 다이얼 - 촉각자극기에 내장된 소형진동모터의 진동력을 조절한다.

A-4. 자극 지속 시간 설정 타이머(Timer) - 촉각자극기의 작동 지속 시간의 길이를 설정하는 기능을 한다. 자극 지속 시간의 길이는 실험자의 고안에 따른다.

A-5. 랜덤(Random) 작동 개수(個數) 설정 다이얼 - 랜덤 작동할 경우 본 장치에 설치된 촉각자극기의 한계 내에서, '임의의 지점'에서 '임의의 개수'의 촉각자극기가 작동하게 되지만, 본 다이얼을 이용하여 작동시킬 촉각자극기의 개수를 미리 지정할 경우 그 개수만큼의 촉각자극기만 임의의 지점에서 작동하게 된다.

A-6. 자극스타트 스위치 - 신체에 부착된 촉각자극기 가운데, '촉각자극기 작동 분배 스위치(A-2)'에 의해 작동이 결정된 자극기들이, '자극 지속 시간 설정 타이머(A-4)'로 설정한 시간 동안 작동하도록 만든다.

A-7. 랜덤 작동 변환용 토글스위치 - 촉각자극분배기의 작동 시스템을 랜덤 작동 시스템으로 변환시키는 스위치다.

A-8. 자극스타트 원격스위치용 소켓 - 본 소켓은 '자극스타트 원격스위치(B)'를 위한 것이다.

A-9. 촉각자극기를 본체와 연결하는 잭을 위한 소켓

A-10. 촉각자극기 작동 분배스위치용 LED램프

A-11. 메인 스위치용 LED램프

A-12. 촉각자극 위치 표시 전광판(E) 연결 소켓

A-13. 건전지 박스. 소형진동모터의 정격전압인 3V가 공급되도록 연결한다.

A-14. 어댑터용 소켓. 교류(AC) 전기를 직류(DC) 3V로 변환하여 공급한다.

B. 자극 스타트 원격 스위치

B-1. 자극 스타트 원격 스위치 잭
B-2. 자극 스타트 원격 스위치 버튼

C. 촉각자극기 (소형 진동모터)

C-1. 소형 진동모터
C-2. 실리콘 절연 커버
C-3. 전선
C-4. 본체 연결 잭

위의 '그림6'에서 보듯이 피험자의 몸에 10개의 촉각자극기를 부착한다(의료용 반창고 이용). 그 후 촉각자극분배장치(그림5)의 메인 스위치(A-1)를 켜고 자극 강도 설정 다이얼(A-3)로 소형모터의 진동력을 일정하게 맞춘 다음에 자극 지속시간 설정 타이머(A-4)를 일정시간(예를 들면, 0.5초)으로 설정한 후, 10개의 '촉각자극기 작동분배스위치'(A-2) 가운데 임의로 몇 개(예를 들면, 5개)의 스위치를 켜고, 피험자에게 통보한 후 자극스타트스위치(A-6)를 누른다. 그러고 나서 피험자에게 몇 개의 촉각자극기가 신체의 어느 부위에서 작동했는지 물은 후 그 답변을 기록하여 인지의 정확성을 판별한다. 이런 실험을 통해 피험자의 '주의적 인지 능력'을 수자로 나타낼 수 있을 것이다. 또 그런 '주의적 인지 능력'에는 개인차가 있을 것으로 짐작된다. 예를 들어 같은 개수의 자극이 주어지더라도, '주의력결핍과잉행동장애(ADHD)를 앓는 소아'의 경우는 '주의적 인지'의 정확도가 떨어질 것이고 '사띠(Sati) 수행을 통해 신체에서 일어나는 촉각에 항상 주의를 기울이는 훈련이 되어 있는 사람'은 그 정확도가 높을 것으로 추정된다.

『구사론』의 수행론에 의하면, '고, 집, 멸, 도'의 사성제에 대해 분별적으로 통찰하는 '난(煖), 정(頂), 인(忍), 세제일법(世第一法)'의 사선근(四善根) 수행 직후에 '하계(下界)인 욕계(欲界)'의 사성제 낱낱을 '무간도(無間道, anantarya-mārga)인 인(忍, kṣānti)'과 '해탈도(解脫道, vimukti-mārga)인 지(智, jñāna)'의 두 단계로 통찰(4성제×2단계=8찰나)한 후 다시 '상계인 색계, 무색계'의 사성제 역시 '무간도'와 '해탈도'의 두 단계로 통찰(4성제×2단계=8찰나)하는 16찰나의 마음이 발생하는데, 이 가운데 앞의 15찰나가 견도(見道)에 해당하고, 마지막 1찰나에 수도(修道)가 시작된다고 설명한다. 이런 과정이 현실적으로 무엇을 의미하는지 이해하기 힘들지만, 어쨌든 성인(聖人)의 지위에 오르기 직전에 수행자에게는 16단계의 통찰이 찰나적으로 일어난다는 것이다. 이렇게 해석하는 것이 옳다면 불교수행자들은 이렇게 한 찰나, 한 찰나를 짚어가면서 수행했었으리라고 짐작할 수 있다. 다시 말해 적어도 '1초를 75로 쪼갠 매 순간들'을 모두 포착할 수 있어야 수다원(須陀洹, Srota āpanna)과 같은 성인의 지위에 오를 수 있는 것이다. 그렇다면 "수행이 깊어짐에 따라서 찰나를 인지하는 능력이 점점 정밀해진다."라는 추정이 가능하다. 이에 근거할 때 "누군가의 수행력은 단위 시간 동안에 그가 인지하는 사건의 수에 비례한다."라는 가설을 세울 수 있으며, 촉각자극분배장치를 이용하여 수행자를 상대로 시험을 할 때 피험자가 단위 시간 동안에 인지하는 촉각자극 개소의 수가 많을수록 피험자의 수행력 역시 높다고 평가할 수 있을 것이다. 또, 본고 서두에서 주의에 대한 윌리엄 제임스의 여섯 가지 분류를 소개한 바 있는데, 촉각자극기의 진동에 주의를 기울일 때나 사띠(Sati) 수행에서 호흡 등의 촉감에 주의를 기울일 때, 두 경우 모두 그 가운데 'A.ⓐ감각 대상에 대한 주의(감각적 주의)'이고 'B.ⓒ직접적인(immediate) 주의'이며, 이며 'C.ⓔ수동적(passive), 반사적(reflex), 불수의적, 무노력(effortless)의 주의'라는 점에서 주의의 방식이 일치한다. 이런 공통점에 비추어 볼 때 촉각자극분배장치는 사띠 수행력을 객관적으로 측정하는 훌륭한 기기로 쓰일 수 있을 것이다.[35]

2. 촉각분배장치의 개량과 실험의 고안

『니야야빈두』와 『구사론』, 그리고 '주의'에 대한 인지심리학의 연구 성과에 근거하여 제작한 촉각자극분배장치의 실물사진을 소개하면 다음과 같다.[36]

---

35) 본 기기를 개발한 후 특허 출원을 하는 과정에서 유사한 발명이 있음을 알게 되었다. 이는 'E-Prime'이라는 심리실험용 소프트웨어를 위한 '손가락 촉각 자극기'로 고가의 소프트웨어를 컴퓨터에 설치해야 한다는 점, 소프트웨어의 운용방식을 익히는 데 오랜 시간이 걸린다는 점, 발명의 목적이 인지과학연구를 위한 실험에 있다는 점에서 본 기기와 차이가 있었다. 이 기기에 대한 연구논문은 다음과 같다. 김형식 외11명, 「E-Prime에 기반한 손가락 촉각 자극기의 개발」, 『감성과학』 13 No.4(한국감성과학회, 2010), pp.703-710.

36) 특허출원번호 10-2014-0023674, 발명의 명칭 - 촉각 자극 개소 인지 시험을 위한 촉각 자극 분배 장치 및 그 방법.

그림8 - 촉각자극분배장치-A

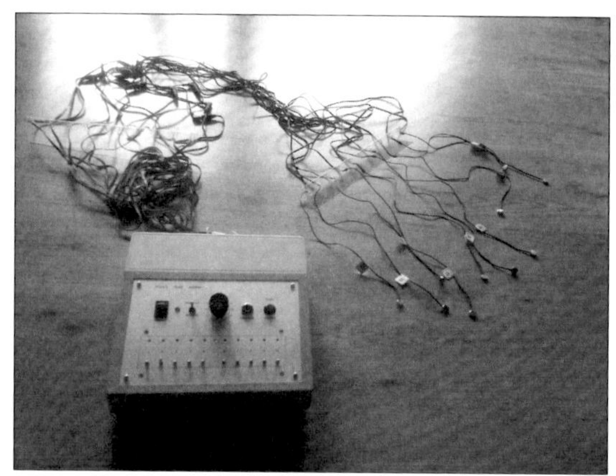

그림9 - 촉각자극분배장치-B

'그림8'의 '촉각자극분배장치-A'는 필자가 직접 제작한 시제품으로 20개의 촉각자극기를 부착할 수 있으며 타이머는 0.5초에서 4초까지 0.5초 간격으로 조절할 수 있다. 또 20개의 촉각자극기 말단에 달린 진동모터의 세기를 동시에 조절할 수 있는 가변저항

다이얼 하나를 설치하였다. 시제품이 완성된 후 필자 스스로 또는 주변의 인물들을 대상으로 실험해 본 결과 0.5초 동안에 그 개수와 부착위치를 정확히 인지할 수 있는 촉각자극의 개소는 10개를 넘지 않았다. 또, 가변저항을 이용하여 소형코인모터의 진동력에 변화를 주는 것 역시 실험의 목적에 크게 기여하지 못했다. 그래서 '그림9'의 '촉각자극분배장치-B'를 주문제작하면서 촉각자극기의 개수를 10개로 줄였고,[37] 가변저항을 달지 않았다. 그러나 '장치-A'와 달리 피험자 스스로 실험할 수 있도록 랜덤 스위치(그림5의 A-5스위치)를 추가하였다. '랜덤 스위치'와 '자극 스타트 원격 스위치(그림5의 B)'를 이용할 경우 촉각자극 개수의 인지에 대해 '블라인드 테스트(Blind test)'를 할 수 있으며 피드백(Feed back)을 통해 실험자 스스로 자신의 촉각자극인지능력을 향상시킬 수 있다는 장점이 있다. 그리고 촉각자극인지능력의 테스트는 다음과 같이 다양하게 설계할 수 있다.

A. 촉각자극기를 부착하는 위치에 변화를 준다. - 예를 들어 , (a) 얼굴에만 10개를 붙여서 테스트 할 수도 있고, (b)등에만 10개를 붙일 수도 있고, (c)양손과 양발 어깨와 양쪽 뺨과 양쪽 귀와 같이 촉각자극기를 가능한 한 분산하여 붙일 수도 있다. …
B. 자극의 개소를 누락시키면서 인지 여부를 확인한다. - 예를 들어, 10개의 자극기를 몸에 부착하고 이를 모두 작동하다가

37) 혹시 수행력이 뛰어나서 0.5초 동안 10개 이상의 개소를 인지할 수 있는 수행자가 있다면, 이런 기기를 하나 더 추가하여 20개의 촉각자극기를 부착하면 되고, 버튼 하나에 잭이 두 개 달린 자극 스타트 원격스위치로 작동시키면 된다.

임의로 그 가운데 몇 개씩 스위치를 끈 상태에서 작동한 후 누락된 개소를 묻는다.

C. 자극의 개소를 증가시키면서 인지 여부를 확인한다. - B와 반대의 방식으로 테스트한다.

D. 스위치의 작동을 사전에 고지한 후 작동한다. - 예를 들어, '하나, 둘'까지 수를 세고 '셋'을 셀 순간에 스위치를 누른다는 점을 피험자에게 고지한 후 작동한다.

E. 10개 가운데 몇 개의 스위치를 켰는지(또는 껐는지) 피험자에게 고지한 후 작동한다.

F. 작동시간을 단계적으로 늘이거나 줄여가면서 기기를 작동시킨다.

Ⅲ. 촉각자극분배기의 활용 전망

1. 사띠 수행력을 향상시키기 위한 기초적 훈련

앞에서 설명했듯이 촉각에 대한 주의력의 기민함을 측정하는 촉각자극분배기를 사띠 수행력의 측정을 위한 기기로 사용할 수 있지만 그렇게 측정하는 과정이 그대로 수행력을 향상시킬 수도 있을 것이다. 불교명상에 대한 마크 엡스타인(Mark Epstein)의 다음과 같은 설명 역시 이 점을 시사한다.[38)]

---

38) 이는 엡스타인의 책에서 '순수한 주의집중(Bare attention)'이라는 제목의 제6장에 실린 설명인데 '명상'이라는 말을 누차 사용하면서 "2주

> 순수한 주의집중(Bare attention)이란 '연속되는 지각의 순간들에서 우리에게, 그리고 우리 안에서 실제로 일어나는 것을 명료하게 집중하여 알아차리는 것"으로서 무언가를 바꾸는 것이 아니라 마음과 정서, 신체를 있는 그대로 관찰함으로써 여태껏 성찰의 대상이 아니었던 마음을 개발한다. 이러한 종류의 주의집중은 그 자체로서 치유적 기능을 한다는 것이 불교심리학의 기본적 교의다.[39]

엡스타인이 말하듯이 사띠 수행에서는 "주의집중은 그 자체로서 치유적 기능을" 하는데 촉각자극분배장치의 작동방식과 효과 역시 이와 마찬가지다. 측정이 그대로 훈련이 된다. 신체의 여러 곳에 촉각자극기를 부착하고 자극이 일어난 위치를 정확히 지목하려면 차분한 마음으로 그 부위에 주의를 집중해야 하는데, 이런 과정을 여러 차례 반복함으로써 피험자는 자신의 주의를 '시각'이나 '청각'이 아니라 '촉각'으로 향하는 습관을 익히게 되며, 그에 따라 '시각'과 '청각'의 영역에서 일어나는 여러 가지 번민들이 잦아들 수 있다. 이는 물론 사띠(Sati) 수행의 전 과정을 대신하는 것이 아니라 초보단계로 이끄는 효과만 있을 것이다.

촉각자극분배기를 이용한 수행(?)의 장점은 피험자(또는 수행자)가 촉각자극기의 진동을 '주시하고 있었는지 여부'와 '주시하는 능력의 정도'가 객관적 수치로 나타난다는 점이다. 일반적인 사띠 수행의 경우 지도자 또는 교육자의 지시에 따라 피교육자가 호흡

동안 몸과 마음에 조용히 집중했"다든지, "숨을 들이쉬고 내쉬면서 느끼는 신체적 감각에 대해 주의를 기울"였다고 쓰는데서 보듯이 엡스타인이 말하 명상은 아나빠나사띠와 같은 사띠 명상이었을 것이다. Mark Epstein, 『붓다의 심리학』, 전현수·김성철 옮김 (학지사, 2006), p.145.

39) 위의 책, p.146.

이나 발걸음에서 일어나는 촉각에 주의를 기울인다고 하지만 피교육자 또는 수행자가 지금 실제로 그렇게 집중하는지 아닌지 객관적으로 확인이 되지 않는다. 피험자의 겉모습은 수행을 하는 것 같지만 실제는 끝없이 망상을 피우고 있을 수도 있다. 그러나 촉각자극분배기를 이용한 수행에서는 매번의 시험 결과가 수치로 나타나기 때문에 피교육자는 결코 거짓 시늉을 할 수 없다.

사띠(Sati) 수행이든, 간화선이든, 묵조선이든 모든 불교수행에 공통된 지침이 있다. "혼침(昏沈)과 도거(掉擧)에서 벗어나 경안(輕安)과 심일경성(心一境性)을 획득한다."라는 것이다. 혼침은 몸과 마음이 무겁게 가라앉아서 무엇을 하기 힘든 상태다.[40] 좌선수행 중에 마음이 혼미하게 가라앉은 상태로 혼침의 상태가 더 지속되면 잠이 오기도 한다. 반면에 도거는 '마음의 작용이 멈추지 못하게 하는 것'[41]이라고 정의되는데, 한역문 그대로 마음이 '들떠서[擧] 요동하는[掉] 것'이다. 마음이 한 군데 머물지 못하고 온갖 잡생각이 떠오른다. 심일경성(cittasyaikāgratā)은 도거와 반대되는 상태로 삼매를 의미한다.[42] 마음[心]이 한 가지 대상[一境]에 집중한 상태가 계속 이어지는 것[性]이 바로 삼매인 것이다.[43] 경안(praśrabdhi)은 혼침과 반대되는 마음 상태로 "마음이

---

40) "yā kāyagurutā, cittagurutā, kāyākarmaṇyatā, cittākarmaṇyatā" Akb. ; "謂身重性心重性 身無堪任性 心無堪任性", 阿毘達磨俱舍論(大正藏 29), p.19c.

41) "auddhatyaṃ cetaso 'vyupaśamaḥ" ; 掉謂掉擧 令心不靜 위의 책. ; "云何掉擧 答諸心不寂靜不止息輕躁掉擧 心躁動性是謂掉擧", 阿毘達磨大毘婆沙論 (大正藏 27), p.191b.

42) "samādhiścittasyaikāgratā" Akb. ; "三摩地謂心一境性" 阿毘達磨俱舍論(大正藏 29), p.19a.

43) "cittāny eva ekāgrāṇi samādhiḥ" Akb. ; "即心一境相續轉時名三摩地" 위의 책, p.145b.

무엇이든 감당할 수 있는 상태"[44]다. 혼침과 도거의 두 가지 장애를 극복하고 심일경성과 경안을 획득하는 것이 모든 불교 수행의 1차적인 목표가 된다.

그런데 사띠(Sati) 수행에서 가만히 호흡의 흐름을 주시하는 것이나, 촉각자극기를 몸에 부착하고서 자극의 발생을 포착하기 위해 가만히 주시하고 있는 상태는 혼침도 아니고 도거도 아니며 바로 심일경성과 경안을 지향한다. 가뿐한 마음으로[경안] 촉감에만 주의를 기울이는 것[심일경성]이다.

2. ADHD나 치매와 같은 질병의 진단과 치료에 활용한다.

ADHD, 즉 '주의력결핍 과잉행동장애(Attention Deficit Hyper activity Disorder)'는 "과제 수행을 힘들어하고, 잘 잊어버리는 등 주의력에 결핍이 있으면서 과잉행동이나 충동적 행동"을 증상으로 하는데 대개 7세경에 발병을 한다고 한다.[45] 미국의 경우 어린아이에서 5~10%, 어른에서 4%의 유병률(Prevalence rates)을 보이는 질환이다.[46] 성인 가운데 25명에 한 사람, 어린이의 경우

44) "praśrabdhiḥ cittakarmaṇyatā" Akb. ; "輕安者 謂心堪任性", 위의 책, p.19b.

45) L. Zylowska, S.L. Smalley, and J.M. Schwartz, "Mindful Awareness and ADHD" in Fabrizio Didonna eds., 앞의 책, p.319.

46) Kessler, R. C. 외 여러 명, "The prevalence and correlates of adult ADHD in the United States: results from the National Comorbidity Survey Replication", *American Journal of Psychiatry*, 163(4) (American Psychiatric Association, 2006)., pp.716-723 (위의 책, p.319에서

는 그 이상이 ADHD를 환자인 꼴이니 적지 않은 사람들이 ADHD로 고통을 겪고 있음을 알 수 있다. 암페타민(Amphetamine)[47]과 같은 약물을 사용하든지[48] 뇌파를 Beta파로 수렴시키는 Neurofeedback 훈련[49]을 하여 ADHD를 치료하기도 하는데 본 촉각자극분배기 역시 이를 치료하는데 일조할 수 있을 것으로 생각된다. 촉각자극기를 몸에 부착하고 자극의 개소를 알아내는 훈련을 여러 날에 걸쳐 되풀이함으로써 아동이 시각정보나 청각정보에 주의를 흩어뜨리지 않고 촉각을 주시하는 습관을 들일 때 산만한 행동이 잦아질 것으로 기대된다. ADHD는 불교수행에서 장애 가운데 하나로 꼽는 도거이 '극심한 상태'에 다름 아니다. 촉각자극분배기는 극심한 도거에 시달리는 ADHD 환자의 마음을 심일경성과 경안으로 인도한다.

또 치매 환자의 경우 이 기기를 이용하여 되풀이하여 훈련함으로써 증상이 개선될 수도 있을 것이다. 환자가 평소에 경험하지 못했던 촉각자극의 설정, 그리고 그에 대한 인지여부를 확인하는 과정을 되풀이함으로써 대뇌에서 '촉각의 인지'와 관련한 새로운

재인용).

47) 강력한 중추신경 흥분제(CNS stimulant). 기면발작에 아주 효과적이지만 일반적으로 비만을 치료하고 피로감을 없애고 어린아이들의 과잉행동장애를 치료하는 데 사용된다. 정맥에 직접 주사할 경우 황홀감(Ecstasy)을 일으키며 남용할 경우 환각을 보든지 사고에 장애가 오는 등 망상형 정신분열증과 유사한 증상을 초래한다. Allan H.Ropper 외 2명, *ADAMS AND VICTOR'S PRINCIPLES OF NEUROLOGY*, 8th Ed.(New York, McGraw-Hill MEDICAL PUBLISHING DIVISION, 2005), p.1028.

48) L. Zylowska, S.L. Smalley, and J.M. Schwartz, 앞의 책, p.331.

49) Mind-set, Neuro-harmony등의 제품이 가정용 Neurofeedback 기기로 시판되고 있는데 ADHD 치료효과에 대해서는 아직 의견이 분분하다.

신경망이 형성될 수 있기 때문이다.

앞으로 촉각자극분배기의 활용을 위해 가장 먼저 해야 할 일은 연령별, 성별, 신체부위별 촉각자극인지능력의 차이에 대한 기본 데이터를 작성하는 일이다. 다양한 질병을 앓고 있는 피험자들 개개인의 촉각자극인지능력에 대한 데이터를 이런 기본 데이터와 비교함으로써, ADHD나 치매를 포함하여 신경장애나 인지와 관련된 여러 질병의 유무를 진단할 수 있을 것이다. 또 이들 질병의 치료에도 촉각자극분배기가 다양하게 활용될 수 있을 것이다.

- 『한국불교학』 72집, (사)한국불교학회, 2015

참고문헌

AkBh: Abhidharmakośabhāṣya

NB: Nyāyabindu

大正藏: 大正新修大藏經

阿毘達磨大毘婆沙論(大正藏 27)

阿毘達磨俱舍論(大正藏 29)

김성철, 『눈으로 듣고 귀로 읽는 붓다의 과학 이야기』, 서울, 참글세상, 2014.

김재성, 「위빠사나 수행의 현대적 위상」, 『한국선학』 26호, 한국선학회, 2010.

김형식 외11명, 「E-Prime에 기반한 손가락 촉각 자극기의 개발」, 『감성과학』 13 No.4, 공주, 한국감성과학회, 2010.

이정모 외 17명, 『인지심리학』, 서울, 학지사, 2010.

정준영·박성현, 「초기불교의 사티(sati)와 현대심리학의 마음챙김(mindfulness): 마음챙김 구성개념 정립을 위한 제언」, 『한국심리학회지: 상담 및 심리치료』 22, 서울, 한국심리학회, 2010.

中村元, 『インド論理學の理解のために Ⅰ.ダルマキルテイ『論理學小論(Nyāya-bindu)』, 東京, 平樂寺書占, 1981.

木村俊彦, 『ダルマキールテイ宗教哲學の硏究』, 東京, 木耳社, 1987(초판 1981).

잭 콘필드, 『붓다의 후예, 위빠사나 선사들 - Ⅰ권 미얀마편』, 김열권 옮김, 서울, 도서출판 한길, 2014.

Margaret W. Matlin, 『인지심리학』, 민윤기 역, 서울, 박학사, 2007.

Mark Epstein, 『붓다의 심리학』, 전현수·김성철 옮김, 서울, 학지사, 2006.

윌리엄 제임스, 『심리학의 원리 1』, 정양은 옮김, 서울, 아카넷, 2006.

Allan H.Ropper 외 2명, ADAMS AND VICTOR'S PRINCIPLES OF NEUROLOGY, 8th Ed.(New York, McGraw-Hill MEDICAL PUBLISHING DIVISION, 2005)

Fabrizio Didonna eds., *Clinical Handbook of Mindfulness*, New York: Springer Science+Business Media, 2009.

Mary C. Potter 외 3명, "Detecting meaning in RSVP at 13 ms per picture", Attention, Perception, & Psychophysics, Long

Beach, CA: A publication of the Psychonomic Society, 2014.

Kessler, R. C. 외 여러 명, "The prevalence and correlates of adult ADHD in the United States: results from the National C omorbidity Survey Replication", American Journal of Psychiatr y, 163(4), American Psychiatric Association, 2006.

Rupert Gethin, "ON SOME DEFINITIONS OF MINDFULN ESS", *Contemporary Buddhism* Vol.12 No.1, London, Taylor & Francis Group, 2011.

William James, *Principles of Psychology* Vol. I , London: M ACMILLAN AND CO. 1891.

http://en.wikipedia.org/wiki/Attention#cite_note-Posner-24 2 014년 10월21일 검색.

http://blog.jinbo.net/plus/134 2104년 10월22일 검색

명상수련자의 촉각 주의력에 대한 실험적 연구*

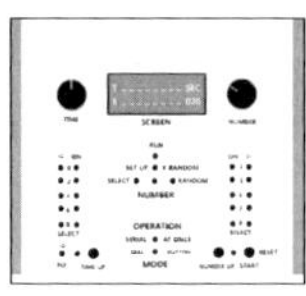

* 이 논문은 2015년 대한민국 교육부와 한국연구재단의 지원을 받아 수행된 연구임 (NRF-2015S1A5B6036309) ; 연구책임자 - 동국대 경주캠퍼스 김성철(교신저자, 불교학부 교수), 공동연구원 - 김진석(응용통계학과 교수), 사공정규(정신의학과 교수), 안양규(불교학부 교수) ; 연구보조원 - 강남옥(대학원 불교학과 박사과정 수료), 김지명(대학원 불교학과 박사과정 수료).

한글요약

본 연구에서는 불교명상을 객관화, 과학화하기 위해 개발된 촉각자극분배장치(觸覺刺戟分配裝置, Sati-Meter)로 명상수행자와 운동선수와 일반인의 촉각 자극 인지능력을 측정하여 비교하였다. 먼저 명상수련자 가운데 '간화선'과 '요가' 수행자의 촉각 주의력은 일반인과 차이가 없었다. 이들의 수행방법이 피부 촉각과 무관하기 때문일 것이다. '일반 위빠싸나' 수행자와 '고엔카 위빠싸나' 수행자는 촉각 자극에 대한 인지능력이 일반인보다 높았는데, 신체 좌우를 비교할 때 전자는 우측, 후자는 좌측의 촉각 주의력이 높았다. 운동선수의 경우 '농구 및 육상' 선수는 우측, '사격' 선수는 좌측의 촉각 주의력이 일반인에 비해 높았다. 신경교차로 인해서 신체 우측은 뇌의 좌반구가 담당하고 좌측은 우반구가 담당하는데, 좌반구는 언어와 운동 기능에서 특별한 역할을 하고, 우반구는 공간 기능에서 보완적인 역할을 한다고 한다. 일반 위빠싸나 수행이나 농구와 육상은 촉각의 시간적 변화가 극심하게 일어나는 동적(動的)인 활동으로 좌뇌를 발달시키기에, 이런 수행이나 운동을 할 경우 신체 우측의 촉각 주의력이 발달하고, 고엔카 위빠싸나 수행이나 사격의 경우 촉각이나 과녁의 공간적 위치에 주의를 기울이게 되는 정적(靜的)인 활동으로 우뇌를 발달시키기에 이런 수행이나 운동을 할 경우 신체 좌측의 촉각 주의력이 발달했을 것으로 추정된다. 명상수련 여부나 운동종목에 따라서 촉각 주의력에 차이를 보인다는 이상과 같은 연구결과로 볼 때, 촉각자극분배장치를 위빠싸나 수행자의 정학(定學, 삼매의 능력)의 수준이나 운동선수의 주의력을 측정하고 훈련하는 장치로 활용할 수 있을 것으로 기대된다.

Ⅰ. 심리치료의 새로운 흐름과 과학화의 필요성

1. 저항문화운동이 야기한 심리치료의 새로운 흐름

1960년대에 미국에서 시작된 저항문화운동(Counterculture Movement)은 정치, 종교, 문화, 학문, 예술 등 서구 사회의 거의 모든 분야에 큰 영향을 끼쳤다. 정치적으로는 미국 내에서 반전운동이 격화되면서 월남전이 종식을 고하였고, 종교적으로는 불교나 힌두교와 같은 동양 종교의 가르침이 일반 대중에게까지 널리 알려지는 계기가 되었으며, 사회적으로는 인종 차별이 철폐되고 여권운동, 반핵운동, 동물보호운동 등 평등과 평화를 지향하는 신좌파(New Left)적인 시민운동이 시작되었고, 예술분야에서는 동양의 종교와 예술의 영향이 짙게 밴 뉴 에이지(New age) 음악이라는 새로운 장르가 탄생하였으며, 학문적으로는 근대성(Modernity)을 비판하는 포스트모더니즘(Postmodernism) 또는 해체주의(Deconstructionism)의 철학사조가 유행하기 시작하였다.

심리치료 분야에서 새로운 흐름이 나타난 것은 저항문화운동이 야기한 이러한 사회적 변화와 밀접한 연관을 갖는다. 즉 그 당시 서구사회에 전파되기 시작한 불교의 가르침에 심취했던 일군의 젊은이들이 미얀마와 태국 등지에서 위빠싸나 명상을 수련한 후 미국사회에 이를 소개하였고,[1] 그들이 매사추세츠주의 바알(Barre)에 설립한 IMS[2]에서 이를 수련한 존 카밧진(Jon Kabat-Zinn, 1944~)이 1979년에 매사추세츠 의과대학에 '스트레스 완화 클리닉(Stress Reduction Clinic)'을 설립하면서 심리치료에 위빠싸나 명상이 도입되기 시작하였다. 나중에 존 카밧진은 자신이 운영하는 프로그램을 MBSR[3]이라고 명명하였다. 위빠싸나 수행에서 가장 중요한 요소인 Mindfulness를 프로그램의 이름으로 삼은 것이다. 심리치료 분야에서 '제3의 물결(The third wave)'로 불리는 CBT[4]의 이름 아래 개발된 ACT[5], DB

존 카밧진

1) 위빠싸나 명상이 미국에 소개된 계기가 된 가장 중요한 사건은 1974년에 Jack Kornfield와 Joseph Goldstein이 나로빠연구소(Naropa Institute)의 초청으로 운영한 여름명상코스였다. 이들은 마하시 수행을 근본으로 삼아 고엔카 방식의 10일, 30일 코스를 운영하며 마지막에는 고엔카 코스와 마찬가지로 자애관 명상으로 수련을 마친다. Fronsdal, Gil(1998), p.167.

2) Insight Meditation Society(통찰명상회) - 미얀마의 마하시 사야도(Mahasi Sayadaw, 1904-1982) 전통에서 위빠싸나 명상을 배운 Sharon Salzberg와 Jack Kornfield, Joseph Goldstein 그리고 Jacqueline Schwartz가 1976년에 가톨릭 신학교를 구입하여 설립한 수행센터로 곧이어 서구에서 가장 활동적인 위빠싸나 센터가 된다. Fronsdal, Gil(1998), p.169.

3) Mindfulness Based Stress Reduction(Mindfulness에 근거한 스트레스 완화) ; 참고로 MBSR의 창시자 존 카밧진의 이름 가운데 진(Zinn)은 결혼하면서 붙인 성으로 자신의 장인이며 미국의 진보적 역사학자 하워드 진(Howard Zinn)에서 유래한다.

T[6], CBASP[7], FAP[8], IBCT[9] 모두에서 Mindfulness를 치료의 중요한 요소로 삼으며,[10] CBT에 MBSR을 결합하여 개발한 MBCT[11] 역시 Mindfulness를 그 핵심에 둔다.[12] 2007년 연구에 의하면 설문에 응한 2,281명의 심리치료사 가운데 945명, 즉 41.4%가 Mindfulness 명상을 자신의 치료에 도입하고 있었다고 하며[13] 미국의 국가건강통계보고서에 의하면 2012년 미국 인구 중 약 1,700만 명(8%) 정도가 건강을 위한 보조수단으로 명상(Meditation)을 한다고 한다.[14]

2. 명상에 대한 연구 현황과 과학화의 필요성

지금의 미국 사회에서 명상이 대중화 되었고, 특히 Mindfulness 명상의 경우 심리치료의 중요한 요소로 활용되고 있지만, 이렇

---

4) Cognitive Behavioral Therapy(인지행동치료).
5) Acceptance and Commitment Therapy(수용전념치료).
6) Dialectical Behavior Therapy(변증법적 행동치료).
7) Cognitive Behavioral Analysis System of Psychotherapy(심리치료의 인지행동분석체계).
8) Functional Analytic Psychotherapy(기능분석심리치료).
9) Integrative Behavioral Couple Therapy(통합적 행동부부치료).
10) Öst, Lars-Göran(2008), pp.296-297 ; 안양규(2012), p.411.
11) Mindfulness-Based Cognitive Therapy(Mindfulness에 근거한 인지치료).
12) Crane, Rebecca(2009), p.3.
13) Rogers, Carl 외(2007) ; http://www.aacc.net/2007/03/21/the-top-10-most-influential-therapists ; https://www.psychotherapynetworker.org (2016/08/13).
14) Clarke, Tainya C. 외(2015), p.10.

게 되기까지는 이를 가르치고 보급했던 주역들의 부단한 노력이 있었기 때문이었다. 이들은 명상 후에 나타나는 심리적 효과에 대해 설문조사를 하여 통계적으로 분석하거나 명상을 통해 뇌에서 일어난 변화를 PET나 fMRI 등의 뇌영상촬영장치나 EEG로 측정하여 그 효과를 검증함으로써 명상을 과학화, 객관화하였다. 명상과 관련한 과학적 실험 결과를 몇 가지 소개하면 다음과 같다.

꾼달리니 요가, Mindfulness, 티벳의 가상수행, 만뜨라 낭송, 선(禪) 등 여러 가지 종류의 명상이 있지만 그 공통점은, 의사결정이나 주의(Attention)와 연관된 고급관리기능을 하는 전전두엽의 배외측(dosolateral prefrontal cortex)이 활성화 된다는 점이다.[15] 또 명상을 하는 경우 대상피질의 앞부분, 즉 전대상피질(anterior cingulate cortex)의 활동성이 증가하는데, 이곳은 무언가에 주의를 모을 때나, 어떤 일을 하려고 할 때 그리고 신체의 움직임을 조절할 때 주된 역할을 하는 부분이다. 전대상피질을 더 세분하여 문측(吻側, rostral)과 배측(背側, dorsal)으로 나눌 때 감정적으로 부담이 가는 임무를 주면 문측이 더 활성화 되고, 인지와 관계된 임무를 주면 배측이 더 활성화 된다.[16] 뇌섬엽(insula)은 내장에서 일어나는 감각, 특히 일시적인 신체감각과 같은 내적 수용(interoception)과 관계된 피질로 '나'라는 느낌이 들게 만드는데 이 역시 명상 중에 활성화 된다. 그 이유는 명상 중에 내적 감각의 발생과 소멸에 주의를 기울이기 때문인 듯하다.[17] Mindfulness 수행을 오래 할 경우 뇌섬엽 앞부분의 피질, 감각피질 그리고 전전두피질

15) Treadway, Michael T. 외(2009), p.50.
16) Treadway, Michael T. 외(2009), p.50.
17) Treadway, Michael T. 외(2009), p.51.

(prefrontal cortex)이 두꺼워지는데, 최근 연구에 의하면 Mindful ness 명상을 하는 사람들의 경우 뇌섬엽(insula)의 우측 앞부분과 해마(hippocampus) 그리고 좌측 관자이랑(temporal gyrus)의 회백질의 농도가 높다고 한다.[18] MBSR이 우울증이나, 공포감, 만성 신체 질환으로 인한 정신적 고통에 약간 효과가 있으며, 이를 행동치료와 결합할 경우 치료 효과가 높아질 것으로 기대된다.[19] 우울증과 공포로 고통을 겪는 환자들의 경우 뇌의 우반구에서 EEG의 세기가 증가하는 반면 심리적으로 건강한 사람의 경우 뇌의 좌반구가 더 활동적인데, 8주간의 MBSR 수련후 EEG로 측정한 결과, 휴지상태에서 EEG 세기의 증가가 좌측으로 이동하는 경향을 보였으며, 이런 경향은 연구 종류 후에도 3개월간 지속되었고, MBSR 수련 후 면역 기능이 향상되었다.[20] 자살 위험도가 높은 22명에 대해 MBCT 치료를 하면서 EEG의 활동성을 측정하였는데 일반적인 치료를 받은 사람들에 비해서 EEG의 긍정적 반응이 유의미하게 증가했다.[21] 신체의 변화를 계측하는 의료장비를 통해 명상의 효과가 객관적으로 검증되기 시작한 것이다.

명상의 전 과정을 '훈련'과 '효과'의 두 단계로 구분할 때 그 효과의 측면에서는 이렇게 과학화, 객관화가 이루어지고 있으며 이로 인해 명상치료를 미국의 주류 의료계에서 수용할 수 있었을 것이다. 그러나 아쉬운 것은 '훈련'의 단계가 객관화 되어 있지 않다는 점이다. 헬스 트레이닝(Health training)과 비교하면 현재

18) Treadway, Michael T. 외(2009), p.51.
19) Bohlmeijera Ernst 외(2010), p.539.
20) Treadway, Michael T. 외(2009), p.53.
21) Treadway, Michael T. 외(2009), p.53.

서구사회를 중심으로 일고 있는 명상운동의 문제점이 분명히 드러난다. 헬스 트레이닝은 몸을 단련하는 버디 트레이닝(Body training)인 반면에 명상은 마음을 훈련하는 마인드 트레이닝(Mind training)이다. 헬스 트레이닝의 경우, 줄넘기를 몇 번 한다든지, 조깅 머신을 어느 정도의 속도로 몇 분 동안 걸었다든지 하는 식으로 '트레이닝의 과정'이 객관적 지표로 나타나며, 그런 '트레이닝의 효과' 역시 혈압이나 혈당, 심박 수의 변화와 같은 객관적 지표로 나타낼 수 있다. 그런데 마인드 트레이닝인 명상의 경우 앞에서 보았듯이 뇌영상촬영장치나 EEG, 심리검사 등을 통해 '트레이닝의 효과'를 객관적 지표로 나타내는 시도는 계속 이루어지고 있긴 하지만 '트레이닝의 과정'이 객관화, 과학화되어 있지 못하다.

예를 들어 MBSR 프로그램에 들어갔을 때 지도자의 지시에 따라서 들숨과 날숨을 주시하는 수식관을 하고, 건포도를 씹으면서 그 촉각과 미감을 느끼고, 발끝에서 머리끝까지 바디 스캔(Body scan)을 해야 하겠지만,[22] 실제로 체험자의 주의(Attention)가 지도자의 지시에 그대로 순응하고 있는지, 아니면 겉으로만 순응하는 시늉을 하는 건지 드러나지 않으며 지도자 또는 제3자가 이를 확인할 방법이 없다. 즉 헬스 트레이닝의 경우 '훈련'과 '효과'의 두 단계 모두가 객관화 되어 있는 반면, 마인드 트레이닝의 경우 '효과'는 과학적으로 탐구되고 있지만, '훈련'의 경우는 아직도 객관화, 과학화 되어 있지 않다는 말이다. 서구를 중심으로 일고 있는 명상 붐이 정신치료, 심리치료 분야에서 새로운 길을 제시했다

22) 안양규(2011), pp.285-287 ; 안희영(2010), p.380, 표1 참조.

는 점에서는 긍정적 측면을 갖지만, 명상이 약물과 상담을 보완하는 제3의 치료법으로 더욱 발전하기 위해서는 그 훈련 방식에서도 객관화, 과학화, 표준화가 이루어져야 할 것이다.

3. 위빠싸나 수행의 공통점 - 촉각에 대한 주의

마하시　　쉐우민　　파욱　　고엔카

현재 세계적으로 다양한 위빠싸나 명상이 보급되어 있는데 그 창시자에 따른 특징은 다음과 같이 정리된다.

> 마하시(Mahasi)의 경우는 호흡을 할 때 일어나는 아랫배의 움직임을 주시하는 것으로 수행을 시작하게 하고, 마하시의 수제자였던 쉐우민(Shwe Oo Min)은 호흡을 할 때 가슴의 움직임에 주목하면서 호흡 전체를 알아차리게 하고, 고엔카(Goenka)는 코끝이나 인중 부근의 들숨과 날숨이 접촉하는 부위의 감각을 관찰하면서 집중의 힘을 기르며 마음의 안정을 이루게 하며 파욱(Pa Auk)의 경우 『대념처경』의 아나파나 사티에 근거하여 호흡을 지도하는데 윗입술이나 콧구멍 주변을 접촉하는 가장 분명한 장소에서 숨을 지켜보게 한다. 이런 수행 이후에는 대개 行禪을 하게 되는데 발바닥이 땅에 닿는 느낌, 걸어갈 때 다리를 올렸다 내리거나 몸을 좌우로 돌리면서 몸에서 일어나는 느낌 등에 주의를 기울이게 한다.[23]

이들 위빠싸나 명상에서는 '시각, 청각, 후각, 미각, 촉각'의 다섯 가지 감각 가운데 호흡할 때 발생하는 촉각에 주의를 기울이는 것으로 명상을 시작하는데,[24] 행선을 할 때에는 호흡이 아니라 발바닥이나 다리의 촉각에 주의를 기울인다. 요컨대 호흡 시의 촉각이든 걸을 때 발이나 다리의 근육의 감각이든 '자신의 몸에서 일어나는 체성감각(Somatic senses)에 주의를 기울이는 것'이 현재 세계적으로 보급되어 있는 거의 모든 위빠싸나 수행의 공통점이다. 『대념처경』과 『청정도론』의 교학에 토대를 둔 파욱류(類) 수행에서는 그 시작 단계에서만 호흡의 촉각에 주의를 기울이게 하지만,[25] 마하시류 수행에서는 좌선과 행선(行禪)은 물론이고 일상생활 속에서도 촉각에 대한 주의를 놓지 않게 하며,[26] 10일 코스로 운영하는 고엔카류 수행에서는 시종일관하여 촉각에 주의를 모으게 한다. 요컨대 '촉각'과 그에 대한 '주의'가 이들 수행의 핵심요소다. 따라서 위빠싸나 수행 경력자의 경우 자신의 몸에서 일어나는 촉각의 변화에 주의를 기울여 이를 인지하는 능력이 일반인에 비해 우월하며 수행이 깊을수록 그 능력이 뛰어날 것으로 짐작된다. 그러나 이를 객관적으로 확인할 방법이 없었다.

앞 절 말미에서 필자는 MBSR과 같이 Mindfulness를 활용한 심리치료를 예로 들면서, 그 훈련 방식을 객관화, 과학화, 표준화할 필요가 있다고 기술한 바 있다. 위빠싸나 수행의 경우도 이는

23) 김성철(2014b), p.280.
24) 김성철(2014b), p.280.
25) Moneya(2006), p.22.
26) Mahasi Sayadaw.

마찬가지다. 수련 도중 간간이 수행지도자와의 면담을 통해 그 경지를 점검하고 훈련 지침을 받긴 하지만, 지침의 전달과 경지의 점검 모두 지극히 주관적인 '말'을 통해 이루어진다. 만일 수행자의 몸에서 발생한 촉각의 변화를 수량화(Quantification) 하여 나타내고, 수행자가 그것에 주의를 집중함으로써 인지한 촉각의 변화를 수량으로 표현할 수 있다면 'MBSR과 같은 심리치료'나 '위빠싸나 수행'에서 훈련과 그에 대한 평가를 객관화, 과학화, 표준화 할 수 있을 것이다.

Ⅱ. 명상수련자의 촉각 주의력 측정을 위한 실험

1. 실험 장치의 작동 원리와 부품의 기능

앞 장에서 거론한 문제의식 아래 심리치료와 위빠싸나 명상을 객관화, 과학화하기 위해서 고안하고 제작한 실험 장치가 '촉각자극분배장치(Apparatus for Tactile Stimulation Distribution)'다.[27] 촉각자극분배장치를 활용할 경우, 피험자[또는 수련자]의 몸에 일정한 패턴의 촉각자극을 인위적으로 일으킨 후, 피험자가 인지한 자극의 패턴을 원래의 패턴과 비교함으로써 촉각자극에 대한 피험자의 인지능력을 객관적 지표로 나타낼 수 있다. 즉, 피험자의

27) 이에 대한 보다 상세한 설명은 '김성철(2014)'를 참조하기 바람.

몸 여러 곳에 다수의 자극 소자를 부착한 후, 자극의 ①위치[28] ②개수[29], ③시간[30], ④순서[31]를 특정한 패턴으로 조합하여 촉각 자극을 발생시키면서[A][32] 피험자로 하여금 주의를 기울여 이를 그대로 인지하도록 노력[B]하게 한 후, 피험자가 인지하였다고 자각한 촉각 자극의 패턴[C]을, 원래 발생시킨 패턴과 비교해 봄으로써, 촉각 자극에 대한 피험자의 주의 집중 능력을 객관적 수치로 나타낼 수 있을 것이다. 예를 들어 피험자의 신체 가운데 '좌우의 발목과 좌우의 무릎[①위치]'의 '네 곳[②개수]'에서 '0.2초 동안[③시간]' 촉각 자극을 '임의의 순서로[④순서]' 발생시킨 후, 피험자가 인지하였다고 자각한 자극의 ②개수와 ④순서와 ①위치를 실험자에게 보고하도록 하여, 이를 실제로 발생시킨 촉각 자극의 패턴과 비교하는 것이다. 처음에는 피험자가 쉽게 인지할 수 있도록 촉각 자극의 개수를 적게 하고 시간을 길게 했다가 실험 횟수를 거듭하면서 점차 자극의 개수를 늘이고 시간을 줄여서 난이도를 높여가는데, 이 과정에서 오인[D]이 발생하기 시작하는 개수 또는 시간이 촉각자극에 대한 피험자의 주의력 또는 인지능력의 한계를 의미한다. 이 과정을 알고리즘의 형식으로 정리하면 '표1'과 같다. 이와 아울러 어떤 패턴의 자극에서 오인이 발생했을 때[D] 실제의 자극을 떠올려서 오인을 시정[E]한 후, 동일한 패턴의 자극을 반복[F]하면서 그것에 자신의 인지를 합치시키려고

28) 진동체가 작동한 신체상의 위치.

29) 몸에 부착한 진동체 가운데 실제로 작동한 개수.

30) 진동 자극의 지속시간.

31) 진동체는 순차적으로 작동할 수도 있고 동시에 작동할 수도 있는데, 순차적으로 작동할 경우 진동체의 작동 순서.

32) 이하 [ ] 괄호 속의 A, B, C, D의 문자는 아래의 알고리즘 상단의 문자를 의미한다.

노력할 경우, 촉각 자극에 대한 왜곡된 인지체계를 바로 잡으면서 '촉각 주의력(Tactile Attentiveness)'을 향상시킬 수 있을 것으로 기대된다.

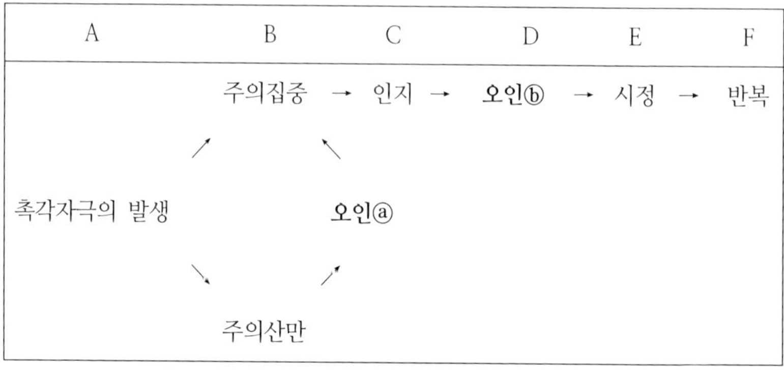

표1 - 촉각의 발생과 인지 과정

그런데 여기서 말하는 '촉각 주의력'은 단일한 능력이 아니다. 피험자의 몸에서 촉각자극이 발생하더라도 피험자가 촉각에 주의를 기울이고 있지 않으면 오인이 발생할 것이다[오인ⓐ]. 또 주의를 기울이고 있더라도 촉각 자극의 개수가 어느 한계 이상으로 늘어나든지 자극의 지속 시간이 어느 한계 이하로 짧아지면 촉각 자극의 위치나 개수, 순서에서 인지의 오류가 발생할 것이다[오인ⓑ]. 여기서 촉각 자극의 개수는 '인지의 용량'과 관계되고, 촉각 자극의 지속 시간은 '주의 이동의 기민성'과 관계가 있을 것이다. 그런데 "한 순간에 하나의 지점만 인지할 수 있다."라는 주의(Attention)의 일반적 속성[33]에 비추어 볼 때 '인지의 용량'은 '주의 이동의 기민성'에 의존하는 2차적인 속성이다. 왜냐하면 동일한

33) 김성철(2014), pp.276-279 ; 김정호(2010), p.148.

시간 동안 “여러 개의 촉각을 인지했다.”라는 것은, 그 시간 동안 “주의가 재빠르게 그 여러 곳을 훑었다.”라는 의미에 다름 아니기 때문이다. 따라서 ‘촉각 주의력’은 ‘촉각에 주의 집중하는 능력’과 ‘촉각을 따라 이동하는 주의의 기민성’이 결합된 능력이다.

본 연구에서 사용하는 촉각자극분배장치는 명상과학사에서 제작한 사띠미터(Sati-Meter)로 앞에서 기술했듯이 촉각 자극의 ‘위치, 개수, 시간, 순서’를 다양하게 변화시킬 수 있다. 피험자는 자신의 신체에 부착한 다수의 촉각자극기[34]에서 산발적으로 발생한 촉각에 주의를 기울인 후, 실제로 일어난 자극의 패턴과 피험자가 자신이 인지한 패턴을 비교함으로써 촉각에 대한 주의력을 측정할 수도 있고 훈련할 수도 있다. 신체 표면의 특정 위치에서 촉각을 발생시킬 수 있으며,[35] 촉각 발생의 시간을 길거나 짧게 조절할 수도 있고,[36] 동시에 여러 곳에서 촉각을 발생시킬 수도 있고[37] 순차적으로 발생시킬 수도 있다.[38] 그리고 이렇게 발생한 촉각자극의 패턴은 모두 제어판의 스크린에 숫자로 표시된다.[39] 사띠미터(Sati-Meter)의 외형과 촉각자극기 그리고 각종 스위치의 기능에 대해 간략히 설명하면 다음과 같다.

34) 코인(Coin) 형의 소형 진동 모터에서 발생하는 진동을 촉각 자극으로 사용한다.

35) 촉각자극기의 부착 위치에 변화를 줌으로써 구현한다.

36) 타이머를 사용하여 촉각자극의 발생 시간을 0.05초에서 0.05초 간격으로 0.4초까지 조절할 수 있다.

37) 동시 작동 모드[AT ONCE].

38) 순차 작동 모드[SERIAL].

39) 제어판 중앙의 스크린에 촉각자극의 위치, 순서, 개수, 시간이 숫자로 표시된다.

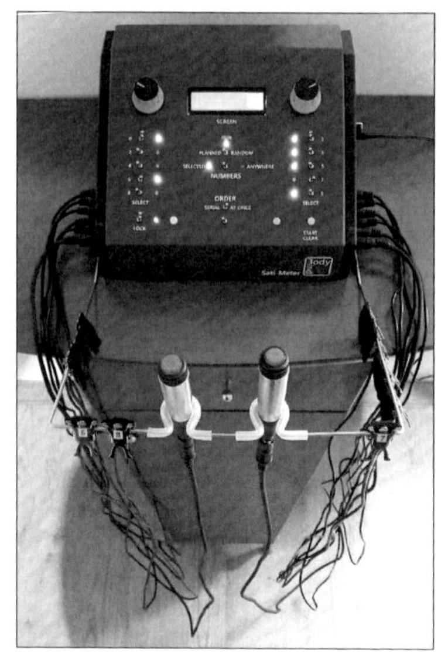

사진9 - 촉각자극분배장치[Sati-Meter]

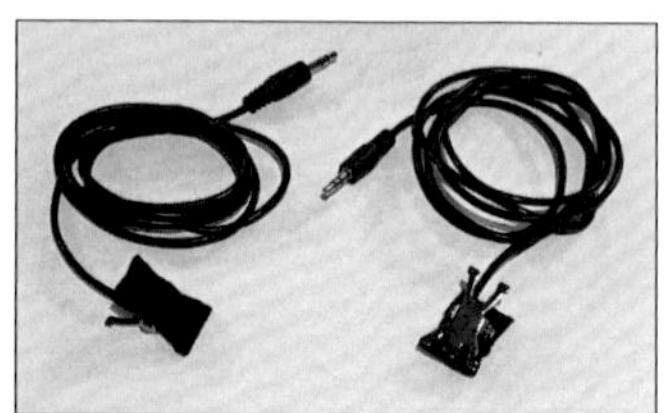

사진10 - 촉각자극기(집게 형)

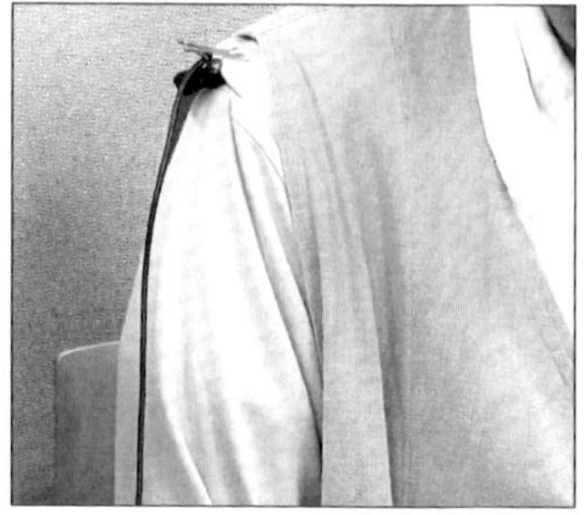

사진11 - 촉각자극기의 부착

A. 촉각자극분배장치 - '사진6'에서 보듯이 '각종 스위치와 다이얼이 설치된 제어판 본체'와 '원격 스타트 스위치' 2조, 그리고 좌우 각각 5조의 '촉각자극기(집게 형)'로 구성되어 있다. 스타트 스위치를 접속하면 3초가 지난 후 촉각자극기가 작동한다.

B. 촉각자극기 - '사진7'과 같은 집게 형 촉각자극기로, 집게의 한 면에 코인 형 진동모터가 내장되어 있다.[40] '사진8'에서 보듯이 피험자가 입고 있는 옷에서 피부에 밀착한 부위를 집어서 부

40) 촉각자극기에 사용된 소형모터의 제조회사는 '영백CM'이고 제품명은 'YB1034 coin motor'로, 크기는 직경 10mm, 두께 3.4mm이며 기타 규격은 다음과 같다. 동작전류 80mA 이하, 동작 RPM 12,000, 기동 전압 0.5V~2.3V, 기동 전류 150mA 이하, 진동력 1.2G.

착한다. 최대 10개까지 사용 가능하다.

C. 타이머 - 촉각자극기의 진동 지속 시간을 설정한다. 0.05초에서 시작하여 0.40초까지 0.05초 단위로 작동 시간을 늘려가면서 총 8단계의 설정이 가능하다.

D. 개수 설정 다이얼 - 촉각자극기의 작동 개수를 정한다. 3개에서 1개씩 증가하여 10개까지 8단계의 설정이 가능하다.

E. 작동 위치 지정 토글스위치 - 좌우 5개씩 총 10개의 스위치를 단속(斷續)하여 작동위치를 미리 지정할 수 있다.

F. 동시/순차 작동 여부 선택 토글스위치 - 촉각자극기의 동시작동, 순차작동 여부를 결정한다.

2. 실험의 대상과 목적 및 실험의 방법과 절차

(1) 실험의 대상과 목적

본 연구와 실험은 명상 수행자의 촉각 주의력을 측정하여 그 특성을 밝히는 것을 주된 목적으로 삼는다. 이를 측정하는 장치로는 앞 절에서 소개한 촉각자극분배장치인 사띠미터를 사용하였다. 우선 피험자를 '명상 수행 경력자'와 '일반인'의 두 집단으로 크게 구분하였고, 명상의 경우 '위빠싸나', '간화선', '요가', '기타 수행'의 넷으로 구분하였다. '위빠싸나, 간화선, 요가' 수행 경력자란 이들 세 가지 수행 가운데 어느 한 가지 이상을 하루 1시간 이상, 최소 1개월 이상 수행한 경험이 있는 사람들을 의미한다. 또

기타 수행 가운데 '고엔카 위빠싸나 10일 코스' 경력자를 별도의 집단으로 묶어서 비교하였다.[41]

그리고 운동선수 역시 촉각 주의력이 뛰어날 것으로 추정되어 실험 후반기에 '운동선수' 집단을 추가하여 동일한 실험을 실시하였다. 운동선수의 경우 '가장 정적인 운동인 사격'과, '가장 동적인 운동인 농구 및 육상' 종목의 선수를 피험자로 삼았고 전자와 후자의 두 집단을 구분하여 실험결과를 분석하였다. 아울러 성별과 나이에 따라 촉각 주의력에 차이가 있는지, 또 신체의 좌측과 우측의 촉각 주의력에 차이가 있는지 조사하였다. 이상과 같은 실험 목적을 위한 정보를 취합할 수 있도록 실험결과 기록 용지를 제작하였는바, 실험의 전반기에 사용했던 '실험결과 기록 용지'의 상단 일부를 소개하면 '표2'와 같다.

촉각자극분배장치 시험표

시험일시___년__월__일 / 시험시작___시__분 / 시험종료__시__분 / 시험자______ / 시험장소

피시험자 생년_____ 성별 남, 여 직업 _______ 이름 _______ 연락처 __________
수행이력 위빠싸나(만 년 개월) 간화선(만 년 개월) 요가(만 년 개월) 기타( ) ※ 중복작성가능

제 회		촉각자극기 부착 위치									
		우측					좌측				
자극지속시간	촉각자극기 번호	0	2	4	6	8	1	3	5	7	9
초	촉각자극 위치										
	피험자가 인지한 개수										

표2 - 실험결과 기록 용지(상단 일부)

41) 본 연구를 위한 실험에 참여한 '고엔카 위빠싸나 경력자'의 경우 그 수행 기간이 1개월에 못 미칠 뿐만 아니라, 坐禪 시에만 집중적으로 수행하고 行禪이 없다는 점에서 그 밖의 '일반 위빠싸나'와 차별되는 독특한 수행이기에 별도로 분류하였다.

실험의 주된 목적[A]과 부차적인 목적[B, C]을 다시 정리하면 다음과 같다.

A. 촉각 자극 인지능력에서 명상수련자와 일반인을 비교한다.

명상수련자의 경우 '①일반 위빠싸나'[42], '②간화선', '③요가 명상' 가운데 어느 한 가지 이상을 수행한 경험이 있는 사람들과 '④고엔카 위빠싸나 10일 코스'에 참여한 경험이 있는 사람들의 네 집단으로 구분된다.

B. 촉각 자극 인지능력에서 운동선수와 일반인을 비교한다.

운동선수의 경우는 동국대 경주캠퍼스의 학부나 대학원의 스포츠과학과에 재학 중인 학생들로 현재 활동하고 있는 사격선수 5명과 농구선수 5명, 그리고 과거에 육상선수로 활동한 적이 있는 대학원생 1명으로 구성되어 있는데, 이를 '①사격선수'와 '②농구 및 육상 선수'의 두 집단으로 구분하여 조사하였다. 전자는 가장 정적인 운동이고 후자는 지극히 동적인 운동이라는 점에서 이런 구분은 유의미하다.

C. 명상수련자와 운동선수와 일반인으로 구성된 피험자 전체를 대상으로 다음과 같은 4가지 변항에 따른 촉각 자극 인지능력의 차이를 조사한다.

---

42) 마하시 사야도나 틱낫한 스님의 위빠싸나 수행 등 坐禪과 行禪이 모두 포함된 위빠싸나를 의미한다. 즉 본 실험에 참여한 위빠싸나 경력자 가운데 '고엔카 위빠싸나 10일 코스' 이외의 위빠싸나 수행 경험자를 함께 묶어서 '일반 위빠싸나'라고 명명하였다.

①남녀의 성별과 ②나이의 많고 적음 그리고 ③신체의 좌우에 따라 촉각 자극 인지능력에 차이가 있는지 조사한다. 실험하지 않아도 예측 가능한 것이긴 하지만43) ④자극 개수 증가에 따른 인지 오류의 정도 역시 조사한다.

⑵ 실험의 방법과 절차

본 실험44)은 전 과정이 비침습적 방식으로 진행되었으며 촉각자극기의 경우 집게로 옷을 집는 방식으로 피험자에게 부착하였지만, 필요에 따라서 벨크로가 달린 헝겊으로 해당 부위를 감싸서 촉각자극기가 신체에 밀착하도록 보완하였다. 촉각자극기의 부착방법과 실험 과정에 대해 보다 구체적으로 설명하면 다음과 같다.

'사진7'의 집게형 촉각자극기 10개를, 좌우 대칭이 되도록 '그림9'와 같은 위치에 부착한다(피험자의 우측은 짝수 번호, 좌측은 홀수 번호). 촉각자극기에는 '0'에서 '9'까지 총 10개의 번호가 매겨져 있으며 이는 제어판의 스크린에 나타나는 번호에 1:1 대응한다. 촉각자극기 집게의 부착 위치는 아래와 같다.

① 위팔뼈(Humerus) 상부 큰 결절(Greater Tubercle) 돌출부 하

---

43) 자극 개수가 많아지면 인지 오류가 커질 것이라는 점은 굳이 실험하지 않아도 짐작 가능하다.

44) 본 실험은 한국연구재단의 '2015년 학제간융합연구지원사업'으로 선정된 '명상 수련자의 주의력 측정 및 향상을 위한 촉각자극분배장치의 활용 가능성에 대한 연구'의 일환으로 실시되었는바, 동국대학교 경주캠퍼스 임상실험심의원회(IRB)의 심의를 거쳐 실험의 승인을 받았고, 피험자 개개인(또는 보호자)의 동의를 받으면서 진행되었다. 실험이 종료된 후 피험자에게는 16G의 USB메모리 등의 사은품으로 증정하였다.

방 5cm 부위

② 아래팔뚝 내면 정중앙 부위

③ 넓적다리 외면 정중앙 근육 돌출 부위

④ 내측 비복근(腓腹筋, Gastrocnemius) 상단 오목한 부위

⑤ 종아리뼈(Fibula) 가쪽 복사뼈 상방 5cm 부위

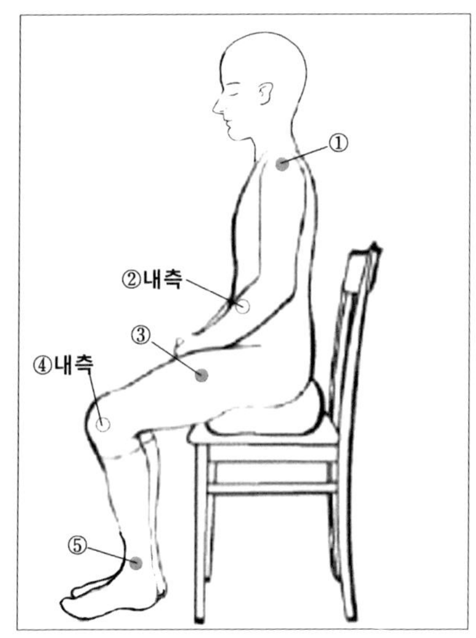

그림12 - 촉각자극기의 부착 위치

이렇게 몸의 좌우 각각 다섯 곳, 총 열 곳에 부착할 경우 자극과 자극 간의 간격이 가능한 한 멀리 떨어져 있게 된다. 촉각에 대한 전통적인 실험 가운데 잘 알려진 것으로 이점역(二点閾, Two point threshold)이란 것이 있다. 컴퍼스(Compass)와 같이 끝이 뾰족한 기구로 피부 상의 두 점을 동시에 자극했을 때 두 점 사이의 거리가 어느 이하가 되면 이를 하나의 자극으로 인지하게

된다. 그 거리를 이점역이라고 부르는데 신체의 부위에 따라 거리가 다르다. 예를 들어 등과 같이 둔한 부위의 경우는 36~75mm 정도 되고, 손바닥의 경우는 3~8mm, 혀의 경우는 1.1mm 정도 된다. 즉 예민한 부위일수록 이점역은 줄어든다.[45] 촉각의 위치에 대해 보다 미세하게 구분할 수 있다는 말이다. 본 실험에서 신체에 부착하는 촉각자극기 간의 거리는 최소한 100mm 이상 떨어져 있기에 두 곳의 자극을 하나의 자극으로 혼동하는 일은 없을 것이다. 또 촉각자극기를 좌우 각각 5개씩 총 10개를 대칭이 되는 위치에 부착하였는데, 신체상에서 해부학적으로 같은 부위는 촉각의 민감도 역시 동일할 것이라는 가정 하에, 촉각자극에 대한 좌우의 인지능력을 비교하기 위한 설정이다. 촉각자극기의 부착이 모두 끝난 후 다음과 같은 순서로 실험을 진행하였다.

① 10개의 촉각자극기 부착이 모두 끝나면 0번부터 순서대로 하나씩 스위치를 접속하여 0.3초 동안 자극하면서 피험자에게 그 느낌을 확인시킴과 아울러 촉각자극기 작동의 이상 여부를 점검한다. 위에서 아래로 순서대로 누적하는 방식으로 총 10번을 자극한 후, 이와 반대 방향, 즉 아래에서 위로 순서대로 누적하는 방식으로 총 10번을 자극하는 것이다(20번). 그 다음, 좌우 각각 전체를 한 번씩 자극하고(2번), 마지막으로 좌우 전체를 한꺼번에 자극을 한다(1번). 따라서 총 23번의 자극이 가해진다.

② 앞으로의 실험에서는, 임의의 위치에서 임의의 개수로 이런 자

45) House, Earl Lawrence 외(1960), p.153, 'Fig. 8-11'의 'Two-point touch. Separation of receptors on different body areas'.

극을 가하고, 피험자가 인지한 개수를 왼쪽 오른쪽으로 구분하여 물을 것이라는 점을 알린다.

③ 5분간 기다린다. 촉각자극기 말단 신규 부착 감각의 강도를 경감시키는 적응기이다.

④ '3, 4, 5, 6, 7, 8, 9'개의 7단계로 개수를 늘려가며 0.3초 동안 동시 자극한다. 일정 개수 당 6회 되풀이 하며[6회 각각 랜덤하게 새로운 위치가 선택되어 자극이 일어난다.], 각 개수 당 왼쪽 몇 개, 오른쪽 몇 개를 인지했는지 피험자에게 물은 후 실제로 자극한 개수와 피험자가 답한 개수를 모두 기록한다. 7단계의 각 단계 당 6회 되풀이하기에 총 42회 측정하게 된다.

⑤ 위와 같은 42회 측정 가운데 매 회마다 피험자가 인지한 개수를 '왼쪽 몇 개', '오른 쪽 몇 개'라고 대답하게 하여[46] 그 숫자를 '촉각분배장치 시험표'에 기록한다.

⑥ 이상과 같은 ①~⑤의 과정을 날짜를 달리 하여 2회 시행하였는데, 첫 번째 시행의 경우 실험을 담당한 두 명의 인력이 실험에 익숙지 않아서, 촉각자극기의 부착 위치나 부착 방법에서 착오와 실수가 많았기에 두 번째 시행으로 얻어진 데이터만 통계적으로 분석하였다.

Ⅲ. 실험결과에 대한 통계 분석과 가설적 해명

46) 이 때 왼쪽과 오른쪽에서 어느 쪽에서 인지한 촉각 자극의 개수를 먼저 대답할지는 미리 지정하지 않다.

1. 실험결과의 통계 분석

동국대학교 경주캠퍼스 불교학부에 재학 중인 일반학생과 학인 스님을 주 대상으로 포스터와 구두 홍보, 이메일 등을 통해 피험자를 모집하여 총 76명이 실험에 참여하였다. 본 연구의 목적과 관련하여 피험자의 구성을 분류하면 다음과 같다.

수행 또는 운동 경력								실험 대상자 수
명상수행자(중복 수행 가능)					운동선수		일반인	
일반 위빠싸나	고엔카 위빠싸나	간화선	요가	기타 수행자	사격	농구(5)와 육상(1)		
7	5	13	11	6	5	6	32	76

표3 - 피험자의 분류

명상수행자 가운데에는 두 종류 이상의 명상을 해 본 사람도 몇몇 있었는데[47] 이 경우 해당 인원을 각 수행항목에 중복하여 합산하였다. 예를 들어 간화선과 일반 위빠싸나 두 가지를 모두 수행한 경력자의 경우 그에게서 얻어진 하나의 실험 데이터를 두 가지 수행 이력 모두에 반영하였다.

이상과 같은 피험자를 대상으로 앞 장에서 설명한 방법과 절차에 따라서 실험을 실시한 후 얻어진 자료를 통계적으로 분석하였는데, '①자극 개수의 증가[3~9개], ②연령의 증가[탄생연도], ③성별[남]' 및 '④일반 위빠싸나, ⑤고엔카 위빠싸나, ⑥간화선, ⑦요가 수행 경력'의 유무에 따라 인지오류의 정도가 통계적으로 유

47) '간화선, 일반 위빠싸나, 요가' - 2명, '간화선, 요가' - 2명, '간화선, 일반 위빠싸나' - 3명.

의미한 차이를 보이는지 분산분석(分散分析, ANOVA)을 시행하였다.

3개~9개까지 7단계에 걸쳐 각 개수 당 6회씩 총 42번의 촉각 자극 패턴 가운데 '피험자가 그 개수를 정확히 인지한 횟수가 몇 번인지'가 각 피험자의 촉각 자극 인지능력을 의미한다. 예를 들어 3개소의 촉각 자극을 6회 발생시켰을 때 그 개수를 '5번' 맞추고, 그 다음에 4개소의 촉각 자극을 6회 발생시켰을 때 그 개수를 '3번' 맞추고, 5개소의 촉각 자극의 경우 '1번' 맞추고, 6개소 이상의 촉각 자극의 경우는 모두 맞추지 못했다고 할 경우 이 피험자의 촉각 자극 인지능력은 9가 된다[5번+3번+1번=총 9번]. 본 실험의 자료를 통계 처리할 때에는 맞춘 회수가 아니라 '오인이 일어난 회수'를 데이터로 사용하였다. 즉 매회의 실험에서 "촉각 자극에 대한 인지의 오류가 얼마나 커지는가?"에 의거하여 통계 처리하였다. 따라서 통계처리 결과표에서 '추정치'가 음[-]의 부호일 경우 '오류가 크지 않음'을 의미한다. 즉 촉각 자극 인지능력이 우수함을 의미한다.

독립변수		추정치	표준오차	t값	P값	번호
자극 개수		2.6292	0.0986	26.6588	*0.0000	①
명상수행자	일반 위빠싸나 수행자	-2.3495	0.7963	-2.9503	*0.0033	②
	간화선 수행자	-0.0687	0.6833	-0.1005	0.9200	③
	요가 수행자	0.4064	0.5709	0.7118	0.4769	④
	고엔카 위빠싸나 수행자	-2.1456	0.8243	-2.6030	*0.0095	⑤
운동선수	농구선수와 육상선수 그룹	-3.2869	1.0261	-3.2034	*0.0014	⑥
	사격선수	-2.9977	1.0418	-2.8774	*0.0042	⑦
성별(남자)		0.4533	0.4839	0.9368	0.3493	⑧
탄생연도		-0.0310	0.0179	-1.7281	0.0846	⑨

표4 - 좌측과 우측을 종합한 전체적인 인지 오류에 대한 ANOVA모형의 추정치 (P<0.05의 경우 *표시)

또 실험 데이터에서 '좌측의 인지 오류'와 '우측의 인지 오류'를 구분하여 분석하였다. 주로 사용하는 손에 대해서는 실험 후반에 조사하기 시작하여 총76명의 피험자 가운데 연락이 닿지 않는 9명을 제외한 67명의 정보를 수집하였는데, 오른손잡이가 54명, 왼손잡이가 1명, 양손잡이가 12명이었다. 먼저 좌우를 종합한 전체적인 인지 오류에 대한 분석 결과는 위와 같다(각 항목들에 대한 설명을 위해 표의 우측에 번호를 매겼다).

앞 장에서 설명했듯이 총10개의 촉각자극기를 신체에 부착한 후 3개에서 1개씩 늘려가면서 0.3초 동안 진동자극을 발생시켰는데, 충분히 예측 가능한 결과이긴 하지만, ①진동자극의 개수가 늘어날수록, 그 개수의 인지에서 오류가 커졌다(P〈0.01). 예를 들어 3개를 진동시키면 대부분의 피험자가 그 개수를 잘 맞추었지만 4개, 5개, 6개 … 로 진동자극의 개수가 늘어날수록 오인이 많아졌다는 뜻이다.

또 ②일반 위빠싸나 수행자, ⑤고엔카 위빠싸나 수행자, ⑥농구선수와 육상선수 그룹, ⑦사격선수의 경우 촉각자극인지능력이 일반인에 비해 높은 것으로 평가되며(P〈0.01), 운동선수 중에는 '농구선수와 육상선수 그룹'이 '사격선수'보다 인지능력이 높았고, 명상수행 경력자들 중에서는 '일반 위빠싸나 수행 경력자'가 '고엔카 위빠싸나 수행 경력자'보다 우수하게 나타났다.

또, ⑨나이가 젊을수록 인지의 오류가 적긴 했으나 통계적으로 유의미(有意味)하지 않았다(P=0.0846). 그러나 ⑧성별간의 차이는 없었고 ③간화선이나 ④요가 수행 경력자의 경우 촉각인지능력에서 일반인과 다르다고 볼 수 없었다.

앞에서 설명했듯이 본 실험에서 피험자에게 일정한 방식으로 촉각자극을 가한 후, 자신이 인지한 자극의 개수를 좌측과 우측으로 나누어 대답하게 하였는데, 먼저 우측의 인지오류에 대한 분석 결과는 다음과 같다.

독립변수		추정치	표준오차	t값	P값	번호
자극 개수		1.3219	0.0562	23.5068	*0.0000	①
명상수행자	일반 위빠싸나	-1.2527	0.4541	-2.7589	*0.0060	②
	간화선	0.0624	0.3896	0.1601	0.8729	③
	요가	0.2612	0.3255	0.8024	0.4227	④
	고엔카 위빠싸나	-0.7940	0.4700	-1.6894	0.0917	⑤
운동선수	농구선수와 육상선수	-2.1575	0.5850	-3.6878	*0.0002	⑥
	사격선수	-1.3199	0.5940	-2.2219	*0.0267	⑦
성별(남자)		0.2811	0.2759	1.0190	0.3087	⑧
탄생연도		-0.0069	0.0102	-0.6785	0.4978	⑨

표5 -우측 인지 오류에 대한 ANOVA모형의 추정치 (P<0.05의 경우 *표시)

신체 우측의 촉각 주의력의 경우도 ①진동자극의 개수가 늘어날수록 오인이 커지는 것은 앞에서와 마찬가지다. 우측의 인지능력이 일반인에 비해 높은 집단은 ②일반 위빠싸나 수행자, ⑥'농구선수와 육상선수' 그룹 그리고 ⑦사격선수다(P〈0.05). 운동선수 중에서는 '농구선수와 육상선수 그룹이 사격선수보다 촉각자극에 대한 인지능력이 우수했다(P〈0.01). 명상경력자 중에서는 일반 위빠싸나 수행자 그룹이 우수했으며(P〈0.01) ⑤고엔카 위빠싸나 수행자의 경우 일반인에 비해 인지능력이 약간 높긴 했으나 통계적으로 유의미하지 않았다(P=0.0917). 그리고 ⑧성별이나 ⑨나이 차이 모두 우측의 촉각 주의력과는 무관했으며 ③간화선과 ④요가 수행자의 경우도 일반인과 다르지 않았다. 다음으로 신체 좌측의 인지 오류에 대한 분석 결과는 아래와 같다.

독립변수		추정치	표준오차	t값	P값	번호
자극 개수		1.3073	0.0605	21.6143	*0.0000	①
명상수행자	일반 위빠싸나 수행자	−1.0968	0.4884	−2.2457	*0.0251	②
	간화선 수행자	−0.1310	0.4190	−0.3127	0.7546	③
	요가 수행자	0.1452	0.3501	0.4146	0.6786	④
	고엔카 위빠싸나 수행자	−1.3516	0.5055	−2.6738	*0.0077	⑤
운동선수	농구선수와 육상선수	−1.1294	0.6293	−1.7947	0.0733	⑥
	사격선수	−1.6778	0.6389	−2.6260	*0.0089	⑦
성별(남자)		0.1721	0.2967	0.5801	0.5621	⑧
탄생연도		−0.0240	0.0110	−2.1871	*0.0292	⑨

표8 - 좌측 인지 오류에 대한 ANOVA모형의 추정치(P〈0.05의 경우 *표시)

신체 좌측의 촉각 주의력의 경우도 ①진동자극의 개수가 늘어날수록 오인이 커지는 것은 앞에서와 마찬가지였다. 신체 좌측의 인지능력이 일반인에 비해 높은 집단은 ②일반 위빠싸나 수행자, ⑤고엔카 위빠싸나 수행자 그리고 ⑦사격선수였으며, ⑨나이가 젊을수록 인지능력이 높았다(P〈0.05). 그리고 명상경력자들 중에서는 '고엔카 위빠싸나 수행자'가 '일반 위빠싸나 수행자'보다 촉각 자극에 대한 인지능력이 우수했다. 운동선수 중에서는 사격선수 그룹의 인지능력이 우수했는데, 특이한 것은 ⑥'농구선수와 육상선수' 그룹의 좌측 인지능력은 일반인에 비해 다소 높게 추정되었으나 통계적으로 유의미하지 않았다(P=0.0733)는 점이다. 그 이유에 대해서는 다시 분석해 보겠다. 앞에서와 마찬가지로 ③간화선과 ④요가 수행자의 경우 신체 좌측의 촉각 주의력에서 일반인과 차이가 없었고 ⑧성별의 차이 역시 없었다.

2. 분석 결과에 대한 가설적 해명

(1) 촉각 주의력에 대한 종합적 분석

실험 결과를 종합하여 다시 정리해 보자. 먼저 확실한 것은 촉각 주의력에서 남녀의 차이가 없었다는 점이다. 전체적으로든, 좌우를 구분하여 비교하든 차이가 없었다. 또 피험자의 연령은 촉각자극에 대한 신체 우측의 인지능력과는 관계가 없으나, 좌측의 인지능력은 나이가 젊을수록 높게 나타났다(P〈0.05). 이는 좌뇌는 이성, 우뇌는 감성을 주로 담당한다는 뇌의 편재화(偏在化, Lateralization)에 대한 일반론과 유관할 것으로 추정된다. 즉 나이가 젊을수록 이성은 미숙하고 감성적으로 예민하기에 우뇌가 담당하는 신체 좌측의 촉각 인지능력이 높게 나타났을 것이다.

명상수행의 경우 그 종류를 '일반 위빠싸나, 간화선, 요가, 고엔카 위빠싸나'의 넷으로 구분하였고, 운동종목의 경우 '사격' 및 '농구와 육상'의 둘로 구분하여 촉각자극에 대한 인지능력을 일반인과 비교하였는데, 명상수행 가운데에는 '일반 위빠싸나'와 '고엔카 위빠싸나', 운동종목의 경우는 '사격' 및 '농구와 육상' 모두 촉각인지능력이 높았다. '간화선'과 '요가'의 경우 명상수행이긴 하지만, 촉각인지능력의 발달과는 무관한 수행이라고 할 수 있다.

일견해 볼 때 어떤 위빠싸나 수행이든 호흡이나 걸음 등 매순간 일어나는 촉각에 주의를 기울이는 것을 수행의 핵심으로 삼기에, 그런 수행을 한 달 이상 지속했던 피험자의 경우, '촉각자극분배장치'가 부가한 인위적인 촉각자극에 대한 인지능력 역시 높을 것으로 예측할 수 있다. 또 사격선수의 경우도 경기력의 핵심이 집중에 있으며, 농구선수의 경우는 정적인 집중은 아니지만, 경기 도중 한 순간도 방심하지 않고 자신의 몸놀림에 집중해야 한다. 사격은 '정적인 집중', 농구는 '동적인 집중'이다.

그러나 간화선의 경우 온 주의를 촉각이 아니라 화두에 쏟는다. 관념에 쏟는다. 주의가 촉각으로 흩어지면 다시 생각을 모아 화두를 챙긴다. 촉각에 주의를 기울이지 않을수록 훌륭한 간화선 수행자다. 간화선 수행자의 촉각 주의력이 일반인과 다를 게 없는 이유다. 아울러 촉각자극에 대한 인지능력이 아무리 향상되어도 그것이 불교의 깨달음과 무관하다는 점을 알 수 있다. 불교수행의 단계는 계(戒), 정(定), 혜(慧)의 삼학(三學)으로 정리되는데, 간화선의 정학은 '촉각'이 아니라 '화두'에 집중하는 것이며, 혜학은 화두에 집중하여 마음을 중도의 궁지로 몰고 가서 공성의 지혜, 즉 불이중도(不二中道)의 지혜를 체득하는 것이다.[48] 위빠싸나 수행자의 경우도 이는 마찬가지일 것이다. 위빠싸나 수행자의 촉각자극에 대한 인지능력이 아무리 높다고 하더라도, 이를 통해 온몸의 촉각자극이 항상 변화한다는 점을 자각하는 것, 즉 제행무상과 제법무아의 지혜를 체득하는 혜학으로 진입해야 불교적 수행일 수 있다. 촉각자극에 대한 인지훈련은 삼학 가운데 정학, 즉

---

48) 이에 대해서는 '김성철(2012)' 참조.

삼매의 힘만 키워 줄 뿐이다. 즉 혜학을 위한 토대를 제공할 뿐이다.

요가 수행의 경우도 모든 좌법(āsana)에서 위빠싸나 수행과 마찬가지로 몸에 주의를 기울인다. 그럼에도 불구하고 요가 수행 경력자의 촉각 주의력이 일반인과 다를 게 없는 이유는 무엇일까? 촉각자극분배장치의 경우 피부에 자극이 가해지며, 위빠싸나 수행의 경우도 호흡할 때 일어나는 코 주변의 피부 감각에 주의를 기울이는 것으로 수행을 시작한다. 그러나 요가 수행에서 여러 가지 자세를 취하기 위해서는 몸을 인위적으로 비틀어야 하고 이 때 주의를 기울이는 대상은 피부에서 일어나는 촉각이 아니라 근육이나 인대에서 유래한 심부 감각이다. 피부감각에 대한 요가수행자의 인지능력이 일반인 이상으로 발달하지는 않은 이유일 것이다.

(2) 촉각 주의력의 좌우 차이에 대한 분석

본 실험에 앞서서 전혀 예상하지 못했던 놀라운 결과들이 있다. 신체 좌측과 우측의 촉각 주의력이 '위빠싸나 수행'의 종류나 '운동종목'에 따라 다르다는 점이다.[49] 앞에서 데이터를 제시하면서 간략히 설명하긴 했으나, 이를 다시 요약하면 다음과 같다.

49) 피험자들의 인적사항을 기록할 때, 총 76명의 피험자 가운데 후반에 참여한 34명(운동선수는 11명 중에 오른손잡이는 9명 양손잡이는 2명이었다.)에 대해 자신이 주로 사용하는 손을 조사하였는데 왼손잡이는 전혀 없었고 오른손잡이가 30명 양손잡이가 4명이었다. 같은 비율을 적용한다면 주로 사용하는 손을 조사하지 못한 초반 참여자 43명의 경우도 왼손잡이는 거의 없고 대부분이 오른손잡이이며 양손잡이는 5명 정도일 것으로 추정할 수 있을 것이다.

우측

① 위빠싸나 수행 경험자의 경우 '일반 위빠싸나' 경험자의 인지능력이 높음. '고엔카 위빠싸나' 경험자의 경우 일반인에 비해 인지능력이 높지만 통계적 유의미하지 않음(P=0.0917). (좌측의 경우와 반대)

② 운동선수의 경우 인지능력이 모두 높으며 '사격선수'보다 '농구 및 육상선수'의 인지능력이 월등하게 높음. (좌측의 경우와 반대)

좌측

① 위빠싸나 수행 경험자의 인지능력이 높으며 '고엔카 위빠싸나' 수행 경험자가 '일반 위빠싸나' 수행 경험자보다 인지능력이 높음. (우측의 경우와 반대)

② 운동선수의 경우 '사격선수'의 인지능력이 높으며 '농구 및 육상선수'의 경우 일반인보다는 인지능력이 높긴 하지만 통계적으로 유의미하지 않음(P=0.0733). (우측의 경우와 반대)

이를 간단히 종합하면 다음과 같다. 먼저 위빠싸나 수행 경험자의 경우 '고엔카 위빠싸나 10일 코스' 경험자가 '일반 위빠싸나 수행' 경험자보다 신체 좌측의 촉각 주의력은 높았으나 우측은 낮았다. 운동선수의 경우는 '농구 및 육상선수'가 '사격선수'보다 신체 우측의 촉각 주의력이 높았지만 좌측은 낮았다. 그 이유는 무엇일까? 이들 수행과 운동의 특징을 비교할 때 그 해답을 얻을 수 있다.

앞에서 언급했듯이 농구 경기는 ‘동적인 집중’을, 사격은 ‘정적인 집중’을 요구한다. 운동이라는 점에선 같지만 경기 스타일이 전혀 다르기에, 주의를 기울이는 방식 역시 완전히 다르다. 사격의 경우 마음을 가만히 가라앉히고 정지 상태에서 온 주의를 과녁 하나에만 쏟아야 하지만, 농구의 경우는 민첩하게 몸을 움직이면서 시간의 흐름에 따라 변화하는 순간적인 동작 하나하나에 주의를 기울여야 한다. 일반적으로 위빠싸나 수행을 할 때, 가만히 앉아서 호흡을 관찰하다가 일어나 걸을 때에는 걸음에 집중하고, 음식을 먹을 때에는 씹는 감각에 집중한다. 정지해 있든 움직이든 매 순간 몸에서 일어나는 촉각에 주의를 기울이는 것이다. 그런데 10일 단위의 수행 코스로 제공되는 고엔카 위빠싸나 수행의 경우는 이와 다르다. 수행할 때에는 정좌한 후 코 주변이나 두정부 등 신체의 특정 부위를 지정하여 그곳에서 일어나는 촉감에 주의를 기울이는데, 수행이 종료되고 일상생활을 할 때는 수행을 하지 않는다. 즉 경행(經行)도 하지 않고 동선(動禪)도 권하지 않는다. 실험이 종료된 후 데이터를 분석하면서 일반 위빠싸나 수행 경험자 7인 모두에게 확인한 결과, 단 한 명의 예외도 없이 정좌 상태뿐만 아니라 신체가 움직일 때에도 매 순간 발생하는 촉각에 주의를 기울이는 수행을 했다고 하였다. 그러나 고엔카 위빠싸나 10일 코스의 경우는 정좌 상태에서만 촉각에 주의를 기울인다.

따라서 우리는 다음과 같은 결론을 내릴 수 있을 것이다. 운동선수든 위빠싸나 수행자든 정지상태에서 주의집중 훈련을 할 경우 신체 좌측의 촉각 주의력이 발달하는 반면, 움직이면서 주의집중 훈련을 하는 경우는 신체 우측의 촉각 주의력이 발달한다. 그러면 그 이유는 무엇일까? 대뇌의 양 반구의 기능적 특성과 연관시켜 분석할 때 이에 대한 가설을 세울 수 있다.

(3) 촉각 주의력의 좌우 차이에 대한 뇌과학적 해명

대뇌의 우반구에 출혈이나 전색(塡塞) 등의 장애가 있으면 신체의 왼쪽이 마비되고, 좌반구에 문제가 생기면 오른쪽에서 마비가 일어나는 뇌졸중(腦卒中) 환자의 증례에서 보듯이 신체 좌우의 관장 부위가 대뇌에서는 뒤바뀐다. 즉 신체의 우측은 대뇌의 좌측에서, 신체의 좌측은 대뇌의 우측에서 관장하는 것이다. 신경교차(Decussation)[50]가 일어나기 때문이다.[51] 시신경이나 청신경은 일부가 교차하지만 촉각을 담당하는 체성감각신경의 경우 거의 모두 교차한다고 한다.[52] 또 우리 몸에서 좌우 한 쌍인 장기가 여럿 있는데 그 가운데 신장이나 폐, 고환이나 난소 등은 좌측의 것이든 우측의 것이든 기능이 완전히 동일한 반면 뇌의 경우는 좌반구와 우반구의 기능에 일부 차이가 있다. 이를 편재화(Lateralization)라고 부르는데 다음과 같이 요약된다.

---

50) 시신경은 대뇌 하부의 뇌하수체 앞에서, 청각신경은 연수에서, 촉각신경의 경우 일반적인 촉각신경은 연수 상부에서 교차하지만 통증과 온도감각의 촉각신경은 척수상부에서 교차한다. 운동신경은 연수에서 교차한다. 김성철(2014a), p.60 각주 참조.

51) 신경교차는 척추동물에게서만 발견되는데, 무척추동물이 척추동물로 진화하면서 몸의 앞부분(뇌와 인두) 이후의 부분이 180도 뒤틀리면서 신경교차가 일어났다는 것이 최근에 제시된 가장 설득력 있는 설명이다. Kinsbourne, M.(2013), pp.511~515.

52) Kolb, Bryan 외(2003), p.266.

> 일반적으로 좌반구는, 우리의 경험 전체를 만들어 내는 요소들을 추출하는 것, 즉 정보의 분석(analysis)에 관여한다. 이런 능력으로 인해 좌반구는 순차적인 사건들(그 요소들이 차례대로 발생하는 사건들)을 인지하며, 행동의 순서를 통제하는 데 특히 능숙하다. (소수의 사람에게서 좌우의 기능이 바뀌어 있다.) 좌반구가 수행하는 순차적인 기능 중에는 말하기, 다른 사람들의 말을 이해하기, 읽기, 쓰기 등 언어적 활동이 포함되어 있다. 좌반구의 여기저기가 손상되면 이런 능력들이 훼손된다. 이와 반대로 우반구는 종합(synthesis)에 특화되어 있다. 고립된 사건들을 모아서 사물들을 하나의 전체로 인지하는 데 능숙하다. 예를 들어 그림(특히 3차원적인 대상들)을 그리고, 지도를 읽고, 작은 요소들로 복잡한 대상을 구축하는 것과 같은 우리의 능력은 우반구에 위치한 뉴런들의 회로에 크게 의존한다. 우반구가 손상되면 이런 능력들이 훼손된다.53)

좌반구의 경우 사물에 대한 분석적, 순차적 인지와 행동, 우반구는 종합적, 전체적 인지에 특화되어 있다는 것이다. 위의 인용문에서는 순차적인 인지로 언어적 활동을, 전체적인 인지로 그림 그리기 등을 예로 들었는데, 몸과 관련하여 좌반구는 '수의적 운동의 순서 및 인지'와 유관한 반면, 우반구는 '공간 내에서 움직임을 조절하는 역할'을 한다고 한다.54) 즉, 좌반구는 언어와 운동 기능에서 특별한 역할을 하고, 우반구는 공간 기능에서 보완적인 역할을 한다.55) 이런 이론에 비추어 볼 때 본 연구의 실험 결과에 대한 다음과 같은 해석이 가능하다.

일반 위빠싸나 수행자나 농구선수의 경우는 수행이나 경기를

---

53) Neil R. Carlson(2005), p.77.
54) Kolb, Bryan 외(2003), pp.544~545.
55) Kolb, Bryan 외(2003), p.278.

할 때 몸을 움직이면서 일어나는 촉감의 변화에 주의를 기울이게 되는데, 몸을 움직일 때 촉감의 변화는 순차적으로 일어난다. 따라서 일반 위빠싸나 수행자나 농구선수의 경우 순차적 인지능력을 주관하는 좌뇌의 기능이 발달하였을 것으로 추정할 수 있다. 앞에서 설명했듯이 좌뇌는 신체의 우측을 관장한다. 본 연구의 실험에서, 운동선수의 경우는 농구선수, 위빠싸나 수행자의 경우는 일반 위빠싸나 수행자의 우측 촉각 인지능력이 높은 것은 그 동적인 특성 때문일 것이다.

이와 반대로 고엔카 위빠싸나 수행과 사격은 정적이다. 신체의 특정 부위를 대상으로 삼든 멀리 있는 과녁에 집중하든 수행자 또는 선수는 미리 지정한 공간적 범위 내에 가만히 주의를 기울여야 한다. 대상의 시각적 위치가 직접 인지되든[사격선수], 촉각에 의해 상상되든[고엔카 위빠싸나 수행자] 그 대상이 속한 공간적인 장(場) 전체를 염두에 두면서 나의 주의가 특정한 위치에 머물도록 노력해야 한다. 이런 공간적 인지 기능은 우뇌와 유관하다. 따라서 고엔카 위빠싸나 수행자와 사격선수 모두 우뇌가 발달할 것이다. 그리고 우뇌는 신체의 좌측에서 발생하는 체성감각을 담당하기에 신체 좌측에서 일어난 촉각자극에 대한 인지능력에서 고엔카 위빠싸나 수행자나 사격선수가 우수했던 것이라고 추정할 수 있다.

Ⅳ. 요약 및 앞으로의 과제

최근 들어 심리치료의 보조수단으로 적극 도입되기 시작하는 Mindfulness 수행의 경우, 그 심리적 효과나 뇌 조직에 미치는 영향에 대해서는 과학적인 연구가 많이 이루어지고 있지만, 정신치료 분야에서 약물과 상담을 보완하는 제3의 치료법으로 더욱 발전하기 위해서는 그 훈련 과정 역시 과학화, 객관화, 표준화 할 필요가 있다. 전통적인 위빠싸나 수행도 그렇지만 MBSR 등 Mindfulness에 근거한 심리치료법 모두 '촉각'에 '주의'를 기울이는 것으로 훈련을 시작한다는 점에 착안하여, 개개인의 촉각 주의력을 객관적 수치로 나타낼 수 있도록 고안하여, 제작한 전기전자기기가 촉각자극분배장치다. 촉각자극분배장치는 피험자의 신체 표면 여러 곳에 소형진동모터가 내장된 촉각자극기를 부착한 후 그 가운데 몇 개를 선택하여 짧은 시간 동안 동시 또는 순차적으로 진동시키는 장치인데, 이 때 피험자가 인지한 촉각 자극의 개수 또는 패턴을 실제로 발생한 그것과 비교하여 피험자의 인지 또는 오인 여부를 확인할 수 있다. 촉각자극기의 작동시간이 어느 한계 이하로 짧아지거나 촉각자극기의 작동 개수가 어느 한계 이상으로 늘어날 경우 이를 정확히 인지하기가 힘들어지는데, 그때의 '작동 개수' 또는 '작동 시간'이 실험에 참여한 피험자의 촉각 주의력의 한계가 된다. 즉 촉각 자극에 대한 인지능력을 '개수'나 '시간'이라는 숫자로 표시하여 수량화(Quantification)할 수 있는 것이다.

본 연구를 위한 실험에서는 명상수련자와 운동선수를 포함한 총 76명의 피험자를 대상으로 촉각 주의력을 측정하였고 그 결과 얻어진 데이터를 통계적으로 처리하여, 명상수련이나 운동의 종목에 따른 촉각 주의력의 우열을 비교하였고 성별, 나이, 신체의 좌우, 자극의 개수에 따라 촉각 주의력이 어떻게 달라지는지 조사하였다. 실험결과를 다시 요약하면 다음과 같다.

명상수련자의 경우 '일반 위빠싸나', '고엔카 위빠싸나', '간화선', '요가'의 네 집단으로 다시 구분하였고, 운동선수의 경우는 정적인 운동인 '사격'과 동적인 운동인 '농구 및 육상'의 두 집단으로 구분하여 촉각 주의력의 우열을 조사하였다.

신체의 좌측과 우측의 촉각 자극 인지능력을 종합한 결과는 다음과 같다.

명상수련자 중에는 위빠싸나 수행 경력자만 촉각 주의력에서 일반인에 비해 우월했으며(P〈0.01), 운동선수의 경우 '사격선수'와 '농구 및 육상 선수' 모두 일반인에 비해 촉각 주의력이 우월했다(P〈0.01). 또 나이가 젊을수록 촉각 주의력이 좋았지만 통계적으로 유의미하지 않았고(P=0.0846),[56] 남녀의 성별에 따른 차이는 없었으며, 자극의 개수가 많아질수록 인지 오류가 높았다(P〈0.01). 특기할 것은 요가와 간화선 수행자의 촉각 주의력이 일반인과 다르지 않았다는 점이다. 이는 이들의 수행이 '피부촉각에 대한 주의력'을 향상시키는 수행이 아니기 때문이다. 또 피부촉각에 대한 주의력이 뛰어났다고 해서 그가 깨달은 사람인 것은 아니다. 촉각 주의력이 뛰어난 운동선수들이 깨달은 사람이 아니듯이 …. 따라서 촉각자극분배장치는 계정혜 삼학 가운데 위빠싸나 수행자에 한하여 '지적인 깨달음'인 혜학이 아니라 '삼매의 능력'인 정학

---

56) 신체를 좌우로 구분한 수치에서는, 나이가 젊을수록 좌측의 촉각 주의력이 일반인에 비해 우월했지만(P〈0.05), 우측의 촉각 주의력은 일반인과 다르지 않았다.

의 수준을 측정하는 장치로 활용할 수 있을 것이다.

실험 결과 가운데 가장 흥미로운 내용은 위빠싸나 명상의 종류나 운동의 종목에 따라서 신체 좌측과 우측의 촉각 주의력이 다르다는 점이었다. 위빠싸나 수행의 경우 고엔카 위빠싸나 수행 경력자는 촉각 주의력에서 신체 좌측이 특히 우월한 반면 우측은 일반인에 비해서는 우월했지만 통계적으로는 유의미하지 않았는데(P=0.0917), 일반 위빠싸나 수행 경력자는 좌우 양측 모두 촉각 주의력이 우월하였으며 우측이 좀 더 뛰어났다. 운동선수의 경우 신체 우측의 촉각 주의력은 '농구 및 육상선수' 그룹이 특히 뛰어났고 '사격선수' 그룹 역시 일반인에 비해 뛰어났다. 그런데 신체 좌측에서는 '사격선수'가 특히 우월하였으며, '농구 및 육상선수' 그룹의 경우는 일반인에 비해서는 우월했지만 통계적으로는 유의미하지 않았다(P=0.0733). 이들 피험자에서 신체 좌측과 우측에서 촉각 주의력이 이렇게 다르게 나타난 것은, 이들이 익힌 수행이나 운동의 동적 또는 정적 속성이 대뇌의 좌우 양반구의 기능적 편재화와 관계가 있기 때문일 것이다. 신경생리학의 연구결과에 따르면 대뇌의 좌반구는 언어와 운동 기능에서 특별한 역할을 하고, 우반구는 공간 기능에서 보완적인 역할을 한다고 한다. 뇌신경이 척수로 연결되면서 척추 말단의 연수 부근에서 신경교차가 일어나기에 신체의 좌측은 우뇌의 지배를 받고 우측은 좌뇌의 지배를 받는다. 따라서 행선과 같은 동적인 수행을 포함하는 일반 위빠싸나 수행이나 지극히 동적인 운동인 '농구 및 육상'을 오래 익힐 경우 대뇌의 좌반구가 발달하기에 신체의 우측의 인지능력이 발달하고, 지극히 정적인 상태에서 신체나 표적의 공간적 위치에 주의를 집중하는 고엔카 위빠싸나 수행이나 사격 훈련을 오래 할 경우 우반구가 발달하기에 신체 좌측의 인지능력이 남보다 뛰어날 것으로 추정할 수 있는데, 본 실험의 결과는 이런 추정에 부합한다. 앞으로 fMRI 등 뇌영상장비를 활용하여 이들 수행자와 운동선수의 대뇌활동이나 조직의 특성을 비교하는 연구가 이어질 경우 이를 더욱 확증할 수 있을 것이다.

아비달마교학의 인식론과 찰나론 그리고 위빠싸나의 수행 원리와 현대 심리학의 주의 이론에 근거하여 촉각자극분장치를 제작한 후, 실험에 들어가기 전까지는 어떤 결과가 도출될지 전혀 예측할 수 없었다. 전례가 없는 실험이었기 때문이다. 촉각 주의력에서 개인별 차이가 거의 없다는 실험 결과가 나올 수도 있기에 오랜 기간에 걸친 노력이 도로(徒勞)에 그칠 수도 있었다. 그러나 이런 우려와 달리 이번 실험을 통해서 위빠싸나 수행 경력자나 운동선수의 촉각 주의력이 일반인보다 뛰어나며 명상이나 운동의 종류에 따라 신체 좌측과 우측의 촉각 주의력에 차이가 있음도 알 수 있었다.

이상과 같은 연구결과를 더욱 확증하기 위해서는 보다 많은 수의 표본을 대상으로 실험과 연구가 이루어져야 할 것이다. 아울러 앞으로 촉각자극분배장치를 활용하여 의미 있는 다양한 실험들이 가능할 것이다. 이번 실험에서는 다수의 촉각 자극이 동시에 일어나도록 실험을 설계했는데, 이와 달리 촉각 자극이 순차적으로 일어나게 한 후 피험자에게 그 개수나 순서를 대답하게 하는 실험도 가능할 것이다. 이번 실험에서와 같이 동시에 발생하는 촉각 자극을 피험자가 그대로 인지하려면 능동적으로 주의를 이동해야 한다. 그러나 순차적으로 발생하는 촉각 자극의 경우 피험자는 그 자극을 수동적으로 따라가면서 주의를 기울이게 된다. 따라서 촉각 주의력의 특징이나 개인차와 관련하여 이번 실험 결과와 전혀 다른 새로운 사실을 발견할 수 있을 것으로 기대된다.

촉각에 주의를 기울여 인지하려고 노력하는 것 자체가 그대로 훈련이기도 하다. 즉 촉각 자극의 패턴을 계속 바꿔가면서 이를 인지하려고 노력하며, 피험자의 인지와 실제의 자극 패턴을 비교하여 오인이 있을 경우 Feedback 방식으로 이를 시정하는 과정에서, 촉각에 대한 주의력이 점차 향상할 수 있을 것으로 짐작된다. 따라서 촉각자극분배장치를 일반인들의 주의력 향상을 위한 훈련장치로 활용하는 방안도 모색할 수 있을 것이다.

이번 실험을 통해 촉각 주의력에 개인차가 있다는 점을 알게 되었는데, 앞으로 시각이나 청각 정보를 짧은 시간에 파악하는 능력에도 직종별 또는 수행 이력별로 개인차가 있는지 조사하는 실험도 설계해 볼 수 있을 것이다. 물론 실험 장비는 새롭게 고안하여 제작해야 할 것이다. 또, 운동선수의 촉각 주의력이 일반적으로 뛰어나며, 농구와 같은 동적인 운동과 사격과 같은 정적인 운동에서 신체 좌우의 촉각 주의력이 다르다는 점에 착안하여 운동선수의 선발이나 훈련에 촉각자극분배장치를 활용하는 방안도 모색해 볼 수 있을 것이다. 이상에 열거한 연구와 실험은 후일을 기약한다.

- 『한국불교학』 81집, (사)한국불교학회, 2017

참고문헌

김성철

2014a_『붓다의 과학이야기』, 서울, 참글세상.

2014b_「사띠(Sati) 수행력의 측정과 향상을 위한 기기와 방법」,『한국불교학』, 한국불교학회.

2012_「선과 반야중관의 관계」,『불교학연구』 32집, 불교학연구회.

김정호(2010), 「제4장 주의와 인지」, 이정모 외 17명, 『인지심리학』, 서울, 학지사.

안양규

2011_「MBSR의 개발과 불교의 영향」,『불교학보』 제58집, 서울, 동국대학교불교문화연구원.

2012_「불교 교학에서 본 MBSR의 치유 원리」,『불교학보』 제62집, 서울, 동국대학교불교문화연구원.

안희영(2010),「MBSR 프로그램의 불교 명상적 기반 - 교과과정 및 치유원리를 중심으로」,『불교학연구』 26집, 불교학연구회.

Bohlmeijera Ernst 외(2010), "The effects of mindfulness-based stress reduction therapy on mental health of adults with a chronic medical disease: A meta-analysis", *Journal of Psychosomatic Research*, 68, Los Angeles, Elsevier.

Carlson, Neil R.(2005), *Foundations of Physiological Psychology*, 6th ed., Boston, Pearson Education Inc..

Clarke, Tainya C. 외(2015), "Trends in the Use of Complem

entary Health Approaches Among Adults: United States, 2002 -2012", *National Health Statistics Report*, Number 79 February 10, Hyattsville, Centers for Disease Control and Prevention.

Crane, Rebecca(2009), *Mindfulness-Based Cognitive Therapy - Distinctive Features*, New York, Routledge.

Fronsdal, Gil(1998), "Insight Meditation in the United States: Life, Liberty, and the Pursuit of Happiness", Edited by Charles S. Prebish and Kenneth K. Tanaka, *THE FACES OF BUDDHISM IN AMERICA*, Berkley and Los angeles, University of California Press.

House, Earl Lawrence 외(1960), *A Functional Approach to Neuroanatomy*, New York, McGraw-Hill Book Company.

Kolb, Bryan 외(2003), *Fundamentals of Human Neuropsychology*, New York, Worth Publishers.

Kinsbourne, Marcel(2013), "Somatic twist: a model for the evolution of decussation", *Neuropsychology* Vol.27, American Psychological Association.

Mahasi Sayadaw(연도미상), *Practical Vipassana Exercises*, Buddha Dharma Education Association Inc..

Moneya(2006), *Teaching & Training - Pa-Auk Forest Monastry*, Kuala Lumpur/Malaysia, WAVE Publications.

Öst, Lars-Göran(2008), "Efficacy of the third wave of behavioral therapies: A systematic review and meta-analysis", *Behaviour Research and Therapy*, Vol.46, Los Angeles, Elsevier Ltd..

Rogers, Carl 외(2007), "The Most Influential Therapists of the Past Quarter-Century", *Psychotherapy Networker*, March/April, Washington, Washington.

Treadway, Michael T. 외(2009), "The Neurobiology of Mindfulness", Fabrizio Didonna eds., *Clinical Handbook of Mindfulness*, New York, Springer Science+Business Media.

http://www.aacc.net/2007/03/21/the-top-10-most-influential-therapists

https://www.psychotherapynetworker.org

Sati 명상장치를 이용한 훈련의 심리적 효과에 대한 실험적 연구*

요약문

위빠싸나와 같은 마인드트레이닝의 '훈련과정'을 과학화하기 위해 개발된 'Sati 명상장치'의 훈련효과를 검증하는 것이 본 연구의 목적이다. 본 연구에서 사용한 Sati 명상장치는 소형 진동 모터 여러 개를 피험자의 몸에 밀착하고 개수와 시간과 순서에서 다양한 패턴의 진동 자극을 인위적으로 일으킨 후, 피험자가 인지한

* 서울대학교에서 주관한 세계불교학회(IABS) 제19회 Conference(2022년 8월 19일)에서 발표. ; 본 논문을 위한 연구자료의 통계처리를 담당해 주신 동국대 경주캠퍼스 빅데이터학부 김진석 교수님과 연구보조원으로서 본 실험을 직접 담당했던 강남옥, 김지명 두 분 선생님께 심심(甚深)한 사의(謝意)를 표합니다.

자극의 패턴을 원래의 패턴과 비교함으로써, 촉각자극에 대한 피험자의 인지능력을 측정하는 전기전자기기다. 본 연구에서는 이런 측정을 되풀이 할 경우 촉각 주의력을 훈련하게 된다는 점에 착안하여, 21명의 피험자들에게 1일 30분, 총 10일 동안 훈련하게 하였다. 아울러 이런 훈련을 통해 마음챙김 수행과 동일한 효과가 얻어지는지, 단기기억 능력과 촉각 주의력에 향상이 있는지 알아보기 위해, 훈련 전과 훈련 후 '한국판 5요인 마음챙김 척도', '숫자 기억 검사', '촉각자극 인지능력 검사'를 실시하였고 전과 후의 결과를 '대응비교 t-test'로 비교하였다. '한국판 5요인 마음챙김 척도'의 경우 '①자각행위, ②비판단, ③관찰, ④비자동성, ⑤기술'의 다섯 가지 요인으로 구성되어 있는데, 촉각 주의력 훈련 후 ①자각행위와 ④비자동성 그리고 ⑤기술의 3가지 요인에서는 유의미한 향상을 보였고($p<0.05$), '③관찰' 요인의 경우는 훈련 후 향상하기는 했지만 통계적으로 유의미하지는 않았으며($0.05<p<0.1$), '②비판단' 요인의 경우는 훈련의 영향을 받지 않았다($p>0.1$). '숫자 기억 검사'는 단기기억 능력을 측정하는 대표적인 검사인데 이 역시 훈련 후 유의미한 향상이 있었고($p<0.05$), '촉각자극 인지능력 검사'에서도 훈련 후 유의미한 향상이 있었다($p<0.05$). 그러나 21명의 피험자를 '1차 실험 경험자 14명'과 '신규 참가자 7명'으로 구분하여 통계 처리한 결과는 이와 달리 모든 검사에서 유의미한 향상이 적었다. 따라서 이 장치의 심리적 효과에 대해서는 앞으로 보다 많은 피험자를 대상으로 새롭게 연구하는 것이 바람직할 것이다.

Ⅰ. 서론

건강을 위한 훈련은 헬스트레이닝(Health training)과 마인드트레이닝(Mind training)으로 구분 가능하다. 헬스트레이닝이 몸의 건강을 위한 훈련이라면 마인드트레이닝은 마음의 건강을 위한 훈련이며, 두 가지 모두 그 '효과'에 대해서는 과학적, 객관적 검증이 이루어지고 있다. 그런데 그 훈련 과정을 비교하면, 헬스트레이닝은 객관화시킬 수 있는 반면, 마인드트레이닝은 아직 객관화 되어 있지 않다. 예를 들어 헬스트레이닝의 경우 조깅머신의 속도가 얼마인지, 몇 킬로그램짜리 웨이트(Weight)로 어느 근육을 강화하는 운동을 하고 있는지 등이 남에게 드러나기에 그 훈련 과정을 수량화하여 나타낼 수 있다. 그러나 호흡을 관찰하든지, 화두를 들든지, 어떤 소리나 영상이나 촉감과 같은 감각에 집중하든지 하는 마인드트레이닝의 경우, 수련생 또는 피험자가 지도자의 지시나 정해진 지침에 따라서 마음을 조절하고 있는지, 아니면 잡념에 빠져 있는지 깜박 졸고 있는지 제3자에게 드러나지 않는다. 즉 헬스트레이닝의 경우 그 훈련과정과 훈련효과 모두 객관화, 과학화 되어 있지만, 마인드트레이닝의 경우는 훈련효과에 대해서만 과학적 연구가 이루어지고 있을 뿐, 훈련 과정은 지극히 주관적으로 진행된다. 이런 단점을 개선하기 위해 고안, 제작된 장치가 본 연구에서 사용한 'Sati 명상장치'다.[1)]

'Sati 명상장치'는 위빠싸나 명상에 근거하여 고안된 전기전자기

1) 이 명상장치의 고안과 원리에 대해서는 '김성철, 『사띠(Sati) 수행력의 측정과 향상을 위한 기기와 방법」, 『한국불교학』제72집(서울: 한국불교학회, 2014), pp.315-347' 참조.

기로 기능적으로는 '촉각자극분배장치'라고 불리는데, 문자 그대로 특정한 패턴의 촉각자극들을 발생시켜서 이를 분배하는 장치로 그 작동 원리는 다음과 같이 요약된다.

> 위빠사나 명상에서는 '시각, 청각, 후각, 미각, 촉각'의 다섯 가지 감각 가운데 호흡할 때 발생하는 촉각에 주의를 기울이는 것으로 명상을 시작하는데 …… '자신의 몸에서 일어나는 체성감각(Somatic senses)에 주의를 기울이는 것'이 현재 세계적으로 보급되어 있는 거의 모든 위빠사나 수행의 공통점이다. …… 촉각자극분배장치를 활용할 경우, 피험자[또는 수련자]의 몸에 일정한 패턴의 촉각자극을 인위적으로 일으킨 후, 피험자가 인지한 자극의 패턴을 원래의 패턴과 비교함으로써 촉각자극에 대한 피험자의 인지능력을 객관적 지표로 나타낼 수 있다. 먼저 피험자의 몸 여러 곳에 [소형진동모터가 내장된] 다수의 자극 素子를 부착한다. 그리고 자극의 ①위치 ②개수, ③시간, ④순서를 특정한 패턴으로 조합하여 촉각자극을 발생시키면서 피험자로 하여금 주의를 기울여 이를 그대로 인지하도록 노력하게 한 후, 피험자가 인지하였다고 자각한 촉각자극의 패턴을, 원래 발생시킨 패턴과 비교해 봄으로써, 촉각자극에 대한 피험자의 주의 집중 능력을 객관적 수치로 나타낼 수 있다.[2)]

소형진동모터가 내장된 촉각자극기 여럿을 피험자의 신체에 부착하고, 제어판의 다이얼과 스위치를 조절하여 자극의 개수와 위치, 순서, 시간 등에 변화를 주어 작동시키면 그런 자극 패턴이 모니터에 수자로 표시되는데, 자극 시간이 짧아질수록, 또는 자극의 개수가 늘어날수록 이를 그대로 인지하기가 어려워진다. 예를 들어 자극 시간을 0.4초에서 0.3, 0.2, 0.1초로 줄여갈 경우 인지하기가 점차 힘들어지고, 자극 개수를 4개에서 5, 6, 7, 8개로 늘

---

2) 김성철 외 5인, 『명상수련자의 촉각 주의력에 대한 실험적 연구』(서울 : 한국불교학회, 2017), pp.102-103.

여갈 경우 그 모두를 제대로 인지하기가 점차 힘들어진다. 그래서 자극의 개수와 시간이 어느 한계에 달하면 인지에 오류가 일어나게 되는데, 이를 수량화(Quantification)함으로써 촉각자극에 대한 피험자의 인지능력을 평가할 수 있다.

필자는 이상과 같은 작동 원리를 갖는 Sati 명상장치를 사용하여[3] 68명의 피험자를 대상으로 촉각자극에 대한 인지능력, 즉 촉각 주의력(Tactile Attentiveness)을 측정한 바 있다.[4] 수행이력별로는 위빠사나, 간화선, 요가, 일반인 및 기타수행의 네 군으로 구분하고, 직업별로는 '농구 및 육상, 사격, 스님, 기타'의 네 군으로 구분한 후, 각 군의 인지 오류를 종합하여 통계적으로 분산분석(ANOVA)을 시행하였는데, 수행이력별로는 위빠싸나 수행 경험자들, 직업별로는 운동선수들의 촉각 주의력이 일반인에 비해 뛰어났다.[5]

그런데 Sati 명상장치는 이렇게 피험자의 촉각 주의력을 측정하는 장치로 사용할 수도 있지만, 이런 측정을 되풀이 하면서 오인(誤認)을 시정할 경우 촉각 주의력을 향상시키는 훈련 장치로도 활용할 수 있을 것이다. 위빠사나 수행의 주의집중이 그 자체로 치유적 기능을 하듯이,[6] Sati 명상장치를 이용한 촉각 주의력의

---

3) 본 실험에서 사용한 기기는 '명상과학사(http://www.sati.biz)'에서 제작한 '사띠미터(Sati-Meter)'다.

4) 본 논문에서 사용하는 '촉각자극 인지능력', 또는 '촉각자극에 대한 인지능력'이라는 말은, '촉각자극의 개수와 순서 등을 정확하게 알아차리는 능력'이라고 정의할 수 있다. 자신의 몸에서 일어나는 촉각에 쏠리던 주의(Attention)가 흩어질 경우 오인(誤認)이 일어나기에 이는 '촉각 주의력(Tactile Attentiveness)'이라고 부를 수도 있다.

5) 김성철 외 5인, 앞의 논문, pp.115-117.

6) Mark Epstein, 전현수·김성철 옮김, 『붓다의 심리학』(서울 : 학지사, 2006), p.15.

측정이 그대로 훈련일 수 있기 때문이다.[7)]

인지심리학 분야에서 촉각 자극 인지에 대한 일반적인 연구는 이루어진 적이 있지만, 직업이나 명상수행 이력에 따른 촉각 주의력의 우열에 대한 연구나 촉각 자극 인지 훈련을 함으로써 얻어지는 훈련 효과에 대한 연구는 아직 없는 것으로 알고 있다.[8)] 본 연구에 사용한 Sati 명상장치가 세계적으로 전례가 없는 발명품이기에, 이에 대한 연구와 실험 역시 모두 새롭게 고안해야 했다. 위에서 소개했듯이 필자의 이전 연구에서는 명상수행 경험자, 운동선수 등 특정집단을 대상으로 촉각 주의력에 우열이 있는지 조사하였는데, 본 연구에서는 Sati 명상장치를 이용하여 촉각 주의력을 훈련한 후, 훈련 전과 훈련 후 다음과 같은 3가지 검사를 실시함으로써 훈련을 통해 지표가 향상함을 입증하고자 하였다.

① 한국판 5요인 마음챙김 척도 - 먼저 Sati 명상장치가 '마음챙김(Mindfulness, 念)' 수행의 일종인 위빠싸나 수행 방법에 근거하여 제작된 것이기에, 이 장치를 이용한 훈련이 마음챙김 수행과 동일한 심리적 효과를 낼 것이라고 추정할 수 있다. 이런 추정을 입증하기 위해 피험자를 대상으로 '한국형 5요인 마음챙김 척도' 설문검사를 훈련 전과 훈련 후에 실시하여, 마음챙김 능력의 향상 여부를 조사하였다. Sati 명상장치를 이용한 훈련 이후 설문검사에서 유의미한 향상이 보일 경우, 이 장치가 마음챙김 수행을

---

7) 김성철, 앞의 논문, p.341.

8) 촉각 주의력에 대한 연구를 집대성한 책으로 'Alberto Gallce & Charles Spence, *in touch with the FUTURE: The sense of touch from cognitive neuroscience to virtual reality* (Oxford: Oxford University Press, 2014)'이 있지만, 이 책은 물론이고 이들 두 저자가 인용하는 문헌 중에서 '촉각 주의력'의 개인별 차이나, 촉각 주의력 훈련 효과 등에 대해 연구한 내용을 없었다.

대신할 수 있는 기기(器機)라는 가설이 입증될 것이다.

② 숫자기억 검사 - 최근 단순한 행동 훈련만으로 작업기억의 한계를 늘일 수 있다는 흥미로운 연구결과가 보고되고 있다.[9] 예를 들어 n-back 훈련[10]을 할 경우, '시각적인 단기기억(VSTM) 수행 능력이 높아진다고 한다.[11] 그런데 촉각 주의력 훈련을 할 경우에도 몸을 자극한 촉각자극기의 번호를 떠올리는 '회상'을 해야 하기에 n-back 훈련과 유사한 단기기억 향상 효과가 있을 것이라고 추정할 수 있다. 따라서 본 연구를 통해 여러 피험자들을 대상으로, 단기기억 능력 검사 가운데 가장 손쉽게 실시할 수 있는 '숫자 기억 검사(Digit Memory Test)'를 훈련 전과 훈련 후에 실시한 후 그 결과를 비교하여, Sati 명상장치를 이용한 촉각 주의력 훈련을 통해 단기기억 능력이 향상함을 입증하고자 하였다.

③ 촉각자극 인지능력 검사 - 필자는 촉각 주의력 훈련을 하면서 촉각 자극기의 진동 패턴을 정확히 인지했다고 자각하는 데까지 걸린 시간과 오인(誤認) 여부 등을 기록하고 있는데, 훈련이 되풀이 되면서 정확히 인지하기까지의 시간이 점차 빨라지지만, 어느 수준에 이른 후에는 더 이상의 진전은 없다는 점을 알 수 있었다. 이런 체험을 통해 이 장치로 훈련할 경우 촉각자극 인지

9) Hillary Schwarb 외 2인, "Working memory training improves visual short-term memory capacity", *Psychological Research* (Berlin: Springer, 2016), p.128.

10) n-back training - 인지신경과학 분야에서 작업기억 능력을 측정하기 위해 사용되는 테스트다. 예를 들어 마방진(魔方陣)의 아홉 영역 가운데 임의의 위치에서 반짝이는 자극을 발생시키고 중복 자극이 일어났을 때 몇 번째(n) 이전과 동일한 위치인지 답하게 함으로써 작업기억 능력을 테스트한다. 위의 논문, p.130 참조.

11) 위의 논문, p.140.

능력을 일정 수준까지 향상시킬 수 있다는 작업가설을 세우게 되었고, 본 실험에서 훈련 전과 훈련 후에 촉각자극 인지능력을 테스트하여 이를 입증하고자 하였다.

이러한 세 가지 가설을 입증하기 위해서 다음과 같은 실험을 실시하였다. 즉, Sati 명상장치를 이용하여, 피험자들에게 날짜를 달리하여 1일 30분, 총 10회의 촉각 주의력 훈련을 시켰고, 훈련 전과 훈련 후에 '①한국판 5요인 마음챙김 척도 설문 검사, ②숫자 기억 검사, ③촉각자극 인지능력 검사'의 3가지 검사를 실시하였으며, 그 결과를 '대응비교 t-test'로 검토하여 훈련 후 각 지표의 향상 여부를 조사하였다.

실험 결과가 타당하기 위해서는 대조군을 설정하여, 실험군과 동일하게 이상의 3가지 검사를 실시한 후, 검사결과에서 두 집단의 향상 정도를 비교하는 것이 바람직할 것이다. 그러나 본 실험이 전례가 없는 실험일 뿐만 아니라, 실험 지원자의 수가 많지 않았기에 대조군을 설정하지 못하였다. 보다 타당한 연구가 되기 위해서는 충분히 많은 피험자를 대상으로, 실험군과 대조군을 구분하는 새로운 실험 설계를 해야 할 것이다.

Ⅱ. 방법

1. 연구 대상

앞 장에서 소개했듯이 본 실험 이전에 68명의 피험자를 대상으로 촉각자극 인지능력을 측정하여 명상수행 경력이나 직업에 따라서 촉각주의력에 유의미한 차이가 있는지 조사하는 제1차 실험을 실시하였는데, 이들을 포함하여 동국대학교 경주캠퍼스 학생, 대학원생, 학인스님, 강사를 대상으로 포스터와 구두 홍보를 통해 다시 제2차 시험의 피험자를 모집하였다. 실험에 참여한 21명[12]의 피험자의 구성을 성별과 나이, 수행경력, 1차 실험 참여 여부에 따라 분류하면 다음의 표1과 같다.

<table>
<tr><td rowspan="2">나이
성별</td><td rowspan="2">35세 미만</td><td rowspan="2">35세 이상</td><td rowspan="2">합계</td><td colspan="6">수행이력</td><td colspan="3">1차 실험 참여</td></tr>
<tr><td>간화선</td><td>요가</td><td>일반 위빠싸나</td><td>고엔카 위빠싸나</td><td>없음</td><td>합계</td><td>유</td><td>무</td><td>합계</td></tr>
<tr><td>남</td><td>6</td><td>1</td><td>7</td><td rowspan="2">1</td><td rowspan="2">1</td><td rowspan="2">3</td><td rowspan="3">3</td><td rowspan="3">11</td><td rowspan="3">21</td><td rowspan="3">14</td><td rowspan="3">7</td><td rowspan="3">21</td></tr>
<tr><td>여</td><td>6</td><td>8</td><td>14</td></tr>
<tr><td>합계</td><td>12</td><td>9</td><td>21</td><td colspan="3">2(중복수행자)</td></tr>
</table>

표1 - 피험자의 분류

표에서 보듯이 제2차 실험의 피험자 21명 가운데 성별로는 남자가 7명, 여자가 14명으로 여자가 많았고 연령별로는 35세 이상이 9명, 이하가 12명이었다. 수행이력별로는 간화선 경력자가 1명, 요가 1명, 일반 위빠싸나 3명, 고엔카 위빠싸나 경력자가 3명 있었고, 이들 외에 간화선이나 요가, 일반 위빠싸나 가운데 2종 이상을 수행한 사람은 2명이었으며, 수행체험이 없는 사람은 11

12) 총 22명이 지원하였는데 이 가운데 1명은 훈련 도중 개인적으로 '고엔카 위빠싸나 10일 코스'에 참가한 다음에 '훈련 후 심리검사'를 받았기에, 훈련효과 검증의 혼란을 피하기 위해서 통계처리에서 제외하였다.

명이었다. 또 제1차 실험에 참여한 사람 가운데 14명이 다시 제2차 실험에 참여했으며 나머지 7명은 신규 참가자들이었다. 본 실험의 목표가 Sati 명상장치를 사용하여 시행한 10회의 촉각주의력 훈련의 효과를 검증하는 것이기에, 우선 전체 피험자 21명의 훈련 효과를 조사하였다.[13] 아울러 '1차 실험 경험자'와 '신규 참가자'의 데이터를 구분한 후 각각의 훈련 효과를 조사하여 본 실험의 신뢰성을 검토하였다. 요가, 간화선, 위빠싸나 등 명상 수행 종류별로 훈련 효과를 검증하는 것도 바람직하겠지만, 각 수행 별 피험자의 수가 너무 적었기에 이는 시도하지 않았다.

2. 훈련 방법

Sati 명상장치를 이용한 '촉각 주의력'을 훈련하는 방법은 다음과 같다. 소형 진동모터가 내장된 '집게 형 촉각자극기' 10개를 좌우 각각 5개씩 대칭이 되게 '그림1'과 같은 위치에 옷을 집는 방식으로 부착한다.

① 위팔뼈(Humerus) 상부 큰결절(Greater Tubercle) 돌출부 하방 5cm 부위
② 아래팔뚝 내면 정중앙 부위
③ 넓적다리 외면 정중앙 근육 돌출 부위
④ 내측 비복근(腓腹筋, Gastrocnemius) 상단 오목한 부위

13) 참고로, 21명의 피험자 전체를 대상으로 나이와 성별에 따른 훈련 효과의 차이를 분산분석(ANOVA)한 결과 '한국판 5요인 마음챙김 척도' 설문이나 '촉각자극 인지능력 검사'에서는 나이나 성별에 따른 통계적 차이는 없었고, '숫자 기억 검사'에서만 차이가 나타났는데, 여성의 경우 유의미하게 우월했지만($p=0.0485$), 나이가 35세 이상일 경우 열등했으며 유의미하지는 않았다($p=0.097$).

⑤ 종아리뼈(Fibula) 가쪽 복사뼈 상방 5cm 부위[14)]

훈련의 경우 Sati 명상장치에 부착된 원격 스위치를 사용하여 피험자 스스로 실시하는데, 좌우대칭으로 부착한 10개소 가운데 먼저 임의의 3개소를 0.3초 동안 자극한다. 장치의 모니터에 나타난 자극의 실제 패턴과 피험자에게 인지된 자극의 개수나 위치를 비교하여 착오가 있을 경우 그 설정을 그대로 고정한 후 정확히 인지할 때까지 같은 패턴의 자극을 여러 번 되풀이 한다. 임의의 3개소를 잘 맞출 경우 4개소로 자극 개수를 늘이거나 0.25초로 자극시간을 한 단계 줄인다. 맞추지 못할 경우 그 설정을 그대로 고정한 후 정확히 인지할 때까지 같은 패턴의 자극을 되풀이 하면서 훈련한다. 이런 식으로 난이도를 높여가면서 1일 1회 30분 동안 훈련하는데, 날짜를 달리하여 총 10회 훈련한다.

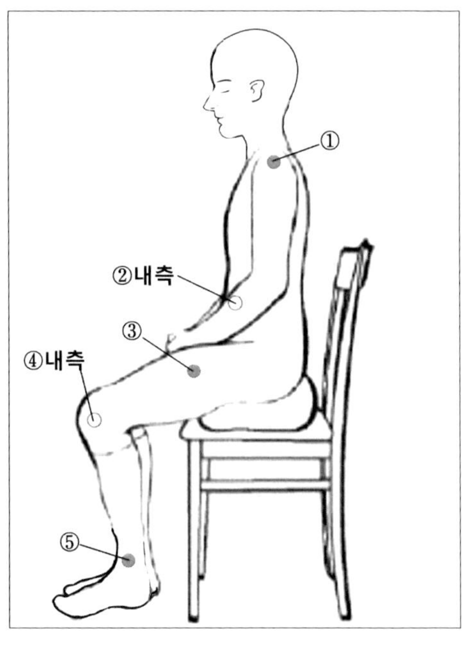

그림1 - 촉각자극기의 부착 위치

14) 그림과 위치 설명 모두 '김성철 외 5인, 앞의 논문, p.111'에서 재인용.

3. 측정 도구

앞에서 소개했듯이 본 실험에서는 21명의 피험자를 대상으로 ①'한국판 5요인 마음챙김 척도' 설문 검사, ②숫자 기억 검사, ③촉각자극 인지능력 검사의 3가지 심리검사를 훈련 전과 훈련 후에 각각 1회씩 실시하였는데 모든 피험자인 21명 전체에 대해 통계적으로 '대응비교 t-test'로 처리하여, 훈련 후에 이런 3가지 검사 결과에서 유의미한 향상이 있는지 조사하였고, 이들을 다시 '제1차 실험 경험자 14명'과 '신규 참가자 7명'의 두 집단으로 구분하여 각 집단의 훈련 효과를 위와 똑같은 방식으로 검증하고자 하였다. 각 심리검사의 구체적인 내용은 다음과 같다.

(1) 한국판 5요인 마음챙김 척도

'마음챙김'은 빠알리어 Sati[念]의 영역어인 'Mindfulness'의 우리말 번역어로, Brown & Ryan이나 Kabat-Zinn, Linehan, Marlatt & Kristeller 등의 견해를 종합하면 "지금 이 순간에 발생하는 경험에 대해서 아무 판단도 하지 않고 그냥 수용하는 방식으로 완전히 주의를 기울이는 것"이라고 정의할 수 있다.[15] 그런데 이러한 '마음챙김'의 심리상태는 몇 가지 구성요소로 세분 가능하다. Baer, Smith, Hopkins, Krietemeyer and Toney는 마음챙김의 척

15) Ruth A. Baer, Gregory T. Smith, Jaclyn Hopkins, Jennifer Krietemeyer and Leslie Toney, "Using Self-Report Assessment Methods to Explore Facets of Mindfulness", *Assessment* Vol.13, No.1(London: Sage Publication, 2006), p.27에서 재인용.

도로 과거에 다양한 학자들에 의해 개발된 MAAS, FMI, KIMS, CAMS 그리고 MQ 등 다섯 가지 설문[16]에 사용된 112가지 문항을 실험적으로 연구하여 마음챙김을 구성하는 심리상태로 5가지 요인을 추출한 후, 각 요인 당 7~8문항, 전체 39문항으로 이루어진 '5요인 마음챙김 설문[FFMQ: Five Facet Mindfulness Questionnaire]'를 완성하였다. '한국판 5요인 마음챙김 척도(K-FFMQ)'는 이런 FFMQ를[17]를 김교헌과 원두리 등이 번안한 후, 심리학을 전공한 재미 한국학자의 검토를 거쳐 전체 39문항에 7점 척도로 제작한 자기보고식의 설문검사다.[18]

39가지 문항들은 그 성격에 따라 ①자각행위(acting with awareness), ②비판단(nonjudging of experience), ③관찰(observing), ④비자동성(nonreactivity), ⑤기술(describing)의 5요인으로 세분된다. ①자각행위는 '주의를 분산하지 않고 자신의 현재 활동에 완전히 참여하는 것'[19]이고, ②비판단은 '좋다/나쁘다, 옳다/그르다, 가치 있다/가치 없다 등의 판단을 하지 않는 것'이며, ③관찰은 '신체 감각, 인지, 정서와 같은 내적 현상과 소리나 냄새와 같은 외적 현상 등의 다양한 자극에 주의하고 알아차리며 관찰하는 것'이고, ④비자동성은 '내적 경험에 압도되지 않고 즉각적으로 반응

16) MAAS(Mindful Attention Awareness Scale), FMI(Freiburg Mindfulness Inventory), KIMS(Kentucky Inventory of Mindfulness Skills), CAMS(Cognitive and AffectiveMindfulness Scale), MQ(Mindfulness Questionnaire). *Ibid*, pp.28-29 참조.

17) *Ibid*, pp.34-35.

18) 원두리·김교헌, 『한국심리학회지: 건강』11권4호(서울 : (사)한국심리학회, 2006), p.875.

19) 'acting with awareness'는 그 의미로 볼 때, 자각행위가 아니라 '행위자각'이라고 번역하는 것이 옳을 듯하다.

하지 않는 것'이며, ⑤기술은 '관찰된 현상을 말로 기술하고 명명하는 것'이다.[20] 그리고 5요인 가운데 ④비자동성 요인만 7문항으로 이루어져 있으며 나머지 4가지 요인의 문항 수는 8가지다. 이들 5요인에 속하는 문항들에서 한 가지씩만 소개하면 다음의 '표 4'와 같다.

①자각행위	나는 내가 무슨 일을 하고 있는지 자각하지 못한 채 기계적으로 반응하고 있는 것 같다. (역채점)
②비(非)판단	나는 가끔 나쁘거나 부적절한 감정을 느끼는데 그런 감정을 느끼면 안 된다고 생각한다. (역채점)
③관찰	샤워나 목욕을 할 때 나는 물이 내 몸에 닿는 감각에 주의를 기울인다.
④비자동성	나는 내 감정에 휘말리지 않고 그것을 주의 깊게 지켜본다.
⑤기술	나는 내 감정을 표현할 말들을 잘 찾아낸다.

표2 - 한국판 5요인 마음챙김 척도 설문검사 예시

원두리와 김교헌은 이렇게 한국어로 번안한 FFMQ의 신뢰도와 타당성을 조사한 후 다음과 같은 결론을 내린 바 있다.[21] 즉, FFMQ의 하부요인 가운데 '④비자동성, ③관찰, ①자각행위, ⑤기술'의 4요인은 마음챙김이라는 상위개념을 구성하면서 '서로 상관되지만 구별되는' 하위개념이라고 볼 수 있지만, '②비판단'의 경우 이런 4요인과는 여러 면에서 분명한 차이를 보이기에 한국에서 '비판단' 요인은 비교적 독립적 개념으로 보는 것이 적절할 것 같으며 문항에 대한 재검토가 필요하다는 것이다.[22] 이후 '한국판 5

20) 앞의 논문, pp.873-874.
21) 앞의 논문, pp.874-875.
22) 앞의 논문, p.884.

요인 마음챙김 척도'에 대한 국내에서의 연구가 이어졌는데, 최성열은 마음챙김 명상 프로그램 전후 측정도구로서 이를 활용한 후, 신뢰성 및 타당성 있는 측정 도구로써 유용한 가치가 있음을 다시 증명하였고,[23] 정문주와 채은영 등은 이에 근거하여 15문항으로 이루어진 간략형 척도를 개발하기도 하였다.[24]

본 연구에서는 Sati 명상장치를 활용하여 훈련할 경우 '마음챙김'과 동일한 효과를 얻을 것이라는 가설을 검증하기 위해 이러한 '한국판 5요인 마음챙김 척도(K-FFMQ)'를 사용하였다. 앞 장에서 밝혔듯이 21명의 피험자를 대상으로 1회 30분 이상, 날짜를 달리하여 10회 훈련을 하였는데, 훈련에 들어가기 전에 '한국판 5요인 마음챙김 척도'로 설문조사를 하였고, 훈련 후 다시 같은 설문조사를 실시하였으며, 훈련 전과 후의 설문 조사 결과에 대해 통계적으로 '대응비교 t-test'로 비교하여, 훈련을 통해 마음챙김의 5요인 가운데 어떤 요인에서 유의미한 변화가 발생하는지 조사하였다.

(2) 숫자 기억 검사

본 실험에서는 Sati 명상장치를 이용한 촉각자극 인지훈련이 피험자의 단기기억 능력을 향상시키는지 조사하고자 하였다. 기억은

---

23) 최성열, 「마음챙김명상 프로그램 전후 측정도구로써 5요인마음챙김척도(FFMQ)의 신뢰성과 타당성 연구」, 『동의신경정신과학회지』26권2호(청주: 대한한방신경정신과학회, 2015), pp.181-190. ; p.188.

24) 정문주 외 3인, 「한국판 5요인 마음챙김 단축형 척도 타당화 연구」, 『동의신경정신과학회지』28권3호(청주: 대한한방신경정신과학회, 2017), pp.207-216.

일반적으로 단기기억(short-term memory)과 장기(long-term)기억으로 구분된다. 장기기억은 “막대한 지식의 저장과 이전에 일어났단 사건들의 기록”[25]으로 “중간에 어떤 다른 일을 암기하더라도 사라지지 않으며, 그것을 유지하기 위해서 적극적인 노력을 하지 않아도 수분 이상 지속하는 기억”[26]이라고 정의되기도 하며, 단기기억은 “제한된 양의 정보를 접근 가능한 상태에서 일시적으로 유지할 수 있는 마음의 기능”[27]이라고 정의되기도 한다. 요컨대 단기기억은 최근의 일들을 기억하는 것이고, 장기기억은 훨씬 먼 과거의 일을 기억하는 것이다.[28] 예를 들어 전화번호부를 보고 순간적으로 번호를 암기하여 전화를 거는 것이 단기기억의 역할이다. 생화학적으로 볼 때 단기기억의 경우 대뇌 뉴런의 단백질 합성과 무관하지만 장기기억의 경우 뉴런 간 시냅스의 응고(consolidation)가 일어나야 한다.[29] 신경해부학적으로 볼 때 단기기억이든 장기기억이든 연합피질(association cortex)에 정보가 저장되는데 단기기억의 경우 이 과정에 전전두엽이 크게 관여한다.[30]

---

25) Nelson Cowan, “What are the differences between long-term, short-term, and working memory?”, *Progress in Brain Research*, Vol.169(Oxford : Elsevier, 2008), p.325.

26) Michel Herson(Ed.), *Encyclopedia of Psychotherapy* Vol.1(Oxford : Elsevier, 2002), p.593.

27) Nelson Cowan, *op. cit.*, p.325.

28) Ian P. Stolerman(Ed.), *Encyclopedia of Psychopharmacology*, (Berlin Heidelberg : Springer, 2010), p.754.

29) *Ibid*, p.1237

30) 전전두엽은 단기기억이 저장되는 장소라기보다, 작업기억이 발현이 유지되도록 대뇌 후방의 감각영역들에 하향(top-down) 신호를 보내는 역할을 한다는 것이 최신의 학설이다. Antonio H. Lara1 and Jonathan D. Wallis, “The Role of Prefrontal Cortex in Working Memory: A Mini Review”, *Frontiers in Systems Neuroscience* Vol.9, Article173(Lausanne : Frontiers Media S.A., 2015), p.2. ; p.4.

전화번호부에서 번호를 찾아서 전화를 걸 때 그 번호를 말소리로 되풀이 하는 것에서 보듯이 단기적인 회상에서는 말소리를 수단으로 삼는다. 그런데 이런 단기기억 능력에는 한계가 있다. 단기기억과 관련된 모든 연구의 공통된 결론은 인간이 회상할 수 있는 단위의 개수가 7±2 정도 된다는 것이다. 즉 숫자나 단어를 불러줄 때 5개만 기억하는 사람도 있고 9개까지 기억할 수 있는 사람도 있지만, 대부분 7자리까지 기억한다는 것이다.[31)]

본 실험에서 Sati 명상장치를 이용한 훈련이 단기기억 능력을 향상시킬 것이라는 가설을 입증하기 위해 이러한 '숫자 기억 검사(Digit Memory Test)'를 사용하였다. 숫자 기억 검사는 '숫자 폭 과제(Digit Span Task)'라고도 불리며 심리학적인 연구에서 '언어적 단기기억' 능력을 측정할 때 자주 사용하는 검사로[32)] 웩슬러(Wechsler) 지능검사(WAIS-Ⅲ)의 하위검사(subtest)에서도 단기기억과 주의력을 측정하기 위해 사용되기도 하는데[33)] 그 방법은 다음과 같다.

예를 들어서 0에서 9까지의 수 가운데 임의의 숫자들을 실험자가 불러주고 피험자로 하여금 이를 그대로 따라하게 한다. 처음에는 '4, 9, 1(사, 구, 일)'과 같이 임의의 숫자 군 3개를 불러주고, 이를 그대로 따라하면 숫자를 한 개 늘려서 '5, 0, 2, 8(오, 영, 이, 팔)'과 같이 임의의 숫자 군 4개를 불러주고, 이를 그대로 따

---

31) Bonnie R. Strickland(Executive editor), *The GALE ENCYCLOPEDIA of Psychology* 2nd ed.(Michigan : Gale Group, 2001), p.416.

32) Gary Jones, Bill Macken, "Questioning short-term memory and its measurement" *Cognition* 144(Oxford : Elsevier, 2015), p.2.

33) Gary Groth-Marnat, *Handbook of Psychological Assesment*(New Jersey : John Wiley & Sons, Inc., 2003), p.165.

라하게 한다. 이런 방식으로 불러주는 숫자의 개수를 하나씩 늘려가면서 따라 부르게 하다가, 피험자가 잘못 기억하기 시작하면 그때 불러준 개수의 다른 조합을 한 번 더 따라하게 하여 이 역시 오류를 범하면 테스트를 종료하며, 피험자가 올바로 기억한 숫자들의 최대 개수를 그의 단기기억 능력으로 삼는다.[34)]

'숫자 기억 검사'에서는 이렇게 '그대로 따라 하기(Digits Forwards)' 검사와 함께 '거꾸로 따라 하기(Digits Backwards)' 검사도 하게 되는데, '거꾸로 따라 하기'에는 '단기기억 능력' 이외에 불러준 숫자들을 '시각 영상'으로 만드는 과정 등 다른 능력들이 요구되기에,[35)] 논의를 단순화하기 위해 본 실험에서는 '그대로 따라 하기' 방식만을 채택하였다. 아울러 숫자들을 녹음한 동질의 음성파일(MP3)을 사용하여 피험자에게 들려주고 이를 따라하게 함으로써 실험의 균질화를 도모하였다. 또 숫자를 하나씩 늘여가다가 피험자가 오류를 범하더라도 실험을 멈추지 않고 10개까지 숫자들을 부르는 녹음파일을 듣고 이를 따라하게 하였으며 올바르게 따라한 최대의 개수를 각 피험자의 단기기억 능력으로 간주하였다. 그리고 이런 실험을 촉각 주의력 훈련 전과 훈련 후에 각각 2회 반복함으로써 훈련을 통해 단기기억 능력이 향상하는지 조사하였으며 통계적으로 '대응비교 t-test'로 훈련효과를 비교하였다. 본 실험에서 MP3 파일로 피험자에게 들려 준 두 세트의 '숫자표'는 아래와 같다.

---

34) Gary Jones, Bill Macken, *op. cit.*, p.2.

35) HL St. Clair-Thompson & RJ Allen, "Are forwards and backwards digit recall the same? A dual-task study of digit recall", *Memory & Cognition* Vol.41(Berlin Heidelberg : Springer, 2013), pp.519-532.

회수 / 개수	3	4	5	6	7	8	9	10
제1회	647	9105	89032	970541	3782910	03876294	382905671	2980561437
제2회	328	4901	60572	862701	2149683	10372549	904285716	7018253964

표3 - 숫자 기억 검사에서 사용한 '숫자 표'

(3) 촉각자극 인지능력 검사

본 검사는 Sati 명상장치를 이용한 훈련 후 촉각자극 인지능력의 향상 정도를 알아보는 검사다. 앞에서 소개했듯이 촉각 주의력을 훈련할 때에는 10개의 촉각자극기를 모두 부착하고 동시자극의 방식을 사용하였지만, 본 검사에서는 양발과 양어깨의 4곳에만 부착하고[36] 순차자극의 방식을 사용하였다. 4개를 선택한 이유는 W. Stanley Jevons의 실험에서 보듯이[37] 세지(Counting) 않더라도 동시에 주의(Attention)를 유지할 있는 최대의 개수가 4이기 때문이다. 이때 피험자는 순수하게 자극의 발생 순서에만 주의를 기울일 수 있을 것이다. 자극 시간은 '0.4초, 0.35초 … 0.1초, 0.

36) 본고 제2장 2절의 그림에서 ①위팔뼈(Humerus) 상부 큰결절(Greater Tubercle) 돌출부 하방 5cm 부위 및 ⑤종아리뼈(Fibula) 가쪽 복사뼈 상방 5cm 부위.

37) W. Stanley Jevons는 종이상자 속에 일정한 개수의 검정콩을 던져 넣으면서 즉각 그 개수를 맞추는 실험을 스스로 하였는데 6개를 던진 경우는 147회 실험에서 120회를 맞추었고, 5개를 던진 경우는 107회 실험에서 102회를 맞추었는데, 4개(65회)나 3개(23회)를 던진 경우는 모두 맞추었다. W. Stanley Jevons, "The Power of Numerical Discrimination", *Nature* Vol.Ⅲ(London : Nature Publishing Group, 1871), p. 281. ; William James, *The Principle of Psychology*(New York : Henry Holt and Company, 1890), p.406.

05초'와 같이 0.4초에서 시작하여 0.05초까지 0.05초씩 줄여가면서 8단계로 하였고, 작동시간의 매 단계마다 임의(Random) 순서의 자극을 6회 발생시켜 그 순서를 피험자가 바르게 인지하는지 체크하였다. 이 검사에서 사용한 실험표를 예시하면 아래와 같다.

제 1 회		촉각자극기 부착 위치				X
		좌측		우측		
자극시간	자극기 번호	0	2	1	3	
0.2 초	자극 순서	2 0 1 3				
	인지 순서	2 1 3 0				

제 2 회		촉각자극기 부착 위치				○
		좌측		우측		
자극시간	자극기 번호	0	2	1	3	
0.2 초	자극 순서	3 0 1 2				
	인지 순서	3 0 1 2				

표4 - 촉각자극 인지능력 검사표의 예

각 피험자마다 총 48회(=6회×8단계)의 측정이 이루어졌으며, 매번의 자극시간에서 피험자가 바르게 인지한 회수의 평균값을 그 피험자의 '촉각자극 인지능력'의 값으로 삼았고, 전체 피험자 21명에게서 얻어진 이런 평균값들이 Sati 명상장치를 이용한 촉각자극 인지훈련 이후, 애초의 가설과 같이 유의미하게 향상하는지 조사하기 위해서 통계적으로 '대응비교 t-test'를 실시하였다.

4. 자료 분석

(1) '한국판 5요인 마음챙김 척도' 설문 검사

앞 절에서 소개했듯이 '한국판 5요인 마음챙김 척도' 설문 검사는 '자각행위, 비판단, 관찰, 비자동성, 기술'의 다섯 가지 세부요인으로 이루어져 있는데, $X = Y_1 + \cdots + Y_k$ 라고 할 때 '문항간 내적 일치도(Cronbach α)'는 아래와 같다.

$$\alpha = \frac{K}{K-1}\left(1 - \frac{\sum_{i=1}^{K}\sigma_{Y_i}^2}{\sigma_X^2}\right)$$

여기서 $\sigma_X^2 = Var(X)$, $\sigma_{Y_i}^2 = Var(Y_i)$ 임.

	①자각행위	②비판단	③관찰	④비자동성	⑤기술
훈련 전	0.7125540	0.7264366	0.8820910	0.8949167	0.8468625
훈련 후	0.8889082	0.8298003	0.8931112	0.8335012	0.7917648

표5 - '한국판 5요인 마음챙김 척도' 설문 검사의 Cronbach alpha

여기서 보듯이 5가지 세부 요인의 모든 문항에서 Cronbach alpha 계수가 0.7을 상회하기에 문항들의 신뢰성이 인정된다.

먼저 피험자 21명 전체에 대한 다섯 가지 세부요인 각각의 '대응비교 t-test' 결과는 표6과 같다.

'표6'에서 보듯이 '한국형 마음챙김 5요인' 가운데 '①자각행위'와 '④비자동성' 그리고 '⑤기술'의 3가지 요인에서는 촉각주의력 훈련 후 유의미한 향상을 보였고($p<0.05$), '③관찰' 요인의 경우는 훈련 후 향상하기는 했지만 통계적으로 유의미하지는 않았으며($0.05<p<0.1$), '②비판단' 요인의 경우는 훈련의 영향을 받지 않았다

(p〉0.1).

5요인	훈련	평균	표준편차 (sd)	훈련전후 평균차	평균차의 표준편차	t값	자유도	p값
①자각행위	전	4.6548	0.7795	-0.3214	0.6550	-2.2488	20	**0.0180***
	후	4.9762	0.9895					
②비판단	전	3.7560	0.8547	-0.1131	0.7623	-0.6799	20	0.2522
	후	3.8690	1.1398					
③관찰	전	4.3036	1.1184	-0.244	0.6886	-1.6241	20	0.0600
	후	4.5476	1.1343					
④비자동성	전	4.2415	1.2055	-0.4025	1.0397	-1.7741	20	**0.0456***
	후	4.6440	1.0174					
⑤기술	전	4.5952	0.9253	-0.256	0.6477	-1.8109	20	**0.0426***
	후	4.8512	0.8117					

표6 - 21명 전체에 대한 '대응비교 t-test' 결과

그런데 앞 절에서 소개했던 '원두리와 김교헌'의 연구에서도 5요인 가운데 '②비판단'의 독특한 성격을 지적한 바 있다. 즉 "마음챙김 5요인이 하나의 상위 개념으로 묶이는지를 알아보는 위계적인 확인적 요인분석에서 전체 마음챙김 요인에 대한 비판단의 요인 부하량이 유의하지 않았"[38]고, "5요인 간의 상관의 경우도 … 비판단은 자각행위와 유의한 상관을 보였을 나머지 세 요인과는 유의한 상관을 보이지 않았"[39]으며, "심리적 안녕감 하위요인 중 긍정적 대인관계, 자율성, 삶의 목적, 개인적 성장과는 유의한 상관을 나타내지 않았고, 우울과도 유의한 역 상관을 보이지 않았다."[40]고 보고하면서, "한국에서 비판단은 다른 마음챙김 요인들

38) 원두리·김교헌, 앞의 논문, p.882.
39) 앞의 논문, p.882.

과는 비교적 독립된 개념으로 보는 것이 적절할 수도 있다."[41]고 지적하였다. Sati 명상장치를 이용한 촉각 주의력 훈련 후에도 ② 비판단 요인에 변화가 없었다는 본 연구의 실험 결과 역시 이러한 지적과 부합한다.

본고 Ⅱ장 제1절에서 얘기했듯이 피험자 21명 가운데 14명은 Sati 명상장치를 이용하여 촉각 주의력을 측정하는 1차 실험 경험자들이었고, 나머지 7명은 신규 참가자들이었다. 피험자의 수가 너무 적기에 이 두 집단을 구분하여 '마음챙김 5요인'이 훈련을 통해 향상했는지 여부를 각 집단별로 조사하는 것이 무리이긴 하지만, 이들을 구분하여 위와 마찬가지로 '대응비교 t-test'로 통계처리 한 결과 '신규 참가자' 7명의 경우 훈련 후 ①자각행위(p=0.0150)와 ③관찰(p=0.0073)에서는 유의미한 향상을 보였고(p<0.05), ④비자동성에서는 향상하긴 했으나(p=0.0588) 유의미하지 않았으며(0.1>p>0.05), ②비판단(p=0.4535)과 ⑤기술 요인(p=0.1371)은 훈련을 통해 향상했다고 볼 수 없었다. 또 '1차 실험 경험자' 14명의 경우 5요인 가운데 ①자각행위 하나만 향상했으나(p=0.0844) 통계적으로 유의미하지는 않았다(0.1>p>0.05). 여기서 1차 실험 참가자들에게서 향상이 보이지 않았던 것은 1차 실험에서 Sati 명상장치를 사용하여 촉각 주의력을 측정하는 과정에서 이미 훈련 효과의 최대치를 얻었기 때문일 수도 있을 것이다. 그러나 이를 확증하기 위해서는 보다 많은 피험자를 대상으로, 여러 차례 Sati 명상장치를 이용하여 촉각 주의력을 훈련하고 훈련 때마다 '마음챙김 5요인 척도'를 검사를 실시하여 그 향상 여부를

40) 앞의 논문, p.883.
41) 앞의 논문, p.884.

조사해 보아야 할 것이다.

(2) 숫자 기억 검사

3개의 숫자 군에서 10개의 숫자 군까지 임의로 조합한 숫자 군을 차례대로 불러주면서 따라하게 하여 피험자의 단기기억을 검사하는 '숫자 기억 검사'에서 훈련 전과 훈련 후의 결과를 '대응비교 t-test'로 통계 처리한 결과는 아래와 같다.

훈련	평균	표준편차(sd)	훈련전후 평균차	평균차의 표준편차	t값	자유도	p값
전	5.8810	1.3408	-0.3571	0.8824	-1.8548	20	0.0392*
후	6.2381	1.1792					

표7 - 21명 전체에 대한 '대응비교 t-test' 결과

여기서 평균(mean)은 피험자가 얻은 점수의 평균을 의미한다. 예를 들어 숫자 3개를 불러줄 때 모두 맞추면 1점, 4개는 2점 … 9개는 7점, 10개는 8점을 부여하였다. 즉, 불러준 숫자의 개수가 늘어나면 늘어난 만큼 난이도 역시 높아지기에 높은 점수를 부여하여 지표로 삼았다. 따라서 훈련 전과 후의 평균이 각각 5.8810 (sd. 1.3408)과 6.2381(sd. 1.1792)이지만, 실제로 피험자가 맞춘 숫자의 개수 평균은 여기에 2를 더한 7.8810(sd. 1.4004)개와 8.2381(sd. 1.4281)개다. 여기서 보듯이 특기할 것은 본 실험에 참여한 피험자들의 숫자기억능력은 훈련 전이든 훈련 후든 [숫자기억 검사에서 일반적인 평균치라고 볼 수 있기에 매직 넘버(Magic N umber)라는 별명이 붙은] '7'보다 훨씬 높았다는 점이다. 이는 영어와 달리의 한국어의 경우 0에서 9까지의 숫자가 모두 '단일 음절'로 이루어져 있어서 암기하기가 쉽기 때문일 수도 있고, 또는 본 실험에 참여한 피험자의 대부분이 대학 이상 고등교육을 받은 사람들이었기 때문일 수도 있을 것이다. 어쨌든 위의 표에서 보듯이 Sati 명상장치를 활용한 촉각자극 인지훈련 이후 피험자들의 숫자 기억 능력에서 유의미한 향상이 있었다($p=0.0392<0.05$).

그런데, 이들 21명의 피험자를 앞에서와 같이 '1차 실험 경험자 14명' 집단과 '신규 참가자 7명' 집단으로 구분한 후, 훈련 전과 후에 얻어진 '숫자 기억 검사' 데이터를 '대응비교 t-test'를 통해 조사해 보니 '신규 참가자'의 경우 숫자 기억 능력이 향상했다고 볼 수 없었고($p=0.1348$), '1차 실험 경험자'의 경우는 향상하긴 했으나($0.1>p=0.0999>0.1$) 통계적으로 유의미하지 않았다. 따라서 본 실험 결과만으로는 Sati 명상장치가 단기기억을 향상시킨다고 확정할 수 없을 것 같다. 앞으로 Sati 명상장치 측정이나 훈련 체험이 없는 충분히 많은 수의 피험자를 대상으로 새롭게 실험을 해 보아야 이 장치가 숫자 기억 능력 또는 단기기억 능력을 향상시키는지 확증할 수 있을 것이다.

(3) 촉각자극 인지능력 검사

양발과 양어깨에 촉각자극기 4개를 부착하고 일정시간 동안 순차적으로 자극한 후 그 순서를 맞추게 하는 촉각자극 인지능력 검사에서 훈련 전과 훈련 후의 결과를 '대응비교 t-test'로 통계

처리한 결과는 아래와 같다.

훈련	평균	표준편차 (sd)	훈련전후 평균차	평균차의 표준편차	t값	자유도	p값
전	3.8435	1.0162	-0.341	0.6601	-2.3674	20	**0.0141***
후	4.1845	0.8400					

표8 - 21명 전체에 대한 '대응비교 t-test' 결과

앞에서 설명했듯이 1일 30분 이상 총 10회 이루어진 촉각자극 인지훈련은 동시자극의 방식으로 진행하였는데, 훈련 효과를 검증하기 위한 본 측정의 경우 순차자극의 방식으로 진행하였다. 자극 시간을 '0.4초, 0.35초, 0.3초 … 0.05초'와 같이 0.05초씩 줄여가면서 각 단계마다 6회씩, 피험자에게 부착한 4개의 촉각자극기를, 임의의 순서로 진동시킨 후 피험자가 올바로 인지한 회수를 기록하는 방식으로 촉각자극 인지능력을 측정하였다.

위의 표에 적힌 평균(mean)과 표준편차(sd) 등은 다음과 같은 방식으로 구하였다. 0.4초에서 시작하여 0.05초까지 8단계의 시간 길이에서 실시한 각각 6회의 순차적인 자극[총48회] 가운데 각 피험자마다 올바르게 인지한 횟수의 평균값을 먼저 구하였다. 그 후 21명의 피험자에게서 얻어진 이런 평균값들의 평균과 표준편차 등을 다시 구하여 위의 표에 기록하였다.42) 예를 들어 어떤 피험자가 4개의 촉각자극기에서 일정 시간 동안 임의의 순서로

42) 이런 방식으로 계산한 이유는 Sati 명상장치로 촉각 주의력 훈련을 하기 전에 실시했던 '촉각자극 인지능력' 측정에서, 실험 담당자의 실수로 기록 한 가지가 누락되었는데, 이를 배제하더라도 오차가 없는 평균을 구하기 위해서였다.

일어난 6회의 촉각자극 모두를 인지하면 6점이 되고 1번만 인지하면 1점이 되는데, 모든 시간 단위마다 매겨진 점수의 평균값을 내어 그 피험자의 촉각자극 인지능력을 나타내는 점수로 삼은 후, 21명의 피험자의 그런 점수들에 대해 다시 평균을 내고 표준편차 등을 구한 것이다. 표8에서 보듯이 훈련 전에는 매 시간 단위 당 6회 발생시킨 촉각자극에 대해서 평균 3.8435회(sd. 1.0162) 정확히 인지하였는데, 훈련 후에는 4.1845회(sd. 0.8400)로 인지 횟수가 향상하였으며 이런 향상은 통계적으로 유의미하였다(p=0.0141〈0.05).

그런데 앞에서와 마찬가지로 21명의 피험자를 '1차 실험 경험자 14명'과 '신규 참가자 7명'으로 구분하여 '대응비교 t-test'를 통해 촉각자극 인지능력에 대한 훈련 효과를 조사해 보았는데, '신규 참가자'의 경우 촉각자극 인지능력이 향상하였고 통계적으로도 유의미했으며(p=0.0463〈0.05), '1차 실험 경험자'의 경우는 향상하긴 했으나 통계적으로 유의미하지는 않았다(0.1〉p=0.0910〉0.05).

Ⅲ. 고찰

이전의 실험[43]에서 보았듯이 Sati 명상장치가 피험자의 촉각 주의력의 우열을 측정하는 데에도 유용하지만, 이 장치를 이용한 촉각 주의력 훈련이 마음챙김(Mindfulness) 수행, 즉 위빠사나 수행

43) 김성철 외 5인, 앞의 논문.

을 하는 것과 유사한 심리적 효과를 준다는 점을 본 연구를 통해 확증하고자 하였다. 또 여러 달에 걸쳐 매일 시행한 필자 개인의 훈련에서 이 장치가 단기기억과 촉각자극 인지능력을 향상시킨다는 작업가설을 세울 수 있었고 본 연구에서 이런 가설이 객관적으로 타당한지 검증하고자 하였다. 실험에서는 Sati 명상장치를 사용하여 하루 30분, 총 10일 동안 피험자 스스로 촉각 주의력 훈련을 하게 하였고, 이런 훈련 전과 훈련 후에 각각 '한국판 5요인 마음챙김 척도' 설문 검사, '숫자 기억 검사', '촉각자극 인지능력 검사'의 3가지 심리검사를 실시하였다. 그리고 통계적으로 '대응비교 t-test'를 실시하여 훈련 효과를 검증하였는데, 21명 전체 피험자의 데이터를 통계 처리한 경우 애초의 가설과 같이 '한국판 5요인 마음챙김 척도'와 '숫자 기억 검사'와 '촉각자극 인지능력 검사' 모두에서 훈련 후 지표의 향상을 보였다.

그러나 이들 21명을 '1차 실험 경험자 14명'과 '신규 참가자 7명'으로 구분하여 통계 처리한 결과는 이와 달랐다. 5요인 마음챙김 척도의 경우 '신규 참가자'는 자각행위와 관찰 요인에서만 유의미한 향상을 보였고, '1차 실험 경험자'는 유의미한 향상이 없었다. 또 '숫자 기억 검사'의 경우 두 집단 모두, 5요인 각각에서 유의미한 향상이 없었고, '촉각자극 인지능력 검사'의 경우 '신규 참가자'에게서만 유의미한 향상을 볼 수 있었다. 요컨대 '1차 실험 경험자'는 3가지 검사 모두에서 유의미한 향상이 거의 없었다. 이런 결과를 긍정적으로 해석하면, 이들의 경우 1차 실험 과정에서 '마음챙김의 5요인'이나 '숫자 기억 능력' 그리고 '촉각자극 인지능력'이 이미 충분히 향상했기 때문에, 2차 실험의 훈련을 통해서도 더 이상의 향상을 보이지 않은 것이라고 추정할 수 있을지도 모른다. 그러나 '신규 참가자' 역시 숫자 기억 능력에서 유의미한 향상을 보이지 않았고, '마음챙김 5요인' 중에서는 2가지만 향상했다는 점으로 미루어 볼 때, 21명의 피험자를 대상으로 한 본 실험의 결과를 그대로 신뢰하기는 힘들 것 같다.

따라서 Sati 명상장치의 심리적 효과를 확정하기 위해서는, 앞으로 이 장치를 처음 접하는 보다 많은 피험자를 대상으로 새롭게 실험을 고안하여 연구해야 할 것으로 생각된다.

- 2022 IABS Conference 자료집에 요약문이 실림

참고문헌

1. 사전류

Bonnie R. Strickland(Executive editor), *The GALE ENCYCLOPEDIA of Psychology* 2nd ed., Michigan : Gale Group, 2001.

Ian P. Stolerman(Ed.), *Encyclopedia of Psychopharmacology*, Berlin Heidelberg : Springer, 2010.

Michel Herson(Ed.), *Encyclopedia of Psychotherapy* Vol.1, Oxford : Elsevier, 2002.

2. 단행본

Gary Groth-Marnat, *Handbook of Psychological Assesment*, New Jersey : John Wiley & Sons, Inc., 2003.

Mark Epstein, 전현수·김성철 옮김, 『붓다의 심리학』, 서울 : 학지사, 2006.

William James, *The Principle of Psychology*, New York : Henry Holt and Company, 1890.

3. 논문

김성철, 『사띠(Sati) 수행력의 측정과 향상을 위한 기기와 방법』, 『한국불교학』제72집, 서울: 한국불교학회, 2014, pp.315-347.

김성철·김진석·사공정규·안양규·강남옥·김지명, 『명상수련자의 촉각 주의력에 대한 실험적 연구』, 서울 : 한국불교학회, 2017, pp. 95-129.

원두리·김교헌, 『한국심리학회지: 건강』11권4호, 서울 : (사)한국심리학회, 2006, pp.871-886.

정문주·채은영·류영수·강형원, 「한국판 5요인 마음챙김 단축형 척도 타당화 연구」, 『동의신경정신과학회지』28권3호, 청주: 대한한방신경정신과학회, 2017, pp.207-215.

최성열, 「마음챙김명상 프로그램 전후 측정도구로써 5요인마음챙김척도(FFMQ)의 신뢰성과 타당성 연구」, 『동의신경정신과학회지』26권2호, 청주: 대한한방신경정신과학회, 2015, pp.181-189.

Gary Jones, Bill Macken, "Questioning short-term memory and its measurement" *Cognition* 144, Oxford : Elsevier, 2015, pp.1-13.

Hillary Schwarb 외2인 "Working memory training improves visual short-term memory capacity", *Psychological Research*, Berlin: Springer, 2016, pp.128-148.

HL St. Clair-Thompson & RJ Allen, "Are forwards and backwards digit recall the same? A dual-task study of digit recall", *Memory & Cognition* Vol.41, Berlin Heidelberg : Springer, 2013, pp.1-39.

Nelson Cowan, "What are the differences between long-term, short-term, and working memory?", *Progress in Brain Research*, Vol.169, Oxford : Elsevier, 2008, pp.323-338.

Ruth A. Baer, Gregory T. Smith, Jaclyn Hopkins, Jennifer Krietemeyer and Leslie Toney, "Using Self-Report Assessment Methods to Explore Facets of Mindfulness", *Assessment* Vol.13, No.1, London: Sage Publication, 2006, pp.27-45.

W. Stanley Jevons, "The Power of Numerical Discrimination", *Nature* Vol.Ⅲ, London : Nature Publishing Group, 1871, pp.281-282.

불교의 생명윤리

윤회의
공간적, 시간적 조망*

Ⅰ. 윤회, 무엇이 문제인가?
Ⅱ. 윤회는 어떻게 증명되는가?
Ⅲ. 윤회는 어디서 어떻게 진행되는가?

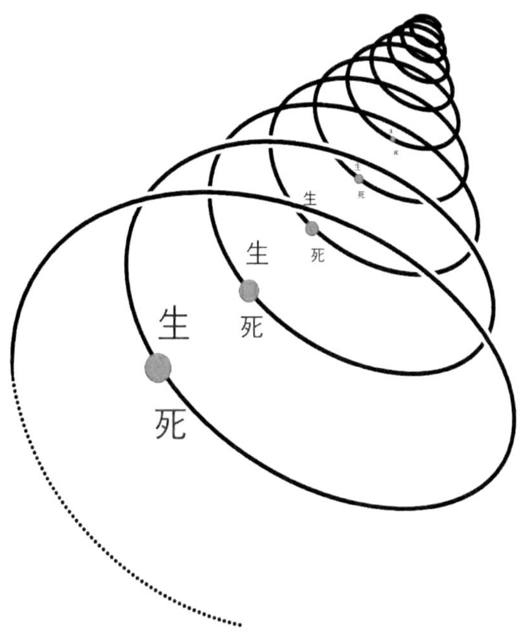

* 『불교평론』 20호(2004년 가을호), "윤회, 사실인가 믿음인가?" 특집을 기획하면서 의뢰하여 작성.

Ⅰ. 윤회, 무엇이 문제인가?

'아내에게 바치는 노래'라는 유행가의 가사 중에 "나는 다시 태어나도 당신만을 사랑하리라."라는, '닭살 돋게 하는 구절'이 있다. 또, 최근에는 기독교권인 미국의 할리우드에서도 환생과 윤회를 소재로 삼은 영화들이 양산되고 있다. 이런 유행가와 영화 때문인지는 몰라도, 우리 주변의 많은 사람들은 자신이 소속된 종교교단의 가르침과 무관하게, 죽은 후 다시 태어날 것이라는 믿음을 갖고 살아간다. 필자가 잘 아는 기독교 신자인 어느 중년 여인은 남편에게 "내생에도 자신을 아내로 삼겠느냐?"라고 물었는데 남편이 가타부타 대답하지 않았다고 호소하며 분개한 적이 있다.

한 편 이와 반대로 '윤회로부터 벗어나는 열반'을 지향하며 신행생활을 해야 하는 불교 신자임에도 윤회에 대해 반신반의하는 사람들이 많이 있다. 얼마 전 우리나라를 방문했던 한 몽고 스님은 한국불교와 몽고 불교의 차이가 무엇이냐는 기자의 질문에 대해 '몽고의 불교인들은 윤회를 믿는 반면, 한국에서는 많은 불교인들이 윤회를 믿지 않는다.'고 답한 적이 있다.

종교가 허울뿐이긴 하지만, 불교신자 중에도 은연중에 기독교적 세계관을 갖고 사는 사람이 많이 있고, 기독교 신자 중에도 불교적 세계관으로 세상을 바라보는 사람이 많이 있다.

만일 우리 모두 자신의 전생을 기억해 낼 수 있다면 윤회가 사실인지 아닌지 따져볼 일도 없을 것이고, 기독교나 이슬람교와 같이 윤회를 부정하는 그 어떤 종교도 이 지구상에 발붙일 수 없었을 것이다. 그러나 우리 대부분은 자신의 전생을 기억하지 못한다. 전생은커녕 어제나 일주일, 한 달 전, 일 년 전의 일도 대부분 기억하지 못한다. 그래서 아직도 60억 인류 가운데 많은 사람들이 윤회를 전제하지 않은 채 형성된 셈족의 종교, 즉 기독교나 이슬람교, 유태교 등의 가르침을 삶의 지침으로 삼고 있는 것이다.

아인슈타인이 그의 수상집 '만년의 회상'에서 말했듯이, 과거에도 그랬지만 현재에도 기독교는 과학과 갈등 관계에 있다. 그러나 불교만은 과학과 조화를 이룬다. 불교에서는 과학이 발달할수록 불교의 진리성이 입증된다고 보기 때문이다. 그래서 아인슈타인은 불교에 대해 '우주적인 종교'라는 수식어를 붙이며 찬사를 보낸 바 있다.

이렇게 합리적이고, 과학적 종교인 불교임에도, 현재 그 교리 가운데 문제가 되는 것은 윤회와 환생의 가르침이다. 물론 윤회와 환생은 불교뿐만 아니라 인도에서 발생한 대부분의 종교에서 전제로 삼고 있는 세계관이다. 다른 종교에서는 윤회를 말하지 않는데, 유독 인도에서 발생한 종교에서는 윤회를 사실로 간주한다. 궁창(穹蒼) 위에 있을 기독교 하늘나라의 신화가 허구이듯이, 윤회의 가르침 역시 불교, 더 나아가 인도종교에서 구성해 낸 신화에 불과한 것일까?

현대의 전문적 불교학자 가운데에도 윤회를 부정하는 사람들이 많이 있다.[1] 그러나 단도직입적으로 말해 윤회가 부정된다면 불

1) 비판불교(Critical Buddhism) 운동을 일으켰던 일본 고마자와 대학의 마츠모토 시로 교수는 고려대장경연구소 주최의 학술대회에서 윤회를 부정한 바 있고, 선(禪)에 대해 심도 있게 연구한 바 있는 우리나라의 고형곤 박사 역시 수 년 전 TV대담에서 정색을 하며 윤회를 부정한 바 있다. 이들이 불교 연구가이긴 하지만, 그 개인의 세계관은 육사외도

전의 수많은 가르침들이 무용지물이 되어 버리고, 불교의 종교적 목표인 열반도 무의미해지고 만다. 초기불전인 아함경이나 니까야, 율장의 가르침 대부분이 윤회와 관계된 것이며, 불교 수행자가 지향하는 열반이란, '더 이상 윤회하지 않는 것'을 의미하기 때문이다. 해탈한 아라한에게는 자신이 해탈했다는 자의식이 생기는데 이를 해탈지견(解脫智見)이라고 부르며 다음과 같은 정형구로 표현된다.

> 나의 삶은 이제 다 끝났다
> 고결한 삶도 완성되었고
> 할 일을 다 이루었으니
> 앞으로 다시 태어나지 않을 것을 나 스스로 아노라[2)]

만일 윤회가 거짓이라면, 다시 말해 우리가 죽은 후 완전히 사라지는 것이라면 불교수행자가 탐욕과 분노와 교만을 제거하기 위해 고결하게 살려고 노력할 필요도 없을 것이다.

이렇게 윤회가 부정되면 불교 전체가 무너짐에도 불구하고 현대의 많은 불교인들이 윤회의 사실성을 의심하는 것은 무엇 때문일까? 티벳이나 몽고의 불교인들은 윤회에 대한 확신을 갖고 살아가는데, 한국이나 일본의 불교인들이, 같은 불교권임에도 불구하고 윤회에 대한 확신을 갖지 못하는 이유는 무엇일까? 그 원인은 아이러니컬하게도 '현대불교학'에 있다고 생각된다. 합리주의와 과학주의의 기치를 걸고 문헌학을 도구로 삼아 서구인들에 의해

가운데 유물론자인 짜르와까와 다르지 않다고 평할 수 있다.

2) 我生已盡 梵行已立 所作已作 自知不受後有(대정장2, p.1a).

시작된 현대의 '인문학적 불교학'이 전 세계 불교연구의 주류를 이루는 과정에서, 서구인들의 세계관과 부합되지 않는 윤회의 가르침은 하나 둘 폐기되었고 불교의 신앙성은 말살되고 말았다.[3] 예를 들어, 아비달마 논서는 물론이고 초기불전 도처에서는 십이연기설을 소위 '귀신'인 중음신(中陰身)의 수태(受胎) 및 윤회와 연관시켜 설명하는데[4] 서구의 불교학 연구자들은 이를 후대에 조작된 교리라고 비판하며 폐기시킨다. 인문학적 불교학에서는 합리적이고 철학적이고 논리적인 가르침만을 부처님의 근본 가르침으로 간주하려 한다. 오관에 의해 감각되지 않거나 신비스러운 가르침, 자신들의 종교관과 부합되지 않는 가르침은 무시하거나 비판하며 폐기시킨다. 그 결과 급기야 그들의 연구물에 의지하여 신행생활을 하는 불교인들조차 불교의 핵심 교리인 윤회에 대해서조차, '긴가, 민가?'하고 의심하는 지경에 이른 것이다.

그러나 윤회를 과학적으로 검증하지 못한다고 해서 윤회의 사실성이 부정되는 것은 아니다. 윤회를 부정하는 것 역시 또 다른 믿음일 뿐이다.

Ⅱ. 윤회는 어떻게 증명되는가?

지금 여기서는 윤회가 문제가 되어 그에 대해 왈가왈부 하고 있지만, 불전에 부처님께서 윤회를 증명하려고 애를 쓰신 흔적은

---

3) 이에 대해서는 '拙稿, 「Systematic Buddhology와 보리도차제론」, 불교학연구 제3호, 2001년' 참조.

4) 이를 태생학적 연기설이라고 부른다.

없다. 이는 윤회의 세계관이 불교 교리와 무관하기 때문이 아니라, 모든 생명체가 윤회한다는 것이 너무나 당연한 사실이었기 때문이었다.

석가모니 부처님의 깨달음은 열반의 깨달음이기도 하지만, 윤회의 깨달음이기도 하다. 열반의 깨달음이 궁극적 깨달음이긴 하지만 이는 그 이전에 윤회를 깨달았기에 가능했다. 『사분율』[5]과 『잡아함경』[6]을 위시한 초기불전 도처에서는, '숙명통(宿命通) → 천안통(天眼通) → 누진통(漏盡通)'이라는 세 단계의 신통력이 열리면서 석가모니 부처님이 정각을 이루었다고 설명한다. 이런 세 가지 신통력을 삼명(三明)이라고 부르는데, 이 가운데 숙명통이란 '자신의 전생을 모두를 하나하나 기억해 내는 신통력'이고, 천안통이란 '다른 생명체들의 전생과 현생, 현생과 내생의 윤회를 모두 기억하거나 추측하는 신통력'이며, 누진통이란 '모든 번뇌가 사라지는 신통력'이다. 흔히 우리가 깨달음이라고 부르는 '유여의열반(有餘依涅槃)'은 이 중 누진통에 해당하는데, 여기서 보듯이 이런 누진통 이전에 자신을 포함하여 모든 생명체의 윤회하는 모습 대한 깨달음이 선행한다. 이 과정에서 석가모니 부처님은, 넓게는 연기의 법칙, 좁게는 십이연기의 법칙, 더 좁게는 인과응보의 법칙을 발견하였던 것이다. 자신의 무수한 전생도 이런 연기의 법칙에 의해 영위되어왔고[숙명통], 다른 모든 생명체의 무수한 전생은 물론이고 그들의 내생 역시 연기의 법칙의 지배를 받을 것이기에 이는 우주와 생명을 지배하는 유일무이의 보편적 법칙이며[천안통], 궁극적 행복은 이런 연기의 세계, 윤회의 세계에서 살아

5) 대정장22, p.781b
6) 대정장2, p.223b 등.

가는 것이 아니라 모든 번뇌가 사라진 '열반'을 얻는 일이다[누진통]. 여기서 보듯이 성도의 과정은 '윤회에 대한 직관'과 '열반의 체득'의 두 단계로 다시 정리될 수 있는데 이 중 전자에 해당하는 것이 '숙명통과 천안통'이며, 후자에 해당하는 것이 '누진통'인 것이다. 윤회의 교리는 불교 발생 당시 열반과 함께 불교의 중추를 이루는 중요한 교리였던 것이다.

그러면 이렇게 불교의 중추적 교리인 윤회의 사실성을 어떻게 증명할 수 있을까? 윤회의 사실성을 입증하는 가장 비근한 예가 티벳 불교일 것이다. 티벳의 종교적, 정치적 수장인 제14대 달라이라마의 중국 탈출기를 그린 영화 '쿤둔'에는, 어린 달라이라마가 갑자기 '내 틀니!'라고 외치며 작은 방으로 뛰어 들어가 틀니를 찾아내는 장면이 나온다. 일반 관객들은 그 사건의 의미를 놓치기 쉽다. 달라이라마의 전기를 보면 그 장면이, '어린 달라이라마가 갑자기 자신의 전생을 기억하며 자신이 전생에 쓰던 틀니를 찾아내었던 일화'를 그린 것임을 알 수 있다. 티벳에서는 비단 달라이라마뿐만 아니라, 모든 종파의 수많은 종교지도자들이 환생을 통해 다시 각 종단이나 사찰의 종교지도자로 양육된다. 이 이외에도 윤회를 증명하는 사례는 무수히 많다. 자신의 전생을 기억할 수 있었고, 그 제자들에게도 전생 회상법을 수련시켰다는 고대 그리스의 철학자 피타고라스, 세계 각국의 민담 속에 전해오는 수많은 환생 이야기, 최면술을 통해 자신의 전생을 회상케 하는 것, 전생 직관을 통해 수많은 환자를 치료했다는 미국인 에드가 케이시, 전 세계에 퍼져 있는 윤회의 사례를 수집하여 이를 증명했던 영국의 심리학자 스티븐슨 등등. 또 앞에서 설명했던 석가모니 부처님의 성도 과정에서 보듯이 불전에서는 색계 제4선의 경지가 되면 누구나 전생을 기억해 낼 수 있다고 가르친다. 제4선은 들숨과 날숨의 흐름조차 정지할 정도로 마음이 고요해진 상태이다. 그런데 윤회를 예증하는 상기한 사례들은 모두 남들의 얘기일 뿐이며, 자신과 남들의 전생을 기억하고 직관할 수 있다고 하는 제4선은 아무나 오를 수 있는 경지가 아니다. 지금 여기서 우리에게 가능한 것은 윤회에 대한 논리적 증명뿐이다.

앞에서 말했듯이 불전에서는 윤회를 당연한 사실로 간주하기에 굳이 논증하려 하지 않는다. 그러나 과학주의와 합리주의를 신봉하는 현대인들을 설득하는 데에는 논증이 가장 효과적일 것이다. 윤회를 논증하는 데 다음과 같은 삼단논법을 사용할 수는 없다.

주장: 모든 생명체는 윤회한다.
이유: 식(識)을 갖고 있기 때문에
실례: 마치 달라이라마와 같이

이 추론식이 타당하기 위해서는 '식(識)을 갖고 있는 것은 윤회한다.'는 주연관계(周延關係: vyāpti)가 보편타당한 진리이어야 한다. 그러나 이 역시 다시 증명을 요하는 명제일 뿐이다. 이와 같은 추론식을 소증상사(所證相似: sādhya sama)[7]의 오류를 범하는 논증식이라고 부른다.

그러면 어떻게 윤회를 논증할 것인가? 그럴 듯한 방법 가운데 하나로 다음과 같은 유비추리(類比推理)를 들 수 있다; '모든 것은 순환한다. 봄이 가면 여름이 오고 여름이 오면 가을이 오며 가

7) '다시 증명되어야 한다[소증]는 점에서 마찬가지다[상사]'라는 의미.

을이 가면 겨울이 온다. 그리고 겨울이 가면 다시 봄이 온다. 밤이 깊어 어두워지면 다시 여명의 새벽이 온다. 숨을 내쉰 후에는 다시 들이쉬게 된다. 들이 쉰 후에는 다시 내쉬게 된다. 이와 마찬가지로 생명체가 탄생하여 늙고 병들어 죽은 후에는 다시 탄생할 것이다. 이 세상에 단절은 없기 때문이다.' 그러나 이런 설명도 윤회와 재생에 대한 확신을 주기에는 부족하다.

그러면 윤회를 논증하는 방법은 없는 것일까? 그렇지 않다. '인과응보의 법칙에 따라 무한히 재생한다.'는 윤회의 사실성을 확신하게 해 주는 실마리는 바로 '연기(緣起)'의 자각에 있다. 연기란 간단히 말해 '얽혀서 발생함'을 의미한다. 세상만사는 얽혀서 발생한다. 홀로 발생하는 것은 없다. 가장 비근한 예로 내가 어떤 집을 방문했을 때 그 집이 무척 크다고 생각하는 경우, 그 집이 원래 커서 그런 생각이 떠오른 것이 아니라, 내가 염두에 둔 작은 집과 비교했기 때문에 그런 생각이 떠오른 것이다. 이 때 존재의 세계 속으로, '염두에 둔 작은 집'과 '무척 큰 집'이라는 생각이 함께 들어온다. 연기하는 것이다. 내가 어떤 막대기를 보고 길다고 생각했을 때, 그 막대기의 길이가 원래 길어서 그런 생각이 떠오른 것이 아니다. 그보다 짧은 막대기를 염두에 두고서 그 막대기를 보니까 그에 대해 길다는 생각이 떠오르는 것이다. 그 막대기의 길이는 원래 짧지도 길지도 않다. 더 긴 막대기와 비교하면 짧게 생각되고, 더 짧은 막대기와 비교하면 길어진다. 어떤 짧은 막대를 생각 속에 떠올린 후 그와 비교하여 눈앞의 막대에 대해 '길다'는 판단을 내릴 경우, 존재의 세계 속으로 '생각 속에 떠올렸던 짧음'과 '눈앞에 보인 긺'이 함께 들어온다. 그 어떤 것도 홀로 나타나지 않는다. 언제나 한 쌍 이상의 사태[fact]가 함께 나타난다. 고기(孤起)하는 것은 없고 모든 것은 연기(緣起)한다. 모든 것은 대조와 비교, 관계를 통해 나타난다. '나의 눈'이 존재하려면 '시각대상'이 존재해야 하고, '비'가 존재하려면 '내림'이 존재해야 한다. '소'가 존재하기 위해서는 '소 아닌 것'이 존재해야 하고 '컵'이라는 생각을 떠올리기 위해서는 '컵 아닌 것'을 염두에 두어야 한다. 이렇게 모든 것이 연기적으로 존재한다는 것은 틀림없는 사실이다. 우리가 눈을 훤히 뜨고 있는 바로 이 자리에서 확인되는 사실이다.

그러면 연기에 대한 이상과 같은 조망에 근거하여 논의를 더 진전시켜 보자. 나는 이 세상을 살면서 온갖 괴로움과 즐거움을 체험한다. 어떤 때는 하루하루가 무척 괴로운 적도 있었고, 어떤 때는 하루하루가 무척 즐거운 적도 있었다. 이러한 내 일생의 길흉화복의 변화에 빗대어 남의 삶을 조망할 경우, 현재의 나보다 행복하게 살아가는 사람도 있고 나보다 불행하게 살아가는 사람도 있음을 알게 된다. 시선을 다른 생명체로 돌려 보자. 짐승의 삶은 우리 인간의 삶보다 훨씬 불행하다. 매일매일 먹을 것을 찾아 헤매야 하는 짐승들은 지극히 가난하다. 조금만 게으르든지, 힘이 약해지면 음식을 구하지 못하고 굶어죽고 만다. 또, 매 순간 약육강식의 공포에 떨며 사는 것이 짐승의 삶이다. 단 한시도 마음을 놓지 못한다. 조금만 방심하면 자신보다 힘이 센 짐승에게 잡아먹힌다. 이렇듯이 인간계 내에서도 행복과 불행의 정도가 다양하지만, 다른 생명체까지 포함시켜 조망할 경우 행복과 불행의 정도는 개개의 생명체에 따라 천차만별임을 알 수 있다.

그러면 이런 행복과 고통의 차별은 어째서 존재하는 것일까? 앞에서 큰 집과 작은 집, 긴 것과 짧은 것 등의 예에서 보았듯이 세상만사는 모두 연기적으로 존재하는 것이기에 행복과 고통 역시 홀로 존재하는 것이 아니다. 남에게 고통을 주는 악업을 지을 경우, 그와 벡터(Vector)가 반대인 내가 느낄 고통이 함께 발생해야 한다. 남에게 행복을 주는 선업을 지을 경우, 그와 벡터가 반대인 내가 느낄 행복이 함께 발생해야 한다. 그러나 내가 느낄 고통과 행복은 내가 그러한 선악의 업을 짓는 순간과 동시에 발생하지 않고 시간이 경과하여 무르익은 다음에 나에게 체험된다. 사물의 세계에서는 '긴 것과 짧은 것'과 같은 연기하는 대립 쌍이 동시에 발생하지만, 마음의 세계에서는 '남이 느낄 고락'과 벡터가 반대인 '내가 느낄 고락'이라는 연기적인 대립 쌍이 존재의 세계에 시간을 달리하여 나타나는 것이다. 이를 불교전문용어로 '이숙(異熟: vipāka)'이라고 한다. '다르게 익음'이라는 뜻이다. 내가 남에게 지은 선악의 업을 '이숙인(異熟因)'이라고 부르고, 시간이 경과한 후 미래에 언젠가 그로 인해 내가 받을 고락의 과보를 '이숙과(異熟果)'라고 부른다. 나의 입장에서 볼 때, 내가 지은 인(因)은 선(善)이나 악(惡)인데 그로 인해 내가 받게 될 과(果)는 고(苦)나 낙(樂)이다. 가치론적으로 볼 때 인(因)은 선성(善性)이나 악성(惡性)이었는데 그것이 과(果)에서는 선도 악도 아닌 무기성(無記性)의 고락으로 성질이 달라졌기에 이(異: vi)인 것이고, 인(因)을 지은 이후 시간이 경과하여 그것이 무르익은 후 과(果)가 나타나기에 숙(熟: pāka)인 것이다.

긴 것과 짧은 것 등과 같은 사물의 연기적 성격에 대해 철저히 자각할 경우, 우리는 우리의 일거수일투족이 반드시 그에 부응하는 결과를 초래한다는 점을 확신할 수 있게 된다. 더 나아가 우리가 평생 살아가며 지은 갖가지 업들이, 우리의 죽음과 함께 사라지는 것이 아니라, 그 연기적 대립 쌍인 과보를 받기 위해 또 다른 내생의 삶을 초래한다는 점 역시 확신할 수 있게 된다. 악행을 했던 나를 내가 처벌하고 선행을 했던 나에게 내가 상을 주기 위해서 죽음 후의 나에게 내생이 다시 전개되는 것이다. '자업자득의 법칙'은 이렇게 나의 마음이 주관한다.

Ⅲ. 윤회는 어디서 어떻게 진행되는가?

위에서 연기설에 입각해 윤회를 논증해 보았지만, 인도 내에서 윤회는 불교에서만 인정되는 교의가 아니었다. 유물론자를 제외한 인도 내 모든 종파에서 윤회를 인정하며 그에 근거하여 자신들의 교리를 전개하였다. 인도 내의 다른 모든 종파와 불교의 차이점은 윤회의 인정 여부에 있었던 것이 아니라 윤회에 대한 해석의 차이에 있었다. 다른 종파에서는 변치 않는 아뜨만(Ātman)이 존재해서 그것이 주체가 되어 윤회한다고 본 반면, 불교에서는 그러한 아뜨만은 존재하지 않는다는 무아설을 제시하며 그에 근거하여 윤회를 설명하였다. 다른 종파에서는 윤회에서 벗어나는 갖가지 방법과 윤회에서 벗어난 갖가지 상태를 주장하였으나 불교에서는 삼계설(三界說)을 통해 다른 종파에서 주장하는 그런 갖가지 상태를 윤회 내의 경지일 뿐이라고 격하시켰다.

불교의 삼계설과 육도설(六道說)은 윤회에 대한 공간적 조망이고, 십이연기설은 윤회에 대한 시간적 조망이다. 삼계육도설은 생명체가 태어나 살아가는 현장에 대한 조망이고, 십이연기설은 전생과 현생과 내생의 인과관계에 대한 조망이다. 그러면 윤회하는 과정에 대한 불교의 해석을 공간적 조망과 시간적 조망으로 구분하여 설명해 보자.

1. 윤회에 대한 공간적 조망

우리는 지금 지구상에서 인간으로 살아가고 있다. 그리고 허공에 떠 있는 흙덩어리인 이 지구상에는 우리 인간과 함께 종(種: species)이 다른 갖가지 짐승들이 다닥다닥 붙어서 살고 있다. 불교에서는 이들을 축생이라고 부른다. 그런데 부처님의 가르침에 비추어 볼 때 생명의 세계에 이렇게 인간과 축생만 존재하는 것이 아니다. 인간보다 행복한 존재로 하늘에 사는 천신과 아수라[8]가 있고, 인간보다 불행한 존재로 축생을 비롯하여 아귀와 지옥중생이 있다. 천신과 아수라는 하늘나라인 천상에 살고, 인간과 축생과 아귀는 지상에서 살며 지옥은 이곳 인간계에서 멀리 떨어진 곳에 존재한다. 이 가운데 천신과 아수라와 인간계를 세 가지 좋은 곳이란 의미에서 삼선도(三善道)라고 부르고, 축생과 아귀와 지옥세계를 세 가지 나쁜 곳이란 의미에서 삼악도(三惡道)라고

---

8) 아수라는 그 기원이 페르시아의 조로아스터교에 있다. 석가모니 부처님 당시 인도의 인더스 강 서쪽 지방은 페르시아의 다리우스 황제가 지배하고 있었는데, 그 당시 페르시아에서 발생한 조로아스터교에서 최고신을 '아후라 마즈다'라고 불렀으며, 조로아스터교와 대립하는 인도의 바라문교 내에서 아후라 마즈다(Ahura Mazda)를 아수라(Asura)라고 부르며 악신으로 취급하는 것이다. 이와 반대로 조로아스터교에서는 바라문교의 천신인 데바(Deva)를 악마로 간주한다.

부른다. 일반사람의 눈에는 이 중 인간계와 축생계만 보일 뿐이다. 그리고 이러한 육도 중 천상을 정밀하게 나누어 설명한 것이 삼계설이다.

삼계는 욕계(欲界)와 색계(色界)와 무색계(無色界)인데, 이 가운데 욕계에는 육욕천(六欲天)이라고 불리는 여섯 군데의 하늘나라와 아수라와 인간계와 축생계와 아귀, 지옥계가 속하는데 정신[무색]과 육체[색]와 욕망[욕]을 모두 가진 생명체가 태어나 살아간다. 색계는 초선천, 제2선천, 제3선천, 제4선천의 네 단계의 하늘나라로 이루어져 있으며, 각 단계의 하늘나라는 다시 세분되어 총 17천이 된다. 이런 색계는 식욕이나 성욕, 수면욕과 같은 거친 욕망은 없으나 미묘한 물질로 이루어진 육체[색]와 정신[무색]을 가진 생명체들이 태어나 살아가는 곳이다. 마지막의 무색계는 거친 욕망도 없고, 육체도 없고 정신[무색]만 가진 생명체가 삼매의 즐거움에 취하여 사는 곳이다. 현생에 무엇을 추구하고 살아갔는가에 따라 내생에 삼계 가운데 어느 곳에 태어날지가 결정된다. 성욕이나 식욕, 수면욕 등 거친 욕망을 끊지 못한 사람은 내생에도 욕계에 태어나고, 거친 욕망을 끊어 계행(戒行)이 완성된 상태에서 어느 정도의 명상을 하며 살아가는 사람은 색계에 태어나며, 그 명상이 지극히 깊어져서 오직 정신적 황홀경만 추구할 뿐 육체에 대한 집착도 완전히 사라진 사람은 무색계에 태어난다. 석가모니 부처님께서 보리수 밑에 앉기 전에 배웠던 두 명의 스승, 즉 알라라 깔라마와 웃다까 라마뿟따가 가르쳤던 삼매의 경지는 각각 무소유처정(無所有處定)과 비상비비상처정(非想非非想處定)으로 무색계의 정상에 태어나게 하는 삼매였던 것이다.

삼계 - 중생이 윤회하는 현장

무색계 無色界 정신적 삼매 無色		비상비비상처천(非想非非想處天): 수명은 8만대겁
		무소유처천(無所有處天): 수명은 6만대겁
		식무변처천(識無邊處天): 수명은 4만대겁
		공무변처천(空無邊處天): 수명은 2만대겁
색계 色界 정신 + 몸(빛) 無色 + 色		제4선천: 무운천, 복생천, 광과천, 무번천, 무열천, 선현천, 선견천, 색구경천
		제3선천: 소정천, 무량정천(無量淨天), 변정천
		제2선천(第二禪天): 소광천(小光天), 무량광천, 극광정천
		초선천(初禪天): 범중천(梵衆天), 범보천(梵補天), 대범천(大梵天)
욕계 欲界 정신+몸+성 無色+色+性	육욕천 六欲天	타화자재천: 남이 만든 묘욕경에서 자유롭게 즐긴다. 마주보면 무릎 위에 화생
		낙변화천: 스스로 만든 묘욕경에서 자유롭게 즐긴다. 마주 보고 웃으면 화생
		도솔천: 미륵보살이 계신 곳 - 손만 잡아도 화생. 지족천(知足天)
		야마천: 염라대왕 - 껴안으면 화생
		삼십삼천(도리천): 4방×8천=32천 + 제석천 = 33천 - 사람처럼 교미한다.
		사대왕중천: 지국천왕(동), 증장천왕(남), 광목천왕(서), 다문천왕(북)
	아수라	술 금지. 빼앗긴 여신들을 되찾기 위해 천신들과 전쟁.
	인간	남 - 섬부주
		동 - 승신주
		북 - 구로주
		서 - 우화주
	아귀	숲속, 깨끗한 곳, 더러운 곳에 흩어져 산다. Preta = pra(먼저) + ita(감)
	축생	34억 종류가 있다(정법념처경).
	지옥	등활지옥: 죽었다 살았다 하며 고통 받기를 되풀이한다.
		흑승지옥: 검은 밧줄로 사지를 묶인다.
		중합지옥: 여러가지 고통이 몸을 엄습한다.
		호규지옥: 고통에 시달리며 비명을 지른다.
		대규지옥: 극도의 고통으로 극도의 비명을 지른다.
		염열지옥: 몸에 불이 붙는다.
		대열지옥: 자신과 남의 몸 모두에 불이 붙는다.
		무간지옥: 쉬지 않고 고통을 받는다.

욕계의 하늘나라인 육욕천 가운데에는 '죽은 자의 왕'으로 염라

대왕이라고 불리는 야마천(Yama天)도 있고, 모든 신들의 주인이라고 칭송되던 인드라[Śakra devānāṃ Indra, 석제환인]가 33천인 도리천의 중앙에서 살고 있으며, 일생보처보살(一生補處菩薩)[9]이 머문다는 도솔천도 있고, 부처님을 유혹하며 수행과 전법을 방해하던 마왕 파순(波旬, Pāpīyas)이 거주하는 타화자재천(他化自在天)도 있다. 그러나 이런 하늘나라 모두 욕계에 속하기에 남녀의 성(性: sex)이 있는 곳이다. 이성에 대한 관심을 끊지 못한 사람은 아무리 착하고 고결하게 살더라도 내생에 이런 욕계의 하늘나라에 태어날 뿐이다. 육욕천 가운데 사왕천과 도리천은 이 지구와 가까운 곳[밤낮이 있는 중력권]에 있기에 지거천(地居天)이라고 부르고 나머지 네 가지 하늘나라는 허공[항상 밝은 대낮]에 떠 있기에 공거천(空居天)이라고 부른다.

색계의 하늘나라 중 첫 번째 것인 초선천에는 '자신을 창조주라고 착각한 브라만 천신'이 살고 있다. 불교에서는 모든 것이 무상하다고 가르친다. 모든 사물은 생주이멸(生住異滅)하고, 모든 생명체는 생로병사(生老病死)하며, 우주는 성주괴공(成住壞空)한다. 우주는 성립되었다가[成劫, 성겁] 머물다가[住劫, 주겁] 파괴되다가[壞劫, 괴겁] 텅 빈 상태[空劫, 공겁]로 된다는 것이다. 그리고 텅 빈 상태가 지나면 다시 성립되고, 머물고, 파괴되고, 텅 비게 되는 성주괴공의 순환이 되풀이 된다. 성, 주, 괴, 공 각각의 기간은 20겁인데 이를 1중겁(中劫)이라고 부른다. 네 번의 중겁이 지

9) 인간계로 내려와 성불하기 직전에 도솔천에 머무는 보살을 일생보처보살이라고 부른다. 과거의 석가모니 부처님은 '호명보살'이라는 이름의 일생보처보살이었고, 현재에는 미륵보살이 미래의 성불을 기다리며 도솔천에서 일생보처보살로 대기하고 있다고 한다.

나는 성주괴공의 한 주기인 80겁을 1대겁(大劫)이라고 부른다. 그런데 흥미로운 것은 우주가 파괴된다는 공겁의 상태가 될 때 우주 전체가 파괴되는 것이 아니라, 욕계 전체와 색계의 초선천까지만 파괴된다는 점이다. 색계의 제2선천 이상은, 그 명칭에서 보듯이 빛[光]이나 오묘한 물질[淨色]로 만들어진 곳이기에 파괴되지 않는다. 물론 무색계는 물질이 아니기에 파괴될 수 없다. 따라서 우주가 텅 빈다는 공겁의 시대는, 모든 중생들이 색계 제2, 3, 4 선천과 무색계천에 태어나 지극히 고결하게 살아가는 행복의 시대라고 말할 수 있다. 그러다가 성겁이 시작되면 색계 제2선천 중의 극광정천(極光淨天)에 살던 한 중생이 자신의 선업이 가장 먼저 소진되어 색계 초선천에 떨어지면서 색계 초선천 이하의 세계를 만든 창조자로 행세하게 된다. 그가 바로 우주의 창조자로 행세하는 대범천(大梵天)이다. 이 브라만 천신은 "자신이 이 우주를 창조했으며 마치 아버지와 같다."라고 말하지만 이는 교만한 말로 옳지 않다.[10] 이후 욕계가 위의 육욕천에서부터 지옥에 이르기까지 차례차례 나타나며 상위 세계에서 떨어진 온갖 중생들로 채워지게 되는데, 이런 모든 세계는 그곳에 태어나는 각 중생의 업력(業力)에 의해 만들어진 것이지 이를 만드는 조물주, 창조자가 따로 있는 것이 아니다.

무색계의 하늘나라에는 공무변처천, 식무변처천, 무소유처천, 비상비비상처천의 네 곳이 있는데, 앞에서 말했듯이 오직 삼매의 황

10) 諸比丘 於梵世中 有一梵王 威力最强 無能降伏 統攝千梵自在王領 云我能作能化能幻 云我如父 於諸事中 自作如是憍大語已 卽生我慢 如來不爾 所以者何 一切世間 各隨業力 現起成立(『起世經』, 대정장1, p. 310b).

홀경만 추구하던 사람들은 내세에 이곳에 태어난다.

이상과 같은 욕계, 색계, 무색계가 윤회의 현장이다. 그 어디든 영원한 곳은 없다. 각각에 태어나게 만든 자신의 업력이 모두 소진되면 다시 다른 곳에 태어난다. 욕계 중 인간계와 축생계, 아귀계는 지구상에 있으며 색계는 지구에서 멀리 떨어진 허공에 떠 있고, 무색계는 물질이 없는 정신적 경지이기에 장소와 방위가 없다. 그리고 불전에 의하면 이런 삼계는 밤하늘에 반짝이는 별 하나마다 하나씩 갖추어져 있다. 태양도 멀리서 보면 하나의 별이기에 우리가 사는 이 태양계에도 하나의 삼계가 있고, 우리의 태양과 같은 별이 천 개 모인 하나의 소천세계(小千世界)에는 천 개의 삼계가 있으며,[11] 소천세계가 다시 천 개 모인 중천세계(中千世界)에는 백만 개의 삼계가 있으며, 이런 중천세계가 다시 천 개 모인 삼천대천세계(三千大千世界)에는 십억 개의 삼계가 있다.[12] 그리고 이런 삼천대천세계는 한 분의 부처님이 관여하는 세계[일불국토(一佛國土)]로 우리 눈에 보이는 우주 전체에 해당한다. 이렇게 온 우주에 생명이 가득 차 있다고 보는 것이 불교적 생명관, 세계관이다. 우리 눈에 보이는 밤하늘 작은 별 하나하나마다 그 주변을 도는 혹성에 갖가지 생명체들이 바글거리며 살아간다. 그리고 우리는 이곳에서 죽어 밤하늘 저 먼 별나라 어딘가에서 태어나기도 하고 저 멀리의 별나라 어딘가에서 죽어 이곳에 태어나기도 한다. 이 광활한 우주에 살면서 '일체지자(一切智者)'이신 부

11) 佛言 比丘 如一日月所行之處 照四天下 如是等類 四天世界 有千日月所照之處 此則名爲一千世界(같은 책).

12) 諸比丘 此千世界 猶如周羅(周羅者隋言髻) 名小千世界 諸比丘 爾所周羅一千世界 是名第二中千世界 諸比丘 如此 第二中千世界 以爲一數復滿千界 是名三千大千世界(같은 책).

처님께서 사셨던 이 지구상의 인간으로 태어나는 일은 그야말로 '바다 밑을 헤엄치다가 100년에 한 번 물 위로 오르는 눈먼 거북이가 우연히 그곳을 지나던 나무판자의 구멍에 목이 낄 정도의 확률'13)밖에 안 될 것이다. 이 광활한 우주에서 우리는 내생에 "어디서 무엇이 되어 다시 만나랴?"

2. 윤회에 대한 시간적 조망 - 십이연기

천신이든, 아수라든, 인간이든 축생이든 아귀든 지옥중생이든 모든 생명체들은 위에서 설명한 광막한 우주 도처에서 태어나 살다가 병들어 죽곤 다시 그 어딘가에 태어났다가 다시 죽는 윤회를 무한히 되풀이한다. 생명체의 종류도 가지각색이지만, 그 삶의 모습 또한 가지각색이다. 어째서 모든 생명체는 이렇게 가지각색이고, 그 삶의 모습 또한 이렇게 가지각색인 것인가? 어째서 어떤 생명체는 잡아먹으며 살고 어째서 다른 생명체는 잡아먹혀야 하며, 어째서 누구는 잘나게 태어났고 어째서 누구는 못난 것인가? 어째서 누구는 불행하게 살고, 어째서 누구는 행복하게 사는 것인가? 부처님께서는 이런 모든 결과들이 다 그에 해당하는 원인에 의해 성립된다는 만고불변, 보편타당한 법칙을 발견하셨다. 이것을 좁게는 인과응보의 법칙, 넓게는 연기(緣起)의 법칙이라고 부른다. 그리고 이러한 연기의 법칙을 윤회하는 생명체의 전생과 현생과 내생의 삶에 적용하여 설명한 가르침이 바로 십이연기설인

13) 『雜阿含經』, 대정장2, p.108c.

것이다.

열두 가지 개념에 의해 전생과 현생, 현생과 내생의 인과관계를 설명하는 십이연기의 각 단계는 다음과 같이 정리된다.

①무명 ②행 ③식 ④명색 ⑤육입 ⑥촉 ⑦수 ⑧애 ⑨취 ⑩유 ⑪생 ⑫노사
無明→ 行→ 識 ↔ 名色→ 六入→ 觸→ 受→ 愛→ 取→ 有→ 生→ 老死

지금 살아 있는 모든 생명체들은 이 세상이 돌아가는 이치를 모르는 어리석음[①무명] 때문에 무수한 전생 동안 갖가지 업[②행]을 짓는다. 그리고 그런 업들은 하나하나가 씨앗처럼 응결되어 우리의 마음[③식]에 저장되는데, 우리가 전생에 죽었다가 현생에 다시 태어날 때 그런 업의 씨앗들을 가진 영혼이 어머니 자궁 속의 수정란과 결합되어 태아[④명색]로 자라난다. 그리고 임신 후 5주가 되면, 태아에 눈, 귀, 코 등의 여섯 가지 지각기관[⑤육입]이 형성된다. 그 후 열 달이 지나 어머니의 자궁 밖으로 나오면 외부의 대상들을 지각[⑥촉]할 수 있는 능력이 생기게 되어, 그 후 다시 죽을 때까지 갖가지 괴로움과 즐거움을 느끼면서[⑦수] 살아간다. 여기서 무명과 행은 전생에 심은 '원인'에 해당하고, 식, 명색, 육입, 촉, 수는 현생에 받는 '결과'에 해당한다. 우리는 전생에 지었던 '원인'대로 몸을 받아 행, 불행이라는 '결과'를 체험하며 살아가는 것이다. 이상과 같이 ①'무명'에서 시작하여 ⑦'수'에 이르기까지의 과정은 전생과 현생간의 인과관계에 대한 조망이다. 그리고 이후 ⑧'애'에서 ⑫'노사'까지의 과정은 현생과 내생간의 인과관계에 대한 조망이다. 우리는 평생을 살면서 우리에게 체험되는 것들 가운데 좋은 것은 추구하고, 나쁜 것은 배척한

다. 이런 마음이 욕망이다. 그런데 우리의 욕망은 성(性)에 눈을 뜨는 사춘기에 이르러 강력해진다. 사춘기 이후, 성욕, 재물욕, 명예욕, 종교적 욕망 등이 모두 강력해 진다[⑧애]. 그리고 구체적인 세계관이나 종교관[⑨취]의 틀을 자신의 인생관으로 삼아 제각각의 방식으로 이런 욕망을 성취하면서 평생을 살아간다[⑩유]. 그러나 그런 삶이 욕망을 버린 삶이 아니기에 우리는 해탈하지 못하고 내생에 다시 태어난다[⑪생]. 그리고 또다시 늙어죽는다[⑫노사]. 이렇게 전생과 현생의 인과관계와 현생과 내생의 인과관계로 십이연기를 설명하는 방식을 삼세양중인과설(三世兩重因果說)이라고 부른다. 전생, 현생, 내생을 모두 포괄하기에 삼세(三世)이며, 인과관계가 두 번 중복되기에 양중인과(兩重因果)인 것이다. 그리고 십이연기에 대한 이러한 해석을 분위연기(分位緣起)라고 부른다.

그러나 십이연기의 각 항목은 지금 이 순간에 함께 작용하기도 한다. 이런 해석을 찰나연기(刹那緣起)라고 부르는데, 지금 이 순간의 나는 무한한 전생에서 시작한 ①무명에 덮여 있고, 전생에 지었던 나의 모든 행위[②업]들은 마치 밭에 뿌려진 씨앗과 같이 발아를 기다리며 지금 이 순간의 나의 마음[③식]속에 간직되어 있으며, 어머니의 자궁 속에서 형성된 후 지금까지 성장해온 나의 몸은 임신 5주째의 태아[④명색] 상태에서 생성되었던 여섯 가지 지각기관[⑤육입]을 모두 갖고 있고, 출산 후 비로소 열린 감각기관은 지금도 그대로 열려 있고[⑥촉], 그런 지각기관을 통해 온갖 희로애락을 느끼며[⑦수] 살아간다. 그와 아울러 사춘기 때부터 시작하는 강력한 욕망[⑧애]이 지금도 끊임없이 분출되고, 그런 욕망을 실현시켜 주는 구체적인 인생관[⑨취]에 따라 매일 매일을 살아간다[⑩유]. 전생의 나도 태어났다 죽었지만, 현생에 태어난 [⑪생] 나도 결국 죽을 것이고[⑫노사], 내생에 태어날 나도 결국 죽을 것이다.[14)]

여기서 전생과 현생, 현생과 내생 간의 인과관계에는 두 가지 종류가 있다. 하나는 '선인락과(善因樂果) 악인고과(惡因苦果)'인 '이숙인(異熟因) → 이숙과(異熟果)'의 인과관계이며, 다른 하나는 '선인선과(善因善果) 악인악과(惡因惡果)'인 '동류인(同類因) → 등류과(等流果)'의 인과관계이다. 전자는 '착하게 살면 행복이 오고, 악하게 살면 고통이 온다.'는 '행위와 과보 간의 인과관계'이고, 후자는 '착한 사람은 그 습관 때문에 내생에도 착하게 태어나고 악한 사람은 그 습관으로 인해 내생에도 악하게 태어난다.'는 '성향의 인과관계'이다. 현생에 우리가 체험하는 모든 길흉화복은 전생 혹은 과거에 우리가 지었던 업에 기인하며, 우리가 현생에 짓고 있는 갖가지 업들은 우리의 미래나 내생에 받게 될 온갖 길흉화복을 구성해 낸다. 생명체의 윤회는 시간적으로 이렇게 인과응보 법칙의 지배를 받는다.

십이연기를 분위연기적으로 펼쳐놓을 때, 윤회와 관계되는 부분은 '②행→③식↔④명색'이다. 전생에 지었던 선과 악의 갖가지 업들은 모두 씨앗이 되어 우리의 마음인 식 속에 저장되는데, 이 때 씨앗은 열매로서의 씨앗을 의미한다. 그리고 생명체가 죽게 되면 이러한 업의 씨앗을 간직한 식이 고락이나 선악인 과보로서의 싹

14) 拙著, 『중론 논리로부터의 해탈 논리에 의한 해탈』, 불교시대사, 2004, pp.206~208.

을 틔우기 위해 다시 다른 모체의 자궁 속 수정란에 부착됨으로써 심신복합체인 명색(名色)의 성장이 시작된다. 그런데 그 어떤 불전에서든 십이연기의 식과 명색의 관계를 '쌍 조건 관계'[↔]로 설명한다. '식(識)을 연(緣)하여 명색이 있고, 명색을 연하여 식이 있다'는 것이다. 이에 대한 해석을 둘러싸고 현대학자들 사이에 논란이 많지만 아함경에 근거할 때 이는 다음과 같이 해석된다; 여기서 식(識)은 전생에 죽은 귀신, 즉 중음신을 의미하는데 '중음신이 있어야 부모의 교합에 의해 만들어진 수정란이 명색으로 자라날 수 있고, 거꾸로 부모의 정(精)과 혈(血)이 합쳐진 수정란이 있어야 죽은 귀신인 중음신이 새 생명을 받을 수 있다'는 것을 의미한다. 다시 말해 '중음신이 있어야 수정란이 명색으로 자라나고 수정란이 있어야 중음신이 안착할 수 있다'는 것을 의미한다.[15] 십이연기설의 다른 지분들은 불가역적인 한 방향의 조건관계로 표시되는데, 식과 명색만 가역적인 쌍방향의 조건관계로 표시되는 이유가 여기에 있는 것이다.

이 중 식(識)을 의미하는 중음신이란 '중간 단계의 오음[16]'이란 뜻인데, 사망하는 순간의 오온인 사음(死陰)과 그 후 자궁 내에 다시 탄생하는 순간의 오온인 생음(生陰)의 중간 단계의 오음을 갖춘 몸이란 의미에서 중음신(中陰身)이라고 부른다. 중음신으로서의 삶을 중유(中有)라고 부르는데 이런 중유를 티벳에서는 바르

---

15) 當知所謂緣識有名色 阿難 若識不入母胎者 有名色成此身耶 答曰 無也 … 阿難 若識不得名色 若識 不立 不倚名色者 識寧 有生 有老 有病 有死 有苦耶 答曰 無也 阿難 是故 當知 是識因 識習 識本 識緣者 謂 此名色也 所以者何 緣名色故則有識 阿難 是爲緣名色有識(『中阿含經』, 대정장1, pp.579~580).

16) 오온에 대한 구마라습의 번역어. 오온은 현장의 번역어이다. 구마라습은 skandha를 陰이라고 漢譯한 반면 현장은 蘊이라고 한역하였다.

도(bar do: between two)라고 한다. 이는 사음과 생음이라는 '두 가지[do]의 사이[bar]'라는 의미이다.

물론 모든 불교 부파에서 중음신의 존재를 인정하는 것은 아니었다. 소승 부파 가운데 설일체유부에서는 중음신의 존재를 인정했으나 대중부, 일설부, 설출세와, 계윤부의 본종동의와 화지부의 본종동의에서는 이를 인정하지 않았다.[17] 대중부 등에서는 생명체가 죽으면 마치 거울에 영상이 비치듯이 동시에 생음으로 태어나는 것이라고 보았던 것이다.[18]

설일체유부의 교학에서 설명하는 중음신, 즉 중유의 정체는 다음과 같이 정리된다.

1. 중유의 몸은 미세하고 청정한 물질로 되어 있기에 일반인에게는 보이지 않지만, 중유끼리는 서로 알아본다. 혹은 극히 청정한 신통력의 눈을 가진 자는 본다.
2. 중유는 순식간에 먼 곳으로 이동할 수 있다.
3. 중유는 오근을 모두 갖추고 있다.
4. 중유는 벽이든 산이든 무엇이든 뚫고 지나갈 수 있다.
5. 다음 생으로 갈 중유가 이미 형성되면 이를 돌이킬 수 없다.
6. 욕계의 중유는 음식물의 미세한 냄새만 먹고 산다.
7. 중유의 수명은 논사마다 다르게 주장한다.
   ①법구 - 탄생할 인연이 없으면 무한하다
   ②세우 - 길 경우는 7일인데 탄생할 인연이 없으면 중유의 상태에서 계속 생사한다.
   ③설마달다 - 길 경우는 7×7=49일
   ④비바사사 - 적은 시간만 머문다. 왜냐하면 생유를 좋아하니까.

17) 金東華, 『俱舍學』, p.243.
18) 중유(中有) 또는 중음신을 육도 윤회 가운데 아귀도(餓鬼道)의 일종으로 간주할 경우 이들 부파의 이론적 대립을 회통할 수 있다.

8. 사람의 경우 태어나는 과정은 다음과 같다; 남자의 경우는 어머니를 향해 음욕을 일으키고, 여자의 경우는 아버지를 향해 음욕을 일으켜서 부모 교합의 순간에 수정란에 부착된다. 이성에 대해서는 탐애심, 동성에 대해서는 질투심을 일으키며 수정란에 부착된다.
9. 중유의 모습은 다음과 같다.
   천신으로 태어날 중유: 앉아서 일어나듯이 머리를 세우고 하늘로 상승한다.
   인간, 아귀, 축생: 그 모습이 사람과 같다.
   지옥중생 - 머리를 아래로 하고 발을 위로 한 채 지옥을 향해 떨어진다.[19)]

이상과 같은 『구사론』의 설명에 의거하여 우리가 사망한 후 중음신으로 떠돌다가 사람으로 재생하는 과정을 재구성하면 다음과 같다;

> 현생에 사람으로 살면서, 이성에 대한 욕망, 즉 음욕을 끊지 못한 사람이 죽어 귀신이 되었을 때, 즐겨 찾아가는 곳은 남녀, 또는 암수가 성교를 하는 현장일 것이다. 벽을 뚫고 지나갈 수 있고, 순식간에 이동할 수 있는 능력을 갖춘 것이 중음신이기에, 그 마음속에 음욕이 남아 있는 중음신은 가장 흥미로운 곳인 남녀가 성교하는 곳을 자유자재로 찾아다니며 구경하게 되는데 남자로 태어날 중음신은 여자에게 여자로 태어날 중음신은 남자에게 음욕을 일으켜 교합하다가, 부지불식간에 수정란에 부착되어 모태의 자궁에서 명색으로 자라나며 다시 내생의 삶을 받게 된다.

『구사론』의 설명에 비추어 보면, 지금도 남녀나 암수가 성교하는 곳에는 성교하는 남녀, 또는 암수와 오버랩 되어 이성과 교미하려는 중음신들이 가득할 것이라고 추측할 수 있다. 음욕을 끊지

19) 『俱舍論』, 대정장29, pp.46~47a.

못한 이상 우리는 내생에 이런 과정을 거쳐 다시 태어난다. 그리곤 다시 고통스런 윤회의 삶을 살아가는 것이다. 우리가 죽은 후 다시 윤회의 세계에 들어오지 않기 위해서는, 다시 말해 다시는 모체의 자궁에 착상되지 않기 위해서는 살아 있는 현생에 음욕을 끊어야 한다. 음욕뿐만 아니라 오욕락에 대한 집착[貪, 탐]을 모두 끊어야하고, 누군가에 대한 분노심[瞋, 진]을 모두 끊어야 하고, 교만한 마음[慢, 만]을 모두 끊어야 하며, 자아나 법이 실재한다고 생각하는 어리석음[癡, 치]을 모두 끊어야 한다. 그래서 감성과 인식이 모두 정화되어 맺혔던 한이 모두 풀릴 경우, 다시 말해 감성적이고 인지적인 번뇌가 모두 제거될 경우 우리는 죽은 후 윤회를 위해 음욕을 갖고 자궁에 착상되는 어리석음을 다시는 범하지 않게 된다. 그럴 경우 적어도 욕계를 벗어나 색계 이상에 태어나든가 윤회를 벗어나 열반을 체득한 아라한이 되는 것이다.

- 『불교평론』 20호, 2004

생명공학에 대한 불교윤리적 조망

Ⅰ. 과학과 불교 - 적인가, 동지인가?
Ⅱ. 생명공학 기술의 현황
Ⅲ. 생명공학의 윤리적 문제점
Ⅳ. 생명공학만 문제인가?

Ⅰ. 과학과 불교 - 적인가, 동지인가?

현대과학에 대해 불교인들은 상반된 두 가지 태도를 보이는 듯하다. 어떤 사람들은 과학이 발달할수록 불교의 진리성이 입증된다고 보는 반면, 다른 사람들은 과학의 발달로 인해 환경이 파괴됨으로써 인간의 삶이 불행해졌다고 생각한다. $E=MC^2$이라는 아인슈타인의 '질량-에너지 등가 공식'을 『반야심경』의 색즉시공(色卽是空)과 대비하며 불교의 진리성을 역설하는 불교인들도 있지만, 인간성을 황폐화시킨 주범이 바로 과학 문명이라고 비판하며 귀농 운동을 벌이는 불교인들도 있다. 불교인들은 '과학이론'에 대해서는 호의적인 반면, '과학기술'이 이룩해 놓은 현대의 물질문명에 대해서는 비판적이다.

불교적 선(善)은, 두 방향의 축을 갖는다. 하나는 타인을 해치지 않고 도와주는 수평적 선(善)이고, 다른 하나는 해탈을 지향하며 고결하게 살고[20] 깨달음의 지혜를 추구하는 수직적 선(善)이다. 서구의 다른 종교의 윤리와 차별되는 불교윤리의 특징은 '황금률(Golden rule)'이라고 불리는 수평적 윤리와 아울러 이렇게 수직적 윤리를 추가한다는 점에 있다. 그런데 '과학이론'의 탐구는 인간과 세계에 대한 미신을 타파하고 우리의 인지가 향상하게 해준다는 점에서, 인간과 세계를 '있는 그대로 보는 지혜[여실지견, 如實知見]'를 계발하는 불교의 수직적 선과 그 방향을 같이 한다.

그러면 '과학기술'의 경우는 어떠한가? 서구 과학기술이 이룩해 놓은 물질문명은 '감각문명'이라고 개칭(改稱)할 수 있다. 과학기

---

20) 梵行(brahmacārya): 淫行을 끊는 것을 말한다.

술이 창출해낸 문명의 이기(利器)들은 안(眼), 이(耳), 비(鼻), 설(舌), 신(身)이라는 우리의 다섯 감각에 만족을 주는 데 소용되는 것들이 대부분이기 때문이다. 물론 음식이라는 물질, 의복이라는 물질, 집이라는 물질들은 오감을 보호하고 우리의 생존을 위한 토대가 되는 소중한 것들이다. 그러나 우리의 주의력이 순전히 오감의 영역에서만 활동하게 될 때, 우리는 약육강식의 세계에서 감각적 쾌락만 추구하며 사는 짐승과 같은 모습으로 전락하고 만다. 오감의 세계에서는 강한 것이 약한 것을 이기고, 큰 것이 작은 것을 이기고, 빠른 것이 느린 것을 이긴다. 그래서 약육강식의 세계에 사는 짐승들은 언제나 상대적 강자(强者)의 위협에 떨며 살아간다. 그러나 보다 선량하고, 지혜롭고, 덕스러운 품성을 상위 가치로 자리매김하는 정신문화, 영성의 문화가 지배하는 사회에서는 상위의 인격이 하위의 인격을 포용하고 계도한다. 구성원 모두가 행복하게 살 수 있다. 그리고 전통적 승가 사회의 모습이 이를 예증한다. 과학기술의 과도한 발달로 인해, 정신문화, 영성(靈性) 문화를 망각한 현대인들은 '문명화된 밀림 속에 사는 인간의 탈을 쓴 짐승들'이라고 부를 수 있을 것이다. 소수의 강자만이 행복을 누리는 듯이 보이는 약육강식의 세계에서는 결국은 그 구성원 모두가 불행하다. 강자도 언젠가는 약자가 되기 때문이다.[21]

---

21) '노약자에 대한 공경'[孝道]과 '일부일처제라는 性윤리', '장애인 복지', '질병의 치료' 등은 정신문화, 영성문화에서 도출된 규범으로 육체적 약자를 보호하는 기능을 한다. 앞으로 사회 구성원 모두의 행복을 위해 이런 규범들의 복원이 이루어져야 할 것이다. 약육강식이 지배하는 짐승의 문화에서는 노약자는 소외되고, 異性은 육체적 강자만이 독점하며, 장애인과 병자는 도태된다. 사회적으로 문제가 되고 있는 '왕따' 현상 역시 열등자를 자연도태 시키고자 하는 인간의 동물적 본능의 발현으로 생각된다. 그러나 인간계와 축생계는 다르다. 인간계가 축생계

흔히 과학기술은 가치중립적이라고 말한다. 과학기술은 인간에게 해악과 이익을 모두 줄 수 있기 때문이다. 그런데 과학기술이 우리에게 이익을 제공한다고 하더라도, 불교적 견지에서 볼 때 그것이 모두 선(善)한 것만은 아니다. 배고픔, 자연재해, 질병, 노동 등의 괴로움에서 벗어나게 해 준다는 점에서 과학기술은 분명 선한 역할을 한다. 그러나 우리를 괴로움에서 해방한다는 최소한의 역할을 넘어서, 과학기술이 인간의 탐욕에 영합하기 위해 사용될 경우 과학기술은 우리를 '문명화된 밀림의 야수'로 전락시키고 만다. 과학은 양날의 칼과 같다.

불교적 견지에서 볼 때, 우리가 인간으로 태어난 목적은 놀고 즐기기 위해서가 아니다. 이 세상은 우리의 정신을 고양시키기 위한 교육과 수행의 장이다. 그래서 출가 수행자는 생명을 유지하기 위해 필요한 최소한의 음식[22]과 의복[23]과 주거(住居)[24]에 만족하는 비구(比丘, Bhikṣu = 걸사, 乞士), 즉 '걸인'으로서의 삶을 살았다. 감각적 만족은 최소한으로 줄이고, 해탈을 지향하며 살아가는 사람이 불교 수행자다. 잘 먹고 편안히 살기 위해 불교 수행을 하는 것이 아니다. 물질적 풍요로 인해 우리의 주의력이 감각적 영역으로 치우쳐 활동하게 될 때, 우리의 정신은 황폐해진다. 이때 우리의 마음은 오감(五感)의 세계 속에서 살아가는 축생과 같이 되는 것이다. 불교 수행자는 정신적 힘, 또는 영성(靈性)을 기르기 위한 수행 방편으로 오히려 감각적 어려움을 자청하기도 한

보다 행복한 이유는 '규범'과 '문명'의 보호를 받기 때문이다.

22) 탁발과 오후불식.

23) 분소의.

24) 공한처.

다. 근본불교를 그대로 계승한 남방 상좌부 불교권의 경우 출가 수행자들이 필요로 하는 문명의 이기(利器)는 2,500년 전이나 지금이나 거의 달라진 것이 없다. 그리고 앞으로 아무리 많은 세월이 흘러도 상황은 마찬가지일 것이다.

인간과 세계에 대한 과거의 미신을 타파하는 과학이론은 불교의 동지(同志)이지만, 물질적 풍요를 창출해내는 과학기술은, 그것이 생존의 괴로움에서 인간을 해방해 준다는 최소한의 역할을 넘어서 우리의 탐욕에 영합하여 사용될 때 불교 수행의 적(敵)이 될 수가 있다.

과학과 불교의 관계에 대한 이런 조망은 생명과학에 대해서도 그대로 적용된다. 생명에 대한 전통적 미신을 타파한다는 점에서 생명과학이론은 선(善)한 역할을 한다. 또, 배고픔과 질병과 노동의 괴로움에서 인간을 해방해 준다는 점에서 생명과학기술, 즉 생명공학은 선한 역할을 한다. 생명이 신에 의해 창조되었다고 규정해 온 기독교인들의 경우 유전자의 조작은 그 자체가 신의 섭리를 거스른 죄악이라고 주장하기도 한다. 그러나 불교적 견지에서 볼 때, '유전자가 조작 가능하다는 사실이 바로 자연의 섭리'라고 말할 수 있다. 붓다가 발견한 '대 통일장 이론'인 다르마(Dharma), 즉 연기법(緣起法)은 유전자는 물론이고, 인간과 세계, 주관과 객관, 시간과 공간, 생명과 물질 모두의 토대가 되는 이법(理法)이기 때문이다. 생명과학 이론을 탐구하는 일은 이러한 연기의 이치에 대해 보다 심도 있는 조망을 제공한다는 점에서 궁극적 지혜를 향한 수직적 선(善)의 길에 일조(一助)가 된다. 따라서 불교적 견지에서 볼 때 유전자를 조작한다는 사실 그 자체가 죄악이

되지는 않는다. 다만, 유전자를 조작하는 과정에서 '불살생계(戒)'를 어기는 일을 하는 것이 죄악이 될 뿐이다. 또, 생명공학기술이 인간의 탐, 진, 치에 영합하거나 그를 조장하는 역할을 할 경우 죄악이 된다. 이는 어떤 절대자가 징벌을 내리게 된다는 의미에서의 죄악이 아니라, 인과응보의 이법이 지배하는 세계에서, 탐, 진, 치로 인해 촉발된 행동은 결국 자신을 해치게 된다는 의미에서의 죄악이다.

Ⅱ. 생명공학 기술의 현황

생명공학 기술을 개발하는 과정에서 또, 그런 기술을 활용할 때 윤리적으로 문제가 되는 것이 무엇인지 알기 위해서는 먼저 생명공학 기술의 현황을 파악해 보아야 할 것이다.

줄기세포를 이용한 장기의 재생

정자와 난자의 결합으로 생성된 수정란은 2배수로 분열을 거듭하게 되는데, 8개의 세포로 될 때까지는 이 중 어느 하나를 분리하여 다시 배양할 경우 새로운 태아로 자라날 수 있다. 그러나 이 단계를 지나서 낭포(囊胞: Blastocyst)가 되면 각각의 세포는 새로운 태아로 자라날 능력을 상실하게 된다. 즉, 낭포의 외부를 이루고 있는 세포들은 모체의 세포와 결합하여 태반을 형성하고, 내부의 세포 덩어리는 우리 인체를 이루고 있는 피부, 심장, 망막, 뼈,

혈관 등을 만들어내기 위해 총 200여 종의 세포로 분열을 시작하게 되는 것이다.

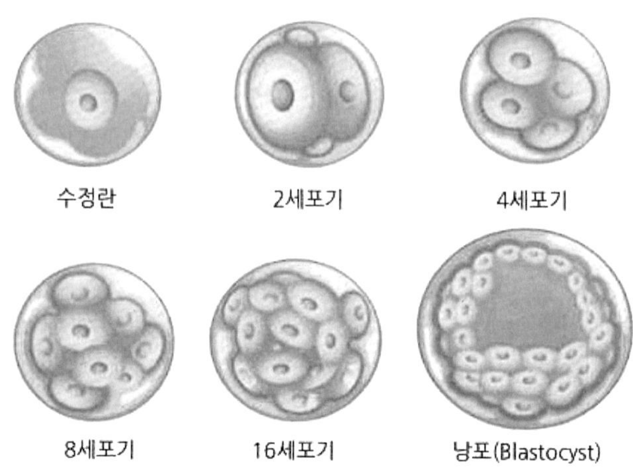

수정란은 낭포가 되기까지 2분법으로 계속 분열한다

아직 각 장기의 세포로 분열하기 전 낭포 내부의 세포 덩어리를 배아줄기세포(embryonic stem cells)라고 부른다. 배아줄기세포는, 어느 정도 성장하면 성장을 멈추는 성체세포와 달리 배양액 속에 넣을 경우 무한히 분열을 계속하는 불사(不死)의 세포인 것이다. 그리고 이러한 배아줄기세포는 적절한 생물학적, 생화학적 조작을 가할 경우 신경세포, 지방세포, 근육세포, 피부세포, 간세포 등과 같이 우리 몸을 이루고 있는 그 어떤 특수한 체세포로도 분화할 수 있는 능력을 갖는다. 연구가들은 이러한 배아줄기세포를 이용해 질병이나 상해로 인해 손상된 장기를 재생시킬 수 있다고 말한다.[25]

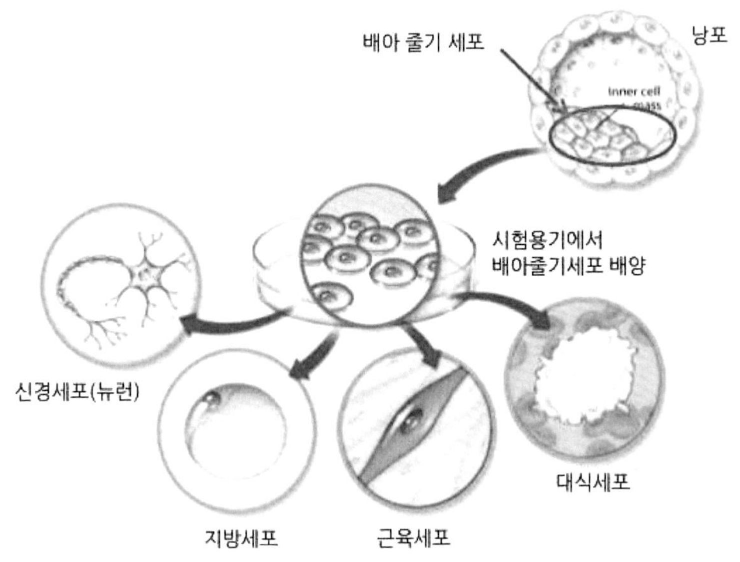

배아줄기세포의 채취와 배양과 분화

유전자 치료

질병 중에는 세균감염에 의한 것도 있으나, 유전자의 이상으로 인해 발생하는 것도 있다. 생명공학 중 유전공학은 이렇게 유전자의 이상으로 인해 발생하는 질병의 치료를 위해 연구되기도 한다. 인간의 몸을 이루고 있는 체세포들의 핵에는 각각 총 46개의 염색체가 들어있는데 각각의 염색체에는 DNA로 이루어진 유전인자가 담겨 있다. 하나의 유전인자는 약 6,000개의 염기배열로 이루어져 있으며 이 유전인자는 우리의 몸을 이루고 있는 단백질

25) http://europa.eu.int/comm/research/quality-of-life/stemcells/about.html에서 채취(2002.07.01) 후 요약.

생산을 위한 원형이 된다. 그런데 유전자 배열에 이상이 있으면 필요한 단백질이 생산되지 않거나 해로운 단백질이 생산되어 유전성 질환이 발병하게 된다. 유전공학 기술을 통해 유전질환을 앓는 사람의 유전자를 정상적인 유전자로 대체해 줌으로써 질환을 치료해 줄 수 있다.

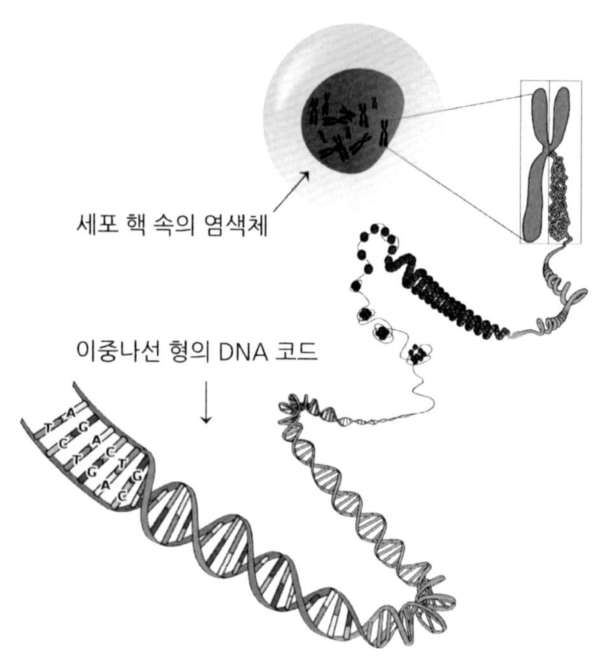

가축의 유전자 조작을 통한 약품과 장기의 생산

가축의 유전자를 조작함으로써 질병 치료 약품이 함유된 우유를 분비하는 염소나, 소등을 만들 수 있다. 또, 돼지 등과 같은 가축의 유전자 일부를 인간의 유전자로 대체함으로써 인간에게 거부반응을 일으키지 않는 장기를 가진 가축을 만들어 내어 장기 이식용으로 사용한다.

이들 이외에 노화와 관계된 유전자의 조작을 통한 생명의 연장, DNA염기를 이용한 초소형 컴퓨터의 개발, DNA칩을 이용한 질병의 조기 진단, 동식물의 유전자 조작을 통한 식량자원의 확보 등이 현재 가능한 유전공학기술이다.

Ⅲ. 생명공학 기술의 문제점

생명공학 기술에 대한 우려는 크게 두 가지로 구분된다. 하나는 섣부르게 활용되는 기술로 인해 초래될 부작용이고, 다른 하나는 기술의 개발과 활용 과정에서 발생하는 윤리적 문제이다. 전자는 과학자들의 세심한 기술 개발과 기술의 신중한 활용을 통해 극복될 수 있을 것이다. 그러나 후자에 대해 과학자들은 종교인 철학자 그리고 입법자(立法者)들의 단안(斷案)을 기다린다. 생명 조작을 통해 기술을 개발하는 것, 그리고 그것을 활용하는 것은 선인가 악인가, 그리고 그런 개발과 활용은 어느 선(線)까지 허용되어야 할 것인가? 최근 우리 정부에서는 수정 후 14일 이전까지의 배아를 실험에 사용하는 것을 허용하는 '생명윤리 및 안전에 관한 법률' 시안을 발표했다. 그러나 입법자, 행정가들이 생명공학 기술의 허용 범위를 설정한다고 해서 그것이 생명공학 기술에 대해 영원한 면죄부가 될 수는 없다. 예를 들어, 수렵과 낚시가 법으로 금지되어 있지는 않지만, 불교의 인과응보설에 비추어 볼 경우, 그런 행위는 살생 업을 짓는 것이 되고 그런 행위를 한 사람은 언젠가 그 과보를 받게 된다. 『유가사지론』에서는 살생업을 자주 지을 경우 내생에 지옥에 태어나게 되고, 다시 인간으로 환생한다고 하더라도 병에 잘 걸리고, 수명이 짧고, 먹는 음식의 빛깔이 좋지 못하다고 설명한다.[26] 그러면 생명공학 기술을 개발하고 활용하는 과정에서 어떠한 윤리적 문제가 발생하는지 검토해 보자.

불전에서는 생명은 태생(胎生)과 난생(卵生)과 습생(濕生)과 화생(化生)의 네 가지 방식에 의해 탄생한다고 말한다. 일반적으로 인간을 포함한 포유류는 자궁을 통해 태생하고, 조류와 어류는 알을 통해 난생하며, 거미, 지네와 같은 것들은 습생하며, 지옥중생과 천신들, 그리고 중음신은 화생한다는 것이다.[27] 그리고 이렇게 네 가지 방식에 의해 태어난 생명체들은 천상, 아수라, 인간, 축

---

26) 復次若於殺生親近數習多所作故 生那落迦 是名殺生異熟果 若從彼沒來生此間人同分中 壽量短促 是名殺生等流果 於外所得器世界中 飮食果藥皆少光澤勢 異熟及與威德並皆微劣 消變不平生長 疾病 由此因緣無量有情未盡壽量非時中夭 是名殺生增上果(대정장30, 『유가사지론』, pp.633b~c).

27) 云何胎生 謂諸有情由胎膜生 當住胎膜 已住今住胎膜 盛裹破壞胎膜生等 生起現起出已出 謂象馬牛羊駝驢鹿等 及 一類龍 一類妙翅 一類鬼 一類人趣 復有所餘由胎膜生 廣說如上 是名胎生 云何濕生 謂諸有情由濕氣生 或依草木諸葉窟聚 或依腐肉食糞穢等 或依陂池河海 展轉相潤相逼相依生等 生起現起出已出 謂蚊蚋蠛蠓 百足蚰蜒蚑行蜂等 及一類龍 一類妙翅 一類人趣 復有所餘由濕氣生 廣說如上 是名濕生 云何化生 謂諸有情生無所託諸根無缺支體圓具依處頓生 頓起頓出 謂諸地獄天趣 一切中有 及一類龍 一類妙翅 一類鬼 一類人趣 復有所餘諸有情類生無所託 廣說如上 是名化生(대정장27, 『아비달마대비바사론』, p.69b).

생, 아귀, 지옥의 육도에서 살아간다. 이렇게 볼 때, 불교에서 말하는 생명의 범위에 식물은 포함되지 않는 것을 알 수 있다. 인간이 저지르는 살생이란 같은 인간이나 축생을 죽이는 것을 의미한다. 따라서 식물의 유전자 조작을 통해 풍요와 이익을 창출해내는 기술은, 그것이 인간에게 질병을 일으키지 않는 이상 크게 문제가 되지 않는다고 볼 수 있다.[28] 그러나 인간을 포함한 동물을 이용한 생명공학의 경우 그 개발과 활용과정에서 과학자는 불살생계를 어기게 된다.[29] 수정란이나, 배아줄기세포, 하나의 개체로 생장 가능한 체세포, 또는 실험동물을 이용하는 생명공학은 '하나의 생명을 죽임으로써 다른 생명을 살리는 기술'이라고 평할 수 있다.

모든 동물은 윤회하기에 한 생이 끝나면 다음 생을 시작하게 된다. 그리고 새롭게 시작된 생명을 죽이는 것이 바로 살생이다.

---

28) 그렇다고 해서 식물을 함부로 해쳐도 되는 것은 아니다. 그 이유는 첫째, 식물은 수신인 야차나 짐승, 벌레와 같은 중생들의 거주처이기 때문이고(有情者 謂蝗螽蛺蝶蚊虻蜣蜋蟻子蛇蠍及諸蜂等 此等有情皆依草樹木而爲窟宅 若苾芻於草樹木若拔若破若斫截 皆波逸底迦: 대정장23, 『근본설일체유부비나야』, p.776b), 둘째, 일반인들은 식물도 생명인 줄 알기에 비구가 나무 등을 함부로 벨 경우에는 불교에 대한 그들의 신앙심을 훼손하기 때문이다(佛種種呵責言 汝愚癡人 不應作此 草木之中人生命想 汝作此事使人懷惡 呵已告諸比丘 今爲諸比丘結戒 從今是戒應如是說 若比丘殺生草木波逸提: 대정장22, 『오분율』, p.41c 外).

29) 물론 살생업의 경우 그 상황에 따라 경중이 다르다. 몸집이 큰 생명을 죽이는 경우, 강한 삼독심이 동기가 되어 죽이는 경우, 살생한 후 참회하지 않는 경우, 우발적 살생이 아니라 오랜 숙고 끝에 죽이는 경우, 수행의 도가 높은 자를 죽이는 경우 그 업이 중하며 그로 인해 받을 괴로움의 과보 또한 크다(Tsong kha pa, *The Great Treatise on the stages of the Path to Enlightenment*, Snow Lion Publications, New York, 2000, pp.227~231). 따라서 생업을 위한 살생은 범죄인의 살생보다 그 과보가 작다고 볼 수 있을 것이다.

생명공학에서 재료로 삼는 것은 박테리아나 바이러스와 같은 습생과 닭과 같은 난생, 그리고 인간을 포함한 포유류를 의미하는 태생이다. 생명공학에서는 인간의 복락을 위해 이런 생명체들을 해치고 이용하게 된다.

태생[30]의 경우 난자와 정자가 만나 수정란이 생기는 순간, 전생에 사망했던 중음신인 간다르바(Gandharva, 향음신, 香音身)가 수정란에 결합되어 태아로 자라난다.[31] 따라서 수정된 순간부터 생명이 시작된다. 배아줄기세포(Embryonic stem cells)를 이용한 생명공학의 경우, 수정란이 배아줄기세포의 단계로 성숙하였을 때, 내부의 세포 덩어리를 분리해 내어 배양액 속에서 무한 성장시킨다. 이때, 성체로 성장하기 위해 배아에 부착되었던 중음신(中陰身), 즉 간다르바는 떠나간다. 즉 사망하게 되는 것이다. 그리고 습생으로서의 줄기세포들이 무한하게 증식한다. 이런 줄기세포에 일정한 화학적 조건을 가하면 간이나 피부와 같은 조직 세포로 변화한다. 그리고 이를 병든 장기에 이식하여 환자를 치료하게 되는 것이다.

유전자 치료의 경우 박테리아나 바이러스와 같은 생명에 조작을 가하여 유전자를 주입한다. 이때 작은 생명들에 대해 위해(危害)를 가하게 된다. 장기나 약품을 생산하기 위해 가축의 유전자를 조작할 경우도, 이들에게 위해를 가해야 한다는 점은 마찬가지

30) 태생이란 중음신이 자궁 내의 태막에 붙어 생장하는 것을 의미한다. 그러나 태생은 수정란이 필요하다는 점에서 난생적 측면을 갖고, 생장과정에서 세포가 분열해야 한다는 점에서 습생적 측면을 갖는다고 볼 수 있다. 또, 먼 곳에 있던 중음신이 순간적으로 자궁 내에 출현한다는 점에서 화생적 측면도 갖는다.

31) 如契經言 入母胎者要由三事俱現在前 一者母身是時調適 二者父母交愛和合 三健達縛正現在前(대정장29, 『구사론』. p.44c).

다.

생명공학 기술은 어느 한 편이 이익을 얻기 위해 다른 한 편을 해쳐야 한다는 점에서 다른 과학기술과 차별된다.[32] 우리가 전화기나 라이터, 복사기, 에어컨 등을 만들 경우 광물을 이용하기에 다른 생명에 대해 직접적인 위해를 가하지 않는다. 그러나 생명공학은 한 생명을 이용하여 다른 생명에게 도움을 주는 일이기에 악과 선이 공존하는 과학기술이라고 평할 수 있다. 생명공학 기술을 개발하고 활용하는 과학자는 환자를 치료해 준다는 점에서는 선업(善業)을 짓는다고 말할 수 있지만, 그 과정에서 다른 생명체를 해친다는 점에서는 악업(惡業)을 짓는다. 즉, 불살생계를 어기게 되는 것이다. 그리고 과학자들이 개발해 낸 약품과 기술의 혜택을 받으며 살아가는 우리 모두 이를 용인하고, 사용한다는 점에서 공업(共業)을 짓고 있다고 볼 수 있다. 인과응보설에 의거할 경우 선업이 악업을 상쇄시키지 못한다.[33] 우리가 지은 선업의 종자와 악업의 종자는 각각 우리의 마음 밭에 저장된다. 그리고 미래에 언젠가 그 과보로 우리에게 나타난다.

---

32) 최근 수정란을 이용하지 않고 배아줄기세포를 생산하는 기술이 개발되었다. 미수정 난자의 외피에 성인의 체세포를 주입하여 성장시킨 후 낭포(blatocyst)의 단계에서 배아줄기세포를 추출하는 기술이다. 이를 체세포핵전이(體細胞核轉移: somatic cell nuclear transfer) 기술이라고 부른다. 영국에서는 이를 자궁에 착상시키지 않는 한도 내에서 이 기술의 사용을 합법화하였다. 그러나 이를 통해 생산된 낭포 역시 태아로 자라날 가능성을 갖는다는 점에서 수정을 통해 만들어진 낭포와 동일한 생명체라고 볼 수 있다. 따라서 이를 해체하여 활용하는 것 역시 불교적 견지에서는 살생이라고 규정된다(http://europa.eu.int/comm/research/quality-of-life/stemcells/about.html에서 채취: 2002.07.01).

33) 악업은 참회를 통해 경감되거나 사라질 수 있다(Tsong kha pa, *op. cit.*, p.254 참조).

Ⅳ. 생명공학만 문제인가?

많은 사람이 생명공학의 윤리성을 문제 삼는다. 그 이유는 생명공학 기술을 개발하고 활용하는 과정에서 인간의 세포, 또는 유전자가 조작되어야 하기 때문이다. 그러나 불교적 견지에서 볼 때, 인간의 세포와 유전자를 이용하고 조작하는 것만이 악업이 아니고, 다른 동물의 유전자를 조작하고 실험하는 것 역시 악업이 된다. 뿐만 아니라 자신들의 이익을 위해 다른 동물들에게 거리낌없이 위해(危害)를 가하는 인간의 문명 전체가 문제가 된다. 우리 인간은 여러 가지 동기에서 가축을 사육한다. 고기를 생산하기 위해 소와 돼지, 닭을 살해한다. 수많은 실험동물이 인간을 위한 약품의 개발과 장기의 생산을 위해 희생된다. 물론 이런 작업들은 다른 인간들에게 음식물을 제공해 주고 질병을 치료해 준다는 면에서 선한 행동이라고 볼 수 있다. 그러나 다른 생명을 해친다는 점에서 악한 행동이다. 생명공학은 물론이고 동물을 이용하며 살아가는 인간의 행동들은 선과 악의 측면을 모두 갖는다. 그리고 이때 결실된 선업과 악업의 종자(種子)는 우리의 마음 밭에 저장되었다가 시기가 무르익으면 그 과보의 싹을 틔우게 된다. 선업과 악업 낱낱이 그 과보로 차례차례 나타난다. 우리가 심은 선업과 악업의 종자는 미래, 또는 내세의 그 언젠가 과보가 되어 우리가 체험할 세상에서 고락(苦樂)의 파노라마를 연출하게 된다. 불교윤리에서는 무엇을 명령하지 않는다. 윤회의 세계에서 우리가 추락하고 상승하는 기준을 제시해 줄 뿐이다. 죽이지 말라, 훔치지 말라, 삿된 음행을 하지 말라, 거짓말하지 말라, 욕하지 말라, 이간질하지 말라, 꾸며서 말하지 말라, 탐욕내지 말라, 화내지 말라, 잘못된 세계관을 갖지 말라는 십선계(十善戒)의 근본 정신은 '남도 해치지 말고, 자신도 해치지 말라'는 것이다. 고결하지 못한 행동을 할 경우 삼계에서 하부로 추락하게 되고, 남을 해칠 경우 인과응보의 이치에 의거해 언젠가 자신에게 괴로움의 과보가 돌아온다. 이렇게 볼 때, 불교윤리의 정신은 궁극적으로 '자신을 해치지 말라'는 것이라고 요약할 수 있다. 미래에 언젠가 우리 자신이 해침을 당하지 않으려면 우리는 계(戒)를 지켜야 한다.

티벳의 대 학장(學匠) 쫑카빠(Tsong kha pa: 1357-1419)는 불전[34]을 인용하면서, 현재의 인간 가운데 내세에 인간이나 천상에 태어나는 인간의 수는 손톱 위에 얹은 흙(爪甲上土, 조갑상토)과 같이 적고, 축생이나 아귀, 지옥중생으로 태어날 인간의 수는 대지의 흙과 같이 많다고 말한다.[35] 또, 불전에서는 축생이 내세에 인간으로 태어나는 일은 '눈먼 거북이가 바다 밑을 헤엄치다가 숨을 쉬기 위해 물 밖으로 고개를 내밀 때, 우연히 그곳에 떠 있던 구멍 뚫린 판자에 목이 끼는 정도의 확률'밖에 안 된다고 말한다.[36] 이렇게 볼 때, 지금 다른 생명의 고통에 의존하여 행복하게 살고 있는 우리 인간들이 내세에 다시 인간으로 태어나기는 지극히 힘들다고 볼 수 있다. 연기의 이치가 지배하는 세상이기에, 삼계 육도 중 상위에 위치한 행복한 중생은 자신의 공덕을 탕진하며 교만하고 게으르며 사악하게 행동하기 쉽고, 박복한 중생은 자

34) *Vinaya vastu.*
35) Tsong kha pa, *op.cit.*, p.124.
36) 대정장2, 『잡아함경』, p.108c.

신의 고통스러운 과보를 감수하며 부지런하고, 선하게 행동하기 쉽다. 따라서 유복한 중생은 대개 육도윤회의 세계에서 추락하게 되고, 박복한 중생은 상승하게 된다. 윤회와 인과응보의 법칙은 모든 중생에게 공평하게 작용한다. 일체가 공하기에 원래 행복도 없고 불행도 없으며, 모든 것이 연기적(緣起的)이기에 행복과 불행은 함께 발생한다. 따라서 행복과 불행을 균등하게 체험하며 살아가는 것이 윤회의 세계에서의 평균적 삶이라고 볼 수 있다. 그러나 "개똥밭에 굴러도 이승이 좋다."는 속담이 입증하듯이 인간계에 사는 대부분의 우리는 불행보다 행복을 더 많이 체험하며 살아간다. 우리 인간들은 매일매일 축생을 살해하여 배를 채우고, 동물실험을 통해 얻어진 약품을 복용하며 건강하게 살아간다. 윤회의 이치에 몽매한 대부분의 인간들은 현생의 복락을 위해 다른 생명을 해치며 교만하고 사악하게 살아간다. 불전에서는 탐욕스러운 삶을 살 경우 내생에 아귀(餓鬼)로 태어난다고 한다. 아귀란 목구멍은 바늘귀 같이 좁고 배는 산처럼 커서 항상 굶주림으로 신음하며 살아가는 삼악도(三惡道)의 중생이다. '자신의 분수 이상으로 욕심을 부리던 마음'이 형상화되어 내생에 '아귀의 몸'으로 변한 것이리라. 탐욕의 문명, 자본주의 문명 속에 살아가는 사람들의 몸은 내생이 아니라 현생에 이미 아귀의 모습을 띠기도 한다. 비만으로 고통을 겪는 현대인들의 몸은 마치 아귀를 닮아 팔다리는 가늘지만 배는 산처럼 크다.

자본주의 사회를 인간의 삼독심(三毒心)에 비추어 진단할 경우, 탐심(貪心)은 조장하고, 진심(瞋心)은 막아주며, 치심(癡心)은 방조하는 사회라고 말할 수 있다. 자본주의 체제는 법의 한계 내에서 무한한 부(富)의 축적을 권장하기에 탐심을 조장하고 있고, 형법에 의해 폭력을 제지하기에 진심은 막아주며, 언론, 출판, 종교의 자유를 보장한다는 미명(美名) 하에 치심은 방조한다. 진심을 막아준다는 점만이 현대 자본주의 제도의 긍정적 기능이다. 우리는 윤회와 인과응보의 이치에 무지한 '치심'에 토대를 두고, 이런 자본주의 사회에서 용인하는 한(限)까지 우리의 '탐심'을 충족시키기 위해 과학기술을 죄책감 없이 활용하며 살아간다. 그러나 이런 과정에서 지어지는 악업은 결국 내생에 우리 자신의 불행을 초래할 것이다. 인간계에 태어난 모든 생명체가 미래, 또는 내생까지 행복한 삶을 영위하도록 해 주기 위해서는, 탐욕과 우치(愚癡)에 의해 이끌려가고 있는 지금의 자본주의 문명에 일대 변혁이 일어나야 할 것이다.

-『불교문화연구』 제3집, 동국대(경주) 불교사회문화연구원, 2004

배아연구와 생명윤리*

불교의 생명관과 살생의 범위 그리고 배아연구의 바람직한 방향

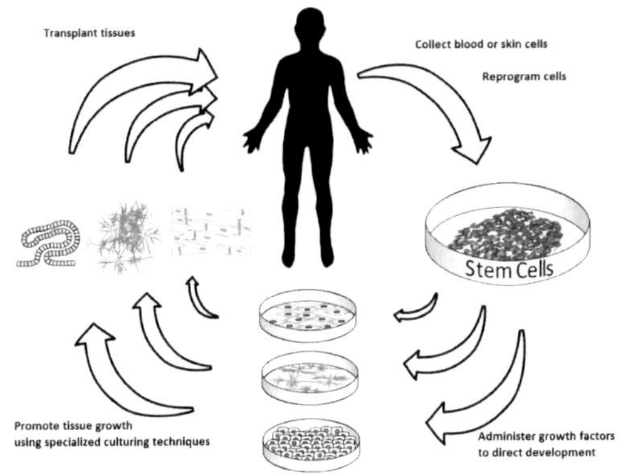

---

* 서강대학교 생명문화연구소 주최로 2006년에 열렸던 '배아연구와 생명윤리' 세미나에서 발표.

* 본 논문의 내용 중 많은 부분은, 필자의 논문인 「생명공학에 대한 불교윤리적 조망」(『불교문화연구』, 제3집, 동국대(경주) 불교사회문화연구원, 2002)과 논평문인 '「생명조작」에 대한 토론문'(『현대사회와 불교생명윤리 심포지엄 자료집』(대한불교조계종 총무원 사회부/인드라망생명공동체, 한국불교역사문화기념관 국제회의장, 2005년 12월 3일)과 신문잡지 기고문인 '우리가 선도하는 화엄적 기술문명'(『불교평론』, 제23호 권두언, 2005)와 '불교의 가르침에 비추어 본 줄기세포연구'(『불교신문』, 2005년 6월 셋째 주)에서 발췌한 것이다.

프롤로그

> 정보통신기술은 1과 0이라는 두 가지 숫자의 조합에 근거한 디지털의 기술이다. 생명공학기술의 재료가 되는 DNA 역시 아데닌(A), 구아닌(G), 티민(T), 시토신(C)이라는 네 가지 염기(鹽基)만의 조합으로 이루어져 있다는 점에서 디지털적이다. 대립쌍들의 조합으로 구축되는 디지털 세계는 연기(緣起)적 세계이다.
>
> – '우리가 선도하는 화엄적 기술문명'에서 –

Ⅰ. 논의의 전제

불교윤리에서는 '타자와 관계된 수평적 윤리'와 '자아향상과 관계된 수직적 윤리'라는 두 방향의 축을 추출할 수 있다. 불교적 선(善)의 경우 타자를 돕는 행위는 '수평방향의 선(善)'에 해당하고, 고결하게 살면서[1] 명상을 통해 깨달음의 지혜를 추구하는 것은 '수직방향의 선'에 해당한다. 물론 이와 반대되는 '수평적 악(惡)'과 '수직적 악'도 있을 수 있다.

이렇게 입체적으로 직조(織造)된 불교의 윤리체계는, 과학에 대해서도 적용 가능하다. '과학이론'의 탐구는 인간과 세계에 대한 무지를 타파하고 우리의 인지(認知)를 향상시킨다는 점에서 깨달음을 지향하는 불교의 '수직적 선'과 상통한다. 그러나 '과학기술'의 경우 선과 악의 양면을 갖는다. 우리의 삶을 풍요롭고 편리하

---

1) 범행(梵行, brahmacārya): 음행(淫行)을 끊는 것을 말한다.

게 해주는 측면은 '수평적 선'이지만, 그 활용과정에서 다른 생명체의 희생을 수반할 경우 이는 '수평적 악(惡)'이다.

생명과학의 경우도 이는 마찬가지다. 생명에 대한 전통적 미신을 타파함으로써 생명의 실상에 대한 여실지견(如實知見)을 제공한다는 점에서 그 이론은 불교의 '수직적 선(善)'에 일조(一助)한다. 또 그 기술의 경우도 배고픔과 질병과 노동의 괴로움에서 우리 인간을 해방시켜 준다는 측면에서 '수평적 선'이다. 그러나 그 연구와 개발과 활용과정에서 다른 수많은 생명체를 희생시키는 것은 '수평적 악'이다.

생명공학을 포함한 의료기술에는 인류의 질병 치료라는 밝은 측면이 있지만, 그 이면에는 이를 위해 실험실에서 살해당하는 무수한 실험동물들의 고통이 수반되어야 한다. 오늘 이 순간에도 수많은 실험동물들이 인류의 복지와 안락을 위해 희생당하고 있다. 인류라는 생명군이 누리고 있는 지금의 이 풍요는 다른 생명군의 처참한 희생을 딛고 이룩된 것이다.

불교에서 가르치는 선과 악의 기준 가운데 가장 간단한 것으로, ①'살생하지 말라', ②'훔치지 말라', ③'삿된 음행을 하지 말라', ④'거짓말하지 말라', ⑤'술 마시지 말라'는 오계(五戒)를 들 수 있는데, 여기서 가장 중시되는 것이 첫 번째 덕목인 '살생하지 말라'는 것이며 이는 '사람은 물론이고 살아있는 모든 것을 죽이지 말라'는 것을 의미한다.

그렇다면 불교적 견지에서 볼 때 다른 생명군의 희생을 수반하는 생명공학기술의 개발과 활용을 완전히 금해야 할까? 원칙적으로 말하면 그렇다. "다른 생명체를 해치지 말라."는 조항을 제1

원칙으로 표방하는 불교의 윤리관에 의거할 때, 지금 지구상에서 행해지고 있는 동물실험과 가축도살과 수렵과 어업 등 모든 살생 행위를 중지해야 한다. 모든 사람은 육식을 금해야 하며, 출가한 구도자가 되는 것만이 가장 바람직한 삶이다. 그러나 불교에서 제시하는 이런 최선의 삶을 우리사회의 구성원 모두에게 강요하는 것은 현실적으로 불가능한 일이다. 그러면 어떻게 해야 할 것인가?

언덕 위에 서서, 굴러 내려가는 수레를 향해, 내려가지 말라고 외쳐보았자, 수레는 계속 굴러가다가 나동그라지듯이 우리사회의 구성원 모두를 향해 순정 무구한 불교의 가르침을 강요해보았자 헛수고가 되기 쉽다. 굴러 내려가는 수레를 보았을 때, 보다 바람직한 행동은 수레에 뛰어올라가 그 방향을 조정하여 안착하게 해주는 것이리라. 불교의 가르침을 세속인 우리의 사회에 접목시킬 때에도 이는 마찬가지다. 최선책(最善策)이 아니라 차선책(次善策)을 제시해야 한다. 원칙적으로 살생을 금하는 불교이지만, 신라시대에 원광법사가 세속오계에서 '잘 가려서 살생하라(殺生有擇)'고 가르쳤듯이 ….

생명공학연구에 대한 불교적 차선책은, '악업을 아예 짓지 못하도록 연구와 개발을 막는 것'이 아니라, 그 과정에서 발생하는 '악업을 최소한으로 줄이고' 그를 통해 성취할 '선업을 최대한으로 강화시키는 것'이다. 이하의 논의는 배아연구와 관련한 불교적 최선책이 아니라 이러한 차선책에 대한 모색이다.

Ⅱ. 문제의 제기

얼마 전까지만 해도 수정란이나 태아에 대한 과학자들의 연구와 기술은 대부분 2세의 출산과 관계된 것들이었다. 시험관에서 정자와 난자를 인공적으로 결합시켜 수정란을 만들어 불임부부에게 아이를 갖게 하고, 태아의 유전자를 분석하여 기형아 출산을 예방한다. … 그런데 최근 들어 생명공학기술이 개발되면서 질병 치료를 위한 '도구'로 수정란과 태아가 주목을 받기 시작하였다.

정자와 난자가 결합하여 만들어진 수정란이 약 7일가량 분열을 계속하면 그 내부 한 귀퉁이에 균일한 세포덩어리가 생기는데 이를 '줄기세포', 보다 정확히는 '배아줄기세포'라고 부른다. 식물의 줄기에서 수많은 가지가 자라나 하나의 나무로 되듯이 이 줄기세포는 다시 피부, 근육, 뼈, 신경, 혈관, 간, 심장 등의 각종 장기를 이루는 세포들로 변화하면서 자궁 속에서 태아로 자라난다. 그리고 약 10달이 지나면 태아는 완전히 성숙하여 어머니의 몸 밖으로 나온다. 어린아이가 탄생하는 것이다.

배아줄기세포가 과학자들의 관심을 끄는 이유는 생체 밖의 시험용기에서 배양이 가능하며, 적절한 물리화학적 조건이 주어질 경우 시험용기 내에서 신경, 혈관, 연골, 심근 등 그 어떤 장기 세포로도 분화할 수 있기 때문이다. 배아줄기세포에 대한 연구가 보다 진척될 경우 실험실에서 만들어낸 장기를 환자의 몸에 이식하는 '꿈의 의학'이 실현될지도 모른다. 최근 체세포복제기술이 주목받는 이유는, 이 기술의 연구와 개발이 더욱 진척될 경우 환자에게 면역거부반응을 전혀 일으키지 않는 장기의 제조가 가능하기 때문이다.

의료기술을 통해 고통 받는 환자의 질병을 치료하는 것은 분명히 '선(善)'한 일일 것이다. 그러나 그것을 개발하고 시술하는 과정에서 '악(惡)'이 행해져야 한다면, 우리는 그런 의료기술의 연구나 개발을 선뜻 허용할 수 없을 것이다. 과학은 마치 양날을 가진 칼과 같다고 한다. 칼이 요리를 하거나 환부를 도려내는 좋은 일에 쓰이기도 하지만 남을 해치는 나쁜 일에 쓰일 수도 있듯이, 과학기술은 그 쓰임에 따라 선도 되고 악도 된다는 뜻이다. 그런데 줄기세포연구를 포함한 생명과학기술은 그 쓰임은 물론이고 그것을 연구하고 개발하는 과정에서도 윤리적 문제를 일으킨다. 그것이 인공수정을 통해 생성된 배아든, 체세포복제를 통해 생성된 배아든 배아줄기세포를 시험관에서 배양하여 각종 실험을 하는 것은, '성체로 성장 가능한 개체'를 해체했다는 점에서 일종의 '살인행위'일 수가 있기 때문이다. 물론 '인간의 범위'를 어디까지로 잡을 것인가에 따라 '살인의 범위'가 결정된다. 그래서 '아직 이목구비가 갖추어지지 않은 배아줄기세포'를 해체하는 것은 살인행위가 아니라고 주장할 수 있을지도 모른다. 그러나 이런 주장에 대해 우리 사회 구성원 모두의 동의를 얻기는 쉽지 않을 것이다.

생명과 관계된 과학연구 분야에서 윤리적 문제를 일으키는 것은 줄기세포연구뿐만이 아니다. 의대생들의 해부학 실습을 위한 시신 기증, 장기이식을 위한 뇌사자의 장기 적출 등의 경우, 개신교, 가톨릭, 불교와 같은 우리 사회의 주류 종교 모두 그와 관련된 단체를 운영하고 있으며, 우리들 대부분이 그것이 '선(善)한 행동'이라는 점에 대해 동의하고 있지만, "신체발부(身體髮膚)는 수지부모(受之父母)하니 불감훼상(不敢毁傷)이 효지시야(孝之始也).”라는 공자의 말씀을 신봉하면서 “차라리 내 목을 자를지언정 상투를 자를 수 없다.”라고 항거했던 최익현 선생과 같은 과거의 유림들에게는 시신 기증과 장기기증을 홍보하고 동참하는 현재 우리 사회의 지도층들이 ‘후레자식’들로 비칠지도 모른다.

우리사회 구성원의 대부분은 질병의 치료를 지상의 가치로 삼고 있지만, 불전의 가르침을 요약한 『보행왕정론(寶行王正論)』에서는 “몸에 병 없기를 바라지 말라. 병이 없으면 탐욕이 생기기 쉬우니 병고로써 양약을 삼아라.”고 가르치기도 한다. 공자 역시 “아침에 도를 들으면 저녁에 죽어도 좋다[조문도(朝聞道)면 석사가의(夕死可矣)]”라면서 ‘생존’보다 ‘도(道)’를 더 중시했다. 과거 성현들의 가르침에 비추어 볼 때 우리는 ‘치병’의 ‘의료행위’가 진정한 지상가치인지 다시 물을 수 있다.

또, 지금까지 각종 의약품과 의료기술의 개발을 위해 수많은 실험동물들이 희생되어 왔지만, 서구적 가치관에 젖어 있는 우리 대부분은 이들이 받을 고통에 대해 별 관심을 보이지 않았다. 그러나 인도(印度)에서 발생한 대부분의 종교에서는 인간을 죽이는 ‘살인’은 물론이고 다른 동물을 죽이는 ‘살생(殺生)’ 역시 ‘악한 행위’로 간주한다. 이렇게 ‘살생’조차 문제시하는 종교인들, 또 인류의 복락을 위해 희생되고 있는 실험동물들에게는 생명공학을 둘러싸고 현재 전 세계적으로 일고 있는 윤리적 논란이 ‘인간 종(種: Species)들의 생뚱맞은 호들갑’으로 비추어질지도 모를 일이다.

생명윤리의 문제, 의료기술의 문제와 관련된 논란의 배후에는 그 당사자의 세계관과 가치관과 종교관이 강하게 자리하고 있기에 합의를 통해 단일한 윤리지침을 창출해내는 것은 쉬운 일이 아니다. 그러면 어떻게 해야 할까? 배아 연구에 대해 우리 사회 구성원 모두가 동의하는 생명윤리지침을 제시할 수는 없는 것일까? 생명윤리 역시, 진정한 선악의 문제가 아니라, 소위 '목소리 큰 쪽'이 승리하는 헤게모니의 문제일 뿐인가?

새로운 과학기술이 개발되고, 종교인들에게 그에 대한 윤리적 판단을 요구할 때, 종교인이나 윤리학자로서 가장 안전한 길은 그러한 과학기술을 무조건 금지하라고 조언하는 것이리라. 그러나 이 경우 안이한 대응이라는 비난을 면치 못할 것이다. 과학기술의 급격한 발달로 인해 전 인류를 실은 수레가 조타수를 잃고 언덕 아래로 굴러 내려가고 있다. 언제 엎어질지 모른다. 위태롭다. 이때 언덕 위에 앉아 수레를 향해 멈추라고 소리쳐 보았자, 길 잃은 수레는 점점 더 멀어질 뿐이다.

Ⅲ. 불교의 생명관

배아연구에 대해 불교적으로 조망해 볼 때 윤리적으로 가장 문제가 되는 것은 실험과정, 또는 시술과정에서 일어나는 '살생', 또는 '살인'이다. 본고 서두에 소개한 바 있지만 불교윤리는 '내가 당하기 싫은 것을 남에게 하지 않아야 하는 수평윤리'와, '내가 고결하게 삶으로써 부처님과 같은 성자로 향상해 가는 수직윤리'의 이중구조로 짜여있는데, '살생하지 말라'는 강령은 수평윤리의 요소가 강하다. 내가 남을 괴롭혀서 안 되는 이유 가운데 하나는 다른 생명체에게 고통을 주었을 경우, 그에 상응하는 고통이 현생이나 내생에 언젠가 반드시 나에게 돌아오기 때문이다.

'살생하지 말라'는 윤리적 지침을 지키려 할 때, 우리는 먼저 무엇이 '생명체'이며, 무엇이 '살생'인지 규정해야 한다. 그런데 이에 대한 해답을 불경에서 찾고자 할 때 우리는 혼란에 빠질 수 있다. 왜냐하면 불전의 가르침이 각양각색이기 때문이다. 어떤 불전[『아함경』 등]에서는 짐승과 인간, 그리고 천신(天神) 등만을 생명체로 간주하고, 다른 불경[『화엄경』 등]에서는 동물은 물론이고 산천초목(山川草木) 등 식물과 광물 모두를 생명체로 취급하며,[2] 또 다른 불전[『금강경』 등]에서는 우리 인간에 대해서조차 생명체라는 생각[중생상(衆生相)]을 내지 말라고 가르친다.[3] 만물을 동물과 식물과 광물의 세 종류로 구분할 경우, 『아함경』에서는 동물만을 생명이라고 가르치고, 『화엄경』에서는 동물과 식물과 광물 모두가 생명이라고 가르치며, 『금강경』에서는 인간을 포함한 동물조차도 생명이라고 할 수 없다고 가르치는 것이다. 그러면 이렇게 서로 다른 세 가지 가르침 가운데 어느 것에 근거하여 생명체의 범위와 살생의 의미를 규정해야 할까?

불교에서는 모든 것에 대해 두 가지 방식으로 가르친다. 하나는 '참된 가르침'이고 다른 하나는 '일반인들의 상식과 분별에 부합한 가르침'이다. 불교전문용어로 전자를 진제(眞諦)라고 부르고 후자를 속제(俗諦)라고 부른다. '참된 가르침'인 진제에서는 생명

---

2) 「世主妙嚴品」에서, 인격화된 자연, 즉 日天子, 月天子, 主夜神 主晝神 등이 부처님의 공덕을 찬탄하는 것을 볼 수 있다.

3) 我相, 人相, 衆生相, 壽者相을 버리라는 『금강경』의 가르침.

과 생명 아닌 것의 구분이 무너진다. 그래서 "동물은 물론이고 산천초목(山川草木) 등 모든 것이 살아 있는 생명이다."라고 절대 긍정적으로 말하든지[『화엄경』], "이 세상에는 생명이랄 것이 없다."라고 절대 부정적으로 말한다[『금강경』]. 이러한 『화엄경』이나 『금강경』의 가르침 모두 생명과 생명 아닌 것의 구분을 무너뜨리는 무차별적 가르침이라는 점에서 공통된다. 진제에서는 비단 '생명'이라는 개념뿐만 아니라 모든 개념들의 테두리가 무너진다. 마치 뺨과 이마에 테두리를 그을 수 없었듯이 …. 따라서 이런 진제에 근거해서는 생명윤리가 정립되지 않는다. 생명윤리는 삶과 죽음을 구분하고, 생물과 무생물을 구분하고, 선과 악을 구분하는 '일반인들의 상식과 분별에 부합한 가르침', 즉 속제에 근거해야 정립 가능하다. 그리고 동물만을 생명으로 간주하는 『아함경』의 가르침이 바로 속제인 것이다. 우리가 함부로 죽여서는 안 되는 '생명체'를 불교용어로 '중생(衆生: Sattva)'이라고 부르는데, 속제에서는 동물과 식물과 광물 가운데 오직 동물만을 중생으로 간주한다.

그러면 이런 속제에 근거하여 불교에서 말하는 생명의 범위에 대해 보다 구체적으로 조망해 보자. 현대 생물학에서는 동물은 물론이고 식물도 생물에 포함시키지만, 『아함경』과 같은 초기불전에서 말하는 생명체인 '중생(衆生)'의 범위에 식물은 들어가지 않는다. 그 이유는 식물에는 영혼이 부착되어 있지 않기 때문이다. 식물은 유전인자를 갖는 세포의 집합체일 뿐이다. 동물의 몸 역시 세포의 집합체이긴 하지만, 손발과 같이 의지적 행위를 할 수 있는 행동기관을 갖고 있고, 눈이나 귀와 같이 괴로움과 즐거움을 느끼는 통로를 갖고 있기에 영혼이 부착될 수가 있다. 불교용어로 말하면 '업(業)'을 짓게 하는 '운동기관'과, '과보(果報)'를 받게 하는 '지각기관'을 가진 동물만이 생명체일 수가 있는 것이다. 이런 동물의 육체에서 영혼이 떠나가는 것을 우리는 죽음이라고 한다. 그렇게 죽은 영혼은 자신이 깃들 육체를 찾아 49일 동안 허공을 떠돌아다닌다. 일반적으로 '귀신'이라고 말하는 이런 영혼을 불교에서는 '중음신(中陰身)'이라고 부른다. 사망과 탄생의 중간(中間) 단계에 있는 몸(身)이란 의미이다. 대부분의 중음신은 사망 후 늦어도 49일째 되는 날 수정란에 부착된다. 그 때 수정란은 비로소 새로운 육체로 자라나게 되고 죽은 후 허공을 헤매다 그에 부착한 영혼은 다시 새로운 생(生)을 시작하는 것이다. 수정란 이후 자궁 속에서 커나가는 태아의 모습에 대한 불전의 설명을 요약하면 다음과 같다.[4)]

* 깔라라(Kalalaⓢ: 제1주): 마치 참기름 방울이나 투명한 우유기름과 같다. 또는 작은 파리가 입에 머금은 물방울 보다 작거나, 바늘 끝에 맺힌 참기름 방울, 한 가닥의 머리카락 끝에 맺힌 참기름 방울과 같다.
* 아부다(Arbudaⓢ: 제2주): 고기 씻은 물과 같은 색. 부어오른 종기와 같다.
* 뻬시(Peśīⓢ: 제3주): 정제된 납덩이의 색으로 백색의 작은 후추 씨와 같다.
* 가나(Ghanaⓢ: 제4주): 타원형의 작은 알과 같다.
* 빠사카(Praśākhāⓢ: 제5주): 5가지 종기모양이 형성된다(팔다리와 머리의 자국).

---

4) 미산, 「생명조작」, 『현대사회와 불교생명윤리 심포지엄 자료집』(대한불교조계종 총무원 사회부/인드라망생명공동체, 한국불교역사문화기념관 국제회의장, 2005년 12월 3일)에서 발췌.

Ⅳ. '인간' 개념과 살생의 범위

앞 장에서 우리는 불전의 가르침에 의거하여 생명의 범위에 대해 검토해 보았다. 불전의 가르침에 의거할 때, 식물을 해치는 것은 살생이 아니지만, 인간을 포함한 동물을 해치는 것은 살생이다. 그리고 중생의 범위에는 '중음신이 부착된 수정란'도 포함되기에 인간의 자궁에 착상된 수정란을 해체하는 것, 다시 말해 낙태행위는 분명히 살인의 악업이며 낙태를 요구한 사람이나 시술자 모두에게 미래나 내생의 고통스런 과보를 초래한다.

그러나 시험용기에서 수정된 수정란을 해체하는 것 역시 살인으로 보아야 하는가? 시험관아기의 시술을 위해 체외 수정된 후 2~3일 경과한 배아를 5년간 냉동했다가 다시 성장시켜 줄기세포를 추출하는 것은 살인인가?[5] 난자의 외피에 체세포핵을 이식하여 유사수정란을 만든 후 이를 성장시킨 배아를 해체하는 것은 살인인가? 불전에서 다루어지지 않은 이러한 문제들에 대해 윤리적 단안을 내리려 할 때 우리는 참으로 난감하지 않을 수 없다. 과거에는 상상도 못했던 다양한 생명과학기술이 개발된 지금의 이 시대에 '사람'이라는 개념의 범위와 의미를 확정하고 그에 의거하여 살인의 범위를 규정하는 일은 단순하지 않다.

"사람을 죽이면 안 된다."라는 가치판단에 대해 이의를 제기하는 사람은 없을 것이다. 그런데 문제는 이런 가치판단이 '사람'과 '죽음'이라는 개념의 '의미[內包, 내포]'와 '범위[外延, 외연]'에 대한 〈사실판단〉에 토대를 두고 이루어진다는 점이다. 사실의 세계

---

5) 마리아산부인과가 2000년 8월 성공하여 미국에서 특허를 취득한 기술.

에서 '사람인 것'과 '사람 아닌 것', '산 것'과 '죽은 것' 사이에 명확한 선이 그어져 있다면 무엇이 살인(殺人)이고 무엇이 살인이 아닌지 쉽게 단안을 내릴 수 있을 것이고, 그에 의거하여 누구나 동의하는 생명윤리지침을 쉽게 만들어낼 수 있을 것이다. 그러나 '사람'이나 '죽음'이라는 개념의 테두리는 명확하지 않다.

비단 '사람'이나 '죽음'이라는 개념뿐만 아니라, '이마', '뺨', '컵', '영웅', '건물', '시계', '우주' 등등 우리가 사용하는 모든 개념들의 '의미'와 '범위', 즉 '내포'와 '외연'은 실재하는 사실이 아니다. 몇몇 개념들의 범위와 의미는 약속을 통해 결정되지만, 대부분의 개념들은 방치되어 있다. 우리가 지금 생명윤리와 관련된 여러 가지 문제를 놓고 벌이는 토론이 곤혹스러운 이유는, 생명윤리의 바탕이 되는 '사람'과 '죽음'과 '삶'이라는 개념의 '범위와 의미'가 모호하기 때문이다.

공간과 관련된 개념이든 시간과 관련된 개념이든, 그 어떤 개념이든 그 의미와 범위가 개방되어 있다. 예를 들어, '이마'의 경우 그 범위가 분명한 듯이 생각되어도 그 주변부로 가면 범위가 모호해진다. 관자놀이라고 불러야 하는지, 미간이라고 불러야 하는지 …. 다른 예를 들어 보자. '아침', '점심', '저녁', '밤'이라는 개념은 시간과 관련된 개념이다. 그러나 언제까지가 아침인지, 언제부터가 밤인지 원래는 정확한 경계시점이 없다. 그러나 우리는 이렇게 선이 그어지지 않은 시간에 눈금을 만든 후 12시 이전은 '오전[a.m.]'이고 그 이후는 '오후[p.m.]'라고 명명한다. 이 역시 약속이다. 아침과 밤은 '약속의 선'이 그어지지 않은 개념이지만 오전과 오후는 '약속의 선'을 그어 놓은 개념이다.

모든 개념은 '중심부'와 '주변부'를 갖는다. 이마와 뺨과 같은 공간적 개념이든, 아침과 밤과 같은 시간적 개념이든 개념의 '중심부'에서 우리는 혼란을 느끼지 않는다. 그러나 '주변부'로 가게 되면 모호함과 혼란이 가중된다. 어디까지가 그 개념의 범위인지 선을 그을 수 없다. 테두리를 두를 수가 없다. 화엄사상에서 가르치듯이 모든 개념은 그 외연이 무한히 열려 있다.[6] 모든 개념의 외연은 '분포도'를 나타내는 '통계곡선'에서와 같이 점차 희미해질 뿐이다.

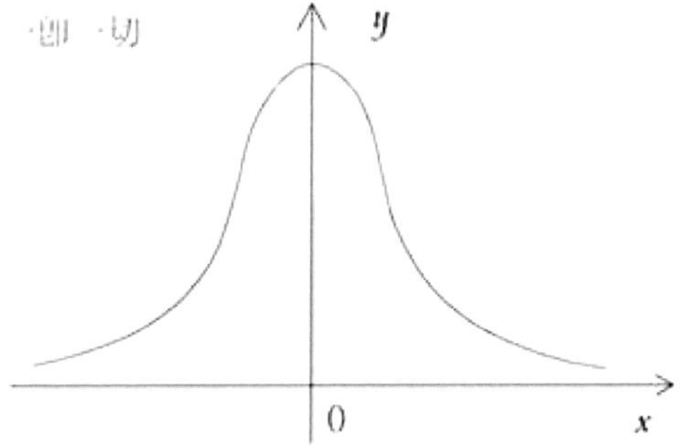

흙…단백질-세포-난모세포-난자-수정란-배아-태아-**인간**-사형수-말기 암 환자-식물인간-뇌사자-시체-해골…흙

'사람을 죽이면 안 된다.'는 윤리적 가치판단을 배아줄기세포연구에 적용하기 위해서는 '사람'이라는 개념의 외연이 명확히 규정되어야 하는데, 다른 모든 개념이 그렇듯이 '사람'이라는 개념 역

6) 모든 것이 시계이고, 모든 것이 우주이고, 모든 것이 살이고, … 모든 것이 물질이고, 모든 것이 마음이고, 모든 것이 부처이며, 행주좌와가 모두 선이다. 이는 화엄학(華嚴學)에서 가르치는 일중일체(一中一切) 또는 일즉일체(一卽一切)의 이치에 대한 인식론적 조망이다. 하나의 개념[一]은 그 외연이 무한[一切]이다.

시 그 중심부에서 멀어질수록 그 의미가 희미해질 뿐이다. 위에 그려진 분포도 곡선에서 좌측인 음의 방향으로 갈수록 '태아, 배아, 수정란, 난자, 난모세포, 세포, 단백질 …' 등의 상태로 사람의 의미가 점차 흐려질 것이고, 우측인 양의 방향으로 갈수록 '사형수, 말기 암 환자, 식물인간, 뇌사자, 아직 부패하지 않은 시체, 부패하기 시작한 시체, 해골, 관속의 흙' … 등의 상태로 사람의 의미가 점차 흐려질 것이다. 이렇게 연속된 상태의 어느 지점에 선을 그어 '인간'과 '인간 아닌 것'을 구분할 것인지 참으로 애매하지 않을 수 없다. 인간 개념의 '중심부'에서는 무엇이 인간인지 명확한 듯하지만, 인간 개념의 '주변부'에서는 어디까지를 인간 개념의 '테두리(외연)'로 잡아야할지 애매하다. '배아연구'는 물론이고, '뇌사 판정과 장기기증', '낙태'의 시점 등 생명윤리와 관계된 문제 전반은 이렇게 '인간개념'의 변두리, 즉 '주변부'에서 일어나는 일들이기에 윤리학자와 종교인들을 곤혹스럽게 만든다.

상기한 통계곡선의 분포도가 영원히 x축과 만나지 않듯이, '사람'이라는 개념의 범위에 대해 결코 선을 그을 수 없다. 장기이식이나 줄기세포채취 등의 생명과학기술을 개발하고 시술하는 데 활용될 수 있는 '인체' 개념의 하한선과 상한선은 인위적 '약속'에 의해 그어질 수 있을 뿐이다. 상한선은 '인간이라고 부를 수 있는 개체의 탄생시점'을 의미하고 하한선은 '그 사망시점'을 의미한다. 그런데 지금 우리사회에서는, 뇌사자의 장기이식에서 보듯이 인간 개념의 하한선을 보다 이르게 긋는 데 대해서는 별 논란이 없는 반면, 줄기세포연구와 관계된 논란에서 보듯이 인간 개념의 상한선, 즉 시발점은 보다 먼 곳에 그으려고 한다. '부관참시(剖棺斬

屍)'를 극형으로 간주하는 '유교(儒敎) 이데올로기'가 지배하던 과거의 사회에서는 인간개념의 하한선은 무덤 속까지 연장되어 있었다.

어쨌든 지금 우리사회의 구성원들 대부분의 동의를 얻는다면, 인간개념의 상한선인 '탄생시점 이전의 신체'와 인간개념의 하한선인 '사망시점 이후의 신체'를 의학적으로 활용하는 것은 가능할 것이다. 그런 행위가 실제로 어떤 과보를 초래할 지는 별개의 문제다. 수혈조차 거부하는 어느 종교인들은, 또 부관참시를 징벌로 간주했던 과거의 유교인들은 인간 신체를 다루는 현대 의료인들의 많은 행위를 악으로 생각하면서 그 의료인의 내생, 또는 후손의 미래를 심각하게 걱정할 것이다.

인간개념의 하한선인 사망시점에 대해, 우리 사회의 구성원들은 '심장이 정지되거나 뇌사상태에 빠진 시점'으로 약속하였다. 이 시점 이후의 인체를 장기이식을 위해서 활용할 수 있다는 '장기이식법'이 2000년 2월 9일부터 시행되고 있으며, 이에 대해서는 대부분의 종교인을 포함하여 우리사회 구성원의 거의 모두 이견을 보이지 않는다.[7)]

그러나 문제는 '탄생시점'이다. 물론 현재 우리나라에서는 '생명공학육성법[일부개정 2004.12.31 법률 7284호]', '생명윤리및안전에관한법률시행령 [일부개정 2005.6.23 대통령령 18873호]', '생명윤리및안전에관한법률 [일부개정 2005.3.24 법률 7413호]', '생명윤리및안전에관한법률시행규칙 [제정 2004.12.31 보건복지부령 305호]' 등의 법령을 통해, 일정한 절차를 거쳐 배아를 연구하고

---

7) 앞으로 의학이 발달하여 뇌사자를 소생시키는 기술이 개발된다면, 인간개념의 하한선은 중심부에서 더 먼 곳에 그어질 것이다.

활용할 수 있는 길을 열어 놓았다. 이들 법령 가운데 '생명윤리및안전에관한법률'에서 '배아의 생성과 활용'에 대해 규정하고 있는데 그 가운데 중요한 조항 몇 가지를 소개하면 다음과 같다.

제13조 (배아의 생성 등) - ①누구든지 임신외의 목적으로 배아를 생성하여서는 아니 된다.

제16조 (배아의 보존기간 및 폐기) - ①배아의 보존기간은 5년으로 한다. 다만, 동의권자가 보존기간을 5년 미만으로 정한 경우에는 이를 보존기간으로 한다. ②배아생성의료기관은 제1항의 규정에 의한 보존기간이 도래한 배아중 제17조의 규정에 의한 연구의 목적으로 이용하지 아니하고자 하는 배아를 폐기하여야 한다.

제17조 (잔여배아의 연구) - 제16조의 규정에 의한 배아의 보존기간이 경과된 잔여배아는 발생학적으로 원시선이 나타나기 전까지에 한하여 체외에서 다음 각호의 1의 목적으로 이용할 수 있다. 다만, 보존기간을 5년 미만으로 정한 잔여배아를 이용하고자 하는 경우에는 동의권자로부터 해당 목적으로의 이용에 대하여 새로이 동의를 받아야 한다.

1. 불임치료법 및 피임기술의 개발을 위한 연구
2. 근이영양증 그밖에 대통령령이 정하는 희귀·난치병의 치료를 위한 연구
3. 그밖에 심의위원회의 심의를 거쳐 대통령령이 정하는 연구

이들 조항에 의하면, 임신목적으로만 배아생성 가능한데, 이렇게 생성된 배아 중 5년의 보존기간이 지난 것은 '원시선(原始線)이 나타나는 시기[8]인 14일 이전의 배아'에 한해 일정한 절차를 거쳐 연구와 치료목적으로 활용될 수 있으며, 5년 미만의 배아의 경우는 동의권자의 동의를 받으면 활용될 수 있다는 것이다. 그런데 문제는 현재 이들 조항들의 위헌 여부에 대해 헌법소원이 제

8) 앞으로 분화할 각종 장기의 잠재적 위치가 결정되는 시기.

기되어 있다는 점이다. 다음은 이를 보도하는 연합뉴스의 기사이다.

> 국내 법학교수와 윤리학자, 의사, 대학생 등 11명이 올해부터 시행된 생명윤리및안전에관한법(생명윤리법) 일부 조항에 대해 "인간의 존엄성과 양심의 자유를 침해한다."며 지난달 31일(2005년 3월 31일) 헌법재판소에 헌법소원을 제기한 사실이 5일 확인됐다. 특히 원고인단에는 원고로 참여한 남모 김모씨 부부로부터 채취된 정자와 난자가 인공수정으로 생성된 '2명의' 배아들도 포함돼 있어 주목된다. 원고들은 청구서에서 "인간은 수정됐을 때부터 생명이 시작되는 만큼 인간 배아는 헌법의 보호를 받는 인간으로서 존엄과 가치를 지닌다."며 "생명윤리법 규정은 인간배아를 단순한 세포군으로 정의, 인공수정에서 남은 배아와 체세포복제 배아를 생명공학 연구를 위한 도구로 전락시켰다"고 주장했다. 이들은 "이 법은 잔여배아 연구 범위를 대통령령이나 국가생명윤리심의위원회에 백지위임함으로써 사실상 제한 없이 인간배아 연구를 허용하고 있다"며 "이 법률로 인해 오히려 배아의 생명권 침해 행위가 면죄부만 얻게 됐다"고 덧붙였다.[9]

원고들이 생명윤리법이 헌법에 위배된다고 본 이유는, 헌법 제10조에서 밝히고 있는 "모든 국민은 인간으로서의 존엄과 가치를 가지며 행복을 추구할 권리를 가진다. 국가는 개인이 가지는 불가침의 기본적 인권을 확인하고 이를 보장할 의무를 진다."와 제17조 "모든 국민은 사생활의 비밀과 자유를 침해받지 아니한다."라는 두 가지 조항을 생명윤리법이 어기고 있다고 보기 때문이다. 만일 헌법재판소에서 생명윤리법에 대해 위헌 판결을 내릴 경우, 냉동수정란의 활용은 물론이고, 체세포복제연구 역시 모두 중단해야 할 것이다.

9) 연합뉴스, 2005년 4월5일.

불교에서는 이에 대해 어떻게 조언해야 할까? 이에 대해 답하기 위해서는 먼저 수정란 또는 배아가 인간으로서의 자격을 부여받을 수 있는 시점이 언제부터인지 확정해야 할 것이다. 그러나 앞에서 보았듯이 '인간'을 포함하여 모든 '개념'들은 그 주변부로 갈수록 의미가 희미해질 뿐 그 한계선이 나타나지 않는 법이다. 따라서 '사실의 세계'에서 누구나 동의하는 생명의 시작점을 찾아낸 후 그에 근거하여 '인간'의 범위를 정하고, '살인' 여부를 판가름하는 것은 불가능한 일이다. 그러면 어떻게 해야 할 것인가?

정상적인 성행위를 통해 임신이 이루어지는 경우 '인간' 개념의 시발점은 명료하다. 불교의 가르침에 의거할 때, '현생의 시작'은 수정된 난자에 중음신이 부착된 순간이다. 부모가 성행위를 하면서 수정란이 만들어지고 중음신, 또는 식(識)이라고도 불리는 간다르바가 수정란에 결합되면 수정란은 비로소 자궁 속에서 태아로 자라나게 된다.[10] 불교 승단의 규범집인 '율장'에서는 수정 이후 그 어떤 단계의 배아라고 하더라도, 이를 낙태시킬 경우 살인이라는 바라이죄(波羅夷罪: 승단 축출 죄)를 범한 것으로 본다.[11]

그러면 체외수정을 통해 만들어진 배아를 해체하는 것은 살인일까, 아닐까? 또 체세포복제를 통해 줄기세포를 생성하는 행위는 어떻게 보아야 할까? 이를 정상적인 난자와 정자의 결합을 통해

---

10) 當知所謂緣識有名色 阿難 若識不入母胎者 有名色成此身耶 答曰 無也 … 阿難 若識不得名色 若識 不立 不倚名色者 識寧 有生 有老 有病 有死 有苦耶 答曰 無也 阿難 是故 當知 是識因 識習 識本 識緣者 謂 此名色也 所以者何 緣名色故則有識 阿難 是爲緣名色有識: 『中阿含經』, 대정장1, pp.579~580.

11) 若比丘尼 故自手斷人命 若持刀與人 教死讚死勸死 若與非藥 若墮人胎厭禱咒詛殺 若自作若教人作 彼非比丘尼非釋種女 汝是中盡形壽不得犯: 『四分律』, 대정장22, p.758a.

생성된 수정란의 경우와 동일하게 취급할 수 있을까? 체계적 불교이론서인 『구사론(俱舍論)』에서는 부모 교합의 순간에 중음신이 결합되는 과정에 대해 상세하게 설명하는데 이를 요약하면 다음과 같다.

> 전도망상에 빠져 해탈하지 못한 중음신은 자신이 좋아하는 경계를 찾아간다. 중음신의 눈은 멀리서도 자신이 탄생할 곳을 볼 수 있다. 자신의 부모가 될 사람이 성교를 할 때 남자 중음신의 경우는 어미를 향해서, 여자의 경우는 아비를 향해서는 음욕을 일으켜서 수태된다. 이 때 남자 중음신은 아비에 대해 여자 중음신은 어미에 대해 증오심을 일으킨다. 남자로 태어날 중음신의 경우 어미의 오른쪽 옆구리에서 어미의 등을 향해 앉으며, 여자로 태어날 중음신의 경우 어미의 왼쪽 옆구리에서 어미의 배를 향해 앉는다. 남자도 아니고 여자도 아닌 중성의 경우, 그 중음신이 원래 모태에 들어갈 때에는 남녀의 성을 갖고 있었는데 태아가 성장하는 과정에서 중성으로 변한 것이다.[12]

인간이 사망함과 동시에 다른 모태의 자궁 속에 탄생하는지 아니면 중음신의 단계를 거친 후 탄생하는지에 대해서 논란이 있긴 하지만, 중음신 역시 별도의 생존단계로 볼 경우 논란은 해소된다. 불전의 가르침에 의거할 때 정상적 성교를 통해 형성된 수정란에 중음신이 부착되어 새로운 삶을 시작하기에 이러한 수정란

12) 如是中有爲至所生 先起倒心馳趣欲境 彼由業力所起眼根雖住遠方能見生處 父母交會而起倒心 若男緣母起於男欲 若女緣父起於女欲 翻此緣二俱起瞋心 故施設論有如是說 時健達縛於二心中隨一現行 謂愛或恚 彼由起此二種倒心 便謂己身與所愛合 所憎不淨泄至胎時 謂是已有便生喜慰 從茲蘊厚中有便沒 生有起已名已結生 若男處胎依母右脅向背蹲坐 若女處胎依母左脅向腹而住 若非男女住母胎時 隨所起貪如應而住 必無中有非女非男 以中有身必具根故 由處中有或女或男故入母胎隨應而住 後胎增長或作不男: 『俱舍論』, 대정장29, p.46c.

과 배아를 해체하는 행위, 즉 낙태는 살인행위가 된다. 그러나 체외에서 정자와 난자를 수정시켜 배양할 경우는 어떻게 될 것인가? 이때도 중음신이 부착될까? 인공수정 후 자궁에 착상시킬 때 중음신이 부착될까? 아니면 인공수정의 순간에 중음신이 부착될까? 수정된 난자를 할구(割球) 분할하여 여러 개의 수정란으로 만들어 성장시킬 때, 그 수정란의 수와 똑같은 수의 중음신이 각각의 수정란에 부착될까? 현대의 인공수정 시술과 관련하여 불전에 언급된 내용이 없기에 이에 대해 답을 하려면 참으로 난감하지 않을 수 없다.

'정상적 성교를 통해 자궁 내에 생성된 수정란이나 배아'를 해체하는 것은 살인행위로 볼 수 있지만, 시험용기 속에서 인공수정을 통해 생성된 수정란이나 배아를 해체하는 것도 살인행위로 볼 수 있을까? 또 체세포복제를 통해 생성된 배아를 해체하는 것도 살인으로 규정하고서 철저히 막아야 할까? 체세포 복제배아는 정상 수정 배아보다 '인간개념'의 중심부에서 멀리 떨어져 있는 개념이기는 하다. 그러나 이 역시 자궁에 착상될 경우 성장 가능하다는 점에서 생명으로 보아야 하지 않을까? 수정란의 크기는 뾰족하게 깎은 연필로 찍은 점 하나보다 작은 1/10mm에 불과하고, 유전정보를 담고 있는 염색체는 그것의 1/10보다 더 작다고 하지만, 그 한 점 속에는 '안(眼), 이(耳), 비(鼻), 설(舌), 신(身), 의(意)'라는 우리의 여섯 지각기관을 만들어내는 엄청난 정보가 내장되어 있다. 화엄학에서 가르치듯이 먼지 한 톨 크기의 공간 속에 온 우주가 들어있는 격이다. 또, 우리가 보기에 수정란의 크기가 아무리 작다고 해도 시점의 변화에 따라 그 크기는 달라진다.

높은 건물에서 보이는 사람의 모습이 개미같이 작게 보인다고 하여 그에 대해 돌을 던질 수 없듯이, 한 점보다 작은 수정란이라고 해서 그것을 함부로 다룰 수는 없는 일이다. 그렇다면, 수정란을 다루는 생명공학은 완전히 금지해야 할까? 사실 윤리학자나 종교인의 입장에서 그 명예를 보전할 수 있는 가장 안전한 길은 윤리적 판단을 내리기 까다로운 과학기술을 악으로 규정하고 금지시키는 것이리라. 그러나 이는 안전하긴 하겠지만 안이한 대처일 뿐이다. 앞에서 언급했듯이, '현대과학의 수레'는 전 인류를 싣고 위태롭게 언덕 아래로 굴러 내려가고 있다.

Ⅴ. 인식의 극한에서는 가치가 존재를 변화시킨다.

그러면 어떻게 해야 할 것인가? 배아연구와 불교윤리 사이에는 화해할 수 있는 최소한의 접점도 없는 것일까? 승단의 윤리지침과 생활규범을 정리해 놓은 율장(律藏)의 가르침을 참조할 때, 우리는 이에 대한 답을 찾을 수 있다. 율전(律典)인 『살바다비니비바사(薩婆多毘尼毘婆沙)』에서는 다음과 같은 경문이 발견된다.

> 어느 날, 사리불이 청정한 천안(天眼)으로 허공에서 벌레들을 보았는데, 물가의 모래알과 같고 그릇에 가득한 좁쌀알과 같이 무변하고 무량하였다. 이를 보고 음식을 중단하여 2, 3일이 지났을 때 부처님께서 식사를 하라고 명을 내리셨다. 무릇, 육안에 보이거나 녹수낭(漉水囊)에 걸리는 크기의

벌레가 든 물을 금지하는 것일 뿐이지 천안에 보이는 것까지 금지하는 것은 아니다.13)

스님들은 샘이나 냇가의 물을 마실 때 녹수낭이라는 거름주머니를 통과한 물을 마셔야 했다. 벌레를 걸러내기 위해서였다. 벌레가 들어 있는 것이 눈에 보이는 물도 마셔서는 안 되었다. 그런 물을 마실 경우 벌레도 함께 먹게 되어 '살생하지 말라'는 계목을 어기기 때문이다. 그런데 위에 인용한 경문에서 보듯이 사리불이 천안, 즉 신통력의 눈으로 허공을 보니 온통 벌레로 가득하였다. 이는 세균과 같은 미생물을 의미하는 듯하다. 그래서 금식을 하게 된다. 음식이든 물이든 무엇을 먹어도 살아 있는 벌레를 함께 먹게 되므로 '불살생계'를 지킬 수 없기 때문이었다. 물이나 음식을 먹으면 벌레를 죽이게 되고, 이를 먹지 않으면 사리불이 굶어 죽게 된다. 어떻게 할 것인가? 이에 대한 부처님의 답은 '육안으로 보라!'는 것이었다. 그러자 모든 벌레의 모습은 사라지며, 사리불은 편안하게 밥을 먹고 물을 마실 수 있었다. 이 이외에 『근본설일체유부백일갈마(根本說一切有部百一羯磨)』에도 천안을 사용하여 물에서 무량한 중생을 보았으나, 부처님께서 "천안으로 봐서는 안 된다."라고 훈계하시는 일화가 소개되어 있다.14)

여기서 우리가 얻을 수 있는 교훈은, "일상의 한계를 벗어난 사

---

13) 若眼所見若漉水囊所得 一時舍利弗 以淨天眼見空中蟲 如水邊沙如器中粟 無邊無量見已斷食 經二三日 佛敕令食 凡制有蟲水 齊肉眼所見漉水囊所得耳 不制天眼見也: 대정장24, p.552b.

14) 大德 已濾之水頗得不觀而飮用不 佛言 要須觀察方可飮用 大德 不濾之水觀 得飮用不 佛言 觀察無蟲飮用無犯 阿瑜率滿阿尼盧陀以天眼觀水 遂便分明 於其水內睹見中有無量衆生 世尊告曰 不應以天眼觀水: 대정장24, p.491c.

안에 대해 불교윤리적 지침을 마련할 때, '객관'보다 '주관'을 중시한다는 점이다. 사실, '살생하지 말라!'는 계목을 철저히 지키려고 할 경우 우리는 단 한 걸음도 발을 옮길 수 없고, 단 한 모금의 물도 마실 수 없을 것이다. 이 세상에는 박테리아와 같은 생명체가 가득하기 때문이다. 그러나 그런 생각을 접고 나의 감관을 통해 인식되는 한도 내에서 생활할 경우 나는 편안한 마음으로 계율을 지키면서 수행할 수 있다. 배아줄기세포연구에 대한 윤리적 지침을 마련할 때에도, 이와 같은 이치를 적용할 수 있다.

율장의 가르침에 비추어 볼 때, 정자와 난자의 결합으로 생성된 수정란과 배아를 해체하는 것은 살인에 해당한다. 그러나 난자의 외피에 체세포를 주입하여 만들어낸 '유사수정란'을 해체하는 것을 '인간'을 죽인 것이라고 쉽게 단정할 수는 없다. 인공수정을 통해 만들어진 배아나 5년 보관한 냉동 배아보다 '인간'개념 중심부에서 더 멀리 떨어져 있기 때문이다. 일반적으로 종교적 배경을 갖지 않는 의료인이나 과학자의 경우 원시선이 나타나는 시기인 수정 후 14일 이전의 배아는 인간이라고 볼 수 없기에 활용 가능하다고 주장한다. 또 현재에도 잉여배아를 성장시켜 제조한 줄기세포주에 대해 윤리적으로 크게 문제시하지 않는다. 체세포복제를 통해 생성된 배아는 이들이 사용한 배아보다 '인간' 개념의 중심부에서 더 멀리 떨어져 있기에 윤리적 문제를 덜 일으킨다. 그렇다고 해서 체세포 복제배아에 대해 '인간'이 아니라거나, '생명'이 아니라고 단언할 수 있다거나 체세포 복제배아 연구를 무조건 권장해야 한다는 말은 아니다.

체세포 복제배아 연구와 같이 인간개념의 주변부와 관련된 문제에 대해 답을 내려면 그 동기에 초점을 맞추어야 한다. 윤리적 가치판단의 대부분은 '객관적 사실'에 토대를 두고 이루어지지만, '사실의 극한점에서 객관적 사실의 정체성이 흐려질 때'에는 거꾸로 '주관적 가치'를 기준으로 삼아 '사실의 세계'에 선이 그어질 수 있다.

만일 줄기세포 제조의 동기가 '재화의 획득'이라는 탐욕에 있다면, 인간개념의 주변부에 위치하는 '체세포복제배아'는 생명의 범위에 들어오며, 이를 해체하는 것 역시 살인행위가 된다. 그러나 그 목적이 '난치병의 치료'라는 '선(善)한 가치'라면 '체세포복제배아'는 생명의 범위 밖으로 벗어나며 이를 해체하는 것은 살인행위가 아니다. '인간' 개념의 극한에서 이루어지는 줄기세포연구에서는 '선(善)한 가치'가 '사실'의 세계에 그어질 '인간'개념의 테두리를 이동시킨다. 신통력인 천안의 눈에 보여서 수행을 방해하던 미생물들을 육안으로 지워버리고 사리불이 수행에 매진할 수 있었듯이 '주관적 가치'의 선악에 따라 '객관적 사실'이 변화한다.

화엄사상에 의거하면 온 우주가 생명이고 모든 것이 생명이지만, 반야적 조망으로는 그 어느 것 하나 생명이랄 것도 없고 인간이랄 것도 없다. 이를 '진제(眞諦)'라고 부른다. '참된 진리'란 의미이다. 그러나 앞에서 말했듯이 이는 윤리적 시비를 가릴 수 없는 초윤리적 조망이다. 윤리를 논할 수 있는 영역은 '생명'과 '생명 아닌 것' 사이에 선을 긋는 '분별의 영역', '속제(俗諦)의 영역'이다. 현재 우리사회에서는 '혈액'이나 '골수세포', 또 '뇌사자'나 '시체'의 경우 '인간'개념의 테두리 밖의 존재라고 간주하고서 그 활용을 용인하고 권장한다. 그러나 인간 배아의 경우, '인간'개념의 테두리 안의 존재이기에 그것에 절대 손대서는 안 된다고 주장하는 사람들도 있고, '인간'개념의 밖의 존재이기에 연구와 치료목적으로 사용해도 된다고 주장하는 사람들도 있다. 배아가 인간의 범위에 포함된다면, 그 연구자는 물론이고 그 시술을 받는 자, 그를 용인하는 우리 사회 모두 살인의 죄악을 범한 꼴이 될 것이다.

율장의 가르침에 비추어 추측할 때 배아의 생명여부를 판가름하는 기준은 배아라는 존재 그 자체에 있는 것이 아니라, 이를 다루는 연구자의 마음가짐에 있다. 연구자가 "'나의 개인적 이익을 위해서가 아니라, 고통 받는 환자들을 치료해 주기 위해 이 연구를 한다."라는 자비의 마음을 갖고서 연구에 임한다면 체세포복제 배아는 생명체가 아니다. 그러나 자신의 이익을 위해 연구에 임한다면 이는 생명체다. 인식의 극한에서는 '주관적 가치'로 인해서 '객관적 사실'이 변화한다. 윤리와 관계된 개념의 경우, 그 의미가 모호해지는 '개념의 주변부'에서는 '가치'가 '존재'를 변화시킨다. '생명공학 연구자의 마음가짐과 연구목적'이라는 주관적 가치에 따라 그 연구행위와 시술행위가 '선행'이 될 수도 있고 '악행'으로 변할 수 있는 것이다.

Ⅵ. 배아연구와 그 활용기술의 바람직한 방향

불교의 업(業) 이론에 비추어 볼 때 모든 살생 행위가 전적으로 악행과 관계된 것만은 아니다. 예를 들어 생선회집을 운영할 경우, 매일매일 수많은 활어를 살해하는 측면은 악행이지만 이를 손님에게 제공하여 허기를 채워주는 측면은 선행이다. 개인적 욕망에 근거한 배아연구라고 하더라도 배아를 해체하는 것은 악행이지만, 이를 통해 개발된 기술을 통해 환자를 치료해 준다면 이는 선행이다. 마치 자동차를 운전할 때, 다른 차가 끼어들게 양보할 경우 끼어든 차의 운전자에게는 기쁨을 주지만, 뒤따라오던 차의 운전자에게는 불편함을 주듯이 우리의 많은 행위는 이렇게 선과 악의 양면을 갖는다. 불교의 인과응보설에 의하면 이런 선업과 악업은 각각 별도의 종자로 우리의 '마음 밭'에 저장되었다가, 무르익어서[異熟] 미래나 내생에 내가 체험할 고락(苦樂)의 파노라마로 전개된다.

그러나 개인적 탐욕에서 벗어나, 난치병 환자의 치료를 위해 배아를 연구하고 치료기술을 개발한다면, 악의 측면은 사라질 수 있다. 그러면 배아연구에 윤리의 눈을 다는 구체적인 방법은 무엇일까? 그 해답은 철저한 공적관리에 있다. '고통 받는 환자를 살리는 자비의 기술이어야 하는 생명공학기술'이 '탐욕의 생체실험기술'로 엇나가지 않도록 하기 위해서는 공적(公的)인 시스템 내에서만 모든 연구와 개발이 이루어지도록 제도화해야 할 것이다. 체세포복제 연구에서 우리가 가장 우려해야 할 것은 '복제태아'의 수태를 위해 체세포복제기술이 악용되는 것이다. '복제태아'가 만들어질 경우 '면역반응을 일으키지 않는 장기(臟器)'의 공급원으로 태아가 악용될 수가 있다. '의학적. 우생학적, 윤리적 문제가 있는 경우'라는 특수한 단서조항이 있긴 하지만, 임신 후 28주까지 낙태를 허용하고 있으며,[15] 그런 단서조항과 무관한 낙태시술이 만연되어 있는 현재 우리나라의 상황에서 복제태아의 악용 가능성은 매우 높다. 따라서 체세포복제기술의 개발과 시술이 일반 사기업에까지 허용되어서는 안 될 것이다. 기업의 목적은 도덕이 아니라 이윤이기 때문이다.

그리고 배아연구를 통해 개발된 의료기술은 '재산'이나 '권력'의 우열이 아니라 '필요'와 '시급성'의 순서에 따라서 환자에게 제공되어야 할 것이다.

– 『생명연구』 8집, 서강대 생명문화연구소, 2007

---

15) 모자보건법 제14조.

불교의

생명 개념과 불살생계*

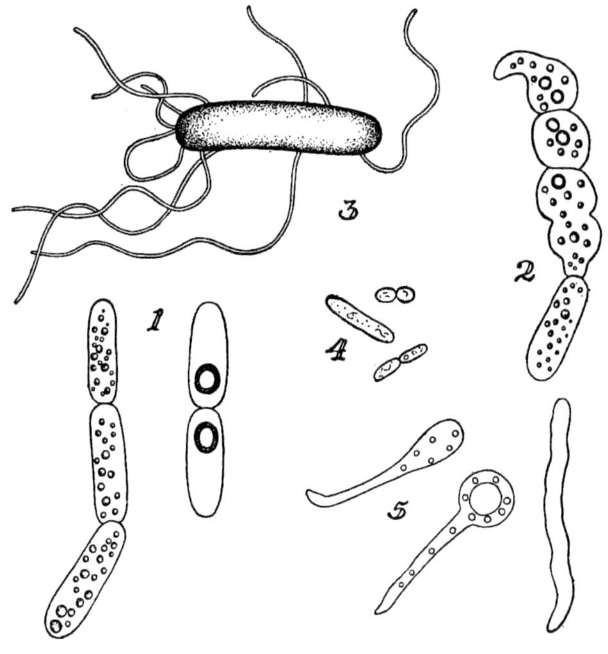

* 『불교평론』에서 2008년 겨울호 특집 “불살생, 선택인가 당위인가?”를 기획하면서 의뢰하여 작성.

Ⅰ. 생명과 불살생계, 그 의미와 범위는 확실한가?

윤리적, 도덕적 실천에 대한 불교의 가르침은 크게 계(戒: Śīla)와 율(律: Vinaya)의 두 가지로 나누어진다. 인과응보의 법칙이 지배하는 생명의 세계에서 그 준수와 위반 여부에 따라 미래나 내생의 행복과 불행이 결정되는 '이법(理法)으로서의 지침'이 계라면, 계의 토대 위에서 승단을 운영하기 위해 제정된 '인위적 규범들'이 율이다. 거칠게 비교하면 계는 윤리(Ethics)에 해당하고 율은 법(Law)에 해당한다. 계를 어길 경우, 누가 보건 보지 않건 인과응보의 이치에 따라 자업자득의 과보를 받지만, 율을 어길 경우는 이에 덧붙여 승단의 처벌을 받거나 스스로 참회해야 한다.[1] 계에서는 신(身), 구(口), 의(意) 삼업이 모두 문제가 되지만, 율에서는 타인에게 표출되는 신업과 구업만 문제로 삼는다. 초기불전도처에서 가르치는 오계와 십선계 등의 지침이 계에 해당하고, 『사분율』에 수록된 비구 250계나 비구니 348계의 구족계와 같은 규범이 율이다.

그런데 오계나 십선계에서는 살인을 포함하여 '살생하지 말 것'을 첫 계목으로 제시하고, 구족계에서는 '살인'을 승단 축출죄인

---

1) 『사분율』의 비구 250계목 가운데 4바라이법[四棄法]을 어긴 경우에는 승단에서 추방이 되며, 승가바시사[僧殘]법, 부정(不定)법, 니살기바일제[捨墮]법, 바일제[單墮]법, 바라제제사니[悔過]법을 어긴 경우에는 일정한 수의 비구 앞에서 참회하거나 이에 덧붙여 별주(別住)의 처벌을 받음으로써 죄에서 벗어나며, 중학(衆學)법을 어긴 경우에는 스스로 뉘우침으로써 죄에서 벗어난다.

4바라이죄에 포함시키는 것이다. 이와 같이 불교윤리에서는 다른 생명체의 목숨을 해치는 것을 가장 금기시하는데, 이런 불살생의 지침을 준수하려고 할 때 선행되어야 할 것은 '생명'이 무엇이고 '인간'이 무엇인지 그 의미와 범위를 확정하는 일일 것이다. 혹자는 "불살생계의 대상인 '생명'과 '인간'의 의미가 너무나 분명하기에 살생하지 말라거나 살인하지 말라는 지침의 의미도 분명하다." 라고 생각할지 모르나 문제는 그렇게 간단하지 않다.

생물학에서는 곡식이나 채소와 같은 식물 역시 생명체의 범위에 포함시키는데, 그런 생명체들을 먹고 살아가는 인간으로서 불살생계를 철저하게 지키려면 굶어 죽어야 하기에 참으로 난감하다. 또 생물학에서는 박테리아와 같은 세균도 생명체에 포함시키는데, 우리 몸에 박테리아가 침입하면 내가 의도하지 않아도 백혈구가 몰려와 그 박테리아를 죽인다. 세균에 감염되어 질병이 발생할 때 약을 먹으면 병에서 회복되지만, 그런 약 가운데 항생제(Antibiotics)라는 것은 '생명체'인 세균을 죽이는 약이기에 약을 먹는 순간 불살생계를 범하는 것일 수 있다. 그렇다면 세균성 질환에 걸릴 경우 약도 먹지 말아야 할 것인가?

이뿐만이 아니다. 몇 년 전 뇌사자(腦死者)의 장기이식이 법제화 되었다. 뇌사(Brain death)란 심장은 박동하지만, 뇌파가 끊어진 상태를 말한다. 지금의 의술로는 뇌사자를 소생시킬 수 없기에, 간이나 신장, 눈이나 심장과 같은 그의 장기를 적출하여 다른 환자의 몸에 이식한다. 뇌사상태라고 하더라도 장기를 적출하기 전까지는 체온이 남아 있었는데 장기를 떼어낸 이후 뇌사자의 몸은 싸늘하게 식으면서 사후경직(死後硬直: Rigor mortis)이 일어나며 완전한 시체로 변한다. 따뜻한 체온을 갖는 이러한 뇌사자는 살아 있는 인간인가 아닌가? 미래에 언젠가 뇌사자를 소생시키는 의술이 개발될 수 있지 않을까? 뇌사자 역시 살아 있는 인간이라면 장기이식을 위해 그를 시체로 만드는 일에 관여한 모든 사람은 살인죄를 범한 꼴이 되는 것 아닐까?

또, 아직도 법원의 심리(審理)가 진행 중인 '황우석 박사의 배아줄기세포 사건'을 예로 들어보자. 그 당시 전 세계 의학계와 종교계에서는 배아줄기세포가 인간의 범위에 포함되는지 아닌지, 여부를 놓고 큰 논란이 벌어졌다. 체세포복제를 통한 배아줄기세포 생성 과정에 대해 간략히 소개하면 다음과 같다; 생식세포인 난자의 핵을 체세포의 핵으로 대체한 후 특정한 전기화학적 자극을 가하면, 수정란과 마찬가지로 분열을 일으키며 성장을 시작한다. 복제양 돌리(Dolly)나, 복제견 스누피(Snoopy)의 예에서 보듯이 이런 배아를 암컷의 자궁에 착상시키면 성체(成體)로 자라난다. 사람의 경우도 이는 마찬가지다. 체세포복제 후 배아가 성장하는 과정에서 약 1주일 정도 경과하면 균일한 줄기세포(Stem cell)의 단계가 되는데, 이를 해체하여 시험용기에서 키울 경우 무한히 증식한다. 이런 줄기세포에 특정한 전기화학적 자극을 가하면 피부, 심장, 신경, 뼈 등 우리의 신체를 구성하는 갖가지 기능 세포로 분화한다.

이렇게 줄기세포에서 분화된 각종 장기 세포를 활용할 경우 환자의 병든 장기를 신선한 장기로 대체하는 '꿈의 의학'이 가능하기에 한 편에서는 환호하였지만, 다른 한편에서는 그 연구와 기술의 비윤리성을 지적하며 강하게 비판하였다. 체세포복제를 통해 만들진 배아 역시 자궁에 착상시킬 경우 인공수정을 통해 만들어진 배아와 마찬가지로 태아로 성장하기에 이를 해체하는 것은 살인행위일 수가 있다. 의료계에서는 수정 후 약 2주까지의 배아는 기능분화가 일어나지 않은 상태이기에 의술을 위해서 활용해도 윤리적으로 문제될 것이 없다고 주장한 반면, 종교계 일부에서는 체세포 복제배아라고 하더라도 자궁에 착상시킬 경우 성체로 성장할 수 있기에 그것을 해체하는 것은 살인을 저지르는 것이라고 주장하면서 그에 대한 연구를 극력 반대하였다.

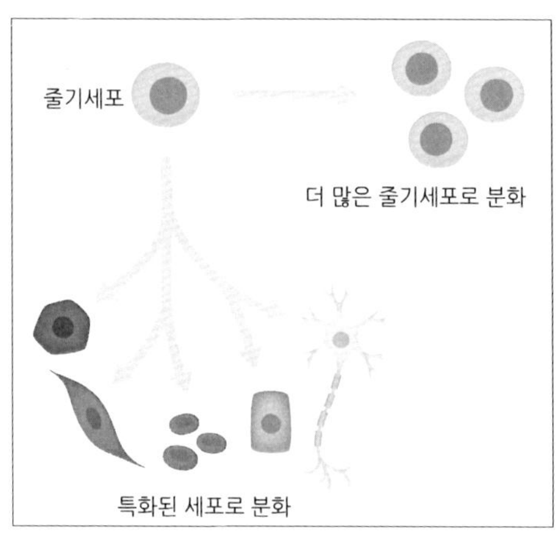

줄기세포의 활용

난자의 직경은 약 0.1mm 정도 되며 불전에서는 양털 끝에 맺힌 기름방울 정도의 크기라고 비유한다. 가는 연필심 자국보다 더 작다. 이러한 난자의 핵을 체세포 핵으로 대체한 복제배아는 인간인가, 아닌가? 살아 있는 생명인가, 아닌가? 눈을 씻고 보아도 보이지 않는 하잘것없는 한 점의 수정란이라고 해도 만일 그것이 인간의 씨앗이라면 함부로 해쳐서는 안 될 것이다. 높은 빌딩 꼭대기에서 내려다 볼 때 거리를 활보하는 사람들의 모습이 점(點)보다 작아 보인다고 하더라도 그를 향해 돌멩이를 던질 수 없듯이 ….

그러나 다른 관점에서 보면 이와 상반된 판단도 가능하다. 체세포 복제배아의 경우 많은 기술적 조작을 거쳐야 인간으로 잉태되기에 그 상태 그대로를 우리와 똑같은 인간이라고 단정하는 것도 무리가 있다는 것이다. 최근에는 난자 없이 체세포를 그대로 줄기세포로 성장시키는 기술이 개발되었다고 한다. 앞으로 언젠가는 우리 몸의 세포 어떤 것이든 물리, 화학적 조작을 거쳐 인간으로 잉태시키는 기술도 개발될 수 있을 것이다. "인간으로 잉태 가능한 세포를 조작하는 실험이나 시술은 금지되어야 한다."라는 것이 '생명윤리의 절대 원칙'이라면 수혈이나 장기이식과 같이 나의 체세포를 남에게 제공하는 의료행위 역시 모두 금지되어야 할 것이다. 그러나 지금의 우리 사회에서는 수혈이나 장기이식, 또는 그를 위한 연구나 실험은 허용을 넘어서 오히려 권장되고 있다. 공평성의 원칙에서 본다면 체세포복제 배아를 해체하는 연구와 시술은 금하면서, 수혈이나 장기이식을 위한 연구와 시술은 권장하는 윤리와 법의 체계는 이율배반적이라고 비판받을 수 있다.

생물학에서는 식물이나 세균 모두 생명의 범위에 포함시키기에, 현대 생물학의 세계관 아래서 불살생계를 철저히 지키려면 식물도 먹어서는 안 되고 병에 들어도 약을 먹지 말아야 할 것이다. 병에 걸리면 내가 의도하지 않아도 내 핏속의 백혈구가 세균을 박멸한다. 현행법에서는 뇌사자의 장기이식을 허용하고 권장하지만, 미래에 언젠가 뇌사자를 소생시키는 기술이 개발된다면 우리 사회의 구성원 모두는 살인에 동조한 공업(共業) 중생이 될 수도 있다. 체세포 복제배아가 인간인지 아닌지 모호하고, 체세포 복제배아를 해체하는 것이 살인인지 아닌지 판단하기가 난감하다. 우리가 불살생계에 대해 논의하기 위해서는 먼저 살생해서는 안 되는 ‘생명’의 의미와 범위를 확정해야 하는데 이런 예들에서 보듯이 그것이 그렇게 단순한 문제가 아니다.

Ⅱ. 생명 개념의 정립을 위한 현대 생물학의 시도

본고는 불살생계의 준수와 위반의 문제를 풀기 위해서, 살생행위의 대상인 ‘생명’의 의미와 범위를 불교 교학에 근거하여 정립하는 것을 목적으로 삼는다. 그러나 불전의 가르침에 근거하여 생명 개념을 확정한 후 불살생의 윤리를 권유한다고 하더라도, 우리 사회 구성원 모두의 이해와 동의를 얻지 못한다면 이는 실효성 없는 ‘불교인만의 독백’이 되고 말 것이다. 다양한 종교의 교의(敎義)는 상충하지만 이를 넘어서 우리 사회에서 보편적으로 수용되는 것은 과학적 세계관이다. 현대 생물학에서 정의하는 생명 개념에 대해 개관한 후 이를 불교의 생명 개념과 비교할 때 불살생계의 취지가 보다 분명하게 드러날 수 있을 것이다.

1953년 왓슨(Watson)과 크릭(Crick)은 모든 생명체의 기본 요소인 DNA(Deoxyribo-Nucleic Acid)가 아데닌(Adenine)과 티민(Thymine), 구아닌(Guanine)과 시토신(Cytocine)이 각각 짝을 이루는 네 가지 염기만으로 이루어져 있다는 사실과, 이런 DNA사슬이 이중나선(Double Helix) 구조를 갖는다는 점을 발견하였다. DNA의 기능은 두 가지이다. 하나는 동식물의 몸을 구성하는 기초물질인 단백질의 제조를 위한 형틀로서의 기능이고, 다른 하나는 자기복제를 통해 2세에게 유전정보를 전달하는 기능이다. 사람을 포함하여 고양이, 개구리, 바퀴벌레든, 또 소나무, 민들레, 이끼, 버섯이든 모든 동식물은 그 몸이 DNA로 이루어진 유전정보에 토대를 두고 만들어졌다는 점에서 공통되고, 새끼를 낳든 열매를 맺든 DNA로 이루어진 유전정보가 2세에게 전달된다는 점에서 공통된다.

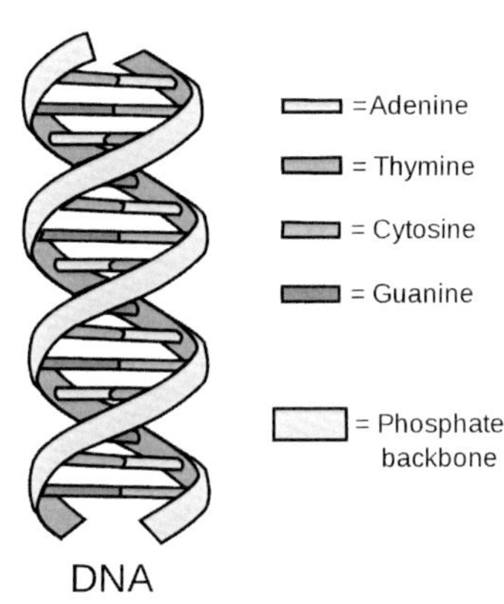

이중나선 구조의 DNA

이렇게 모든 생명체의 기반인 DNA의 정체가 밝혀졌기에 '생명'에 대한 확실한 정의 하에 생물학이 연구되고 있을 것 같지만 사실은 그렇지 못하다. 모든 생물학자가 동의하며 논리적 정합성과 보편성을 갖는 '생명에 대한 정의'는 아직껏 정립되어 있지 않다. 생명에 대해 연구하고 있지만, 생명에 대해 어떻게 정의해야 할지 확실하지 않다는 말이다. 이런 역설적 상황은 생물학에만 국한된 일이 아닐 것이다. 철학에 대해 연구하지만 철학에 대해 분명한 정의를 내릴 수 없다. 광물에 대해 연구하지만 광물과 광물 아닌 것의 경계부가 모호하다. 법학을 연구하지만 법에 대한 보편적 정의를 내리지 못한다. 인간에 대해 연구하지만 인간이 무엇인지 모른다. 나 자신에 대해 탐구하지만 끝내 내가 누군지 모른다. …

이런 역설이 발생하는 것은 '인위[인간의 조작]'와 '자연[스스로 그러함]'이 충돌하기 때문이다. '생명, 철학, 광물, 법, 인간, 나 …' 등등의 모든 개념은 인위적 분별을 통해 만들어진 것들인데, 우리는 이런 인위적 분별의 테두리를, 인위가 아닌 자연에서 찾으려고 한다. 그러나 자연에는 테두리가 없다. 자연에는 선(線)이 그어져 있지 않다. 그래서 인위적으로 오려낸 개념의 정의를 자연에서 찾으려고 하는 우리의 시도는 모두 실패하고 만다. 그 어떤 개념이든 그에 대해 정의 내리려 할 때 만나게 되는 비극적 운명이다. 생명에 대해 탐구하는 학문이 생물학이지만, 생명에 대한 보편적 정의를 아직껏 정립하지 못하는 이유는 생물학 자체에 있는 것이 아니라, 인위와 자연의 상충에 있다.

생명에 대한 보편적 정의는 없지만, 과학자들은 관점에 따라 생명에 대해 다양한 정의를 시도해왔다. 생리학적 정의, 물질대사적 정의, 생화학적 정의, 유전적 정의, 열역학적 정의 등이 그것이다. 이들 각각을 요약하면 다음과 같다.[2)]

① 생리학적 정의: 생명이란 섭식, 대사, 배설, 호흡, 이동, 성장, 생식, 자극에 대한 반응을 수행하는 계(系)이다.

② 물질대사적 정의: 생명이란 자신의 물질을 끊임없이 외부와 교환하지만 일반적인 특성을 잃지 않고 체제의 확실한 경계를 가지고 있는 물체이다.

③ 생화학[분자생물학]적 정의: 생명이란 핵산 분자에 생식 가능한 유전정보를 암호화하여 가지고 있고, 단백질성 촉매인 효소를 사용하여 물질대사의 화학반응 속도를 조절하는 계이다.

④ 유전적 정의: 생명이란 자신들이 가지는 유기물질, 행동양식, 구조 등

2) 『브리태니커백과사전』, 2004, '생명' 항목.

을 복제하는 존재들이다.

⑤ 열역학적 정의: 생명이란 개방된 계로 열, 빛, 물질 등 우주의 무질서를 통해 자신의 질서를 증가시키는 어떤 국소 부위이다.

일반적으로 생명체라고 생각되는 것 모두가 이런 정의를 다 만족시키는 것은 아니며, 생명체라고 볼 수 없는 것 가운데에도 이런 정의를 충족시키는 것도 있다. 예를 들어 생리학적 정의의 경우 일개미나, 일벌, 또 수나귀와 암말 사이에서 태어난 노새, 호랑이와 사자의 교배종인 라이거(Liger)에게는 생식 능력이 결여되어 있지만, 이들을 생명체에서 제외할 수는 없다.[3] 또, 바이러스의 경우, 생명체의 근본요소인 RNA나 DNA를 갖고 있으며 동식물에 기생하여 자기복제를 통해 2세를 생산하지만, 이를 분리하여 결정으로 만들 수 있기에[4] 생명체라기보다 생물과 무생물의 중간적 존재로 간주된다.[5]

위에 열거한 생명에 대한 정의들 각각에는 이렇게 예외가 존재하므로 생명 개념에 대해 생물학적으로 확실하게 정의하는 것은 불가능하지만,[6] 우리는 다음과 같은 일곱 가지 특징을 통해 생명의 정체에 대해 이해할 수 있다.[7]

---

3) Wikipedia, 'Life' 항목 참조.

4) 바이러스는 생물체 내에서 증식하면서 마치 미생물과 같이 행세하지만 1935년 미국의 Stanley가 담배모자이크 바이러스를 분리하여 결정화 하는 데 성공으로써 함으로써 단순한 고분자 물질에 지나지 않음이 밝혀짐: 와따나베 이따루, 야마구찌 마사히로 공저, 송방호 옮김, 『생명과학 - 생명의 과학을 생각한다』, 유한문화사, 1997(1985 초판), p.114.

5) 위의 책, p.122.

6) 『브리태니커백과사전』, 위의 책, '생명' 항목.

7) Wikipedia, 'Life' 항목 참조.

① 항상성(Homeostasis) - 어떤 일정한 상태를 유지하기 위해서 생체 내부의 환경을 조절하는 것. 예를 들어 온도를 유지하기 위해서 땀을 흘리는 것.

② 조직(Organization) - 생명의 기본 단위인 세포가 하나 또는 그 이상 모여서 이루어짐.

③ 대사(Metabolism) - 무기물을 세포의 구성요소로 합성하기 위해 에너지를 사용하고(Anabolism)[8] 고분자의 유기물을 저분자 물질로 분해함으로써 에너지를 방출하는 것(Catabolism)[9]. 살아있는 것들은, 내부의 생체조직을 계속 유지하고(Homeostasis) 생명과 관련된 다른 갖가지 현상들을 산출하기 위해서, 에너지를 필요로 한다.

④ 성장(Growth) - 이화작용(Catabolism) 이상의 높은 합성율을 유지함. 유기체가 성장함에 따라 단순한 물질축적 이상으로 몸의 모든 부분에서 크기가 증가한다.

⑤ 적응(Adaptation) - 변화된 환경에 적응할 수 있는 능력. 진화와 관련하여 생체의 가장 중요한 능력이다. 물질대사를 통해서 만들어진 생체의 구성요소, 변화된 환경이라는 외적 요인 그리고 그 생체의 유전형질에 의해 적응 능력이 결정된다.

⑥ 자극에 대한 반응(Response to stimuli) - 자극에 대한 반응은 다양한 모습으로 나타난다. 단세포동물의 경우는 건드리면 수축 반응을 나타내고 고등동물의 경우는 각각의 감각기관들과 연관된 복잡한 반응을 나타낸다. 자극에 대한 반응이 움직임으로 나타나는 경우도 있는데 나뭇잎이 태양을 향해 움직이는 것과 동물이 먹이를 추적하는 것 등이 그 예이다.

⑦ 생식(Reproduction) - 새로운 유기체를 생산하는 능력. 원생동물의 예와 같이 하나의 세포가 두 개의 세포로 분열하는 생식 방법도 있지만, 일반적으로 '생식'이란 새로운 개체를 생산해 내는 것을 의미한다[무성

---

8) 생합성(biosynthesis)이라고도 하며, 살아 있는 세포에서 여러 단계의 촉매작용에 의해 비교적 간단한 구조를 지닌 영양물질로부터 복잡한 분자가 합성되는 과정: 위의 책, '동화작용' 항목.

9) 효소 촉매 반응에 의해 살아 있는 세포 속의 비교적 큰 분자가 작은 분자로 분해되는 과정: 『브리태니커백과사전』, '이화작용' 항목.

> 생식이든, 유성생식이든]. 엄밀한 의미에서 보면 성장과정 도중에 새로운 세포를 생산하는 것도 생식에 속한다.

예를 들어 인간이라는 동물의 경우, 호르몬이나 신경계의 작용을 통해 신체의 물리, 화학적 상태를 계속 일정하게 유지하며[①항상성], 피부세포, 신경세포, 뼈세포 등 약 200여 종의 세포가 기본 단위인 각종의 장기로 이루어져 있고[②조직], 음식을 섭취하고 산소를 호흡함으로써 활동에너지를 얻거나 혈구 등의 신체 성분을 만들어내고[③대사], 나이를 먹으면서 성인이 될 때까지 신체의 각 부위가 자라나고[④성장], 열대지방에서 생활할 경우 검은 멜라닌색소가 피부에 침착되어 자외선을 차단하며[⑤적응], 오관을 통해 들어온 감각적 자극에 따라 사지 등의 근육을 움직여 신체를 보전하며[⑥자극에 대한 반응], 배우자를 맞이하여 2세를 출산한다[⑦생식].

그런데 이상에 소개한 생물학적 생명 개념이, 앞으로 고찰할 불교의 생명 개념과 크게 다른 점이 두 가지 있다. 첫째는 동물과 함께 식물이 생명의 범위에 포함되어 있다는 점이고, 둘째는 우리의 몸과 마음 가운데 몸만을 논의의 대상으로 삼는다는 점이다.

Ⅲ. 불교와 생물학의 생명 개념, 어떻게 다른가?

불전에서는 생명을 중생(衆生: Sattva)이라고 부른다. 중생을 유정(有情)이라고 한역하기도 한다. '감정이 있는 놈'이란 뜻이다. 유정이 아닌 것, 즉 중생이 아닌 것은 무정물(無情物)이라고 부른다. 불교의 불살생계에서 말하는 '죽여서는 안 되는 생명체'가 바로 중생이고, 유정류이다. 그런데 불전의 가르침이 현대생물학과 다른 것은 이러한 중생의 범위에 식물이 포함되지 않을 뿐만 아니라 천신, 아수라, 아귀, 지옥중생의 네 가지가 중생의 범위에 포함된다는 점이다. 연기법(緣起法)에 대해 설명할 때에도 육도중생의 생사윤회는 내연기(內緣起)라고 부르면서, 모든 중생은 '무명 → 행 → 식 ↔ 명색 → 육입 → 촉 → 수 → 애 → 취 → 유 → 생 → 노사'로 이어지는 십이연기의 법칙에 의해 살아간다고 설명하는 반면, '씨앗 → 뿌리 → 싹 → 줄기 → 잎 → 꽃 → 열매'로 이어지는 식물의 생장 과정은 외연기(外緣起)라고 부르면서 일반적인 물질의 인과관계와 같은 것으로 취급한다.[10] 식물은 무정물이라는 것이다.[11] 불교의 불살생계에서 말하는 생명의 범위에, 생물학에서 생명에 포함시키는 식물은 들어있지 않을 뿐만 아니라, 생물학에서는 거론도 하지 않는 천신 등의 네 가지 존재가 더 추가된다. 생명의 범위에 대한 생물학과 불교의 이러한 견해 차이를 도시하면 다음 쪽의 밴다이어그램(Venn Diagram)과 같다.

10) "내연기는 무명 등의 십이지를 말하고, 외연기는 씨앗, 싹 등 일체의 외물을 말한다."(『佛地經論』, 대정장26, p.314a).

11) 『불성론』의 다음과 같은 설명 역시 풀이나 나무와 같은 식물을 무정물로 보는 불교적 생명관을 대변한다: "그대가 말하는 감관이 없는 존재는 중생인가, 중생이 아닌가? 만일 중생이라면 두 가지 오류에 빠진다. 첫째는 큰 허물의 오류인데, 만일 육근이 없는 것도 중생이라면 모든 무정의 풀, 나무, 돌 등이 다 중생이어야 하리라. 이들 역시 감관이 없다는 점에서 마찬가지이기 때문이다."(대정장31, p.788a).

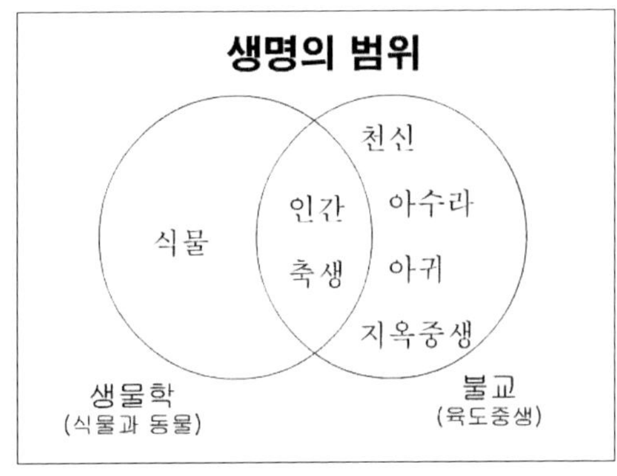

이 가운데 우리 눈에 보이는 존재는 식물과 인간과 축생이다. 과학적 객관성과 합리성의 기반 위에서 연구되어 온 생물학에서는 눈에 보이는 존재들만 논의의 대상으로 삼는다. 그러면 불교에서 살생해서는 안 되는 생명체인 중생의 범위에 식물은 들어있지 않고, 우리에게 인지되지 않는 천신 등의 네 가지 존재들은 포함되어 있는 이유는 무엇일까? 인간의 수태 과정에 대한 십이연기의 식과 명색의 상호관계에 대해 설명하는 *Dīgha Nikāya*의 "Mahānidānasutta"에서 우리는 해답의 실마리를 찾을 수 있다.

> 세존: 식(識: viññāṇa)을 조건으로 삼아 명색(名色: nāmarūpa)이 있다는 점을 알아야 한다. 아난이여, 식이 어미(mātu)의 자궁에(kucchismiṃ) 들어가지(okkamissatha) 않았는데도 명색이 성장하겠느냐?
> 아난: 그렇지 않사옵니다.
> 세존: 아난이여, 만일 식이 어미의 자궁에 들어간 후에 벗어난다면(vokkami) 명색이 이번 생에 탄생하겠느냐(abhinibbatti)?
> 아난: 그렇지 못하옵니다.
> 세존: 아난이여, 만일 어린 남아와 여아의 식이 파괴되어 존재하지 않는다면 명색이 성숙하고 성장하여 성인이 되겠느냐?
> 아난: 그렇지 못하옵니다.
> 세존: 그러므로 명색의 원인이 되고 근본이 되고 조건이 되는 것은 바로 이런 식이니라. 왜냐하면, 식을 조건으로 삼기 때문에 명색이 존재하는

> 것이다.[12)]

이 경문에서 보듯이 심신 복합체인 명색이 자궁 속에서 자라나려면 식이 어미의 자궁에 들어가야 한다. 『구사론』에서는 이런 입태 과정에 대해 다음과 같이 보다 구체적으로 설명한다.

> 불전에서 말하듯이, 세 가지가 함께하기 때문에 모태에 들어간다. 첫째는 어미가 배란기에 있어야 하고, 둘째는 부모가 교합을 해야 하고, 셋째는 간다르바(gandharva)가 반드시 존재해야 한다. 중유(中有: antarābhava)를 제외하고서 어떤 것이 간다르바이겠는가?[13)]

앞에서 인용했던 "Mahānidānasutta"에서 어미의 자궁에 들어간다는 식(識)을, 『구사론』에서는 간다르바라고 표현하면서 이것이 바로 중유라고 설명하고 있다. 어미가 배란기에 있다는 조건은 자궁 내로 '난자'가 배출되었다는 의미이고, 부모가 교합을 한다는 것은 아비의 정자[精]가 난자[血]와 결합하여 수정란이 생성되었다는 의미인데, 생물학에서는 난자에 정자가 결합한 수정란을 생명체의 시작으로 보지만, 불전에서는 이러한 수정란에 간다르바(gandharva), 즉 식(識)이 결합되어야 비로소 생명체로 자라난다고 설명하는 것이다. 이렇게 식의 도입 여부에서 불교의 생명관과 생물학의 생명관은 갈라진다.

간다르바라고도 불리는 식(識)이 수정란에 결합되면 자궁 내에서 태아로 자라나게 되는데, 심신(心身) 복합체인 이런 태아를 명색(名色: Nāmarūpa)이라고 부른다. 명(名: Nāma)은 식, 간다르

---

12) "Mahānidānasuttaṃ", *Dīgha Nikāya Ⅱ* ; 『中阿含經』(대정장1, pp.579~580)에도 같은 내용이 실려 있음.

13) 대정장29, p.44c.

바, 심(心) 등으로 불리는 태아의 '정신'에 해당하고, 색(色: Rūpa)은 수정란 이후 세포분열을 통해 성장하는 태아의 '몸'에 해당한다. 이제 생명관에서 불교와 생물학의 차이가 명확해졌다. 생물학에서는 'DNA 사슬에 새겨진 유전정보에 따라 만들어진 몸'을 생명체라고 간주하는 반면, 불교에서는 그런 몸에 식이 결합되어야 불교적 생명체인 중생(Sattva)이라고 보는 것이다.

생물학에서 생명의 범위에 포함시키는 식물의 경우는 'DNA에 기반한 몸'만으로 이루어진 존재로, 식이 결합되어 있지 않기에 중생의 범위에 포함되지 않는다. 인간과 짐승의 경우 몸도 갖고 있지만 개개의 몸에는 그에 해당하는 식이 결합되어 있기에 중생이다. 또 그 몸의 모습이 우리 눈에 보이지 않는 천신, 아수라, 아귀, 지옥중생의 경우 고락을 느끼는 식을 갖기에 불교적 생명체인 중생의 범위에 포함된다.

따라서 식이 없는 식물을 해치는 것은 불교적 의미의 살생이라고 볼 수 없고, 축생과 인간을 해치는 행위는 물론이고 천신이나 아수라, 아귀나 지옥중생과 같이 눈에 보이지 않는 존재를 해치는 것은 살생의 범위에 들어간다. 그러나 천신이나, 아수라, 아귀, 지옥중생의 경우 대부분의 인간에게는 그 존재 여부조차 불확실하기에 이들을 해치는 것이 살생인지 아닌지 여부에 대해서는 본고에서 다루지 않겠다.[14]

불살생계와 관련한 불전의 가르침을 종합하면, 인간이나 축생을

14) 불전에서는 천신이 천신을 살해할 수 있고(『구사론』, 대정장29, p.90b.), 비구가 주문으로 야차나 제석천을 살해할 수 있다(『善見律毘婆沙』, 대정24, p.754a)고 하며 이런 살생에 성공하면 중죄(重罪)가 되고 실패하면 투란차죄(偷蘭遮罪)가 된다고 한다.

해치는 것은 살생죄를 범하는 것이지만 식물을 해치는 것은 '살생죄'의 범위에 들지 않는다. 그렇다고 해서 식물을 함부로 해쳐도 된다는 말은 아니다. 율장에 의하면 식물을 해치는 것도 계를 범하는 행위가 되는데 그 이유 가운데 하나는 식물이 중생의 거주처(居住處)이기 때문이다. 율장에서는 나무나 풀과 같은 식물을 귀신촌(鬼神村) 또는 유정촌(有情村)이라고 부른다. 귀신과 새, 짐승, 모기, 파리, 뱀, 전갈, 개미와 같은 유정류가 식물에 의지하여 살고 있기 때문에 풀이나 나무를 손상하는 것은 그들의 집을 망가뜨리는 꼴이 된다.[15] 식물을 함부로 해쳐서는 안 되는 또 다른 이유는 승가의 명예가 훼손되기 때문이다. 화지부(化地部: Mahīśāsaka)의 율장인 『오분율』에서는 이에 대해 다음과 같이 설명한다.

> 부처님께서 새로 지은 강당에 도착하여 자리에 앉아 비구들에게 물으셨다. "이 강당은 누가 지었는가?" 답하여 말했다. "우리들이 만든 것입니다." 다시 물으셨다. "풀과 나무는 누가 베었는가?" 답하여 말했다. "그것도 역시 우리들입니다." 부처님께서는 이모저모로 꾸짖으시며 다음과 같이 말씀하셨다. "그대들은 어리석은 사람들이다. 그런 일을 해서는 안 되느니라. 풀과 나무에 대해 일반 사람들은 '살아 있는 존재라는 생각(生命想)'을 낸다. 그대들이 그런 일을 하면 사람들로 하여금 혐오하는 마음을 품게 만드느니라."[16]

중생이 살아가는 현장인 육도 속에 식물의 세계는 포함되지 않는다. 그러나 이 인용문에서 보듯이 일반 사람들은 풀과 나무에

---

15) 『根本薩婆多部律攝』, 대정장23, p.577a 참조.
16) 『彌沙塞部和醯五分律』, 대정장22, p.41c.

대해 '살아 있는 존재라는 생각(生命想)'을 내기에, 출가 승려가 이를 해칠 경우, 자비심이 없다고 혐오하며 승가를 비난한다는 것이다.

이상에서 보듯이 현대생물학에서 말하는 동물과 식물 가운데 식물은 불교적 의미의 생명체, 즉 중생(Sattva)이 아니다. 식물이든 동물이든 DNA사슬에 담긴 유전정보에 따라 조성된 몸을 갖고 있으며, DNA의 자기복제를 통해 2세를 생산한다는 점에서 공통된다. 그러나 불교적으로 볼 때 식물은 그 어떤 것이든 생명체가 아니며, DNA에 토대를 두고 이루어진 동물의 몸은 생명체의 토대일 뿐이다. 그런 동물의 몸에 간다르바(gandharva), 중음신 등으로 불리는 '식(識)'이 결합되어야 비로소 생명일 수 있는 것이다. 십이연기설의 '명색' 지분으로 설명하면 동물의 몸은 '명(名: nāma)인 식'이 깃드는 '물질[색, 色: rūpa]'일 뿐이다. 불전의 육계설(六界說)에서는 유정류의 구성요소를 '지, 수, 화, 풍, 공, 식'의 여섯 가지로 분류하는데, DNA와 몸은 이 가운데 '지, 수, 화, 풍'의 사대(四大)로 이루어진 물질일 뿐이다. 생물학적 개념을 도입하여 불교적 생명체인 육도중생을 분류하면, 다음과 같이 두 종류로 나눌 수 있을 것이다.

DNA와 관련된 중생: 인간, 축생
DNA와 무관한 중생: 천신, 아수라, 아귀, 지옥중생

불교의 불살생계에 대해서 논의하려고 할 때, 우리가 다룰 수 있는 것은 육도 중생 가운데 'DNA와 관련된 중생'인 인간과 축

생이다.

그런데 우리 눈에 보이는 중생인 '인간과 축생' 가운데 축생의 범위에 대해 불전에서는 어떻게 가르치는지 명확히 할 필요가 있다. 고양이나 코끼리와 같은 포유류, 까치나 비둘기와 같은 조류, 붕어나 뱀장어와 같은 어류는 모두 축생이다. 아무 죄책감 없이 서슴지 않고 이런 축생을 죽일 수 있는 사람은 거의 없을 것이다. 그러나 모기나 개미와 같은 곤충, 박테리아와 같은 세균 역시 중생이기에 함부로 죽여서는 안 된다고 하면 이에 동의하는 사람 역시 많지 않을 것이다. 모기도 중생이기에 죽여서는 안 되는가? 박테리아도 중생이기에 살균하면 안 되는가?

불전에서는 중생의 종류를 앞에서와 같이 천신, 아수라, 인간, 아귀, 축생, 지옥중생의 여섯으로 나누기도 하지만, 그 탄생 방식에 따라 난생(卵生), 태생(胎生), 습생(濕生), 화생(化生)의 네 가지로 구분하기도 한다. 난생은 알에서 태어나는 중생으로 거위, 공작, 앵무새, 기러기와 같은 조류 및 어류가 이에 속하고 태생은 자궁에서 자라 태어나는 것으로 코끼리, 말, 소, 돼지, 양, 나귀와 같은 것을 말하며, 습생은 축축한 곳에 의지하여 탄생하는 것으로 나방, 모기, 지네와 같은 곤충과 벌레(蟲)들이고 화생은 의탁하는 곳 없이 태어나는 것으로 천신과 지옥중생과 중음신이 이에 속한다고 한다.[17] 이렇게 태, 난, 습, 화의 네 가지 방식으로 태어나는 존재가 모두 생명체이기에 이를 죽이는 것은 불살생계를 범하는 꼴이 된다. 모기나 개미와 같은 벌레는 이 가운데 습생에 속하며, 이를 죽이는 것 역시 살생이다.

---

17) 『구사론』, 대정장29, p.43c 및 『증일아함경』, 대정장2, p.632a 등 참조.

그러면 박테리아와 같은 세균은 어떤가? 불전에서는 생후 7일이 되면 몸에 8만 마리의 호충(戶蟲)이 생겨 몸의 이곳저곳을 갉아 먹는데[18] 머리칼을 먹고 사는 것도 있고, 머리를 먹고 사는 것도 있으며, 눈, 뇌, 귀, 코, 입술 … 신장, 비장 … 무릎, 정강이를 먹고 사는 것이 있다고 한다.[19] 여기서 '8만'은 '많은 수'를 의미하며, '호충'은 '방(cell)과 같은 벌레'라는 의미이기에 박테리아와 같은 세균으로 볼 수 있다. 즉 생후 7일이 되면 수많은 박테리아가 우리 몸에 생겨 기생한다는 것이다. 그런데 다음과 같은 경문을 보면 이런 박테리아 역시 함부로 죽여서는 안 되는 생명체임을 알 수 있다.

> [수행자가] 음식을 먹고자 할 때에는 자리를 펴고 손을 씻고서 다음과 같이 생각해야 한다. "몸속에 8만 마리의 호충(戶蟲)이 있는데, 호충이 이 음식을 먹어서 모두 다 편안하게 살아간다. 내가 지금은 음식으로 이 모든 호충에게 보시하지만, 나중에 깨달음을 얻을 때는 가르침으로 보시하겠다."[20]

> 부처님께서 사위국에 계실 때, 아라한이 대열반에 들었다. 비구들은 "부처님께서 말씀하신 것처럼 몸에는 8만 마리의 호충이 살고 있으니, 만일 그 몸을 화장(火葬)한다면 그 벌레들을 죽이게 될 것이다."라고 생각했다. 비구들은 어떻게 해야 하는지 몰라서 이 일을 부처님께 고하였다. 부처님께서는 "사람이 죽을 때 벌레도 역시 죽는다."라고 말씀하셨다.[21]

---

18) "生七日 已身內即 有八萬戶虫 縱橫噉食", 『根本說一切有部毘奈耶雜事』, 대정장24, p.256b.
19) 『根本說一切有部毘奈耶雜事』, 대정장24, p.256c.
20) 『佛說十二頭陀經』, 대정장17, p.721a.
21) 『十誦律』, 대정장23, p.284a.

우리 몸에는 8만 마리의 호충이 살고 있으며 이 모두 제도(濟度)의 대상이다. 모기나 개미와 같은 곤충은 물론이고 박테리아와 같은 세균 역시 습생(濕生)의 축생이다.

Ⅳ. 불교의 생명관과 불살생계의 지범개차(持犯開遮)

우리 눈에 보이는 존재 가운데, 불교의 불살생계에서 생명으로 간주하는 것은 인간을 포함한 동물이다. 생물학 용어로 말하면 포유류와 조류, 어류는 물론이고 곤충과 세균까지 모두 중생에 포함된다. 우리가 불살생계를 지키고자 할 때 포유류와 조류, 어류, 곤충을 죽이지 않으려고 노력하는 것이 쉽지는 않지만 가능한 일이다. 그러나 박테리아와 같은 세균조차 죽여서는 안 되는 것일까? 불살생계를 지키고자 할 때 지침이 되는 것은 율장의 '계목'과 '판례(判例)'[22]들인데 다음과 같은 판례에서 우리는 이에 대한 답을 찾을 수 있다. '설일체유부율분별(說一切有部律分別)'이라고 번역되는 『살바다비니비바사』에는 다음과 같은 경문이 있다.

> 어느 날, 사리불이 청정한 천안(天眼)으로 허공에서 벌레(蟲)들을 보았는데, 물가의 모래알과 같고 그릇에 가득한 좁쌀알과 같이 무변하고 무량하였다. 이를 보고 음식을 중단하여 2, 3일이 지났을 때 부처님께서 식사하

---

22) 예를 들어 『사분율』의 250계는 243종의 '계목'과 7종의 멸쟁법(滅諍法: 분쟁조정법)으로 구성되어 있는데, 각각의 계목에 대한 해설에 그 계목의 '지범개차'에 대한 부처님의 다양한 '판례'들이 소개되어 있다.

> 라고 명을 내리셨다. 무릇, 육안(肉眼)에 보이거나 녹수낭(漉水囊)에 걸리는 크기의 벌레가 든 물을 금지하는 것일 뿐이지 천안에 보이는 것까지 금지하는 것은 아니다.[23]

『근본설일체유부백일갈마(根本說一切有部百一羯磨)』에서도 다음과 같은 경문이 발견된다.

> "대덕이시여, 이미 걸러낸 물에서 전혀 보이지 않는다면 마셔도 되지 않겠습니까?" 부처님께서 말씀하셨다. "관찰하고 나서 마실 수 있느니라." "대덕이시여, 걸러내지 않은 물도 마실 수 있지 않습니까?" 부처님께서 말씀하셨다. "관찰해봐서 벌레가 없으면 마셔도 죄를 범하는 것이 아니니라." 아나율 존자가 천안(天眼)으로 물을 보니 분명히 물속에서 보이는 것 가운데 무량한 중생이 있었다. 세존께서 고하셨다. "천안으로 물을 보아서는 안 되느니라."[24]

이 두 가지 인용문에서 사리불과 아나율이 천안을 통해 보게 된 '무수한 벌레'들 역시 박테리아와 같은 세균에 해당할 것이다. 앞 장 말미의 인용문에서 말하는 우리 몸속의 8만 마리의 벌레들 역시 부처님의 천안에 의해 관찰된 것이다. 일반 비구들의 육안에 보이지는 않지만 우리 몸속에 사는 8만 마리의 벌레들의 경우, 부처님은 "사람이 죽으면 그런 벌레도 죽는다."라는 단안(斷案)을 통해 화장을 허용[開, 개]하였고, 사리불과 아나율이 천안으로 발

---

23) 一時舍利弗 以淨天眼見空中蟲 如水邊沙如器中粟 無邊無量見已斷食經二三日 佛敕令食 凡制有蟲水 齊肉眼所見漉水囊所得耳 不制天眼見也: 대정장24, p.552b.

24) 大德 已濾之水頗得不觀而飮用不 佛言 要須觀察方可飮用 大德 不濾之水觀 得飮用不 佛言 觀察無蟲飮用無犯 阿瑜率滿阿尼盧陀以天眼觀水 遂便分明 於其水內睹見中有無量衆生 世尊告曰 不應以天眼觀水: 대정장24, p.491c.

견한 '무수한 벌레'들에 대해서는 음식이나 물에 그런 벌레들이 있긴 하지만, 그것들을 '살생해서는 안 될 생명체'의 범위에서 제외시킴으로써 식음을 허용[開]하였다.

이제 본고 제1장에서 제기했던 의문들로 돌아가 그에 대해 하나하나 답해 보자. 제1장에서 제기했던 의문들은 다음과 같이 정리된다.

① 식물도 생명이기에 불살생계를 지키려면 식물도 먹어서는 안 되는가?
② 박테리아와 같은 세균도 생명이기에 병에 들어도 약을 먹지 말아야 할까?
③ 내가 의도하지 않아도 백혈구가 세균을 박멸하는 것은 살생 아닌가?
④ 장기이식을 위해 뇌사자의 몸을 해체하는 것은 살인 아닌가?
⑤ 체세포복제 수정란을 배양하여 줄기세포를 만드는 것은 살인 아닌가?

①의 경우 불교에서는 식물을 중생에 포함시키지 않기에 식물을 해치는 것은 불살생계를 범하는 것이 아니다. 그러나 식물은 벌레나 짐승과 같은 중생의 거주처이기에 함부로 해쳐서도 안 된다.

②의 경우 육안에 보이지 않는 박테리아 역시 생명체의 범위에 들어가지만, 불살생계의 윤리에서 이를 문제 삼지 않는다. 사리불과 아나율의 천안에 보인 세균조차 해치지 말아야 한다면, 어떤

음식도 먹어서는 안 되고 어떤 물도 마셔서는 안 될 것이다. 음식을 먹고 물을 마실 때 피치 못하게 범하게 되는 세균에 대한 살생은 살생죄에 포함시키지 않는다. 그러면 병을 치료하기 위해 약을 복용하는 것은 허용될까? 『사분율』에서는 비구가 병에 들었을 때 다섯 가지 약을 써도 된다는 가르침이 보인다. 다섯 가지 약은 수(酥), 유(油), 생수(生酥), 밀(蜜), 석밀(石蜜)인데, 부처님 당시 일반인들이 사용하던 약품에 해당한다.[25] 따라서 세균성 질환에 걸렸을 때 약품을 사용하는 것 역시 허용될 수 있으며 ③의 경우 더더욱 문제될 것이 없을 것이다.

그런데 현대의 의료기술인 ④뇌사자의 장기이식과 ⑤체세포복제배아의 경우, 율장에서 유사한 사례를 찾을 수가 없기에 그 시술 또는 기술의 허용[開, 개, utsarga]과 금지[遮, 차, apavāda] 여부를 판단하기가 쉽지 않다. '뇌사자'나 '체세포 복제배아'가 '살아 있는 인간'에 속한다면, 이를 해치는 것은 살인행위가 될 것이다. 현재 우리나라 법규에서는 '뇌사자의 장기이식'은 허용[開]하고, '체세포 복제배아를 이용한 줄기세포 연구'는 많은 단서를 달아 그 연구에 제한[遮]을 가한다. 한편 불임부부의 인공수정을 위해 제조되었으나 임신에 실패했을 경우를 대비해 보관하는 '냉동배아'의 경우는 5년이 지나면 줄기세포 연구를 위해 활용 가능하다[開]. '뇌사자, 체세포 복제배아, 5년이 지난 냉동배아' 모두 '인간'이라는 개념의 범위에서 '주변부'에 속하는 존재들이다. 이들은 해쳐서는 안 될 생명인가, 아니면 생명이 아니기에 의술에 활용해도 되는가? 이에 대해 어떻게 판단해야 할까?

---

25) 今有五種藥世人所識: 『사분율』, 대정장22, p.626c.

앞에서 검토해 보았듯이 불교의 생명관은 현대 생물학의 생명관과 다르다. 현대 생물학에서는 DNA에 기반한 존재를 생명으로 간주하는 반면 불교에서는 식(識)의 개입 여부로 유정류와 무정물을 구분한다. 그런데 유정류와 무정물을 구분하는 이러한 '인지(認知)'는 초기불교, 또는 아비달마불교적인 거친[麤, 추] 조망일 뿐이다. 개념에 대한 이런 실재론적 조망을 '법유론(法有論)'이라고 부른다. 예를 들어 『구사론』에서는 일체를 5위 75법[法]으로 분류한 후 75법 각각이 모두 별개의 실재[有]라고 가르친다. 이런 법유(法有)의 조망 하에서는 '생명'이라는 개념 역시 실재하는 것으로 간주된다. 율장의 불살생계는 이렇게 '생명'과 '비생명'을 가르는 철저한 '분별'에 입각한 윤리지침인 것이다. 이러한 분별은 '개념적 앎'인데 우리가 체험하는 일체를 색, 수, 상, 행, 식의 다섯 가지로 분류하는 오온설에 대입하면 '개념적인 앎'은 상(想: saṃjñā, saññā)에 해당한다.26) 그런데 『금강경』에서는 다음과 같이 설한다.

> 수보리야, 만약에 보살에게 중생상(sattva-saṃjñā)이 있다면 그는 보살이 아니니라. 왜 그런가? 수보리야, 아상(ātma-saṃjñā)이나 중생상(sattva-saṃjñā)이나 수자상(jiva-saṃjñā)이나 인상(pudgala-saṃjñā)이 있는 자는 보살이 아니라고 말해야 하느니라.27)

---

26) "상(saṃjñā)은 차별(nimitta)의 포착(graha)을 본질로 삼는다. 즉, 청황, 장단, 남녀, 원친, 고락 등의 모습을 포착한다. 이는 다시 분별하여 육상신(ṣaṭ saṃjñākāyā)을 이룬다."(想蘊謂能取像爲體 卽能執取靑黃長短男女怨親苦樂等相 此復分別成六想身): 『구사론』, 대정장29, p.4a ; "상은 대상(viṣaya)에서 차별을 포착하는 것이다."(想謂於境取差別相): 같은 책, p.19a.

27) sacet Subhūte bodhisattvasya sattva-saṃjñā pravarteta, na sa bodhisattva [iti] valtavyaḥ. tat kasya hetoḥ? na sa Subhūte bodhisattvo v

여기서 말하는 중생상이란, '살아 있는 생명체라는 생각'이다. '자아가 있다는 생각[我相]'이 잘못된 것이듯이, '살아 있는 생명체라는 생각[衆生相]' 역시 잘못된 것이다. 이렇게 그 어떤 것에 대해서도 살아 있다는 생각을 붙이지 말라는 것이 『금강경』의 가르침인 반면, 이와 반대로 『화엄경』에서는 모든 것에 대해 생명을 부여한다. 온갖 강물에도 신격이 부여되고[주하신, 主河神], 땅도 살아 있고[주지신, 主地神] … 바다도 살아있고[주해신, 主海神], 물도 살아있고[추수신, 主水神], 불도 살아있고[주화신, 主火神] … 밤도 살아있고[주야신, 主夜神], 낮도 살아있다[주주신, 主晝神].[28] 반야계 경전인 『금강경』에서는 "그 어떤 것도 생명이랄 것이 없다."라고 역설하며, 『화엄경』에서는 "모든 것이 살아 있다."라고 노래한다. 『금강경』에서는 절대부정의 조망을 통해 '생명에 대한 분별'을 해체하고, 『화엄경』에서는 절대긍정의 조망을 통해 '생명에 대한 분별'을 해체한다.

이렇게 '생명 개념'에 대한 절대부정과 절대긍정의 조망이 '불교적 인지의 궁극'이긴 하지만, 이런 무차별, 무분별의 조망으로는 "살아 있는 것을 죽이지 말라."는 불살생계의 지침이 도출될 수 없다. 불교생명윤리는 '생명'과 '무생명'을 가르는 '분별'의 토대 위에서 내려지는 '묘관찰(妙觀察)'의 지침이기 때문이다. 그러면 "어떤 것도 생명일 수 없지만, 역(逆)으로 모든 것이 생명일 수 있다."라는 무한의 인지(認知)에서 어느 지점에 선을 그어 불교윤리의 지침으로 삼을 것인가? 앞에서 예로 들었던 '뇌사자의 장기

aktavyo yasya [-ātma-saṃjñā pravarteta,] sattva-saṃjñā [vā] jiva-saṃjñā, vā pudgala-saṃjñā vā pravarteta.

28) 『대방광불화엄경』, 대정장10, pp.2c~3c.

이식'이나 '배아줄기세포 연구'는 불살생계를 어기는 행위인가, 아닌가?

『금강경』이나 『화엄경』의 가르침에서 보듯이 '생명'이라는 개념에 명확한 선(線)을 그을 수 없다. 이와 마찬가지로 '살아 있는 인간'이 어디에서 시작해서 어디에서 끝나는지, 그 출발점과 종착점을 확정하기가 난감하다. 불전에서는 모체의 자궁에서 정자와 난자와 간다르바의 삼자가 화합하면 인간으로 자라난다고 가르치며, 그 후 낙태할 경우 살인의 업을 짓는 것이라고 가르친다. 그러면 '체외에서 수정된 후 보관하고 있는 냉동 배아를 법정 보관기간인 5년이 지난 후에 해체하는 것'29)은 살인인가, 아닌가? 난자의 외피에 체세포를 주입하여 성장시킨 체세포 복제배아는 인간인가, 아닌가? 또 뇌사자는 인간인가, 아닌가? 이를 알고자 하는 이유는 그런 '앎'에 근거하여 '불살생계'의 준수[持, 지]와 위반[犯, 범] 여부가 판가름 되고 아울러 이런 세 가지 존재의 의학적 활용을 허용[開, 개]할 것인지 금지[遮, 차]할 것인지 여부가 결정되기 때문이다.

그런데 앞에서 소개했던 '사리불과 아나율이 천안으로 보았던 호충(戶蟲)의 예화'에서 우리는, 생명과 생명 아닌 것을 가르는 '선 긋기'의 기준을 찾을 수 있다. 생명 개념의 주변부에서는 객관적 사실이 아니라, 주관적 가치에 의해 그 '가름의 선(線)'이 그어진다는 점이다. 천안으로만 보이는 호충조차 불살생계의 대상인 생명체의 범위에 포함시킬 경우 물도 마실 수 없고 밥도 먹을 수 없어서 수행 자체가 불가능하다. "수행을 통해 삼독(三毒)의 번뇌

29) 2005년 1월 1일 이후 시행된 우리나라의 생명윤리법에서는 이를 허용한다.

를 제거한다."라는 '선(善)-가치'의 보전을 위해서 '천안에 보인 호충'은 생명체의 범위에서 배제되는 것이다. 뇌사자나 체세포 복제배아와 같이 '생명 개념의 주변부'에 속하는 대상에 대해 그것을 해체해도 되는지[開] 아닌지[遮] 결정하려고 할 때, 우리는 율장의 이런 판례에 준하여 판단할 수 있다. 그것을 해체하려고 하는 우리의 주관적 동기가 선(善)하다면 뇌사자나 체세포 복제배아는 '불살생계의 대상으로서의 생명체'의 범위에서 제외된다. 그러나 그 동기가 악(惡)하다면 생명체의 범위 내로 들어온다. 동기의 선악 여부는 탐, 진, 치와 같은 번뇌의 유무로 판가름한다. 뇌사자나 체세포 복제배아를 해체하려는 동기가, 돈을 벌려는 재물욕이나 이름을 날리려는 명예욕 등의 탐욕에 있다면 그런 시술은 살인(殺人)이다. 그러나 고통받는 다른 환자에게 도움을 주려는 순수한 자비심이라면 그런 시술은 살인이 아니다. 뇌사자나 배아는 그를 훼손하는 자의 마음가짐에 따라 생명체가 될 수도 있고, 무정물이 될 수도 있는 것이다. 생명 개념의 주변부인 '인식(認識)'의 극한에서는 주관적 '가치'에 의해 '존재'의 범위가 변한다.[30]

- 『불교평론』 37호, 2008

30) 김성철 「배아연구와 생명윤리 - 불교의 생명관과 살생의 범위 그리고 배아연구의 바람직한 방향 -」, 『불교문화연구』 제7집, 동국대불교사회문화연구원, 2006, pp.141~145 참조.

불교적 심신의학과 생명윤리

초 판 2022년 11월 8일

지은이 김성철
펴낸이 김용범
펴낸곳 도서출판 오타쿠

주 소 (우)04374 서울특별시 용산구 이촌로18길 21-6 이촌상가 2층 203호
전 화 02-6339-5050 otakubook@naver.com www.otakubook.org

출판등록 2018.11.1 **등록번호** 2018-000093
ISBN 979-11-92723-00-6 (93220)

가격 29,000원 [eBook으로도 판매합니다(가격: 19,000원)]

이 도서의 국립중앙도서관 출판예정도서목록(CIP)은 서지정보유통지원시스템 홈페이지(http://seoji.nl.go.kr)와 국가자료종합목록 구축시스템(http://kolis-net.nl.go.kr)에서 이용하실 수 있습니다.

※ 이 책에는 네이버 글꼴이 적용되어 있습니다.